개정증보판

일본 기독교 선교의 역사

하비에르 이전부터 현재까지

나카무라 사토시 지음 / 박창수 옮김

신앙과지성사

日本 キリスト教 宣教史 – ザビエル以前から今日まで

Published by: Word of Life Press Ministries,
(address) 2-1-5, Nakano, Nakano Ku, Tokyo 164-0001

일러두기

· 인명, 지명, 단체명 등은 국립국어원 외래어표기법에 따랐다.

· 본문에 쓰이는 한자는 모두 정자(正字)를 사용했다.

· 일본의 지명은 필요에 따라 한자를 병기했다.

· 용어 이해를 돕기 위해 괄호 및 각주에 설명을 덧붙였다.

한국 독자 여러분께

한국 기독교인 여러분께 저자로서 감사의 인사를 드립니다.

이번에 졸저《일본 기독교 선교의 역사》의 개정증보판이 한국어로 번역되어 새로운 출판을 앞두고 마음 깊이 감사드립니다. 2025년은 한일국교 정상화 60주년을 맞이한 해입니다. 일본에서도 곳곳마다 기념행사가 열렸습니다. 그러나 과거 일본의 식민지 지배 역사와 그에 따른 과제가 충분히 공유되지 못한 상황이 아직도 이어지고 있습니다.

저는 과거 식민지 지배에 대한 사죄와 화해, 그리고 선교 협력을 목표하여 지금까지 일곱 차례 한국을 방문해 왔습니다. 한국과 일본 사이에서 작은 가교로서 살고자 노력해 오면서《한일 가교가 된 그리스도인日韓の架け橋となったキリスト者》을 집필하고, 감사하게도 한국어로 번역·출판되어 한국 독자분들께 소개되고 있습니다(2021년 6월, 도서출판 토비아에서《한국을 위해 다리가 된 일본인 10인: 사랑으로 잇다》라는 제목으로 번역·출판됨).

《일본 기독교 선교의 역사》의 초판은 2009년 출판 이후 판을 거듭했고, 많은 신학교에서 교과서로 사용되고 있습니다. 그리고 박창수 선교사가 심혈을 기울여 이 책을 번역하고, 2016년에 홍성사가 한국어판을 출판했습니다. 감사하게도 많은 한국 기독교인들께서 읽어 주시고 일본 교회의 역사와 현상, 특색과 과제에 관해 관심을 보여 주셨습니다.

일본어판 초판이 출판된 후 15년이 지났습니다. 이에 그동안의 일본 교회의 행보(行步)와 현상(現狀)에 대해 정리해야 할 필요를 절실히 느끼고

2024년에 개정증보판을 출판했습니다. 그동안 일본은 동일본 대진재 및 코로나19 감염확대 등으로 큰 시련을 겪으며 기독교회도 큰 영향을 받았습니다. 일본의 정치와 사회는 미·중 대립 및 남북한의 군사적 긴장을 빌미로 다시금 전쟁이 가능한 국가를 목표하고 위험한 길을 가고 있습니다. 참으로 염려되는 상황입니다. 이런 역사 전개를 다루면서 개정증보판을 출판했습니다.

이번의 한국어판 재출판을 앞두고 도움을 주신 전 서울신학대학교 조직신학 교수 이신건 선생에게 진심으로 감사드립니다. 또한 여느 때와 같이 박창수 선교사의 번역에 힘입어 개정 증보된 한국어판이 출판의 빛을 보게 되어 깊이 감사드립니다. 초판과 마찬가지로 이 책도 한국의 많은 독자분들께서 읽어 주시고 일본 기독교 역사와 현상에 관심을 가져 주시기를 바라며, 한국과 일본 그리스도인들의 선교 협력에 도움이 되기를 기도드립니다.

2025년 가을

나카무라 사토시 中村敏

들어가는 말

올해(2009년)는 일본 프로테스탄트 선교 150주년을 기념하는 해다. 지금까지의 프로테스탄트 선교를 돌아보고 이후를 내다보며 생각할 절호의 기회다. 이 책은 이 기념할 만한 해에 맞추어 출판되었다.

그러나 이 책에서 다루었듯이 150주년이라는 것은 어디까지나 일본 본토에서의 일이다. 본토에서 선교가 공식적으로 시작되기 13년 전인 1846년에 영국인 버나드 J. 베텔하임Bernard J. Bettelheim, 1811~1870이 류큐琉球(지금의 오키나와현)에 상륙해 박해를 견디며 약 8년간 전도했다. 또한 그에 앞서 독일인 카를 프리드리히 아우구스트 귀츨라프Karl Friedrich August Gützlaff, 1803~1851의 일본어 성서 번역 사역이 있다. 이들의 선구적 사역에 힘입어 1859년 프로테스탄트 선교가 본격적으로 개막된 것이다.

이 책에서는 프란치스코 하비에르Francisco Xavier, 1506~1552 이전의 기독교 선교의 가능성에 관해서도 다루어 보았다. 메이지기明治期, 1868~1911 이래 지금까지 일유동조론日猶同祖論(유대 민족과 야마토 민족이 조상이 같은 형제 민족이라는 이론)에 관한 책이나, 하비에르 이전의 기독교 선교에 관한 책은 헤아릴 수 없을 정도로 많다. 그것들은 매우 흥미 있는 것이 많고 꿈과 로맨스를 불러일으킨다. 그러나 역사서로서 정리하는 데는 확실한 사료에 근거해야 한다. 신뢰할 수 있는 사료의 출처를 밝히지 않은 채, 많은 것을 추론에 기초하여 기술하는 것은 아무리 흥미진진한 것이라 하더라도 학문적 평가의 대상은 되지 못한다. 이런 의미에서 하비에르 이전의 기독교 선교에 관한 연구는 여전히 미개척 분야가 많다.

이 책의 제2부에서는, 하비에르의 일본 입국 이후 가톨릭교회의 일본 선교 역사를 정리해 보았다. 일본에서 기리시탄* 역사 연구는 매우 높은 수준에 이르렀다. 나는 에비사와 아리미치 씨를 비롯한 많은 선배 학자들의 연구에 신세를 지면서 이 부분을 정리해 보았다. 그 과정에서 온갖 고난을 참고 견디며 신앙을 지켜 온 선교사들과 기리시탄의 신앙에 감동했다.

이 책은 역시 프로테스탄트 교회사 서술이 중심이다. 나는 2000년에 《일본 복음주의파의 역사》를 출간했다. 감사하게도 많은 독자의 성원으로 판을 거듭할 수 있었다. 그 책과 이 책은 다소 중복되는 부분도 있지만 강조점이 상당히 다르다. 이 책에서는 복음주의파에 관한 기술은 가능한 한 이전의 책에 넘기고, 주요 교파와 그리스도인을 중심으로 일본 기독교와 사회의 관계에 초점을 맞추었다. 한번 읽어 보면 알 수 있듯이 기독교와 국가의 관계, 특히 천황제와의 관계가 커다란 핵심이다. 그 문제에 정면으로 매달리지 않고는, 과거와 현재 그리고 미래를 아우른다 하더라도 일본 선교는 말할 수 없기 때문이다.

이번에는 가능한 한 현재의 사건까지 거론해 보았다. 21세기 이후의 일은 너무 가까워서 아직 역사 기술의 대상이 되지 않는다고 할 수 있다. 그 점을 충분히 알면서도 굳이 다루어 보았다. 재포교再布敎 후의 가톨릭교회와 러시아정교회의 역사에 관해서도 다루었다. 정리해 가면서, 제2차 바티칸 공의회 이후 가톨릭교회와 프로테스탄트교회 그리고 그리스정교회가 공동보조를 취하는 일이 많아져 왔음을 실감했다. 이 책을 통해 프로테스탄트교회는 물론, 기독교 전체의 일본 선교 추이를 파악할 수 있다면 기대 이상으로 보람

* 기리시탄(キリシタン)은 포르투갈어 Christão의 일본식 차음으로, 일본 전국(戰國)시대부터 에도 시대와 메이지 시대 초기 무렵까지 사용되어 온 말이다. 원래는 기독교도 전반을 가리키지만, 실제로는 전국시대 이후 일본에 전래된 기독교, 즉 가톨릭 신자·전도자 등을 일컫는 말로 굳어졌다. 한자로는 '吉利支丹'으로 명기했지만, 에도 시대 이후에는 금교령에 의한 탄압과 더불어 경멸하는 의미의 '切死丹', '鬼理死丹' 등으로 표기하기도 했다. 시간이 지남에 따라 본래의 '吉利支丹'이라는 표기는 공적으로 사용하지 않게 되고, 경멸의 의미를 담은 '切支丹'이 일반화되었다.

된 일이다.

돌이켜 보면, 나는 스물한 살 때 일본 기독교 역사 연구를 생업으로 하도록 인도되었다. 그때는 학원분쟁이 한창이었다. 그런 가운데서 미·일 안보체제, 베트남 전쟁 반대, 오키나와 반환 문제 등의 현실 문제와 씨름하려면 과거의 역사를 배울 필요가 있다는 것을 통감했다. 어쨌든 나는 한 사람의 일본 기독교인으로 현실의 일본 사회에서 살아간다. 그 때문에 더욱 일본과 기독교의 역사를 알고 싶어 닥치는 대로 책을 읽어 보았다. 그러던 어느 날, 다케다 기요코武田清子, 1917~2018의 《인간관의 상극人間観の相剋》을 읽고 "이것이다!"라는 확신을 느꼈다.

연구자가 될지 말지는 별개로 평생 일본 기독교 역사를 배워 가겠다고 결심했다. 그 후 38년이 지났다. 그동안 몇몇 신학교에서 일본 기독교 역사를 가르치며 많은 교회와 단체에서 강연과 집중강의 등을 맡았다. 함께 쓴 책들을 포함하여 열 권 가까운 책을 출간했다. 그 축적물이 모두 이 책에 활용되었다.

아직 해야 할 일이 많지만, 이 책은 일본 본토의 프로테스탄트 선교 150주년을 맞아서 정리해 본 것이다. 독자 여러분의 적극적이고 기탄없는 응답을 충심으로 바란다. 그리고 이 책이 일본의 복음 선교에 조금이나마 도움이 되기를 바라며 세상에 내보낸다.

개정증보판에 들어가는 말

이 책은 《일본 기독교 선교의 역사: 하비에르 이전부터 현재까지》이노치노고토바사[いのちのことば社], 2009의 개정증보판이다. 이전의 책은 일본 프로테스탄트 선교 150주년을 기념하기 위해 그때까지 진행한 연구와 신학교 강의 및 외부 강연을 토대로 정리한 것이었다. 감사하게도 많은 신학교에서 일본 기독교 역사 교과서로 활용되고, 독자들의 성원에 힘입어 몇 차례 판을 거듭해 왔다. 그리고 미처 생각하지도 못했으나 한국어로 번역되어 한국 기독교인들께도 일본 기독교회 역사와 현실을 소개할 수 있었다.

이전의 책에서는 초기(가톨릭교회 선교 이전)부터 2008년까지 전개되어 온 일본 기독교 선교의 역사를 정리해 보았다. 이번 책에서는 그 후인 2009년부터 2023년까지 일본과 세계에서 전개된 역사적 사건들과 이에 대해 일본 기독교가 어떻게 관련해 왔는지를 살펴보며 개정 증보를 시도했다.

그러나 이번 집필은 처음에 예상한 것 이상으로 어려움을 겪었다. 그 사이에 동일본 대진재大震災, 코로나19 확산, 러시아의 우크라이나 침공과 지속되는 전쟁, 통일교와 (일본) 정치 문제, 이스라엘·하마스 전쟁 등의 사건들이 잇달아 일어났다. 또한 일본의 정치에서 정권 교체에 따른 혼란과 급속한 군비 확장 등의 문제도 명백해져 왔다. 이 일련의 많은 사건들은 이미 완결된 역사 사건이 아니라 지금도 영향을 미치며 진행 중이다. 이 같은 의미에서 이 사건들을 역사로서 기록하기에는 아직 때가 이르다고 생각하는 건 당연할 것이다. 집필하면서도 현재의 사건들이 수습과 해결을 향해 나아갈지 혹은 확대와 파국을 향해 나아갈지 예측하기 어렵다. 이런 제약과 갈등을 느끼면서도 구할 수 있는 여러 자료들을 토대로 하여 가까스로 정리해 보았다.

또한 2020년 이후 세계 정세는 더욱 대립과 분열이 가속되고, 그 결과 일본이 '전쟁이 가능한 보통국가'의 무리에 들어서고 있는 상황에 대해, 나는 안타까움을 감출 수 없다.

2024년 1월 24일 미국 과학지 《핵과학자회보Bulletin of the Atomic Scientists》는 작년과 같이 올해의 '운명의 날 시계Doomsday Clock'가 세계 종말까지 역사상 가장 짧은 '90초' 전을 가리키고 있다고 발표했다. 제2차 세계대전 후, 미국의 핵 과학자들이 중심이 되어 인류 멸망까지 남은 시간을 발표해 오고 있다. 2020년 세계 운명의 날 시계는 역사상 가장 짧은 '100초' 전을 가리켰고, 2021년과 2022년 코로나19 확산, 미·중 대립, 환경파괴를 주요인으로 그대로 유지되었다. 그러나 2023년 1월 그때까지의 위기에 러시아·우크라이나 전쟁에 따른 핵전쟁 위기가 더해져서 역사상 가장 짧은 '90초'로 단축되었다. 그리고 올해는 작년 10월에 발발한 이스라엘·하마스 전쟁에 더하여 인공 지능Artificial Intelligence의 군사적 이용과 허위정보disinformation 확산, 그리고 기후변동의 위험성을 들어 여전히 '90초'에 머물러 있다.

확실히 우리는 성서가 예언한 세계 종말에 가까운 시점에 살고 있음을 강하게 실감한다. 역사상 유례가 없는 위기의 시대에 살고 있는 그리스도인으로서 지나간 역사에서 더욱 배우고, 현재의 상황을 새롭게 살피며 미래와 연결된 역사를 (함께) 극복해 나가고 싶다. 이를 위해 이 책이 조금이나마 도움이 된다면 큰 기쁨이겠다.

차례

第7장 과거의 선교 기념과 전에 없던 재해: 2009~2018년

第8장 천황의 세대교체, 코로나19, 우크라이나 전쟁: 2019~2023년

| 第5部 | 재포교 후의 가톨릭교회사와 하리스토스정교회 약사(略史)

第1장 재포교 후의 가톨릭교회사

제1부

하비에르 이전의 역사

지금까지 일본 기독교 역사의 통설로는, 일본에 처음 복음을 전한 사람은 예수회 선교사 프란치스코 하비에르로 여겨져 왔다. 그러나 과연 그가 일본에 오기 이전에는 기독교가 전해지지 않았을까.

실은 전전戰前*부터 일부 연구자들과 기독교 관계자들 사이에서 하비에르보다 훨씬 전부터 기독교가 일본에 전해졌을 가능성이 있다고 지적되어 왔다. 그런 논의는 지금까지도 활발하게 이어지고 있다.

1. 하타우지(유즈키)와 기독교

일본에 불교가 전래되기 이전인 4~5세기경 이미 대륙에서 온 도래인渡來人을 통해 기독교가 일본에 전래되었다는 주장이 있다. 중국과 한반도에서 도래해 귀화한 씨족에 관해 기록한《신찬성씨록新撰姓氏錄》(815)이 있다. 이 책에 '유즈키弓月의 국왕'이 주아이仲哀 천황이나 오진応神 천황 때 두 차례에 걸쳐 일본에 오고, 백성들과 일본에 귀화한 일이 기록되어 있다.[1] 이 유즈키 일

* 일본에서 이해되는 '전전(戰前)'이라는 용어의 용법은 역사가에 따라 몇 가지 입장을 보인다. '전전'은 보통 진주만 공격으로 시작된 태평양전쟁 발발 이전 시기를 가리키지만, 다른 한편에서는 태평양 전쟁을 포함한 제2차 세계대전 종결까지의 기간을 '전전'으로 이해하고 있다. 후자의 입장에서는, '대일본제국헌법' 제정과 더불어 표방된 '천황 주권 시대'를 기준으로 삼고, '전전'의 시기를 메이지유신에서 출발하여 '대일본제국헌법'이 철폐되는 제2차 세계대전 종료까지의 기간으로 하는 것이다. 이 책에서 사용되는 '전전'의 의미는 큰 틀에서 제2차 세계대전 종료까지를 지칭하지만, 제2차 세계대전, 특히 태평양전쟁 기간은 별도로 '전시하(戰時下)'로 명기하고, 이 전쟁 종료 이후는 '전후(戰後)'로 구분한다.

족一族이 도래인의 유력한 씨족인 하타우지秦氏로 여겨진다.

경교景教(네스토리우스파 기독교를 중국에서 이렇게 부른다) 연구의 권위자인 사에키 요시로佐伯好郞는 이 유즈키 일족의 출신지는 페르시아이며, 유즈키는 기독교 국가라고 지적한다.[2] 즉, 이미 4세기에 기독교도인 유즈키 일족이 중국에서 한반도를 거쳐 일본에 왔다는 것이다. 그리고 하타우지라고 불리게 된 그들은 교토와 나라 등 간사이關西 지방에 정착하고, 양잠과 견직 등의 기술을 들여왔다고 한다. 하타우지는 고대 일본에 건너온 씨족들 가운데 가장 규모가 크고, 일본 문화와 기술 그리고 종교에 깊은 영향을 끼쳤다.

한편, 오와 이와오大和岩雄의 《하타우지 연구》를 시작으로 많은 연구가 진행되고 있다.[3] 지금까지의 연구를 근거로 할 때, 일본에 건너온 유즈키, 즉 하타우지가 기독교도였다는 설은 매우 흥미 깊다. 그러나 현재로서는 충분한 사료적 뒷받침이 부족하며, 더한층 연구가 기대된다.

2. 쇼토쿠 태자와 기독교

다음으로 많은 이가 지적하는 것은, 우마야도노오지廐戶皇子라는 별칭이 있는 쇼토쿠聖德 태자의 탄생 이야기와 복음서의 기사가 서로 관련이 있다는 것이다. 574년에 탄생한 쇼토쿠 태자에 관한 후대의 전기에는 다음과 같이 기록되어 있다. 그의 어머니인 황후가 어느 날 꿈을 꿨다. 그 꿈 가운데 구세보살救世菩薩이 나타나서 "세상 사람들을 구원하기 위해 그대의 태를 빌릴 것이다"라고 계시했다. 그 후 임신한 황후가 궁중을 산책하며 마침 마구간 앞을 지날 때 갑자기 산기産氣를 느끼고 쇼토쿠 태자를 낳았다.[4] 《일본서기日本書紀》에 따르면, 황후가 임신해서 출산이 가까울 무렵 궁중을 둘러보다 마구간 문 앞에서 산기를 느끼고 고통 없이 태자를 낳았다. 태자는 유년 시절부터 매우 총명했고, '가미쓰미야노우마야토노토요토미미노타이시上宮廐戶豊聰耳太子'라고 불렸다.[5]

쇼토쿠 태자 탄생 기사와 베들레헴의 마구간에서 태어난 예수 그리스도의 탄생 기사가 매우 닮은꼴인 것은 분명하다. 이 유사점과 그 외의 것들에 주목한 연구자들은 그 역사적 배경으로 기독교의 한 종파인 네스토리우스파의 가르침이 중국을 거쳐 일본에 전해졌다고 생각했다.[6]

3. 네스토리우스파

네스토리우스파Nestorianism라는 명칭의 유래가 되는 네스토리우스Nestorius, 381~451경는 콘스탄티노플의 총주교를 역임한 인물이다. 그는 그리스도를 낳은 마리아를 '하나님의 어머니Θεοτόκος, God-bearer'라고 부르는 것에 반대하고, '그리스도의 어머니Χριστοτόκος, Christ-bearer'로 불러야 한다고 주장했다. 그리스도론에서 그리스도는 하나님 그 자체가 아니고 하나님을 모시고 다니는 자Θεοφόρος, God-bearer이고, 그리스도가 예배되는 것은 그의 안에 하나님이 존재하기 때문이라고 주장했다. 그는 431년 에베소 공의회에서 이단으로 정죄되었다.

확실히 그의 입장은 그리스도의 인성을 강조하는 경향을 띠나, 오늘날 프로테스탄트 신앙에 서 있는 우리의 입장에서 보면, 정통신앙에서 크게 벗어나 있다고 하기는 어렵다. 앞서 언급했듯이, 일본의 경교 연구 권위자로 사에키 요시로佐伯好郎, 1871~1965를 들 수 있다. 그는 경교 연구로 도쿄제국대학교에서 문학박사 학위를 받았다. 그리고 수년에 걸쳐 경교 연구를 정리한 《경교의 연구》를 1935년에 출간했다. 그는 이 책에서 네스토리우스의 주장을 이단이라고 할 수 있을지에 대해 상세하게 논하고 이렇게 결론지었다.

"따라서 네스토리우스가 주장하는 어떤 점이 이단인지 말하자면, 마리아 신모설神母說에 반대했다는 것 외에는 없다. 이 마리아 신모설은 당시 유행하는 일종의 표어였고, 확실히 다수가 받아들인 입장이었다."[7]

네스토리우스를 이단이라고 하는 지금까지의 견해는 로마 가톨릭교회의 영향을 많이 받은 것이고, 편향된 관점이라고 할 수 있다. 이단으로 선고된 후 네스토리우스 자신은 총주교 자리에서 추방되어 각지를 전전하며, 최후에는 리비아에서 임종했다고 한다. 그러나 그의 입장을 지지한 사람들은 로마 가톨릭교회의 박해를 피해 소아시아에서 페르시아, 아라비아반도로 피신했다. 페르시아에서는 국왕의 보호를 받아 발전하며 신학교도 세웠는데, 많을 때는 8백 명이나 되는 학생들이 있었다. 네스토리우스파는 선교에도 매우 열심이었고, 그 활동은 중앙아시아에서 중국에 이르는 실크로드의 대부분 지역에 이르렀다. 선교 역사가는 "네스토리우스파야말로 세계에서 가장 선교적인 교회였다"고 지적한다.[8]

4. 경교의 중국 전도

635년 페르시아 네스토리우스파의 선교사 아라본阿羅本, Alopen을 통해 중국에 이 가르침이 전해졌다. 중국에서는 역대 당나라 황제들의 보호를 받으며 '대진경교大秦景教'로서 번성했다. '경교'는 '빛나는 가르침'이라는 의미이고, 대진大秦은 로마를 가리킨다고 생각된다.

781년에는 수도 장안에 유명한 '대진경교유행중국비大秦景教流行中國碑'가 세워졌다. 페르시아인 경교 선교사 경정景淨, Adam이 제작했고, 시리아어와 한문으로 쓰여 있다. 야마구치 가즈히코山口一彦 편저인《경교》에 원문과 현대어 번역 및 주석이 정리되어 있다.[9] 비문에는 삼위일체 하나님 찬미, 인류의 타락과 십자가에 의한 구원, 성령에 의한 교회의 탄생 등이 기록되어 있다. 그리고 경교도의 신앙생활에 관해서는 하루 일곱 번 기도와 찬미를 드리는 일, 재산에 집착하지 않고 베푸는 일, 몸을 청결히 하는 일, 주일예배를 드리는 일 등이 강조되었다. 마지막에는 당의 6대에 걸친 황제와 경교의 관계, 황제들이 어떻게 경교를 보호해 왔는지가 쓰여 있다.

5. 경교와 일본

당나라 시대에 일본은 사절과 유학생을 빈번히 중국에 파견하고, 중국의 문화·사상·종교·기술을 많이 받아들였다. 따라서 당시 중국에서 유행하던 경교가 견당사遣唐使(당나라에 파견된 사절)들을 통해 일본에 전래되었을 가능성은 충분하다. 그런 연관 속에서, 앞서 말한 쇼토쿠 태자의 탄생 이야기도 생겨났다고 볼 수 있다.

또한 《속일본기續日本紀》에 의하면, 736년에 페르시아인 리미쓰에이李密翳가 벼슬을 하사받았다고 기록되어 있다.[10] 그가 경교도의 의사가 아니었을까 하는 설도 있지만, 추측의 범위를 벗어나지 못한다.

구카이와 경교

구카이空海, 홍법대사[弘法大師], 774~835와 경교의 관련은 많은 연구자가 주목하는 바다. 구카이는 31세 때인 804년 당나라에 가 장안長安에서 불교경전과 산스크리트어를 공부했다. 그가 사사한 스승은 지금의 아프가니스탄 지역에 있던 카피사 왕국 출신의 승려 반야삼장般若三藏이었다. 반야삼장은 대진경교유행중국비의 비문碑文을 지은 페르시아 출신의 경교도 경정景淨과 협력하여 불교 경전의 한역漢譯에 동참한 인물이다.

그러므로 구카이는 스승 반야를 통해 경교에 관해 알았을 가능성이 있다고 볼 수 있다. 구카이가 장안에 체류하는 동안, 그가 살고 있던 서명사西明寺와 경정이 살고 있던 대진사大秦寺는 불과 1,500미터 정도 거리이기에 구카이가 대진사를 방문했을 가능성도 있다.

이런 가능성을 부풀린 사람이 작가 시바 료타로司馬遼太郎이다. 그는 1975년에 쓴 《구카이의 풍경》에서 구카이가 대진사를 방문하고 경교비를 읽었다고 추정했다. 그 결과, 경교의 교의敎義에 관심을 갖고 경정과 만났을지 모른다고 기록했다.[11] 그것을 더한층 문학적 상상력으로 강화한 사람은 작가 진순신陳舜臣이다. 그는 1984년에 《만다라의 사람: 구카이구법전空海求法伝》을 쓰며 이야깃거리의 하나로 구카이와 경교의 접촉을 거론했다. 거기서, 어느 날 스승 반야삼장은 "너는 자신의 세계를 더욱 넓히지 않으면 안 된다"고 하며 구카이를 대진사로 초대했다. 대진사에 온 구카이는 "서로 다른 신앙 안에도 서로 통하는 것이 있다"고 반야에게 가르침을 받고, 경정의 방으로 초대된다. 그리고 경정에게서 그리스도의 가르침을 듣고, 그리스도의 부활에 관해서도 가르침을 받았다.[12] 이처럼 매우 억지스러운 이야기로 진행되지만, 서양에서 온 기독교와 동양의 불교가 만나는 감동적인 드라마가 만들어지고 있다.

귀국 후 구카이가 개창開創한 신곤슈眞言宗*에 십자가를 긋는 습관이나 간조灌頂라고 하는, 머리에 물 붓는 의식이 있다는 것도, 양자가 관련되는 근거로 거론되고 있다. 더욱이 구카이의 작품이라고 하는 〈이로하 노래いろは歌〉†에 감춰진 기독교의 의미를 읽어 내는 사람들도 이전부터 제법 있었다.

> いろはにほへと/ ちりねるをわか/ よたれそつねな/ らむうゐのおく/
> やまけふこえて/ あさきゆめみし/ ゑひもせす‡

〈이로하 노래〉를 일곱 자씩 끊어서 행으로 전개하고 각 행의 마지막 글자들을 나열해서 읽으면, "도카나쿠테시스とかなくてしす" 즉 "죄 없이 죽는다咎なくて死す"가 되어 그리스도 속죄의 죽음을 암시한다는 것이다.

또 경교 연구자인 요시다 도라吉田寅는, 경교비문 가운데 있는 "도에 변치 않는 이름 없고, 거룩함에 변치 않는 모양 없다道に常名なく, 聖に常態なし"는 구절이 구카이의 저작인《삼교지귀三教指歸》의 결론과 일치한다는 데 주목한다.[13]

그러나 〈구카이 전집〉(전 2권)을 읽어 보면, 경교의 영향을 나타낸다고 생각되는 부분은 눈에 띄지 않는다. 오히려 사람은 현세에서 수행을 쌓음으

* 구카이가 당나라에 건너가 배운 밀교를 기반으로 삼아 대일여래를 본존으로 하는 일본 불교의 한 종파. 한국에서는 '진언종'이라 불린다.

† 일본어 글자(가나)에서 'ん(응)'을 제외한 모든 글자를 한 번씩만 사용하여 만든 노래. 예부터 문자 학습용으로 쓰였으며, 이 노래의 글자 배열 순서에 따라 가나의 순서를 매겨 근세까지 사전 등에 널리 이용되었다.

‡ 〈이로하 노래〉는 7·5조의 시 형식으로, 내용은 다음과 같다.

色(いろ)は匂(にほ)へと 散(ち)りぬるを	화려한 꽃도 때가 되면 지거늘
我(わ)か世誰(よたれ)そ 常(つね)ならむ	우리네 이 세상에서 누구라고 영원하리
有為(うゐ)の奥山(おくやま) 今日(けふ)越(こ)えて	덧없는 인생의 깊은 산을 오늘도 넘어가노니
浅(あさ)き夢見(ゆめみ)し 酔(ゑ)ひもせす	헛된 꿈을 꾸지도 취하지도 않으리

로써 그 몸 그대로 부처가 될 수 있다는 즉신성불卽身成佛의 가르침이나 영혼불멸의 부정 등, 중요한 점에서 크게 차이가 난다.[14] 구카이나 그 밖의 인물을 통해 당나라 시대의 경교가 일본에 전래되었다 하더라도 그 내용은 본래 성서의 가르침에서 상당히 변질되어 있었다고 생각된다.

경교의 변질

경교도는 중국 선교에 임하여 황제의 보호를 받기 위해 중국의 전통 사상이나 국가권력에 적지 않게 타협하며 가르침을 설파했다. 사에키는《지나 기독교 연구》에서, 경교가 중국 포교에 임하여 "제국숭배주의를 표방"하고, "예수 그리스도만이 인류의 구세주다"라는 주장을 "버리고 돌아보지 않은 것"은 명백하다고 말한다.[15]

그는 중국 경교의 특색을 연구하고 그것을 10개 항목으로 정리했다. 마리아를 하나님의 어머니라고 부르는 데 반대하는 것, 성찬의 화체설·연옥·성직자의 독신을 부정하는 것, 성직자의 직위를 8계급으로 유지하는 것 등이다.[16]

기독교의 복음에서 가장 중요한 예수 그리스도의 십자가에 의한 죄로부터의 구원과 영원한 생명에 관한 가르침은, 중국에서 경교의 중심적 메시지가 되어 있다고는 생각되지 않는다. 따라서 이런 경교가 견당사 등을 통해 일본에 전래되었다 하더라도, 기독교의 주변적·외면적인 것에 그치고, 복음의 핵심 부분을 전했다고 할 수는 없을 것이다.

고대 시리아어 성서 단편 발견

2004년 4월, 6세기의 것으로 추정되는 고대 시리아어 역 성서의 단편이 미에 현에서 발견되었다. 로마서 6장 9절부터 11장 4절의 시리아어 역이고, 양피지에 쓰여 있다. 이 단편의 원래 소유자는 에도 시대부터 메이지 시대에 정치가로 활약했던 오도리 게이스케大鳥圭介, 1833~1911의 자손이고, 이 단편은 대대로 오시마 가문 소유로 소중하게 보관되어 왔다. 이것이 최근에 발견되고,

레이던대학교 명예교수인 무라오카 다카미쓰村岡崇光에 의해 6세기 고대 시리아어 성서의 귀중한 단편으로 확인되었다.[17] 발견자이며 현재 소유자인 야부우치 노리오藪內憲雄(고등학술연구소 소장)는 "오도리 게이스케가 경교의 유파에 속한 하타우지가 망명했던 하리마국播磨國(현재의 효고현의 일부)의 의사 집안에서 태어났고, 경교 선교사들 중에 의사가 많았다는 것은 한 가지 단서가 되지 않을까"라는 입장으로 이 단편이 경교의 일본 전래와 관계가 있다고 여겼다. 그리고 아스카 시대부터 에도 시대의 쇄국까지 사이에 일본에 반입되었을 가능성을 시사했다.[18]

사에키의 연구에 의하면, 경교도의 성서는 어느 나라에서나 원칙적으로 시리아어가 사용되었다고 알려져 있다. 만약 이 단편이 고대 일본에 경교도가 왔다는 증거가 된다면 실로 귀중한 발견이며, 이후의 연구가 크게 기대된다.

6. 일유동조론

지금까지 소개해 왔듯이, 하비에르 이전 일본에서의 복음 선교 가능성에 관한 많은 연구와 논의가 진행되고 있다. 여기서 떼어 놓을 수 없는 것이 '일유동조론日猶同祖論'이다. 이것은 유대 민족의 잃어버린 10지파가 일본으로 이동해 와서 일본 민족의 뿌리 가운데 하나가 되었다는 주장이다. 메이지 시대 초기부터 이런 생각이 있었고, 전전의 기독교인으로서 이런 입장을 주장했던 사람들 가운데 사카이 가쓰토키酒井勝軍, 1874~1940와 오야베 젠이치로小谷全一郎, 1868~1941가 있다. 오야베는 미국 예일대학교에서 박사 학위를 받았으며, 1929년에 《일본과 일본 국민의 기원》을 저술했다. 그는 이 책에서 일본인과 영국인에게 유대인의 피가 흐르고 있다고 주장했다.[19]

나카다 주지와 일유동조론

오야베 등의 일유동조론에 자극받아 더한층 독자적 성서 해석을 덧붙여 재림에 관한 입장을 편 사람이 성결교회의 나카다 주지中田重治, 1870~1939 감독이다. 그는 성결교회를 중심으로 부흥운동이 한창이던 1933년 초에《성서로부터 본 일본》이라는 강연집을 출간했다. 그는 이 책에서 "우리 민족 안에는 이스라엘인의 피가 들어와 있다"고 주장했지만, 그 논거는 매우 억지스럽다. 예를 들면, 일본의 신사 구조가 유대 성전과 흡사하다든지, 명절 의식(마쓰리) 때 쑥과 창포를 대문 입구에 걸어 늘어뜨리는 것이 유대의 초막절과 꼭 닮았다든지, 쑥떡은 쓴 나물을 넣은 빵을 나타내는 것이라는 등의 논법이다.[20] 일본에서 쓰이는 여러 가지 단어와 지명이 유대의 그것과 유사하다고 주장하는 대목은 언어유희라는 느낌이 강하다. 그리고 그는 독특한 성서 해석을 전개하며 "우리 일본 민족은 주 예수의 재림과 그에 연관된 이스라엘의 회복에 대해 사명이 있다"고 강조했다. 한일합방, 만주 지배등 일련의 일본의 대륙 침략을 긍정하고, 일본이 강대해짐으로 선민選民 이스라엘을 구원하기 위해 쓰임 받게 되리라고 주장했다.

1933년에 나카다는 재림이 임박했음을 더한층 소리 높여 주장하며, 이제는 지금까지와 같은 개인 전도나 교회 개척 및 성장에 몰두할 때가 아니라 오로지 그리스도의 재림과 유대 민족의 회복을 위한 기도에 전념해야 한다고 호소했다. 이제까지의 성결교회 전도 지향성을 부정하는 그의 말과 행동으로 말미암아 성결교회는 분열의 비극을 겪게 된다. 이런 경위에 관해서는 나의 책《일본 복음주의파의 역사》를 참조하기 바란다.[21] 이러한 예는 일유동조론을 지나치게 강조하면 정통신앙에서 벗어날 위험이 있다는 역사의 가르침을 말해 준다.

최근의 일유동조론

최근의 동향을 보면, 일유동조론이 다시금 고개를 들고 있다. 주장과 강조점에 다소의 폭은 있지만, 1974년부터 2000년까지 26년간 책이 26권이나 일본에서 출판되었다. 실로 매년 한 권꼴이다. 대표적인 저자로 마빈 토케이어Marvin Tokayer, 고이시 유타카小石豊, 구보 아리마사久保有政, 케니 조지프와

켄 조지프Kenny & Ken Jr. Joseph 부자父子 등을 들 수 있다. 그들은 종래의 전통적인 동조론의 근거와 더불어 그 후의 언어적·민족학적 연구를 덧붙이며 최근의 유전자학까지 끌어내서 주장을 펴고 있다. 그 책들은 도쿠마서점德間書店이나 분게이샤文芸社 등 일반 출판사에서도 출간되어 판을 거듭하고 있으며, 기독교인 이외의 사람들에게도 상당히 읽히고 있다.

예를 들면, 신사와 유대 성전의 유사성을 이야기하며 경교도景教徒는 유대인이었다고 주장하는 토케이어의 《유대와 일본: 신비의 고대사》(산업능률대학출판)는 1975년 출판 이래 2000년까지 47쇄를 거듭하고 있다. 이 책들은 잃어버린 이스라엘 10지파의 중심 집단이 고대 일본에 도래하여 일본인의 한 뿌리가 되고, 경교의 일본 전래에도 관련되며, 일본의 사상·종교·문화에 결정적인 영향을 끼쳤다고 주장한다.

이런 주장의 배후에는 단순한 학술적 관심을 넘어 일본 선교의 새로운 돌파구를 열고자 하는 강한 염원이 엿보인다. 예를 들어, 켄 조지프의 《숨겨진 십자가의 나라 일본》을 읽어 보면, 저자의 뿌리 찾기에 근거하여 하비에르 이전, 심지어 불교 전래 이전에 이미 기독교가 일본에 전래되어 있었으며 어떻게 일본인의 마음속 깊이 기독교의 감화가 미쳤는지 설명되어 있다. 그리고 전체적으로 기독교는 결코 외국의 종교가 아니라 일본인의 뿌리 깊은 곳으로 거슬러 올라가는 것이며, 이 선조의 가르침으로 돌아가야 일본인으로서의 참된 정체성을 확립하게 된다고 목소리를 높이고 있다.[22]

고이시 유타카는 동조론의 거점 가운데 하나라 해야 할 '샬롬선교회'의 책임자다. 일유동조론과 선교론의 관계에 관해 그는 이렇게 주장한다.

"동조론은 일본인을 '신약성서에까지' 인도하는 수단, 연결하고자 하는 행위이며, 이에 대해 선교론은 '신약성서로부터' 입니다. …… 일본인이 '참으로 우리의 뿌리가 성서(이 경우에는 구약성서)에 쓰여 있는 것인가?' 라며 먼저 성서에 관심을 갖기'까지'가 동조론의 사명이며, 이에 그 성서를 읽고 마침내 그리스도의 구원으로 인도 받았다고 한다면 그것이야말로 선교입니다."[23]

그리고 그는 일유동조론의 이후에 대해서는, 현시점에서는 어디까지나 '추론'이고 '가설'이지만 증거가 잇따라 발굴되는 때가 다가오고 있으며, 그때야말로 '가설이 본설'이 되고 '추론이 본론'이 되리라 기대하고 있다.

7. 베텔하임의 류큐 전도

일본에서 복음 선교의 역사를 보면, 일유동조론이 동기가 되어 실제로 일본 선교에 이른 예가 있다. 일본에서 프로테스탄트 선교의 선구자인 베텔하임의 류큐 전도다. 그는 헝가리 출신의 유대인이며 의학을 공부했다. 유대교도였지만 기독교로 개종하고 영국인 여성과 결혼하여 영국 국적을 취득했다.

베텔하임은 영국 교회에서 복음주의적인 사람들이 창설한 '영국해군류큐전도회Ryukyu Naval Mission' 최초의 선교사로서 받아들여졌고, 1846년에 가족과 나하那覇(류큐 왕국의 수도이자 항구도시)에 도착했다. 당시 류큐 왕국은 사쓰마번薩摩藩의 지배하에 있었고, 본토와 마찬가지로 기독교는 금지되어 있었다. 그는 관민官民 모두의 거센 박해에도 굴하지 않고 8년 남짓 류큐에 머물며 선교활동을 하는 가운데 개종자를 배출했다. 이것이 일본에서 최초의 프로테스탄트 선교다. 또한 의사였던 그는 병자들을 진료하며 류큐에서 처음으로 천연두 예방접종을 실시했다. 어학에도 뛰어났으며, 류큐어를 배워 누가복음·요한복음·사도행전·로마서를 번역하고 후에 출판했다. 페리 제독Matthew C. Perry, 1794~1858의 함대가 류큐를 거쳐 일본에 왔을 때는 일본이 개국하는데 적지 않은 역할을 했다.

그런 그의 일본 선교에 대한 정열을 지탱한 것이, 일본인은 자신의 선조인 유대인의 잃어버린 부족의 자손이 아닐까 하는 일유동조론이다. 부인 엘리자베스 말년의 증언에 의하면, 그가 해군류큐전도회 선교사로 지원했을 때, 아득한 옛날 동양으로 사라졌다고 여겨지는 이스라엘 10지파의 족적을 더듬어 찾고 싶다는 바람이 동기의 하나였다.[24] 그가 실제로 류큐에서 생활하며 류큐 사람들을 알아갈수록 이 사람들은 사라진 이스라엘 10지파의 자손이 아닐까 하는 생각이 강해져 갔다. 그리고 류큐 사람들의 생활습관·풍속·언어·용모 등을 깊이 연구해 가면서 유대인과의 유사성을 확신하게 되었다.

지금까지 논한 일유동조론에서도 볼 수 있듯이, 이 정도의 논거로 류큐인과 유대인의 조상이 같다고 주장하는 것은 무리가 크다. 그러나 베텔하임에게는 양자의 공통성에 관한 확신이 그의 선교 활동의 정열을 지탱했다고 할 수 있다.

8. 요약

이 항목에 관한 필자의 견해는 이렇다. 하비에르 이전에 그리스도의 복음이 일본에 전래되었을 가능성은 있지만, 역사적 근거는 충분하다고 할 수 없으며, 현시점에서 확립된 학설이라 하긴 어렵다. 일유동조론에도 무리한 가설과 추론에 기초한 곳이 많고, 더 엄밀한 역사적 검증이 필요하다. 그러나 선교적 동기까지 포함하여 그 주장에는 일본 기독교사 연구에서 무시할 수 없는 점도 있기에, 이후 더한층 연구가 진전되고 건설적 대화가 있기를 바란다.

여하튼 복음의 핵심 부분이라고까지는 할 수 없다 할지라도, 기독교의 영향이 다양한 통로와 수단을 통해 일본인의 정신사에 이르고 있을 가능성은 생각할 수 있다. 이를테면, '감춰진 지하수'와 같은 형태로 일본의 정신사 안에 흘러 왔고, 하비에르의 입국에 이르러 다시금 지표면에 나타났다고도 할 수 있지 않을까.

제2부

로마 가톨릭교회의 일본 선교

제1장

예수회의 일본 선교

1. 예수회 선교 이전

동양의 섬나라 일본을 서양에 널리 소개한 것은 마르코 폴로Marco Polo, 1254~1324의 유명한《동방견문록》이다. 베네치아의 국제무역상인 집안 출신인 폴로는 부친과 숙부를 수행해 실크로드를 여행하며 1275년 원元의 쿠빌라이 황제를 배알했다. 일행은 쿠빌라이의 후대를 받게 되고, 17년간 원에 머물며 조정을 섬겼다. 그 후 마르코 폴로가 귀국하여 원의 조정에서, 그리고 여행 중에 견문한 바를 쓴 것이《동방견문록》이다. 이 책에서 일본은 '지팡구Zipangu'라는 명칭으로 다음과 같이 소개된다.

> "지팡구(일본국)는 동쪽, 대륙에서 2,400킬로미터가량 떨어진 대양 가운데 있는 매우 큰 섬이다. 주민은 피부색이 희고, 예절 바르고 우아한 이교도이며, 독립국을 형성하고 그들의 국왕이 있다. 가는 곳마다 황금이 발견되기 때문에, 이 나라 사람은 누구나 막대한 황금을 소유하고 있다. …… 또 이 나라에서는 다량의 진주가 산출된다. 둥글고 크며 매우 아름다운 장밋빛 진주다. …… 진주 외에도 여러 종류의 다양한 보석이 생산된다. 참으로 풍요로운 섬나라여서 그 부富의 실상은 글과 말로는 다 할 수 없다."[1]

이처럼 일본은 황금과 진주와 보석이 풍부한 나라로 소개되었다. 콜럼버스Christopher Columbus, 1451~1506가 대서양을 서쪽으로 항해하여 아시아로 항해하고자 결의한 것도 《동방견문록》을 읽고 '황금의 나라 지팡구'를 염두에 둔 결과였다.

그런데 여기서 언급해 두고 싶은 것은, 로마 가톨릭교회의 세계 선교에 중요한 의미를 지니는 '포교보호권'포르투갈어 padroado, 영어 patronage이다. 중세 이래 역대 로마 교황은 포르투갈과 스페인의 국왕에게 이 포교보호권을 부여하고, 두 나라가 정복한 땅에서 교회의 포교 활동을 보장했다. 포교보호권이란, 두 국왕이 지배지역에서 선교활동을 위한 비용을 부담하는 대신 그 지배지역에서 사교司教, bishop와 사제司祭, priest의 임명권을 갖고, 선교사를 파견하는 의무를 로마 교황으로부터 위임받는 것이었다. 이 포교보호권은 15~16세기의 대항해大航海 시대에 포르투갈, 스페인 두 나라가 식민지를 확대하는 유력한 근거가 되었다.

특히 교황 알렉산데르 6세는 1493년에 칙령을 발표하고 지구상의 신세계 가운데 신대륙을 스페인에, 아시아와 아프리카를 포르투갈에 분할하여 두 나라에 통치권을 위임했다. 단, 브라질은 포르투갈에, 필리핀은 스페인에 위임하는 예외를 인정했다. 더욱이 1514년, 레오 10세는 지금까지의 영토뿐 아니라 앞으로 발견될 모든 나라에까지 포교보호권을 확대했다. 이에 따르면, 일본은 포르투갈 국왕의 포교보호권으로 들어가는 것이 된다. 실제로 예수회의 일본 선교는 포르투갈 국왕의 지원과 보호를 받게 되었다.

이리하여 기독교 선교는 순수한 종교 활동이 아니라, 식민정책과 무역에 연결된 형태로 두 국왕이 이용하는 것이 되었다. 도미니크회나 프란시스코회 등의 수도회는 이 포교보호권을 최대한 활용하여 신대륙을 중심으로 선교지를 넓히고 있었다. 더욱이 이 특권을 최대한 이용하여 반종교개혁운동counter-reformation을 진행하는 가톨릭교회에서 세계 선교의 담당자가 된 것은 다음에 등장하는 예수회다.

2. 예수회의 세계 선교

예수회는 이냐시오 데 로욜라Ignacio de Loyola, 1491~1566가 하비에르 등 여섯 동지들과 1540년에 설립한 남자 수도회다. 로욜라는 1491년 스페인의 바스크 귀족 가문에서 태어나 후에 군인이 되지만 전투에서 중상을 입는다. 그 후 그의 영적 수련에서 나온 책이 《영적 수련Spiritual Exercises》이며, 예수회 수도자들의 영적 훈련을 위한 안내서가 되었다.[2]

예수회는 청빈과 명상을 중시하는 종래의 중세적 수도회와 달리, 로마 교황에게 절대적 복종을 서원하고, 세계 선교를 위해서라면 땅끝까지 가는 것을 목표한 전투적 수도회였다. 프로테스탄트 종교개혁에 대항하여 잃어버린 땅의 회복을 겨냥하는 로마 가톨릭교회의 반종교개혁운동 가운데 가장 강력한 운동이라 해도 좋을 것이다. 이 회의 표어는 "하나님의 더 큰 영광을 위하여Ad majorem Dei gloriam, To the greater glory of God"이며, 모든 무신론적·비가톨릭적인 것과 싸우고, 세계와 그 문화를 로마 가톨릭화하는 것이 목적이었다.

예수회의 세계 선교에는 다음 두 성구가 원동력이었다. 하나는, 마태복음 16장 26절의 "사람이 만일 온 천하를 얻고도 제 목숨을 잃으면 무엇이 유익하리요"이다. 다른 하나는, 마가복음 16장 15절의 "너희는 온 천하에 다니며 만민all creation에게 복음을 전파하라"이다.

예수회의 선교 방법은 선교 대상에 따라 큰 차이가 있다. 신대륙 원주민이나 인도 현지인과 같이 상대가 자신들보다 문화적 수준이 낮다고 생각되면 매우 강압적으로 접근한다. 예수회 자신의 말에 따르면, "기존 문화에 마음 쓰지 않고 오직 기독교화를 진척시키는 방법"이다.[3] 이러한 전략에 기초하여 포르투갈 국왕이나 스페인 국왕의 포교보호권 아래 순식간에 인도와 신대륙, 아프리카 등의 선교지를 넓히며 가톨릭화해 갔다.

그에 반하여, 상대에게 고도의 문화가 있다고 보일 경우에는, 상대의 문화와 관습을 존중하고 매우 융화적인 방책을 편다. 소위 '적응주의정책accommodation'이라는 것이다.[4] 일본과 중국을 예로 들 수 있다.

예수회의 선교 방침 가운데 돋보이는 것은 교육을 중시하는 것이다. 그들은 세계의 가톨릭화를 위해서는 청소년 교육이 필수라고 생각하고, 본국이나 선교지를 불문하고 세미나리오seminario와 콜레지오colegio라고 부르는 학교를 각지에 세우고 청소년 교육에 임했다.

세미나리오는 성직을 희망하는 사람을 위한 예비 교육기관이고, 콜레지오는 세미나리오에서 공부를 마친 사람을 위한 고등교육기관이다. 현재 일본에서 잘 알려진 조치上智 대학교는 예수회가 경영하는 교육기관이다. 전체적으로 볼 때, 예수회의 일본 선교는 이 수도회의 좋은 면이 발휘되었다고 할 수 있다.

3. 하비에르의 입국과 선교활동

하비에르는 1506년 스페인에 인접한 나바르 왕국의 하비에르 성에서 태어났다. 바스크 귀족 가문 출신인 그는 파리대학에서 공부하는 동안 로욜라를 만나 돈독한 친교를 맺었다. 그리고 1534년 파리 외곽 몽마르트르의 한 성당에서 로욜라를 중심으로 동료 일곱 명과 헌신을 서약했고, 이것이 예수회 창립의 토대가 되었다.

하비에르는 포르투갈 국왕 주앙 3세João III의 요청을 받고 1542년 인도의 고아에 도착해서 열심히 선교활동을 폈다. 그 결과, 인도 원주민 개종에 놀랄 만한 성과가 있었다. 그러나 그들의 기독교 이해는 깊지 않았고, 유럽과 인도의 문화적 차이는 매우 컸다. 인도를 수탈의 대상으로만 여기던 포르투갈 당국과 식민 정책의 마찰도 무시할 수 없게 되었다.

이와 같이, 인도 원주민 전도의 어려움에 직면한 하비에르는 1547년 말라카에서 일본인 야지로를 만나고, 그의 지성에 매우 깊은 감명을 받았다. 일본인 최초의 가톨릭 신자가 된 그는 가고시마 출신의 하급무사인데, 젊은 시절 사람을 죽인 일이 있었다. 그 때문에 몸 둘 곳을 잃고 절에 숨어 있던 일도 있었다. 그 후, 가고시마에 정박해 있던 포르투갈 배로 도망쳐 들어가서 말라카까지 건너왔다. 그는 그 배에서 포르투갈인 선장에게 기독교의 가르침을 받았다. 그리고 살인을 저지른 데서 오는 죄책감에서 벗어나기 위해 사제인 하비에르를 만나고, 고해성사를 받도록 권유받았다.

하비에르는 로마의 예수회 회원에게 보낸 편지에 야지로와의 만남을 이렇게 적었다.

> "일본인 모두가 야지로처럼 지식욕이 왕성하다면, 새롭게 발견된 모든 지역 가운데 일본인은 가장 지식욕이 왕성한 민족일 거라고 생각합니다. …… 그는 내게 여러 가지 질문을 했습니다. 그는 지식욕에 불타 있는데, 그것은 진리를 빠르게 이해해 가고 있다는 증거이고, 또한 단시일 안에 진리의 가르침을 인정하기에 이를 것입니다."[5]

그는 이처럼 일본인의 지성을 칭찬한 후, 일본 선교의 가능성에 대해 야지로와 나눈 문답을 기록하고 있다. 야지로는, 일본인이 신자가 될 수 있을까 하는 하비에르의 질문에 대해, 일본인이 복음을 듣고 곧바로 신자가 되는 일은 없겠지만, 그들의 많은 질문에 만족스러운 답을 주며, 하비에르의 언행에 흠이 없다면 지도자들도 민중도 신자가 될지 어쩔지 스스로 판단할 것이라고 답했다.[6]

또한 하비에르는 야지로를 안내했던 포르투갈인 선장의 보고서를 통해서도, 일본인이 왕성한 지식욕이 있으며 '일본인은 매우 이성적이기 때문에, 이들을 전도하는 편이 인도의 이교도를 전도하는 것보다 주 하나님께 더욱 큰 봉사가 될 것이라'고 권유받고 있다. 그래서 자신이나 예수회의 누군가가 일본에 건너가서 선교해야 한다고 뜻을 굳힌 것이다.

그는 야지로를 만나고부터 일본에 오기까지 1년 반 정도 인도 지역의 선교 활동에 쫓기면서도 일본 선교의 방책을 여러모로 생각하고 있었다. 한편, 야지로 외에 두 일본인이 합류하여 기독교 교리와 포르투갈어를 배우며 세례를 받았다. 야지로는 파울루Paulo라는 세례명을 받았다. 그는 고아의 성신학원聖信學院(성바울대학St. Paul's College을 지칭) 원장 니콜로 란칠로티Niccolo Lancilotti와 협력해서 일본의 종교 사정과 정치 등에 대한 보고서를 작성했다.[7] 이 보고서는 일본의 상황을 꽤 자세하게 전하는데, 하비에르는 이 보고서를 읽고 나름대로 일본 선교의 구상을 짜며 일본 입국을 준비했다.

하비에르가 일본에 온 무렵, 일본은 전국戰國시대 말기에 접어들었고, 군웅할거群雄割據와 하극상의 시대였다. 전란이 계속되었으며 중세에서 근세로 옮겨가는, 말하자면 해산의 고통을 겪던 시대였다.

1549년 8월 15일, 하비에르 일행은 힘든 항해 여정을 거쳐 야지로의 고향 가고시마에 상륙한다. 그날은 성모 마리아 승천대축일이어서 하나님의 은혜를 두 배로 느꼈다.[8] 이때 하비에르 일행은 하비에르 외에 예수회 두 사제, 즉 코스메 데 토레스Cosme de Torrès, 1510~1570와 후안 페르난데스Juan Fernandes, 1526~1567, 야지로를 포함한 일본인 세 명, 그 외의 동양인 두 명 등 모두 여덟 명으로 이뤄져 있었다. 그들은 야지로의 친척들과 영주인 시마즈島津 가문 등으로부터 환영을 받으며 순조롭게 시작했다.

상륙 두 달 반 뒤, 하비에르는 인도 고아의 예수회 회원에게 긴 편지를 썼다. 그 편지에 따르면, 일본인에 대한 인상은 다음과 같다.

> "첫째로, 우리가 교제를 통해 파악한 바로 이 나라 사람들은 지금까지 발견된 국민 가운데 최고이며, 일본인보다 뛰어난 사람들은 이교도들 사이에서는 발견할 수 없을 것입니다. 그들은 가까이하기 쉽고 일반적으로 선량하며 악의가 없습니다."[9]

이처럼 일본인의 우수함, 선량함을 크게 칭찬하고 있다. 그러나 일본인의 명예심이나 자존심에 관해서도 예리하게 관찰하고 있다.

> "그들은 놀라울 정도로 명예심이 강한 사람들이며, 다른 어떤 것보다도 명예를 중시합니다. 즉 명예를 재산보다 훨씬 중요한 것으로 여기고 있

습니다. …… (일본인은) 모욕 받거나 경멸의 말을 듣고서 침묵하며 참고 있을 사람들이 아닙니다."[10]

그는 특히 이렇게 명예심이 강한 것을 무사들 가운데서 발견했다. 또한 그 편지에서 불교 승려('본즈'라고 불리고 있다)의 타락한 모습을 호되게 비판하고 있다. 그리고 "이 섬 일본은 거룩한 신앙을 널리 보급하기 위해 보면 아주 잘 준비된 나라입니다. 우리가 일본어를 구사할 수 있다면, 많은 사람이 신자가 되리라는 것은 의심의 여지가 없습니다"라며 일본 선교의 앞날에 큰 기대와 확신을 표하고 있다.

결국 하비에르 일행은 가고시마에서 약 1년을 머물며 선교활동을 했다. 하비에르는 영주인 시마즈 가문으로부터 선교 허가는 얻었지만, 언어의 장벽 때문에 충분한 선교활동을 할 수 없었다. 그럼에도 야지로가 친척들에게 행한 전도로 백여 명이 신자가 되었다.

이 가고시마 체류 기간은 하비에르에게 일본어와 일본 문화를 배우고 준비하는 시간이 되었다. 이 기간에 하비에르는 야지로의 도움으로 가톨릭 교리 해설서인 《신앙개조信仰箇條의 설명서》를 일본어로 번역했다. 이 해설서는 천지창조부터 그리스도의 생애와 승천, 최후의 심판에 이르는 내용을 다루었다. 그는 매우 고생하며 작업을 진행했지만 라틴어 '데우스Deus, 神'에 해당하는 적절한 일본어가 없어서 야지로의 권유에 따라 '다이니치大日'라고 번역했다. 야지로는 불교의 한 종파인 진언종眞言宗을 추종한 일이 있고, 대일여래大日如來, 다이니치뇨라이와 기독교의 데우스가 동일한 것이라고 생각하여 데우스를 '다이니치'라고 했던 것이다. 그러나 이것은 후에 커다란 문제가 되었다.

하비에르는 일본에 오기 전에 란칠로티와 야지로의 보고서를 통해, 일본은 천황과 쇼군이 다스리고 있다고 알고 있었다. 그래서 그가 생각하던 일본 선교 계획은, 수도인 교토로 올라가 천황과 쇼군을 만나서 선교 허가를 얻는 것이었다. 하비에르 일행은 겨울의 매서운 추위 속에 온갖 어려움을 겪으면서 염원하던 교토에 가까스로 도착했다. 1551년 1월 중순의 일이다. 하지만 일행을 기다리고 있던 것은 오랜 동안 전란으로 황폐해진 수도와, 완전히 힘을 잃은 천황과, 아시카가足利 쇼군의 존재였다.

다년간 일본에서 선교했고 일본 선교의 귀중한 기록인《일본사A History of Japan》를 쓴 예수회 사제 루이스 프로이스Luis Frois, 1532~1597는 이 장면을 다음과 같이 기록하고 있다.

> "사제는 전全 일본의 수도인 이 도시에 도착해서, 자신들의 목적을 달성하는 데 그 땅은 더 이상 필요하지 않은 상태에 있음을 발견했다. 이를테면, 모든 양상은 전란으로 변하고 있으며, 쇼군 아시카가 요시테루足利義輝는 중신들을 데리고 외곽으로 피신해 있었다."[11]

하비에르는 천황을 배알하려 했으나 뜻을 이룰 수 없었다. 당시의 고나라 천황後奈良天皇, 재위 1526~1557은 초라한 건물에서 살고 있었다. 하비에르는 궁색한 행색이었기 때문에 배알할 때 필요한 선물을 가지고 있는지 질문을 받았다. 그러나 그 물품들을 히라도平戶에 남겨두고 왔기 때문에 배알은 이뤄지지 못했다.

낙담한 하비에르에게, 그가 숙박하던 곳의 집주인이 말하기를, 현재 천황에게는 권력이 없고 전혀 힘이 없기 때문에 사람들은 천황을 따르고 있지 않다고 했다. 또한 하비에르는 천황 배알에 앞서 히에이잔比叡山에 올라가 불교 승려들과 토론하며 좌주座主*에게 선교 허가를 얻고자 했다. 그래서 히에이잔에 갔지만, 좌주를 만나려면 값비싼 선물이 필요하다는 것을 알고 포기했다.

이러한 수도의 현실을 파악한 하비에르는 교토 지방의 선교 계획을 접

* 헤이안 시대의 승려 사이초(最澄)에 의해 시작된 일본 덴다이슈(천태종, 天台宗)의 총본원인 엔랴쿠지(延曆寺)는 이 사찰이 위치한 산의 이름을 따라 보통 히에이잔(比叡山)이라 불린다. 이 사찰의 주지를 '좌주(座主, 자스)' 혹은 '천태좌주(天台座主, 덴다이자스)'로 불렀다.

는다. 그는 교토로 향하던 도중 잠시 머무른 야마구치山口의 영주 오우치 요시타카大內義隆, 1509~1551야말로 사람들의 말 그대로 당시 일본의 최대 군주라고 생각했다. 일단 교토에서 철수하여 다시 야마구치로 향하던 하비에르는, 이번에는 인도 총독의 사절로서 위풍당당하게 모습을 갖추고 오우치 요시타카를 방문한다. 그때까지 일본에 머물며 경험한 것을 통해 일본인이 외모로 인물을 평가한다는 것을 알았기 때문이다. 그는 인도 총독의 친서를 가지고 열세 종류의 값비싸고 진귀한 선물을 요시타카에게 건넸다. 그리고 대단히 기뻐하는 요시타카의 답례 선물을 사양하고 오직 야마구치령 내에서의 선교활동을 허락해 줄 것을 청했다. 그의 청은 흔쾌히 받아들여졌다.

하비에르는 야마구치에서 반 년쯤 머물며 열심히 선교 활동을 했다. 야마구치에서는 처음부터 진언종의 승려들이 다이니치를 설명하는 하비에르의 선교에 대단한 호의를 보였다. 당혹스러웠던 하비에르는, 어쩌면 이전에 기독교가 일본에 전해져서 그것이 오늘까지 이어지고 있을지 모른다고 여러모로 생각했다. 그가 생각한 것은, 사도 도마Thomas가 인도에 전한 복음이 인도에서 중국을 거쳐 일본에 전해졌을 가능성이 있다는 것이었다.[12]

그러나 며칠 뒤 하비에르가 진언종 승려들에게 삼위일체의 교리와 십자가에서 예수 그리스도 대속의 죽음에 대해 질문했을 때, 그들은 그것에 관해 전혀 몰랐고, 그리스도의 이야기는 꾸며낸 이야기에 지나지 않는다고 생각하고 있었다. 일본에서 귀국한 하비에르는 편지에서, "이전 어느 시대에 일본에 하나님과 그리스도의 지식이 전해진 것이 아닌가 생각하고, 이를 조사하기 위해 애썼습니다만, 문서나 전승을 살펴보아도 하나님에 대한 지식이 있었다는 확증을 얻을 수 없었습니다"라고 쓰고 있다.[13]

하비에르가 야마구치에서 "다이니치를 예배하라"고 설교한 것은 참된 신인 그리스도를 예배하라는 의도에서였다. 그러나 진언종의 승려나 민중에게 '다이니치'는 그들이 이해하는 '대일여래'였다. 진언종이 말하는 '다이니치'와 기독교가 가르치는 '신'이 서로 다른 것이며, 게다가 다이니치는 외설스러운 은어를 의미한다는 것을 차츰 알게 된 하비에르는 지금까지 '다이니치를 예배하라'고 가르쳐 온 것을 뒤바꿔서 '다이니치를 예배하지 말라'고 외쳤다. 이 쓰라린 교훈을 얻고, 이후 신에 대해서는 일본어를 피하고 라틴어의 '데우스'만을 사용하게 되었다. 이는 절대 유일신 개념이 없는 일본인이 이해할 수 있는 번역어를 발견하기가 얼마나 어려운 일인지를 말하고 있다.

야마구치에서 선교 결과 5백 명 정도가 세례를 받았고, 커다란 성과가 있었다. 특히 시각장애가 있던 비파법사琵琶法師, 로렌수 료사이[了齋], 1526~1592가 회심하여 세례를 받고 로렌수Lawrence라는 세례명을 받았다.* 그는 이후 일본 선교를 위해 활약했다. 예수회 사제 토레스를 야마구치로 불러 자신의 후임으로 삼은 하비에르는, 규슈 분고豊後의 영주 오토모 요시시게大友義鎮, 1530~1587(소린宗麟으로도 불림)에게 초대받아 분고로 건너간다. 2개월 정도 머물렀는데 여기서는 복음의 씨앗을 뿌리는 단계에 그쳤다. 후에 오토모 요시시게는 기리시탄 다이묘大名가 되었다.

1551년 11월 15일, 하비에르는 일본을 출항한다. 일본 선교의 개척자로서 수고도 많았지만 수확도 많았던 2년 3개월의 일본 체류를 마감한 것이다.

45세가 된 그의 머리는 백발로 뒤덮이고 말았지만, 더한층 선교 의욕에 불타고 있었다. 그가 일본을 떠난 것은, 일본인에 대한 선교의 부담이 여전하지만 동양 전체로 확대된 고아 관구장管區長으로서 무거운 책임이 그를 한 나라에만 묶어둘 수 없었기 때문이다. 더욱 큰 동기로, 2년 남짓한 일본 선교 경험을 통하여, 일본 문화와 사상에 중국이 끼치고 있는 커다란 영향력을 통감한 일이 있다. 말하자면, 일본인이 그리스도의 복음을 수용하기 위해서는 중국 선교가 선행되어야 한다고 생각한 것이다.

하비에르는 인도로 돌아간 후 예수회 총장 로욜라에게 보내는 편지에, 이후의 일본 선교에 대해 이렇게 적었다.

* 비파법사(琵琶法師): 거리에서 비파를 연주하며 이야깃거리를 노래하던 승려 및 승려의 모습을 한 예능인을 가리키는데, 이들은 주로 시각장애인이었다.

"일본 땅은 기독교를 오래도록 지켜나갈 신자를 (늘리기) 위해 매우 적합한 나라이므로, (선교를 위해) 아무리 고생하더라도 보답을 받게 될 것입니다. 그렇기에 당신이 거룩한 덕성을 갖춘 인물을 일본에 파견해 주시기를 간절히 바라고 있습니다. 인도 지방에서 발견된 모든 나라 가운데서* 일본인만이 극도로 곤란한 상황에서도 신앙을 오래도록 지속해 갈 수 있는 민족이기 때문입니다."[14]

이와 같이, 그는 일본 선교가 희망이 있음을 열정적으로 설명했다. 그리고 일본에 파견되어야 할 선교사에 관해서는 앞서 말한 영적인 덕성과 더불어, 여러 가지 곤란이나 결핍이나 불교 승려들의 박해에도 인내할 수 있는 "깊은 경험과 내적인 자기 인식이 가능한 사람일 것, 그리고 일본인이 하는 무수한 질문에 답할 충분한 학식을 갖추어야 한다"고 말했다. 더욱이 "철학이 가능하고 변증법에 능한 사람으로 (승려와의 토론에서) 명백히 드러나는 모순을 즉시 지적할 수 있는 사람이 필요하다"고 주장했다. 하비에르가 요구한 것은 인격과 학식을 겸비한 우수한 일급 선교사였다. 또한 그는 일본의 겨울은 혹독하기 때문에 독일 사람이나 플랑드르† 사람이 적합하다고 구체적으로 지적했다.

하비에르는 인도에 돌아가서도 기회가 있을 때마다 일본에 대한 찬사를 입에 올렸다. 그의 편지에는 일본인의 뛰어난 지성, 예절 바름, 선량함을 칭찬하는 글이 여기저기 보인다. 물론 그는 일본 사회와 일본인의 결점도 언급하며, 불교 승려들을 호되게 비판했다. 그럼에도 일본인에 대한 그의 시선은 깊은 애정과 커다란 기대로 가득 차 있었다. 이와 같은 인물에 의해 예수회의 일본 선교의 토대가 놓인 것이다.

* 유럽인들의 대항해 시대 이후 현재의 인도, 동남아시아, 오세아니아 제도 등지를 동인도 제도(East Indies)로 인식했으며, 특히 일본은 당시 인도의 고아(Goa) 관구의 관할하에 있었기 때문에 하비에르는 인도 지방의 범주로 인식하고 있다.

† 지금의 벨기에 서부, 네덜란드 남서부, 프랑스 북부를 포함한 북해 연안 지역.

그 후 하비에르는 중국 선교에 뜻을 두고 고아를 떠난다. 출발을 앞두고 포르투갈 국왕 주앙 3세에게 보낸 편지에서, 중국 도항渡航의 목적을 이렇게 적었다.

> "저희는 하나님의 중대한 요구, 즉, 먼저 중국 국왕에 대하여, 다음으로 국왕의 지배하에 있는 모든 사람에 대하여, 더 이상 악마를 예배하지 않고, 천지만물을 구속해 주신 주 예수 그리스도만을 예배하도록 요구하기 위해 도항하나이다."[15]

하비에르는 이 일이 얼마나 위험한지를 언급하면서도 "하나님의 무한한 자비에 신뢰를 드리며 출발하나이다"라며 확고한 결의를 표명했다. 하나님께 대한 이와 같은 깊은 신뢰는 일본에서의 선교 경험에 의해 뒷받침되고 있었을 것이다.

그러나 1552년 12월, 중국 본토 도항을 앞둔 그는 광둥廣東의 상촨섬上川島에서 병에 걸려 하늘의 부름을 받는다. 동양 선교에 일생을 헌신한 그의 족적은 실로 '동양의 사도'라 불릴 만한 것이었다. 하비에르는 1622년 로욜라와 함께 시성諡聖되어 가톨릭교회의 성인이 되었다.

끝으로, 하비에르의 일본 선교와 포르투갈의 식민정책의 관계를 언급하려 한다. 하비에르의 일본 선교는 기본적으로 선교의 사명감에 기초한 것이고, 포르투갈의 식민지 정책을 수용한 것은 아니었다. 그러나 포교보호권에 관한 약정 가운데 일본은 포르투갈의 포교보호권에 들어가는 것으로 여겨졌다.

일본에 가서 머물기까지 하비에르 일행은 그렇게 큰 비용을 어떻게 충당했을까? 하비에르의 편지에 의하면, 일본으로 떠날 때 주앙 3세의 지시를 받은 말라카Malacca의 장관에게서 4만 7천여 리터의 후추와 일본 국왕을 위한 많은 값비싼 선물을 제공받았다. 하비에르는 이 후추를 현금으로 바꾸고, 그것으로 일본에서 선교 활동에 필요한 모든 비용을 충당했다고 생각된다. 일본에서 인도로 돌아간 후의 편지에서 다음과 같이 진술했다.

> "일본으로 출발할 때, 기독교 국가인 포르투갈의 국왕이 천 크루사도crusado(포르투갈의 옛 은화) 이상을 우리에게 주도록 명령하셨기에, 일본에 파견된 우리는 이 하사금으로 2년 반 동안 머물며 생활을 유지했습니다."[16]

이와 같이 일본에서 하비에르 일행의 선교 활동은 경제적으로는 모두 포르투갈 국왕의 원조로 유지되고 있었다. 또한 이후의 비용에 대해, 하비에르는 말라카의 장관에게 일본과 인도의 무역을 위해 자신이 힘써 일하고 싶다고 요청했다. 오사카 서남부의 무역항 사카이堺를 중계항中繼港으로 하고 그곳에 포르투갈 상관商館을 두자고 제안했다. 그리고 "만일 각하께서 저를 신뢰해 주시고 (이 지방에) 보내는 상품 관리를 일임해 주신다면, 저는 하나를 백 이상으로 늘리겠다고 주저 없이 말씀드리겠습니다. 이득은 확실하고 조금도 위험은 없습니다"라며 엄청난 자신감을 보였다.[17] 그 후 예수회는 일본에서 포르투갈 무역을 담당하고, 그 수입으로 선교 활동을 위한 상당한 부분을 충당해 갔다. 이렇게 본다면, 하비에르의 일본 선교는 포르투갈의 식민 정책과 무관하다고는 할 수 없다.

제2장

하비에르 이후의 일본 선교와 발리냐노의 개혁

1. 하비에르 이후의 일본 선교

1551년 말, 일본에서 예수회 선교의 토대를 놓았던 하비에르가 일본을 떠난 후 약 10년 동안은 주목할 만한 진전이 보이지 않았다. 그러나 그 후 선교가 급속하게 진척되어 규슈, 주고쿠中國(야마구치·돗토리·시마네·히로시마·오카야마의 5개 현이 있는 지방), 간사이關西를 중심으로 많은 회심자가 배출되었다.

그 급격한 성장의 원인으로 오토모 요시시게大友義鎭, 오무라 스미타다大村純忠, 1533~1587, 다카야마 우콘高山右近, 1552~1615 등의 유력한 기리시탄 다이묘가 예수회의 선교를 적극 지원·보호한 것을 들 수 있다. 더욱이 천하통일을 목표로 권력을 확장하고 있던 오다 노부나가織田信長, 1534~1582가 기독교를 보호한 것도 선교의 진전을 크게 도왔다. 그가 기독교를 보호한 것은 철포鐵砲를 포함한 포르투갈 무역의 이익을 챙기기 위한 것과 불교 세력을 제압하기 위한 것으로, 지극히 정치적인 동기에서였다.

또한 하비에르의 뒤를 이어 일본 포교장이 된 토레스와 가스파르 빌렐라Gaspar Vilela, 1525~1572 등 예수회 사제들이 일본인의 관습과 감정을 최대한 존중하고 그에 적응한다는 전도 방책을 취한 것도 성장의 큰 요인이었다. 역사학자 고노이 다카시五野井隆史에 의하면, 토레스는 하비에르의 선교 방책을 충실히 계승했다. 이를테면 ① 일본과 일본인에 대한 적응주의의 실천, ② 봉건

영주에게서 영주의 가신家臣과 영내領內의 백성들에 대한 선교를 허가받는 것, ③ 포르투갈 상선의 일본 입항을 선교활동에 적극적으로 이용하는 것, ④ 기회를 잡아 수도 교토의 선교에 힘쓰는 것이었다.[1]

토레스는 그의 선교지 야마구치에서, 기독교의 가르침에 저촉되지 않는다면 가능한 한 일본인과 같은 생활을 하려고 힘썼다. 불교의 영향도 있어서 일본인이 육식을 죄악시하는 것을 보고 그는 고기를 전혀 입에 대지 않았고, 일본인과 마찬가지로 쌀과 생선과 야채로 식사를 했다. 현지에 적응하려는 이런 노력은 그 개인에게 머물지 않고 다른 선교사들에게도 파급되어 일본인의 마음을 사로잡아 갔다.

또한 토레스는 하비에르의 방침에 따라 다이묘와 영주에게 접근하여 그들의 호의를 얻고자 노력했다. 이를테면, 야마구치에서 오우치 요시타카를 계승한 오우치 요시나가大內義長에게 접근하여 교회 건축 허가를 얻은 것이다. 그는 그 후 분고豊後로 가서 오토모 요시시게의 보호를 받고, 그의 땅에 교회를 세웠다. 더욱이 나가사키의 요코세우라橫瀨浦에 가서 오무라 스미타다에게 세례를 베풀었다. 이와 같이 토레스는 하비에르 이후 20년 가까이 일본 선교활동을 지도했다. 이 무렵 예수회의 일본 선교는 아침 해가 솟아오르는 듯한 기세였다.

그러나 1570년에 토레스의 뒤를 이은 프란시스쿠 카브랄Francisco Cabral, 1529~1609이 일본의 제3대 포교장으로 취임한 이래, 일본 선교는 차츰 벽에 부딪혀 갈피를 잡지 못했다. 카브랄은 포르투갈의 유서 깊은 가문 출신의 매우 뛰어난 인물로, 인도에 머물고 있을 때 예수회에 입회했다. 인도의 예수회 지도자는 "인도에서 예수회에 들어온 자들 가운데 카브랄만큼 학덕이 뛰어난 자는 없다"고 할 정도로 그를 평가했다. 이와 같은 배경이 있었기에, 일본의 신임 포교장으로 예정되어 있던 사람이 갑자기 죽게 되자, 1568년 그는 35세의 젊은 나이에 일본 포교장에 임명되었다. 그러나 당시의 교통사정으로 즉시 일본에 부임할 수 없었고, 마카오에서 1년 정도 대기하고 있었다. 이때 함께 일본에 건너온 네키 솔도 오르간티노Gnecchi-Soldo Organtino, 1530~1609와 권한을 다투게 되고, 이 일로 훗날까지 일본에서 선교 방책을 둘러싸고 격하게 대립하여 서로의 꼬리를 잡게 되었다.

1570년, 카브랄과 오르간티노는 같은 배로 일본에 도착했다. 카브랄은 토레스의 뒤를 이어 제3대 포교장에 취임하고 규슈의 분고에 상주했다. 한편, 오르간티노는 교토에서 고군분투하고 있던 프로이스를 돕기 위해 상경하여 6년 후에는 교토 지방 책임자로 임명되었다.

일본 선교 책임자가 된 카브랄은 나름대로 일본을 연구했지만, 결론은, 일본의 정치는 야만적이며 국민은 위선적이라는 것이었다. 그리고 일본 영주들이 기독교에 입교하는 것은 남만무역南蠻貿易의 이익을 목표로 한 타산적인 면이 크다고 생각했다.[2]

이러한 카브랄의 일본인관은 당연히 일본인 신자들의 강한 반발에 부딪혔다. 예를 들면, 아마쿠사天草 지방에서 통역으로 있던 한 일본인 신자는 카브랄에게 해직을 신청하고 스스로 파派를 만들었는데, 그 그룹은 삽시간에 1,500명이나 되었다. 예수회 사제들은 깊이 우려하고 있었다. 또한 카브랄의 오른팔 같은 존재였던 일본인 수도사는 그에게 불복종의 뜻을 나타내게 되었다. 더욱이 일찍부터 크게 쓰임 받고 있던 일본인 수도사들도 예수회를 떠날 지경에까지 이르고 있었다.

이 일로 카브랄은 일본인을 더욱 혐오했고, "나는 일본인만큼 오만하고 탐욕스러우며, 불안정하고 위선적인 국민을 본 일이 없다"고까지 말하기에 이르렀다. 그에 의하면, 일본에서 수도회에 들어오는 사람은 보통 세간에서는 생계가 유지되지 않는 사람이고, 생계가 유지되는 사람이 수도사가 되는 것은 생각할 수 없었다.

그런 까닭에 카브랄은 스스로 일본어를 배우려 하지 않았다. 그는 일본인에게 포르투갈어나 라틴어를 배우는 것을 허락하지 않으며, 잡다한 일에 부리기만 했다. 게다가 일본인은 자존심이 강하기 때문에 호되게 다뤄야 한다고 생각했다. 그는 자주 일본인들에게 "결국 너희는 일본인이다"라고 했고, 서양인보다 저급한 인간이라고 생각하도록 고압적인 태도로 나왔다.

일본인 신도가 이런 카브랄의 태도를 혐오한 것은 명백하다. 일본에 온 순찰사 알레산드로 발리냐노Alessandro Valignano, 1539~1606는 이런 상황을 보고 다음과 같이 보고했다.

> "이와 같이 잘못된 방침은 가장 먼저 일본인 수도사나 도주쿠同宿(선교활동 보조자로 개신교의 전도사에 해당)의 심한 불만을 야기했다. 그들은 예수회의 자녀라기보다 (오히려) 적이 되어 사제들에게 애정을 품지 않았다. 기독교도 사이에는 차가운 분위기가 지배하고, 교회를 방문하는 사람은 드물며, 예수회 회원이 그들을 대하는 태도는 공공연한 것이 되었다. 당연히 저명한 기독교도 영주들은 카브랄 사제를 싫어하고 그를 만나려 하지 않게 되었다."[3]

이와 같은 교회 내부 상황에다, 카브랄의 활동 거점이던 규슈의 정세는 오무라 스미타다와 오토모 요시시게 등 기리시탄 다이묘에게 불리한 상황이 되어 갔다. 포교장 카브랄이 일본 교회의 앞길을 비관적으로 보며 그와 같은 내용의 보고를 예수회 본부에 보낸 것도 무리가 아니었다.

한편, 이러한 규슈 지방의 어두운 정세와는 대조적으로, 오르간티노가 파견된 수도 지역의 선교에는 전도양양한 일이 있었다. 1577년에 오르간티노는 신임 예수회 수사들과 오다 노부나가를 만나 대대적인 환대를 받았고, 이전보다 더한 호의와 보호를 받았다. 열렬한 기리시탄 다이묘인 다카야마 우콘이 영주로 있는 다카쓰키高槻에서는 개종자가 속출했고, 기나이畿內 지방* 에서는 3천 명 이상이 기독교 신앙을 받아들였다.

도지방장都地方長† 오르간티노의 일본인관은 카브랄과는 대조적이었다. 그에 따르면, "일본인은 세계에서 가장 현명한 국민에 속하고, 그들은 기꺼

* 교토를 중심으로 부근의 야마시로(山城)·야마토(大和)·가와치(河內)·이즈미(和泉)·셋쓰(攝津) 등 5개 도시.
† 수도인 교토 지방 책임자.

이 이성에 따르기 때문에 우리보다 월등히 뛰어나다. 우리 주 하나님께서 무엇을 인류에게 전해 주셨는지 보려는 사람은 일본에 오기만 하면 될 것이다. 그들과 교제하는 방법을 알고 있는 사람은 그들을 자신이 원하는 대로 움직일 수 있다. 그와 반대로, 그들을 바르게 파악하는 방법을 이해하지 못한 사람은 크게 곤혹스러울 것이다."[4]

오르간티노가 일본인을 매우 높게 평가하고, 일본인을 대하는 방법에 예사롭지 않은 자신감이 있음을 알 수 있다. 또한 그는 예수회 총장에게 보낸 편지에서 교토 선교의 기대감과 일본인에 대해 다음과 같이 적었다.

> "미야코都(황궁이 있는 수도 즉 교토)야말로 일본에서 유럽의 로마에 해당하며, 과학 지식을 비롯한 이곳의 문명은 매우 수준이 높습니다. 존경하는 총장님, 바라옵건대 저들을 야만인으로 보시는 일이 없기를 바랍니다. 신앙과는 별개로 우리는 저들보다 현저하게 뒤떨어져 있습니다. 저는 국어(일본어)를 알기 시작한 때부터 이처럼 총명하고 명민한 사람들은 없다고 생각하기에 이르렀습니다. 일단 일본인이 그리스도를 따른다면, 일본 교회보다 뛰어난 교회는 없으리라 봅니다."[5]

이처럼 그는 일본인을 매우 존경하고, 일본 교회의 장래를 크게 기대하고 있다. 이는 하비에르와 토레스의 일본인관과 선교 방책을 충실하게 이어받은 것이다. 따라서 일본 선교의 가장 효과적인 방책은 "가능한 한 모든 일에서 일본인의 문화에 적응하기 위해 시도하는 것"이었다. 그는 이 같은 확신에 서서, 빵 대신 밥을 먹는가 하면, 예수회 수사들의 복장을 유럽풍의 수도회 복장이 아닌 일본풍의 기누코로모絹衣*로 했다. 이와 같은 노력은 일본인에게 환영받았는데, 교토 지방의 선교가 급성장한 요인도 되었다. 카브랄이나 오르간티노나 일본인은 명예심과 자존심이 매우 강한 민족이라 인식하

* 승려 복식의 한 가지.

고 있었다. 그런 까닭에 카브랄은 일본인에게 저자세로 대하면 기어오른다고 여겨 강압적으로 복종시키려 했다. 그와 대조적으로 오르간티노는 고린도전서 9장 20절 말씀처럼 "유대인에게는 유대인과 같이" 되는 것에 마음을 썼다.

2. 발리냐노의 개혁

예수회 일본 선교의 창시자 하비에르의 정신을 가장 잘 계승하고, 그 후 성장의 토대를 견고히 다진 인물은 순찰사 알레산드로 발리냐노이다. 그는 나폴리 왕국 명문 귀족 집안에서 태어났다. 파두아대학에서 법학을 공부했는데, 이는 후에 선교 사업의 조직자로서 그의 직무에 큰 유익을 주었다. 그는 27세에 예수회에 입회하고, 로마에서 신학훈련을 받은 후 34세의 젊은 나이에 동인도 순찰사의 중책을 맡았다. 그리고 예수회 총장의 대리로서 아시아 선교지에 대한 절대적인 권한을 부여받았다. 그는 인도, 말라카, 마카오에서 직무를 마친 후 1579년에 처음으로 일본에 왔다.

그가 일본에 왔을 때 일본 기독교도는 약 10만 명이었는데, 하비에르가 일본에 온 이래 30년 선교의 빛난 성과였다. 그러나 한 걸음 들어가서 볼 때, 당시 일본 교회 내부는 먹구름이 감돌고 매우 우려스러운 분위기였다. 주된 원인은 일본 포교장 카브랄의 편협한 일본관과 그에 기초한 잘못된 포교 방침에 있었다. 선교 방책을 둘러싸고 카브랄과 도지방장 오르간티노는 격하게 대립했고, 예수회 사제들과 일본인 신도들의 관계도 차가웠으며, 불만과 오해와 대립이 교회 안에 가득 차 있었다. 한마디로 일본 교회가 살아남느냐 망하느냐 하는 매우 위급한 때를 맞고 있었다. 그런 가운데 일본 예수회 사제들은 예수회 총장의 명령을 갖고 일본에 온 순찰사 발리냐노를 '하늘의 사자使者와 같이' 기다리고 있었다.

발리냐노는 희망과 기대에 차서 일본에 첫발을 디뎠다. 지혜와 통찰력을 갖춘 그는 입국 후 얼마 지나지 않아 일본에서 포교가 잘못된 방법으로 진행되고 있는 것을 감지했다. 우선 마음이 아팠던 것은, 유럽에서 파견된 예수회 선교사들이 전혀 일본어에 숙달되어 있지 않고, 일본인 신도와 선교사들의 관계가 매끄럽지 않다는 것이었다. 이에 앞서 발리냐노는 카브랄의 강한 요청에 따라 유능한 예수회 사제들을 잇따라 일본에 파견했다. 그가 일본에 오기 전인 1578년까지는 일본에 있는 예수회 선교사는 44명에 이르고 있었다. 그는 이들 새로운 선교사들이 일본어 학습에서 충분한 편의를 제공받도록 카브랄에게 요청해 두었다.

그런데 그가 일본에 왔을 때, 사람들은 선교사들의 일본어 학습을 거의 배려하지 않았고, 일본어 교사에게 학습 장소도 제공되지 않은 상황이었다. 사실 그들은 이 점에 대해 발리냐노에게 불만을 호소하고 있었다. 그가 이 일로 카브랄을 추궁하자 카브랄은 일소一笑에 부치며 이렇게 대답했다.

> "문법을 공부하고 학습하는 것으로 그렇게 쉽게 배울 수 있다고 생각하시는 것은, 일본어를 모르기 때문입니다. 재능 있는 사람이라도 고해告解, Penance를 들을 수 있기까지 적어도 6년이 걸리고, 기독교도에게 설교할 수 있으려면 15년 이상이 필요합니다. 이교도에 대한 본래의 설교 등은 전연 생각할 수 없습니다."[6]

이런 언어 문제에서 대표적으로 드러나는 카브랄의 일본관이나 선교 방책에 발리냐노는 강한 우려를 표하고 여러 가지 개선안을 제안했다. 그러나 카브랄은 자기주장을 고집하고, 오히려 발리냐노의 교토 지방 순찰에 반대하며 속히 인도로 돌아가야 한다고 입에 올리기 시작했다.

이에 대해 발리냐노는 일본 선교의 진척을 위해서는 단호한 조치를 취해야 함을 통감한다. 그는 현명하게도 1년 동안 일본에 머물며 참을성 있게 일본인의 국민성, 풍속과 습관, 일본의 교회 사정을 살피고, 여러 가지 정보를 모으며 해결책을 찾았다. 그와 같은 일본과의 관계 가운데서 예수회 총장과 그 주변 사람들에게 보낸 보고서가 《일본순찰기》로 정리되었고, 일본어로 번역되어 있다. 이 책 가운데 흥미진진한 일본 선교론이 전개되고 있다.

우선, 그는 일본인이 매우 예의 바르고 이 점에서 유럽인보다도 뛰어나다고 했다. 그리고 "국민은 유능하고 이해력이 뛰어나며, 아이들은 우리의 학문이나 규율을 모두 잘 습득한다"고 했다. "결론적으로 일본인은 우아하고 예의 바르며 빼어난 천성과 이해력이 있으며, 이런 점에서 우리를 능가할 정도로 우수하다는 것은 부정할 수 없는 점이다"라고까지 단언했다.[7] 이 점에서 그는 하비에르나 토레스의 일본인관을 계승하고, 교토 지방에서 적용되던 오르간티노의 입장을 지지하고 있다. 그리고 일본인이 "세계에서 가장 체면과 명예를 중시하는 국민"이라고 생각하며 일본인과 만날 때는 아무리 지위가 낮은 사람에게도 예절을 다해야 한다고 적었다.

그러나 그가 덮어놓고 일본인을 칭찬한 것은 아니다. 일본인 가운데 곧잘 보이는 성적 부도덕이나 음주의 해악 그리고 경솔하게 사람을 죽이는 것 등의 단점에 관해서도 솔직하게 지적한다. 그러나 기본적으로 일본인에 대한 시선은 호의와 신뢰로 가득 차 있다.

그런 입장에서 그는 일본 선교의 개혁안을 명확히 내세웠다. 우선 선교사들이 일본어를 배우고, 일본인 수도사가 포르투갈어와 라틴어를 학습하기 위한 기본 틀을 만드는 것이었다. 그리고 일본에서 선교 사역을 성공적으로 이끌려면 일본인 수도사를 양성하고 그들을 중용重用해야 함을 거듭 강조했다. 그 점에서 다음과 같이 제안한다.

> "예수회에 입회하는 일본인을 모든 점에서 유럽인 수도사와 동일하게 대우하고 도주쿠도 신분에 따라 동일하게 대우하는 것이다. 왜냐하면 수도회 내부에서 수도사를 대우할 때 불평등만큼 일치와 형제애를 파괴하는 것은 없기 때문이다."[8]

또한 그는 지금까지보다 교토 지방의 선교를 더욱 중시해야 할 것을 설명했다. 교토에는 궁정이 있고 귀족과 부요한 영주들이 있다. 그들을 기독교화함으로써 최대의 성과를 올릴 것이다. 그리고 "일본에서 평판은 모두 도都(수도인 교토 지역) 지방을 기초로 하며 이곳은 다른 모든 지방의 척도"가 되어도 지방에서 신용과 평판을 얻을 수 있다면, 다른 지방에 선교사를 파견하는 일이 가능하다는 것이었다.

발리냐노는 1580년 6월 24일, 〈일본 포교장을 위한 규칙〉을 작성했다. '예수회 자체의 유지와 성장 그리고 기독교도의 유지와 성장'을 위해서였다. 그는 그것을 위해 '적응주의'를 강조하고, 일본 체재 선교사들에게 일본 문화와 관습을 익히고 습득하게 함으로써 일본에서 강력한 '선교의 무기'로 삼고자 했다.9

그는 구체적으로 카사casa라 불리는 예수회 회원의 주거지를 세 곳에 세우고, 그 한 곳을 선교사가 일본어와 일본의 관습을 익히기 위한 교육기관으로 만드는 것을 생각했다. 또한 일본인이 외관을 중시한다는 것에 유의하고, 교회당과 카사는 청결하게 하고 멋지게 장식해서 세워야 하며, 미사나 세례 등의 예전禮典을 확실히 집례하는 일, 즉 교회와 의식의 '형식미'를 우선하는 방책을 생각했다.

발리냐노는 이와 같은 방침 아래 1580년 10월 규슈에서 교회회의를 열고 21개 항목에 걸친 개혁안을 상정했다. 이미 사임 의사를 표명하고 발언권을 잃은 카브랄을 대신해서 발리냐노의 개혁안은 압도적인 지지를 얻었고, 계속되는 다른 지역에서의 교회회의를 거쳐 실행에 옮겨져 갔다. 이 개혁안의 주된 내용은 이전까지 일본을 관할하고 있던 고아 관구에서 일본을 준관구準管區로 분리 독립시키는 일, 일본 준관구를 3개의 포교구로 나누고 각각의 지역에 신학 교육을 위한 세미나리오를 설치하는 일이었다. 일본인 수도사와 도주쿠의 대우 개선도 계획되었다.

교회회의 후, 발리냐노는 예수회 총장에게 편지를 보냈다. 지금까지 카브랄의 잘못된 포교 방침 때문에 일본의 예수회는 파멸 위기에 있었지만, 그 후 하나님의 은총으로 자신의 방침도 궤도에 진입하고 있다는 것을 보고했다. 그리고 "이제 저는 가득한 위로와 기쁨이 넘치고 있습니다. 가까운 장래에 존경하는 총장님께서는 일본의 예수회와 기독교계에 관해 매우 큰 소식을 듣게 되실 것입니다"라고 전했다.

사실, 아즈치安土,* 야마구치山口, 아리마有馬†에 신학 교육을 위한 세미나리오가 설치되었다. 더욱이 세미나리오에서 공부를 마친 사람의 교육을 위해 콜레지오도 각지에 설립되었다. 일본인과 선교사의 관계도 호전되어 갔다.

이와 같이 발리냐노의 개혁은 점차 성공을 거두고 있었다. 그는 카브랄을 마카오로 전출시키고, 초대 일본 준관구장에 가스파르 코엘류Gaspar Coelho, 1530~1590를 임명했다. 그가 사역하는 동안 일본 교회는 최고 전성기를 맞는다. 기리시탄 역사 연구의 권위자인 에비사와 아리미치海老澤有道는 일본 예수회의 위기를 돌파한 발리냐노를 이렇게 평가한다.

"발리냐노만큼 당시의 일본을 제대로 이해하고, 정치에서 문화, 풍속에 이르는 모든 분야에 걸쳐 학문적으로 분석하고, 그것에 대처하며, 그것과의 융합점을 찾아내고, 많은 어려움에도 불구하고 훌륭한 성과를 거둔 인물은 달리 눈에 띄지 않는다고 해도 좋다."[10]

이와 같은 인물에 의해 일본 기독교회는 붕괴 위기를 극복하고 한층 더 성장해 간 것이다.

발리냐노는 1582년 귀국에 즈음하여, 기리시탄 다이묘의 대리로서 일본인 소년들을 유럽에 파견하는 것을 계획했다. '덴쇼켄오 소년 사절天正遣歐少年使節'이다. 이는 그가 유럽에서 일본 선교의 성과를 보임과 동시에 일본에 대한 선교적 관심을 드높이고자 한 것이었다. 게다가 소년 사절들이 귀국한 뒤에는 기독교 세계와 유럽 문명에 대해 널리 동포들에게 알리기를 바라고 있었다.

오토모 요시시게의 대리로는 이토 만쇼伊東マンショ, Mancio, 아리마 하루노부有馬晴信와 오무라 스미타다의 대리로는 지지와 미게루千々石ミゲル, Miguel가 선택

* 지금의 시가 현 오우미하치만(近江八幡) 시.

† 지금의 나가사키 현 미나미시마바라(南島原) 시.

되고, 부사副使로 하라 마르티노原マルティノ, Martinão와 나카우라 주리안中浦ジュリアン, Julian이 추가되었다. 그들은 긴 여행을 거쳐 마드리드에서 스페인과 포르투갈, 두 나라의 국왕을 겸하고 있던 펠리페 2세를 만났다. 로마에서는 교황 그레고리우스 13세(재위 1572~1585)로부터 제왕의 방(군주와 황실 사절단을 접견하던 공간)에서 접견할 수 있는 파격적인 영예가 주어졌고, 규슈의 세 다이묘에게 위탁받은 친서를 건넸다. 각지에서 환영 받으며 성과도 많았지만, 왕복 9년이라는 생각지 못한 긴 여행이 되었다. 그 사이에 일본의 정세는 크게 변했고, 그들이 귀국한 때는 히데요시의 바테렌伴天連* 추방령이 나온 후였다.

마카오에서 2년간 대기한 그들은, 인도 총독의 사절 자격으로 다시 일본에 입국한 발리냐노와 함께 히데요시를 만나는 것이 허락되었다.

이 파견은 동서 교류사에서 획기적인 대사업이었다. 그러나 사절은 박해로 인한 순교 등으로 혹독한 만년을 보냈다. 이들을 통해 일본 최초의 활자 인쇄기가 반입되어 기리시탄을 위한 문서 출판에 크게 쓰였다. 또한 〈아사히신문〉 1988년 5월 5일자에 따르면, 이때 사절단이 가지고 온 하프와 류트lute 등의 악기 일부가 복원되어 연주된다고 한다.

3. 기독교 입교 동기와 신앙 내용

이와 같이 순찰사 발리냐노의 사역으로 일본 교회는 위기를 극복하고 한층 더 비약했다. 노부나가 시대 말기부터 히데요시 시대 초기에 해당하는 1580년대의 일본 기독교 신자는 약 35만으로 추정된다. 당시 일본 총인구가 2천 4백만 명 정도로 추산되기 때문에 인구 대비 1퍼센트를 훨씬 넘고 있다. 프로테스탄트 선교 150주년을 맞이하여 프로테스탄트, 가톨릭 모두 합해도 여전히 1퍼센트에 차지 않는 것이 오늘의 상황이다. 그렇다면 왜 이와 같이 많은 일본인이 기독교를 수용한 것일까?

* 포르투갈어 'padre'의 차음으로, 신부·사제·선교사를 지칭.

우선 당시 시대 상황을 살펴보자. 당시는 무로마치 막부室町幕府가 붕괴되고 전국시대로부터 오다, 도요토미에 의한 통일정권으로 옮겨 가는 시대였다. 중세에서 근세로 전환하는 커다란 사회변혁의 시대였다. 오닌応仁의 난,* 덴분天文의 난†을 비롯한 전란과 잇키一揆,‡ 천재지변 등이 잇따랐고, 사람들은 혼란과 앞날을 모르는 데서 오는 불안 가운데 살고 있었다. 이런 혼란과 암흑 시대에 사람들의 정신을 구제해야 할 종교계는 전혀 힘이 없었다. 불교는 스스로 정치 세력이 되어 권력을 다투며, 타락하고, 사람들을 구제하는 종교적 생명력을 잃고 있었다.

그래서 사람들은 물질적·경제적 구제와 더불어 정신적 구제를 구하고 있었던 것이다. 에비사와 아리미치는 "이런 암흑 세상에서 물질적·정신적으로 구원을 바라며, 사회적 억압으로부터 해방을 구하는 대중이 존재하고 있었던 것"이라고 지적하고 있다.[11]

바로 그런 시대의 일본에 예수회 선교사들이 등장하여 사명감에 불타 열심히 선교했다. 현세에서 죄의 용서로부터 오는 평안과 내세의 희망을 말하는 그 가르침 안에서 사람들은 그때까지 일본 종교에 없는 신선함과 힘을 느꼈을 것이다.

일본인이 기독교로 개종하는 양상은 사회계층에 따라 달랐다. 예수회 선교사는 "다이묘는 봉건군주로서 자신의 생각과 판단에 따라 영지 주민에게 신앙을 갖게 하거나 버리게 할 수 있고" 따라서 "일본에서는 봉건군주보다 뛰어난 선교사는 없다"고 판단하고, 적극적으로 다이묘나 영주에게 다가갔다. 그리고 그들을 개종시킴으로써 아래로 영향력을 미친다는, 집단 개종 방법을 취했다.

* 무로마치 시대 1467년부터 1477년까지 약 10년에 걸쳐 규슈 등 일부를 제외한 대부분의 지역으로 확대된 내란. 8대 쇼군 아시카가 요시마사(足利義政)의 후계자 선정 문제로 시작되었다.

† 다테(伊達) 가문의 14대 당주이자 무쓰노구니(陸奥國)의 다이묘인 다네무네(植宗)와 그의 장남 하루무네(晴宗) 사이에 상속을 둘러싼 내분이 원인이 되어 도호쿠 지방 일대에서 일어난 일련의 전란. 1542년부터 1548년까지 이어졌다.

‡ 정치적 결사의 저항운동.

전국시대였던 당시엔 철포로 대표되는 서양의 최신 기술을 입수할 수 있는 남만무역은 다이묘들에게 큰 매력이었다. 예수회 사제는 이 포르투갈 무역을 도맡아 관리하고 있었고, 이를 무기로 다이묘에게 다가가 전도한 것이다. 그 결과, 전성기에는 수십 명의 기리시탄 다이묘가 있었다. 그들 가운데 시종일관 신앙생활을 유지했던 다이묘는 다카야마 우콘, 오무라 스미타다, 오토모 요시시게 등에 불과했다. 무역이라는 현세적 이익을 최우선으로 한 신앙의 수용은 기독교가 엄히 금지되고 시대 풍조가 바뀌면 맥없이 무너지는 것이었다.

다음으로, 가신家臣과 토족층土族層이다. 그들은 다이묘의 가신으로, 주군이 기독교로 개종할 경우 그에 따라 개종하는 일이 많았다. 그런 까닭에 신앙에 내실內實이 부족한 사람들이 있었던 것도 사실이다. 그러나 한편, 불교에 만족하지 못한 사람들이 기독교의 고결한 윤리성, 사랑의 가르침, 유일신 신앙에 끌려 신앙을 받아들인 것도 생각할 수 있다. 에비사와 아리미치는 〈무사도와 기리시탄의 윤리사상적 교섭〉이라는 논문에서 기독교의 정신과 무사도에 서로 통하는 것들에 대해 논하고 있다.[12] 물론 데우스Deus에 대한 절대적 유일 신앙과 주군에 대한 절대적 충성은, 다카야마 우콘의 예에서 볼 수 있듯이 극도로 대립하는 것이다. 그러나 에비사와는 데우스에 대한 절대적 충성심이 목숨을 바쳐서 주군을 섬기는 무사도와 통하는 매력이 되었던 것을 지적한다.

일반 서민층의 경우에는, 영주의 개종에 따라 집단 개종하는 예가 적지 않았다. 가령, 오무라 스미타다가 다스리는 오무라령大村領에서는 1574년에 모든 가신과 영지 주민의 개종이 단행되었다. 개종을 거부하는 사람은 추방한다는 엄한 경고*에 단번에 6만 명이 기리시탄이 되었다. 이러한 위로부터의 개종은 신앙의 실질이 없는 많은 신자를 낳았다. 그러나 이와 같은 개종

* 당시 영지 내 주민에게 영지로부터 추방이란 호적과 신분을 지우는 것과 같았다. 특히 농어민들에게는 여행의 자유가 제한되어 있었고 특별한 허락 없이 영지를 벗어나거나 추방을 당한 경우에는 유랑민 혹은 낭인(浪人)의 신세로 전락하고 말았다.

뒤에 참된 신앙이 양육되고, 금교禁教 정책 하에 순교한 사람, 잠복 기리시탄으로서 신앙을 끝까지 지킨 사람이 많았던 것도 사실이다.

서민이 신앙을 받아들인 데는 현세에서의 이익이라는 이유도 있었겠지만, 정신적 구제를 얻고자 한 것도 생각할 수 있다. 스즈키 노리히사鈴木範久는 이에 대해 다음과 같이 주장한다.

"정신적인 구제라는 것은 그와 같은 힘든 시대를 살기 위해 고난에 의미를 부여하는 것이다. 지금 직면한 고난을 그리스도의 고난을 닮는 감춰진 길로 보고, 그것이 내세에 도움이 된다고 여기는 사상이다. 또는 기독교적 종말관에 기초한 메시아 대망待望 의 사상이다. 인생의 희망과 의미 부여를 위해 삶으로써 정신적으로 위로받고 구원받을 것이다."[13]

확실히, 이런 것은 충분히 생각할 수 있다. 또한 일반 서민이 기독교를 쉽게 받아들이게 한 것으로 불교의 극락과 지옥이라는 내세관이 있었다. 이를 테면, 극락과 지옥에 대한 생각이, 선을 행하는 자는 보상을 받아 하라이소(일본 초기 가톨릭 용어로, 포르투갈어 paraiso, 즉 천국)에 가고, 악한 일을 하는 자는 벌을 받아 인페르노(포르투갈어 inferno, 즉 지옥)에 떨어진다고 하는 기독교의 가르침을 일본인에게 전하는 데 큰 도움이 된 것이다.

끝으로 다루고 싶은 것은, 일본인의 신앙생활에서 마리아 신앙과 성화상聖畫像이나 로사리오Rosario(묵주)가 한 역할이다.

예수회 선교사는 일본 선교에서 성모 마리아에 대한 신앙을 강조했다. 1576년 설립된 교토의 교회는 '피승천被昇天의 성모교회'라고 이름 지어져, 마리아 신앙이 정착되어 있던 것을 알 수 있다. 오토모 요시시게는 세례 받기 전에 매일 성모송聖母頌, Ave Maria을 150번씩 외우고 있었다. 그의 아들 요시무네가 사람과 데우스의 중재는 누구에게 부탁해야 하는지 프로이스 사제에게 질문하자, 그는 데우스에 대한 중보 사역은 성모 마리아와 관계된 것이고, 기리시탄 신앙이 온전하게 되기 위해 해야 하는 것 가운데 한 가지는 성모에

게 봉사하고 온힘을 다해 이것에 익숙해지는 것이라고 답한다.14

그때까지 불교에서 서방정토로 안내하는 중재자인 관음보살을 믿었던 것처럼, 성모 마리아도 데우스와 인간의 중재자로 숭배된 것이라고 생각할 수 있다. 잠복 기리시탄들의 신앙의 의지처가 된 것도 이 마리아 신앙이다. 가톨릭의 재포교 후, 우라카미浦上에 나타난 잠복 기리시탄들이 베르나르 테디 프티장Bernard Thaddée Petitjean, 1829~1884 신부에게 한 첫 마디가 "산타 마리아의 성상은 어디에?"였다.

일본인 기리시탄의 또 다른 특색은, 로사리오나 성화상에 대한 강한 집착이다. 기독교로 개종한 사람들은 그때까지 사용해 오던 염주와 부적 등을 버렸다. 그러나 그런 종교적 도구가 사라지자 공허감을 느낀 기리시탄들은 대체물로 성화상이나 로사리오를 선교사들에게 강하게 요구했다. 이 때문에 유럽에 한 번에 5만 장이나 성화상을 주문한 일도 있었다고 한다. 이런 식으로 성화상이나 로사리오가 매개물로 기도에 사용되었다.

제3장 오다·도요토미 정권과 기독교

지금까지 살펴보았듯이, 1580년대에 일본 기독교회는 비약적인 성장을 이루었다. 여기에는 선교를 위한 교회의 노력도 있었겠지만, 오다 노부나가와 도요토미 히데요시라는 2대에 걸친 권력자의 보호가 결정적 요인이었다.

그러나 1587년 6월 19일, 규슈 평정을 끝낸 히데요시는 돌연 바테렌 추방령을 내린다. 하카타만博多灣의 선상船上에서 일본 기독교회 최고 지도자인 코엘류와 담소를 나눈 지 불과 며칠이 지나지 않았기 때문에 이 갑작스런 돌변은 사람들을 놀라게 했다.

이 장에서는 히데요시의 치세까지를 다루고, 노부나가와 그의 후계자인 히데요시에 의해 중앙집권 체제가 확립되어 가는 과정에서 교회가 이 권력자들과 어떤 관계였는지 생각해 보며, 국가와 종교의 문제에 대해서도 살펴보려 한다.

1. 오다 노부나가와 기독교

오다 노부나가는 전국시대 말기에 오와리尾張*의 오다 가문 일족에서 태어나 본가를 누르고 오와리 지방의 실권을 장악했다. 그리고 유력한 다이

* 지금의 아이치(愛知)현 서북부 나고야를 중심으로 하는 지방.

묘였던 스루가駿河*의 이마가와 요시모토今川義元, 1519~1560를 오케하자마桶狹間 전투에서 격파하고 일약 이름을 날렸다. 그 후 차츰 권력을 넓히며 1568년에는 쇼군 아시카가 요시아키足利義昭, 1537~1597를 받들어 교토에 입성하기에 이르렀다. 하지만 천하통일의 대업을 이루어 가는 과정에서 부하인 아케치 미쓰히데明智光秀의 반란으로 혼노지本能寺에서 자결한 일은 너무나 유명하다.

그런데 천하통일을 목표로 했던 노부나가의 앞을 가로막아 선 것은, 다케다 신겐武田信玄, 우에스기 겐신上杉謙信, 모리 모토나리毛利元就라고 하는 전국戰國 다이묘만이 아니라, 히에이잔 엔랴쿠지比叡山 延曆寺(천태종 총본산)를 정점으로 하는 불교 세력도 있었다. 중세에는 난토南都(나라 고후쿠지興福寺의 다른 이름), 호쿠레이北嶺(히에이잔 엔랴쿠지의 다른 이름)로 대표되는 불교 사원은 지샤료寺社領라는 광대한 토지를 소유하고 많은 승병을 거느렸으며, 겉으로 드러나지 않은 왕국을 형성하고 있었다. 전국시대에 들어서며 그들의 힘이 약해졌다고는 하지만, 신흥 세력인 이시야마혼간지石山本願寺의 등장을 포함하여 여전히 불교세력은 무시할 수 없었다.

노부나가는 이런 기존 종교 세력을 누르는 데 대단히 열심이었다. 입성해서 2년 후인 1570년에 히에이잔을 불태워 토벌하고 파괴했다. 이어 다케다武田·모리毛利와 결탁해 도전해 온 신슈眞宗(정토종의 분파) 교단과의 항쟁에도 엄청난 힘을 쏟았다. 더욱이 고야산高野山(진언종의 총본산)의 제압, 홋케슈(니치렌日蓮이 창시한 법화종法華宗)의 탄압 등, 노부나가는 불교 세력을 지배하기 위해 적잖이 힘을 쏟았다.

이런 상황에서 불교를 혹독하게 비판하며 새로운 사상과 문화를 들여온 기독교의 등장은 노부나가의 눈에는 매우 신선한 것으로 비쳤다. 또한 세속적 권력 투쟁에 빠져 타락해 있던 불교 승려들에 비교하며, 타국에서 가르침을 위해 목숨 걸고 분투하는 예수회 선교사들의 의기意氣에 감동했다는 것도 부정할 수 없다. 여기에 더하여, 철포로 대표되는 남만무역南蠻貿易의 실리

* 지금의 시즈오(靜岡)카현 중앙부.

적인 면도 결부되어 있었다. 당연히 예수회 사제들 측에서도 이와 같은 노부나가의 의향을 감안하며 선교를 위해 최대한 그 점을 이용했을 것이다.

다카세 고이치로高瀨弘一郞는 다음과 같이 지적한다.

> "노부나가는 평생 기리시탄을 탄압하진 않았다. 기나이畿內와 그 주변국*을 장악한 것에 불과한 노부나가에게 기리시탄 교회의 본거지인 규슈의 일 등은 아직 관심 밖이었고, 가끔 그가 접하는 기리시탄은 한결같이 공손한 태도로 그의 자존심을 만족시켰으며, 이국적 호기심을 자극하는 무해한 존재에 불과했다."[1]

확실히 이 같은 면이 있었다고 생각된다.

루이스 프로이스는 1563년 일본에 온 후 세상을 떠나기까지 일본에서 예수회 선교사로 활약했고, 노부나가, 히데요시 등 당대 권력자들과도 만났다. 덧붙여 말하면, 노부나가와는 열여덟 번에 걸쳐, 히데요시와는 수차례 면담했다. 그는 글재주가 있어서, 저 유명한 《일본사*History of Japan*》를 저술했다. 이 책은 1548년부터 1593년에 이르는 예수회의 일본 선교 기록이다. 다소 과장도 있고 꼼꼼히 살펴야 하기도 하지만, 당시 역사를 아는 데 1급 자료다. 프로이스의 펜을 통해 노부나가와 히데요시의 기독교관이 표면에 드러난다.

그에 따르면, "그는 예리한 이성과 명석한 판단력이 있고, 신이나 부처에 대한 모든 예배, 존숭尊崇, 그 밖의 모든 이교적 점복占卜이나 미신적 관습을 경멸하는 사람"이었다.[2] 이런 노부나가에게는 사람들에게 터무니없는 일이자 충격이었던, 히에이잔을 불태우고 토벌한 일쯤은 아무것도 아니었다.

그러나 예수회 사제들에 대해서는 애정을 나타내며 이렇게 말했다.

* 국(國, 구니): 고대 일본의 율령제도 하에 나뉜 행정단위이며, 율령제 붕괴 이후에도 메이지 시대 초기까지 영지 및 군사 관련 지역을 구분하는 단위로 사용되었다.

“특히 그대들에 대한 반대자의 음모가 심하고, 나의 처소에서 빈번하게 위증하는 자가 있지만, 나는 신부들의 행실을 알고 있고, 그 가르침이 선량하고 진실하다는 것을 알고 있으니, 그대들은 내가 살아 있는 동안은 누구의 괴롭힘도 방해도 받지 않을 것이며, 나의 영내에서 데우스의 가르침을 설교하고 교회를 건축하는 일을 보증한다.”[3]

이와 같이 노부나가는 예수회 사제들을 파격적으로 후대했다. 첫 일본 순찰을 위해 일본에 와 있던 발리냐노는 1581년 3월 교토에 와서 노부나가를 배알했다. 이후 노부나가가 발리냐노를 자주 불러들여 후대한 일은 기독교회로 하여금 큰 기대를 걸게 했다. 노부나가는 아즈치安土에 속히 교회를 건축하도록 요청했다. 발리냐노가 자금 부족으로 즉시 착수할 수 없다고 전하자, 노부나가는 건축비 원조를 자청할 정도였다. 이렇게 해서, 그가 살던 아즈치성城에는 웅장한 교회와 세미나리오가 건축되었다. 교회 측도 이와 같은 노부나가의 보호 아래 크게 번영을 누렸다.

그러나 앞에서도 언급했듯이, 노부나가의 기독교 보호 정책은 신앙의 이해에 따른 것이 아니고 철두철미 정치적인 것이었다. 예를 들면, 그는 부하의 반란이 일어났을 때, 기리시탄 다이묘인 다카야마 우콘에게 예수회 사제들을 인질로 잡아서 자기편에 붙도록 명령했다. 만일 응하지 않으면 그들을 하리쓰케磔(죄인을 기둥이나 판자에 묶어 달고 창 등으로 죽이는 공개처형의 형벌)에 처하고 모두 죽이겠다고 위협하는 것에서도 이를 엿볼 수 있다.

더욱이 간과할 수 없는 점은, 만년의 노부나가에게서 자신을 신격화하려는 경향이 나타난다는 것이다. 이 점은 그가 권력의 정점에 오르고 있던 단계에서 현저히 드러난다. 그는 때로 예수회 사제들의 설교를 듣기도 했다. 그러나 프로이스는 다음과 같이 기록하고 있다.

“그를 지배하던 오만과 거만은 매우 심했고, 스스로 뛰어난 우주의 주主인 조물주는 존재하지 않는다고 하며, 그의 가신들이 분명히 말하던 것처럼, 그 자신이 지상에서 숭배되기를 바라고, 그, 즉 노부나가 외에 예배에 합당한 자는 누구도 없다고 하기에 이르렀다."

더 나아가 노부나가에 대해 이렇게 썼다.

"그는 이제 스스로를 일본의 절대군주로 부르고, 모든 나라에서 그렇게 대우받는 것만으로 만족하지 못하고…… 스스로가 지상의 죽어야 할 인간으로서가 아닌, 마치 신적 생명을 소유한 불멸의 주主인 것처럼 만인에게 예배되기를 희망했다."4

그리고 그는 그 목적을 위해 아즈치성 안에 '소켄지總見寺'라는 절을 세웠다. 이 절에서 예배하는 자에게는 장수와 치유, 번영, 안전이 주어진다고 했다. 이 절에서는 노부나가 스스로가 예배되어야 할 대상이라고 했다. 그러나 후에, 본산盆山이라 칭하는 돌을 설치하고 그의 탄생일에는 사람들에게 신체神體(예배의 대상) 대신 이 돌을 예배하게 했다. 예수회 측은 이런 노부나가의 행동을 마귀의 소행으로 이해했다. 그리고 얼마 안 되어 그가 혼노지本能寺의 변變으로 죽은 일을, 데우스의 심판이라고 가차 없이 판단했다.

이렇게 볼 때, 노부나가의 기독교 보호 정책은 어디까지나 정치적인 것이었고, 수단에 불과했다는 점이 다시금 부각된다. 그리고 노부나가 자신의 신관이 명백해져 감에 따라, 그것은 천지를 만드신 유일하신 하나님만을 예배하는 기독교 신앙과 근본적으로 양립할 수 없는 것임을 알게 된다.

2. 도요토미 히데요시와 기독교

도요토미 히데요시豊臣秀吉, 1537~1598는 기노시타 도키치로木下藤吉郎라는 이름으로 오와리尾張 의 가난한 농가에서 태어났다. 이른 나이에 노부나가에게 발탁되고, 여러 가지 공적을 쌓아 출세했다. 1573년에는 18만석이 주어지고,* 하시바 지쿠젠슈羽柴筑前守(노부나가가 하사한 이름)로 칭했다. '혼노지의 변' 이후에는 재빨리 아케치 미쓰히데明智光秀를 쓰러뜨리고 노부나가의 후계자가 되었다. 1585년에는 도요토미라는 성姓을 쓰고 간파쿠關白(최고 권력직)가 되어 정권을 장악했다. 그 후, 시코쿠四國, 규슈, 오다와라小田原, 오슈奧州를 평정하고 전국통일을 달성했다. 그때부터 간파쿠의 자리를 도요토미 히데쓰구豊臣秀次† 에게 물려주고 자신은 다이코太閤(섭정)가 되었다. 한낱 농민의 아들에서 일본 최고 권력자로 등극한 까닭에 일본에서 입신출세의 대명사처럼 되어 있다. 근년에는 고등소학교高等小學校(지금의 중학교 과정) 밖에 나오지 않은 다나카 가쿠에이田中角榮, 1918~1993가 총리대신이 되었을 때 주위로부터 '현대의 다이코'로서 크게 추앙받았다.

기독교에 대한 히데요시의 태도에는 기본적으로 노부나가와 흡사한 면이 보인다. 노부나가의 경우는, 특히 불교 세력의 견제책으로서 기독교에 도움을 주는 편이었다. 히데요시의 경우, 불교 세력에는 꽤 관대한 정책을 폈다.

이미 세력을 잃은 것을 자신의 도구로 바꿔, 천하통일의 과업에 효과적으로 이용하려는 생각에서였다. 이를테면, 어떤 종교가 되었든지 천하통일의 야망에 도움이 되는 한은 최대한 이용하려는 것이었다. 따라서 기독교 역시 이용가치가 있는 동안은 적극 보호하고 장려했다.

그러나 한편으로 그는 일찍부터 기독교를 경계하고 있었다고 알려져 있다. 아직 노부나가를 섬기고 있던 때였다. 어느 날, 그는 주군 노부나가가 예수회 선교사들을 지나치게 우대하며 총애하는 까닭에, 그들은 일본에 정치적 음모를 꾀하고 있음에 틀림없으니 주의하는 것이 옳다고 감히 주군에게 진언했다. 노부나가는, 이 정도로 멀리 떨어져 있는 남만국南湾國‡ 에서 일

* 1573년 히데요시가 오우미노쿠니(현재 시가현 지역)의 전국 다이묘 아자이(淺井) 정권을 실각시키자 오다 노부나가는 아자이 가문의 영지(領地)를 히데요시에게 하사했는데, 당시의 관례에 따라 이 영지의 가치를 쌀 생산량으로 환산한 액수이다.

† 히데요시의 여동생의 아들로서 그의 양자가 되었다.

‡ 동남아시아를 경유해서 일본과 관계하던 포르투갈, 스페인 등.

본을 정복하기 위해 병사들을 파견할 리가 없다며 그 충고를 물리쳤다고 전해진다. 이 일을 보아도 히데요시는 노부나가와 달리 선교사들의 열렬한 선교 활동에는 감춰진 모략이 있지 않을까 일찍부터 의심하고 있었음을 알 수 있다.

그럼에도 노부나가는 겉으로는 크게 기독교를 보호했고 선교사들을 후대했기 때문에, 기독교회는 그의 시대에도 성장하고 있었다. 노부나가 정권 말기인 1580년경에는 약 35만 명의 기리시탄이 있었다고 하지만, 히데요시의 보호정책 아래서 교회는 더한층 번영을 구가하고 있었다.

1586년, 일본 교회 최고지도자인 코엘류 준관구장은 오사카성에서 히데요시를 만나 크게 환영받았다. 이때의 분위기는 배석했던 프로이스의 글에서 생동감 있게 묘사된다. 히데요시는 이 자리에서 규슈 정복과 중국 대륙 침공 계획을 서슴없이 털어놓았다. 일본 국내 통치가 실현된다면 일본 통치를 동생인 하시바 히데나가羽柴秀長에게 맡기고, 자신은 조선과 중국 정복에 힘쓰고 싶다는 것이었다. 그리고 조선과 중국에 출병할 즈음 중무장한 두 척의 대형 포르투갈 함선을 준비해 주도록 선교사들에게 의뢰했다. 같은 자리에서, 정복 후의 중국 대륙에서 기독교 선교의 자유와 일본에서 선교의 자유를 약속했다.

> "'(중국을 정복한) 그날에는 그 땅의 도처에 (기리시탄의) 교회를 세우게 하고, 중국인은 모두 기리시탄이 되도록 명령할 것이다. 나는 일본에 돌아올 생각이다'라고 말했다. 게다가 '장차 일본인의 절반, 그렇지 않으면 대부분이 기리시탄이 될 거'라고 했다."[5]

이런 히데요시의 의향에 크게 기뻐한 코엘류 일행은 그에 영합하듯 일본의 모든 기리시탄 다이묘를 히데요시 편이 되게 하겠다는 등, 포르투갈 함선을 제공하겠다는 등 자청하고 나섰다. 애당초 코엘류 일행이 히데요시에게 회견을 요청한 배경에는, 규슈의 기리시탄 다이묘(특히 오토모 요시시게大友義

鎭)가 시마즈島津 가문(사쓰마번을 중심으로 한 다이묘의 가문)에게 압박당하고, 규슈 지역 기독교회가 위험에 처해 있었기 때문에, 히데요시에게 시마즈 가문 토벌을 의뢰하려는 목적이 있었다.

한편, 히데요시의 의도는 당장 규슈 평정 그리고 다음 차례로 대륙을 침략할 때 기리시탄 다이묘를 이용하려는 것에 불과했다. 선교사들도 그와 같은 히데요시의 생각에 교묘하게 편승한 모습이었지만, 이와 같이 서로를 이용하는 상태가 언제까지고 제대로 지속될 리가 없었다.

그곳에 함께 자리했던 오르간티노나 다카야마 우콘은 일이 이렇게 되어 가는 것에 크게 우려하고 있었다. 또한 일본 선교의 토대를 놓았고 여전히 일본 교회를 감독하고 있던 동인도 순찰사 발리냐노는 이전부터 정치 불개입 원칙을 전하고 있었다. 그러나 코엘류 등 포르투갈계 예수회 사제들이 권력자들에게 비위를 맞추는 식의 언동에 의해 일본 교회는 정치적으로 매우 불안정한 상황에 처하게 되었다.

1587년 6월, 규슈를 평정하고 하카타 근처의 하코자키箱崎에 도착한 히데요시는 그달 10일 준관구장 코엘류의 배에 올라 하카타만에서 기분 좋게 담소하고 있었다. 그런데 그때부터 8일 후, 이전부터 기리시탄 금제禁制의 때를 노리고 있던 히데요시는, 먼저 기리시탄 다이묘의 중심이 되고 있던 다카야마 우콘에게 기독교를 버리도록 다그쳤다. 당시 봉건제의 주종관계에서 히데요시는 우콘이 기독교를 버릴 거라고 낙관적으로 생각하고 있었다. 그러나 우콘은 데우스에 관한 스스로의 신앙에 기초해서 단호히 거절했다. 이에 격노한 히데요시는 그날 밤 네 항목의 힐문서詰問書를 코엘류에게 보냈다. 프로이스의 《일본사》에 따르면, 왜 예수회 사제들은 이토록 열심히 기독교를 전파하고 절과 신사를 파괴하는지에 대한 질문이 주된 것이었다.

그리고 이어 5개조의 '바테렌(선교사) 추방령'을 발표했다. 그 제1조에는, 일본이 예부터 신의 나라神國임을 선언하고, 기리시탄 국가가 사법邪法(사회에 해를 끼치는 그릇된 종교)을 일본에 들여온 것은 옳지 못하다고 단언했다.

또한 일본에 체류하고 있는 모든 선교사는 지금부터 20일 이내에 일본을 떠나야 한다고 알렸다.그러나 한편으로, 포르투갈 선박의 입항은 지금까지와 마찬가지로 인정했다. 히데요시는 이 금령 발포 직후 나가사키령領을 교회에서 몰수하여 자신의 직할령으로 만들었다. 이는 남만무역의 이익을 노린 조치이며, 지금까지 예수회가 전담하고 있던 포르투갈 무역을 독점하려는 의도가 있었다고 생각된다.

히데요시가 이 시점에서 기독교 금교령을 발포하기에 이른 것은, 기리시탄이 많은 규슈를 평정하기까지는 그들을 길들이고, 오사카로 돌아가는 길에 교회를 탄압하는 것을 이전부터 계획하고 있었기 때문이다. 또한 규슈 원정에 즈음해서 그는 나가사키 교회령의 존재와 포르투갈 선박의 위용을 보고, 선교사들이 일본을 침략할지 모른다고 강하게 의심했기 때문이다. 더욱이 기리시탄이 많은 아리마령에서 '미녀사냥'을 거부당한 데서 온 히데요시의 분노도 생각할 수 있다. 히데요시는 원래 대단한 호색가였고, 가는 곳마다 여성을 불러들여 욕구를 채우는 것을 예삿일로 하고 있었다. 그런데, 측근에게 명하여 아리마령에서 '미녀'를 데려오게 했지만 부녀자들은 기리시탄 신앙을 이유로 거부했다.[6]

에비사와 아리미치는 이에 관해 이렇게 논한다.

> "기리시탄이기 때문에 '한낱 여자'조차도 데우스의 도를 존중하고 지키기 위해 천하의 간파쿠의 특별한 요청에 끝까지 저항한다는 것은, 그대로 넘어갈 수 있는 문제가 아니었다. 그의 의지대로 천하를 움직일 수 있다고 자신하고 있던 그에게 이는 용서할 수 없는 일이었다."[7]

이런 일도 히데요시가 금령을 발하기에 이른 원인이라고 충분히 생각할 수 있다.

여하튼 이때의 히데요시에게 볼 수 있듯, 권력자라는 것은 나라를 통일하고 권력의 절정에 다가갈 때, 자신을 신과 같은 존재로 절대화하고 그 권위나 지배를 거역하는 모든 존재를 거부한다. 그 후, 도쿠가와 이에야스 시대에 본격화되는 기독교 박해의 시작이 히데요시의 바테렌 추방령이다.

그 결과, 외국인 선교사가 국외로 추방되고, 기리시탄 다이묘의 상징적 존재였던 다카야마 우콘의 영지를 몰수하고 그를 추방했으며, 교토·오사카·나가사키의 교회당이 파괴되었다. 그러나 예수회 사제들이 적극적 활동을 자제하고 히데요시의 통제에 복종하는 태도로 나온 것도 한몫을 해서, 피해는 생각 외로 가벼운 것으로 그쳤다. 히데요시가 발포한 금령문에서 이것만큼 공문화空文化된 것은 없었다 해도 좋을 것이다. 애당초 히데요시에게는 규슈를 평정한 후 자신의 절대적 주권을 선언하는 데 목적이 있었다고 생각할 수 있기 때문이다.

1591년에 다시 일본에 온 순찰사 발리냐노는 인도 총독의 사절로서 히데요시를 만났다. 이때 귀국해 있던 '덴쇼켄오 소년사절' 일행도 동석이 허락되었다. 발리냐노의 외교적 수완으로 기독교 선교는 사실상 인정받는다. 새로 온 선교사들이 일본에 체류해도 묵인되었고, 선교는 진척되었다. 이전까지 일본 선교는 예수회가 독점하고 있었으나, 1593년에는 스페인계 프란치스코회 사제들도 입국하여 선교를 시작했다.

그런데 1596년에 산 펠리페San Felipe호 사건이 일어났고, 그것이 히데요시가 기리시탄을 다시 박해하는 구실이 되었다. 마닐라에서 멕시코로 향하던 스페인 무역선 산 펠리페호가 태풍을 만나 도사土佐(지금의 시코쿠의 고치현) 해안에 표착했는데, 일본 측이 선적된 짐과 배를 몰수했다. 이에 성난 선원들이 세계지도를 펼치고 스페인의 강대함을 보이며 일본을 위협했다. 그리고 선교사 파견은 일본 침략을 위한 준비이며, 스페인이 군대를 파견해서 일본을 정복할 거라고 단언한 것이다. 이에 분노한 히데요시는 이미 바테렌 추방령을 발포했음에도 선교사를 파견한 프란치스코회를 중심으로 탄압을 단행한다. 그 결과가 나가사키 26성인의 순교다. 나가사키에서 처형된 26명 가운데 6명은 프란치스코회 선교사였다. 나머지 20명은 일본인으로, 예수회 회원 3명, 신도 17명이며, 신도 가운데 셋은 어린아이였다. 그들은 후일 가톨릭 교회에서 시성諡聖되어 성인으로 추앙되었다.

이 사건은 일본의 국가권력으로 야기된 최초의 대규모 순교였다. 이런 박해에도 불구하고 일본에서 선교는 여전히 진행되어 갔다.

히데요시는 1598년, 62세로 세상을 떠났다. 그의 만년에도 노부나가의 경우와 같이 스스로를 신격화하는 경향이 나타났다. 프로이스는《일본사》에서, 임종이 다가오는 히데요시에 대해 이렇게 기록하고 있다.

> "최후에 다이코 님은 자신의 이름을 후세에 전하기를 바라고, 마치 데우스와 같이 숭배되기를 희망하며, (일본 전국에서 보통 행해지듯) 시신을 화장하지 않고, 정성들여 꾸민 관에 넣어 그것을 성 안의 유원지遊園地*에 안치하도록 명령했습니다. 이런 다이코 님은, 이후에는 신의 반열에 들어가게 되고 신新 하치만, 즉 새로운 하치만八幡으로 불리기를 희망했습니다. 하치만은 옛날 로마인의 군신軍神 마르스Mars처럼 일본인에게 군신으로 숭배되고 있었기 때문입니다."[8]

그러나 신을 목표로 했던 그의 바람과 달리 임종이 가까운 그의 마음은 불안에 가득 차 있었다. 그가 오로지 걱정했던 것은 아직 어린 아들 히데요리豊臣秀頼, 1593~1615의 장래였다. 그는 모든 다이묘와 다섯 중신들을 불러 히데요리에게 충성을 맹세하게 했고, 그것으로도 부족하여 서약서를 제출하게 했다. 1598년 8월 18일, 히데요시는 다음 한 구의 유언시를 남기고 세상을 떠난다.

> 露と起き 露と消へにし 我が身かな 浪花のことは 夢のまた夢
> 이슬 맺히고 이슬 사라지듯 이내 몸도 그러한가. 나니와(오사카의 옛 이름)의 영광은 꿈속의 꿈이런가!

* 히데요시는 말년에 교토에 축조한 후시미성(伏見城)에 머물렀고, 임종 후 이 성내에 안치되어 있다가 이듬해 4월, 1595년 히데요시에 의해 창건되고 다이부쓰(大仏)로 불리던 히가시야마(東山)의 호코지(方廣寺) 동편 아미다가미네(阿弥陀ヶ峰) 산정에 매장되었다.

히데요시의 치세에서 잊어서는 안 될 것은, 그의 야심으로 1592년부터 1598년까지 두 차례에 걸친 조선 침략이 행해졌다는 것이다. 일본에서는 분로쿠文祿·게이초慶長의 역役으로, 조선에서는 임진왜란으로 불린다. 분로쿠의 역에는 총 30여만 명의 일본군이 전투에 참가하고 5만여 명이 전사했다. 조선 측 전사자와 포로가 된 사람은 훨씬 많고 셀 수 없을 정도다. 이 침략전쟁으로 조선의 국토와 백성에게 엄청난 피해를 끼쳤다.

히데요시의 조선 침략 의도에 대해 한국의 대표적 교회사학자 민경배閔庚培의 매우 흥미 깊은 견해를 소개한다. 히데요시가 "반기독교적 감정에 이끌려 군대 내의 기독교도 무사들을 전쟁터에서 희생시키는 것이 의도였다"는 것이다.[9] 그 논거로 부산에 상륙한 25만여 명의 병력 가운데 최소한 10퍼센트 이상이 기독교도 무사였다고 한다. 그러나 이 점에 대해서는 히데요시의 진의를 확인할 방법이 없다.

여하튼 조선에서 일본군은 닥치는 대로 살육과 약탈을 저질렀다. 상대방 전사자 수를 확인하기 위해 사체의 코와 귀를 잘라 낸 뒤 그것들을 소금에 절이고 통에 넣어 일본에 보냈는데, 모든 역사 자료를 살펴볼 때 10만 명분에 이른다고 되어 있다.[10] 이 귀와 코는 교토에 있는 무덤에 넣어졌고, 귀무덤(당초에는 코무덤)이라고 불린다.

또한 이 전쟁에서 군인보다 훨씬 많은 민간인이 포로로 일본에 강제 연행되었다. 그들 가운데 상당수가 전쟁 비용 조달을 위해 포르투갈 상인들을 통해 유럽 등의 외국에 노예로 팔려 갔다. 일본에 있던 선교사들은 이 일을 불의로 단죄하고 다이묘들을 설득해서 그치도록 했다. 그들은 일본에 연행되어 온 조선인 포로에게 복음을 전했다. 그 결과, 상당수가 신앙을 받아들이고 세례를 받았다. 매우 불행한 상황에서였지만, 이런 국면에서도 조선인에게 복음이 전해진 것이다. 그들 가운데 훗날 귀국하여 그리스도인으로 신앙을 끝까지 지킨 사람들도 있지만, 일본에 남은 사람들도 적지 않았다. 그 가운데는 도쿠가와 시대의 금교정책 아래 투옥된 사람 25명, 신앙을 끝까지 지키며 순교한 사람 21명이 있었다.[11]

3. 기리시탄 다이묘들

아시아의 기독교 역사를 살펴보면, 일본에서 기독교 선교의 특성이 드러난다. 다른 나라들에서는 마을 단위나 부족 단위, 더 나아가 민족 단위로 기독교로 회심하는 예, 즉 집단 개종한 경우가 대단히 많다.

그런데 일본에서의 기독교 개종은 개인 혹은 기껏해야 가족이나 일가친척 정도까지이고, 한 마을 전체가 개종하는 예는 보이지 않는다. 특히 이런 경향은 프로테스탄트 선교에서 현저하다. 그렇게 생각할 때, 기리시탄 다이묘를 통해 그의 영지 주민이 집단 개종하는 사건은 일본 선교 역사상 대단히 주목할 만한 일이다. 여기서는 세 사람의 기리시탄 다이묘를 소개한다.

오무라 스미타다

근년에 복각復刻된 마쓰다 기이치松田毅一의 《오무라 스미타다 전傳》을 토대로, 일본 최초의 기리시탄 다이묘인 오무라 스미타다大村純忠, 1533~1587를 언급하려 한다. 그는 1533년 아리마 가문에서 태어나, 백부伯父인 오무라 스미아키大村純前의 양자가 되고, 17세에 오무라 집안의 제18대 당주當主, 호주가 되었다. 그가 기독교를 접하게 된 동기는, 처음에는 포르투갈 무역의 이익이라는 현실적 타산이 주된 것이었다고 할 수 있다. 또한 예수회 측에서도 히라도平戶 외에 규슈 서해안에서 적합한 항구를 찾던 터에, 오무라 영지의 요코세우라橫瀨浦를 발견했다. 그래서 영주 스미타다에게 기리시탄 개종이 정신적·물질적으로 큰 이익을 가져올 거라며 열심히 권했다.

이와 같은 동기에서 구도求道가 시작되었지만, 그는 세례를 받기에 이르기까지 기독교 교의를 깊이 탐구했으며, 그 열렬함은 예수회 사제들을 감동시켰다. 1563년, 30세 때 세례를 받고 돈 바르톨로메오Don Bartolomeo라는 세례명을 받았다.[12] 예수회 사제들은 "기리시탄이 된 것을 그처럼 기뻐하는 사람은 없다"고 보고했다. 그가 세례를 받고 7년 쯤 뒤, 부인과 자녀들의 일족一族 그리고 가신 500여 명이 세례를 받았고, 영지 주민들 가운데서도 세례를 받는 사람들이 계속 나왔다.

41세 때는 이웃 영주들의 연합군에 습격을 받고 목숨을 잃을 뻔했다. 이 사건을 계기로 자기 영내의 기리시탄화를 결의하게 되고, 전 가신과 주민의 개종을 단행했다. 이 개종은 불교 승려에게도 미쳤는데, 개종을 거부하는 사람은 추방하겠다는 단호한 입장이었다.[13]

영지 내 모든 주민이 개종함에 따라 단번에 6만 명이 기리시탄이 되었다.

이와 같은 위로부터의 집단 개종은 신앙의 내실이 없는 다수의 신자를 낳았다고 볼 수 있다. 실제로 후에 기독교가 금지되고 박해가 본격화되는 가운데 많은 사람이 신앙을 포기했다. 그러나 그 한편 이웃인 아리마령領을 포함하여 많은 신자가 잠복 기리시탄으로서 신앙을 끝까지 지킨 일도 간과할 수 없다.

오무라 스미타다 자신은 충실하게 신앙을 고수했고, 히데요시의 바테렌 추방령이 나오기 직전인 1587년 5월에 세상을 떠났다. 그의 공적으로 꼽히는 것은 다른 기리시탄 다이묘와 함께 덴쇼켄오 소년사절을 파견한 일, 나가사키를 개항하고 나가사키를 교회령으로 기부한 일 그리고 본가인 아리마 가문을 신앙으로 인도한 일이다. 특히 그의 조카 아리마 하루노부有馬晴信는 열렬한 기리시탄 다이묘로 알려져 있다.

오토모 요시시게

오토모 요시시게는 1530년 규슈 분고豊後*의 다이묘인 오토모 가문에서 태어났다. 기독교를 만난 것은, 프란치스코 하비에르가 1551년 일본을 떠나기 직전 요시시게에게 초대받은 일에서 시작된다. 하비에르 일행은 분고에 가서 요시시게에게 열렬한 환대를 받았다. 이리하여 그의 구도가 시작되고, 분고 지방에서 기독교 선교의 실마리가 풀리게 된 것이다. 이때 요시시게는

* 지금의 오이타(大分)현 일대.

22세였다.

하비에르가 떠난 뒤에도 예수회 사제들은 분고에 머무르는 것과 선교하는 것을 허락받았고, 2년 후에는 신도가 1,500명에 이를 정도였다. 1556년에는 기독교의 선량한 보호자인 야마구치의 오우치 요시나가大內義長, 1532~1557가 모리 모토나리毛利元就, 1497~1571에 의해 멸망했다. 이에 따라 일본 포교장 토레스는 일본 포교본부를 야마구치에서 분고의 중심지(현재의 오이타시)로 옮겼다. 프로이스의 《일본사》에 따르면, 불교 승려들의 반대에도 불구하고 전도는 진전되고 많은 개종자가 생겨났다. 예수회 사제들이 세운 병원에도 많은 병자들이 모이고, 전도를 위해 유용한 장소가 되었다.[14]

이와 같이 분고 지방에서 기독교 선교가 순조롭게 진척되어 갔지만, 정작 중요한 요시시게 자신의 신앙 수용은 아직 미래의 일이었다. 그는 기독교에 대단히 호의적이며 선교를 적극 보호하고 장려했지만, 한편으로 교토에서 명망 있는 승려를 불러 가르침을 받고 있었고, 기독교 한쪽으로만 치우치지는 않았다.

그는 예수회 사제가 본국으로 귀국할 즈음 포르투갈 국왕에게 보내는 친서와 선물을 거듭 부탁했다. 이는 포르투갈 무역에 대한 강한 기대를 의미하는 것이다. 그가 기독교에 호의를 보이면서도 신앙의 수용을 결단하지 않은 것은, 그것을 종교적인 면에서만 이해하고 있던 것이 아니라 군사적·경제적 이익을 아울러 생각하고 있었기 때문으로 보인다.

이와 같이 긴 구도생활을 보내고, 1578년에 그는 비로소 신앙을 고백하고 일본 포교장 프란시스쿠 카브랄Francisco Cabral에게 세례를 받는다. 《일본사》에 따르면, 세례 받기로 결심하기에 이르렀던 그의 생각이 다음과 같이 기록되어 있다.

> "데우스의 가르침이 신부들에 의해 일본에 전해진 당초부터 (그 가르침은) 나에겐 적합한 것으로 여겨졌고, 속으로는 좋은 것이라고 인정하고 있었지만, 내가 기리시탄이 되는 것을 이렇게까지 길게 늦춘 것은 두 가지

이유에서다."[15]

그 두 가지 이유로, 나랏일에 쫓기며 좀처럼 자신의 일을 생각할 시간이 없었다는 점, 더욱이 기독교 신앙을 받아들이기 전에 일본 종교를 탐구하며 비교해 보고 싶었다는 점을 든다. 이런 과정을 거쳐 복음을 수용한 그의 신앙은 충실한 것이어서, 분고 지역의 기독교는 매우 활성화되었다.

오무라령領에 비해 분고에서는 영지 주민들 사이에서 전도가 순조롭게 진전되어 가는 가운데 국주國主*가 신앙을 수용하는 모양새를 띤다. 요시시게 자신은 만년에 시마즈 가문의 압박을 받고 정치적으로 곤경에 처해 있었다. 그러나 병으로 세상을 떠나기까지 신앙이 버팀목이 되어 기리시탄다운 생애를 끝까지 지키고 있었다. 기이하게도 히데요시가 바테렌 추방령을 선포하기 직전이었다.

다카야마 우콘

가장 저명한 기리시탄 다이묘 다카야마 우콘高山右近, 1552~1615은 1552년 셋쓰攝津의 다카야마高山에서 다카야마 히다노카미高山飛驒守, 1524~1595의 장남으로 태어났다. 부친은 열렬한 불교 신자였지만, 나라奈良의 기리시탄과 교의 논쟁을 통해 기독교를 받아들이고 세례를 받았다. 그 후, 그의 감화로 가족과 가신 등 150명이 한 번에 세례를 받았다. 그때 12세의 우콘도 로렌수 료사이Lourenço 了齋, 1526~1592에게 세례를 받고 주스토Justo라는 세례명을 받았다. 이와 같이 우콘의 신앙은 부친의 영향에 의한 것이었다. 그러나 후에 전쟁에서 중상을 입고, 이를 계기로 그의 신앙은 급속히 깊이를 더해 갔다.

우콘은 22세 때 오사카·다카쓰키高槻의 성주가 되어 2만 석의 녹봉을 받았다. 기리시탄 다이묘로서 그는 우선 다카쓰키에 위엄 있고 아름다운 천주

* 전국시대 다이묘들에 의해 시행된 분국법(分國法)에 의해 당시에도 다이묘들이 소유한 영지를 분국 단위로 나누어 지배했는데, 요시시게의 영지는 전성기에는 6국까지 확장되었으나 말년에는 1국으로 줄어들었다. 요시시게의 영지는 분고노쿠니(豊後國)였고, 그 영지의 지배자로서 '국주(고쿠슈)'라고도 불린다.

당을 세웠으며, 교토의 교회당과 아즈치安土 세미나리오의 건축에도 힘을 쏟았다. 특히 1581년, 순찰사 발리냐노를 다카쓰키에서 맞이했을 때, 성대한 부활절 축제를 열었다. 이때, 다카쓰키의 천주당에는 소형이지만 일본 최초의 파이프 오르간 반주로 아즈치 세미나리오의 학생들이 부른 그레고리안 성가가 울려 퍼졌다. 많은 주민도 참여하여, 발리냐노도 놀랄 만큼 성대한 부활제였다.

이 무렵까지는 다카쓰키의 영지 주민 2만 5천 명 가운데 1만 8천 명이 기리시탄이 되었고, 후에는 거의 모든 영지 주민이 기리시탄이 되었다. 이것은 결코 성주로서 우콘이 강제해서가 아니고, 예수회 사제들의 전도와 더불어 그의 열의와 덕행이 기리시탄의 모범이 되어 자연스럽게 늘어난 것이라고 할 수 있다.

이 무렵 그에게는 기리시탄의 모범으로서 훌륭한 감화력이 있어서, 그를 통해 신앙을 갖게 된 다이묘들과 그들의 가족들도 많이 나타났다. 그 가운데는 고니시 유키나가小西行長, 1555~1600, 구로다 요시타카黒田孝高, 1546~1604, 가모 우지사토蒲生氏郷, 1556~1595 등 유력한 기리시탄 다이묘가 있다. 또한 아케치 미쓰히데明智光秀, 1528~1582의 딸이며 호소카와 다다오키細川忠興, 1563~1646의 아내인 저 유명한 호소카와 가라샤細川ガラシャ, Gracia, 1563~1600 부인도 그의 감화로 신앙을 받아들였다.

이런 그의 증언을 통해 사람들은 기독교를 '다카야마의 종문宗門'이라 불렀고, 예수회 사제들도 그를 전적으로 신뢰했다.

우콘은 주군 히데요시의 신뢰도 깊고, 다카쓰키의 성주(쌀 2만 석을 수확할 수 있는 영지 포함)에서 아카시明石(지금의 효고현 남부)의 성주(쌀 6만 석을 수확할 수 있는 영지 포함)로 승급되어 새로운 마음으로 영지 주민들의 전도에 힘썼다. 하지만 1587년 6월, 규슈 평정을 끝낸 히데요시는 돌연 우콘에게 기독교를 버리도록 명령한다. 하나님을 향한 신앙 때문에 명령을 거부하는 우콘에게 격노한 히데요시는 잇따라 바테렌 추방령을 내렸다. 이 엄청난 시련 가운데서도 그의 신앙은 흔들리지 않았고, 신앙을 지키기 위해 6만 석의 영지領地를 반환할 뜻을 굳혔다. 프로이스의《일본사》에 따르면, 뜻을 돌이키도록 재촉하는 히데요시의 사자使者에게 그는 다음과 같이 단호하게 대답했다고 한다.

> "기리시탄을 그만두는 것은, 설령 전 세계를 주겠다고 하셔도 하지 않을 것이고, 자신의(영혼의) 구원과 바꾸는 일은 하지 않을 것입니다. 따라서 저의 신병身柄, 봉록俸祿, 영지領地에 관해서는 귀하의 마음대로 처리해 주시기 바랍니다."[16]

확실히 이 말은 "사람이 만일 온 천하를 얻고도 제 목숨을 잃으면 무엇이 유익하리요"(마 16:26)라는 예수회의 표어에 기초한 것이다. 우콘의 추방을 안타까워한 히데요시는 우콘의 다도茶道 스승인 센리큐千利休, 1522~1591를 보내 그를 설득하게 했다. 그러나 은사의 설득에도 우콘은 흔들리지 않았다. 영지 몰수와 추방은 무사에게 죽음보다도 더한 굴욕이지만 그는 신앙 때문에 용감히 이 굴욕의 길을 택했다.

이후 우콘은 가나자와金澤 성주城主 마에다 도시이에前田利家, 1538~1599의 객이 되었다. 마에다 도시이에 다음의 영주가 된 도시나가前田利長, 1562~1614도 그를 후하게 대하고, 그의 선교활동에 간섭하지 않았다. 우콘은 1601년까지 자비自費로 가나자와에 교회를 세울 뿐만 아니라, 이 해에 선교사를 초대해서 170명 정도가 세례를 받았다. 마에다 집안의 충직한 가신 30여 명도 그 가운데 포함되어 있었다. 우콘은 이렇게 가나자와 땅에서도 전도를 그치지 않았지만, 1614년 이에야스의 금교령에 의해 국외로 추방되었다.

1614년 11월, 그가 탄 배에는 그의 가족, 나이토 조안內藤如安과 그의 가족, 예수회 사제들 등 350명이 타고 있었다. 그들 일행은 마닐라에 도착했다.

우콘은 마닐라 총독과 그곳 사람들에게 신앙을 끝까지 지켜 낸 일본의 다이묘로서 극진한 환대를 받았지만, 이듬해 세상을 떠난다.

에비사와 아리미치는《일본 기리시탄사》에서 이렇게 말한다.

"흔히 말하듯이 남만무역의 이익에 마음이 끌렸던 사이코쿠 다이묘西國大名(긴키 지방에서 규슈 지방에 걸친 전 지역, 특히 규슈 지방의 다이묘들을 일컬음)들이 신앙을 받아들이고, 그들의 압력에 의해 영지 주민이 신자가 되었다는 식으로 단순히 정리할 수 있는 것이 아니다. 기리시탄 다이묘라는 말이 자주 언급되지만, 다이묘 층에서 기리시탄 신앙을 끝까지 지킨 이들은 몇 사람에 지나지 않는다. 그것도 무역과는 관계가 없던 다카야마 우콘이라든지 나이토 조안, 호소카와 가라샤 부인 등에 그친다."[17]

확실히 기리시탄 다이묘의 출현은 남만무역과 관계가 깊다. 오무라 스미타다, 오토모 요시시게와 그 밖의 다이묘들에게서 간과할 수 없는 점이다.

그러나 다카야마 우콘이나 나이토 조안과 같이 무역과는 전혀 관계 없이 신앙을 받아들이고, 게다가 금교령 아래서 신앙을 끝까지 지킨 다이묘도 존재했던 것이다.

제4장 도쿠가와 막부와 기독교

1. 도쿠가와 이에야스와 기독교

앞 장에서 말했듯이, 나가사키 26성인 순교 등의 박해는 있었지만, 기독교 선교는 여전히 전체적으로 묵인되고 있었으며, 1600년경에는 약 60만 명의 기리시탄 인구를 헤아렸다. 그즈음 일본 인구가 약 2,500만 명으로 추산되므로, 실로 인구의 2.4퍼센트에 이른다.[1]

1600년에 도쿠가와 이에야스德川家康, 1542~1616가 세키가하라 전투에서 승리를 거뒀다. 그는 1603년 세이타이쇼군征夷大將軍(정이대장군) 지위에 올랐고, 그 후 260년 이상에 걸친 이에야스 시대가 시작되었다. 멀리 내다보며 치밀하게 계획을 세우는 정치가 이에야스는 기독교에 매우 신중한 자세를 유지했다. 처음에 그가 취한 정책은 기리시탄 묵인 정책이라 할 만한 것이었다. 그리고 통상通商을 이유로, 기존의 독점적 위치이던 포르투갈계의 예수회보다 스페인계의 프란치스코회에 호의적이었다. 일본 기독교회는, 1600년대 초기 약 10년간은 이에야스의 무역확대 정책으로 다행히도 노부나가 시대와 같은 평화를 맛보았다. 이 시기에 기존 예수회와 프란치스코회에다 새롭게 도미니크회, 아우구스티누스회 선교사들이 일본에 와서 선교를 시작했다.

그러나 이런 상황도 잠시였다. 이에야스는 기본적으로 기독교를 자신의 일본 지배와 양립할 수 없는 것으로 생각했고, 막부의 지배가 확립되어 가는 가운데 기리시탄 금제의 방향을 명확히 해갔다. 특히 1611년 멕시코 사절 세바스티안 비스카이노Sebastián Vizcaíno, 1548~1624의 일본 연안 측량 사건에서 도쿠가와 막부는 새삼스럽게 기리시탄 세력의 일본 침략에 강한 의심을 품고 강경한 태도를 취했다. 더욱이 포르투갈, 스페인의 뒤를 이어 세계에 진출하고 있던 신흥 네덜란드와 영국이 진작부터 막부에, 앞서 말한 두 나라의 일본 침략 의도를 비방하고 있었다.

이런 상황에서 도쿠가와 막부는 결국 기리시탄 금제를 결정했다. 먼저 1612년 막부 직할령에서, 이어 1614년, 전국에 바테렌 금령伴天連禁令이 발포되었다.

이 바테렌 금령을 요약하면, 예부터 일본은 신의 나라, 불교의 나라이고, 인의仁義를 중시하는 나라다. 그런데 바테렌의 나라에서 전해진 기리시탄의 가르침은 신불신앙神佛信仰과 인륜을 파괴하고, 일본의 정치와 법률을 거스르는 침략적인 사종문邪宗門(그릇된 종교)이다. 더욱이 기리시탄이 신앙 때문에 형벌 받는 일을 오히려 기뻐하는 모습은, 이 가르침이 사법邪法(그릇된 법)에 다름없음을 나타낸다. 막부는 이것이야말로 "신불의 적敵"이고, 즉시 금지하지 않으면 반드시 나라의 우환이 될 거라며 비난했다. 이 금령의 발포로 다카야마 우콘 등은 필리핀 마닐라로 추방되었으며, 도쿠가와 막부는 고대 로마제국이 기독교도를 탄압한 것 못지 않게 철저히 조직적으로 탄압하기 시작했다.

여기서 주의해야 하는 것은, 일본의 기리시탄 금제가 결코 히데요시나 이에야스라는 특정 개인의 정책이 아니라는 것이다. 기독교의 가르침과 일본의 봉건윤리는 애당초 양립할 수 없는 내용이 많았다. 구체적인 예를 들면 다음과 같다.

① 먼저, 기독교의 유일신 앞에서의 만인평등 사상은 주군과 신하, 부모와 자녀 사이의 충효 윤리를 거부하는 것으로 이해되었다. 성서에 의하면, 사람은 모두 예수 그리스도 앞에서 남녀·인종·계급의 차별 없이 형제자매였다. 그러나 봉건사회를 지탱하는 것은 엄격한 신분제도였다. 다만 성서에

서도 "각 사람은 위에 있는 권세들에게 굴복하라"(롬 13:1)며 주인에 대한 복종을 말하고 있다. 그러나 다카야마 우콘의 예에서 보듯 데우스에 대한 충성은 주군에 대한 그것보다 우선하고, 기본적으로 봉건적 주종관계와 양립할 수 없었다.

②다음으로, 일본의 봉건윤리와 양립할 수 없다고 생각된 것은 자살 금지다. 기독교의 가르침에 따르면, 자살은 하나님께로부터 주어진 생명을 스스로 부정하는 것이고, 하나님께 큰 죄가 된다. 그러나 일본 무사도武士道는 할복에 따른 죽음을 미화하며, 가치 있는 죽음에 이를 것을 강요했다. 이 점에서도 양자는 정면충돌했다.

③기독교는 결혼에 대해 '일부일처제'를 가르쳤다. 그러나 당시 일본 지배층은 가문을 계승하기 위해 일부다처제가 공공연하게 인정되었고, 권력자는 많은 첩을 두고 있었다. 어머니와 딸을 인질로 적과 교환하는 것은 흔한 일이었고, 이런 점에서도 기독교 윤리와 부딪혔다. 게다가 선교사들이 제작한 가톨릭교회 교리문답서 〈도치리나 기리시탄*Doctrina Christan*〉에서는, 일부일처의 결혼은 데우스께서 주신 것이고, 자손 양육과 구령救靈이라는 신성한 목적이 있으며, 일체의 부정不貞은 영혼을 영원히 더럽히는 것이라고 가르쳤다.[2]

④그러나 최대의 문제점은 권력자들 사이에 있는 '일본은 신의 나라'라는 사상, 즉 신국사상神國思想이었다. 노부나가, 히데요시, 이에야스를 시작으로 역대 권력자들이 통일정권을 세우고 유지해 가려는 과정에서 이 신국사상을 명확히 하고, 자신에게 권위를 부여하기 위해 사용하고 있었다. 그들은 일본을 계속 지배하려면 정권뿐만 아니라 교권, 즉 종교적 권위도 장악해야 함을 알았다. 그래서 모두 스스로 신격화를 도모했다. 노부나가도 히데요시도 그랬지만, 만년의 이에야스에게서도 자신을 신격화하는 경향이 나타났다. 죽음이 다가온 1616년 4월, 그는 자신이 죽으면 시신을 구노잔久能山에 안치하고, 닛코뵤日光廟를 건립해서 간핫슈關八州*의 수호신으로서 제사하도록 측

* 간토(關東)의 8개 지방. 에도 시대에 간토지방을 일컫던 말.

근에게 명했다. 게다가 요시다 신도吉田神道를 관장하는 요시다 가문에 자신이 죽은 뒤 신이 되는 의식을 치를 것을 부탁했다.

그런 가운데 그 같은 신국사상과 전혀 양립할 수 없는 기리시탄의 금제라는 사상통제를 단행함으로써 자신의 권위 부여를 도모한 것이다.

국가의 통제를 강화하기 위해 그 시대 권력자가 늘 사용하는 수단으로 '희생양scapegoat'이라는 것이 있다. 희생양이란 죄가 없음에도 사람들의 증오를 몸에 짊어지고 추방되는 역할을 감당하는 것이다. 로마 제국 시대의 기독교가 그랬고, 히틀러 시대의 독일에서 유대인이 그랬다. 도쿠가와 시대의 기독교도 바로 이 희생양이었다. 단, 비난당하고 추방되는 존재가 너무 약해서는 이 역할을 해낼 수 없다. 일본에 들어온 기독교의 배후에 스페인과 포르투갈이라는 강국이 자리하고 있었기에, 충분히 희생양이 될 수 있었던 것이다.

이러한 일본의 신국사상을 배경으로 하는 지배자의 종교 통제 논리는 도쿠가와 시대만으로 끝나지 않았다. 메이지기 이후 1945년까지 일본은 천황을 아라히토가미現人神(인간의 모습으로 나타난 신)로 받드는 신국이 되어 이 신국사상과 양립할 수 없는 기독교와 그 밖의 종교를 탄압한 것이다.

2. 금교령 하의 기독교

1614년의 바테렌 추방령 발포 후 기리시탄에게는, 이른바 지하활동의 시대가 시작되었다. 이 금령으로 많은 선교사가 국외로 추방되었지만 그 후에도 선교사들은 관리들의 눈을 피해 일본 각지에 잠복해서 선교활동을 했다. 이때 예수회 사제 27명, 프란치스코회 사제 7명, 도미니크회 사제 7명, 교구사제 5명, 아우구스티누스회 사제 1명, 총 47명이 일본에 잠복하고 있었다.

그들은 변장하기도 하고 몸을 숨기면서 각지에 흩어져 있는 신자들을 방문하며 신앙을 지도했다. 이 같은 혹독한 상황 아래서, 순교할 각오로 새로이 지원하는 선교사들이 차례로 일본에 잠입하는 한편, 일단 추방된 선교사들도 다시 잠입하여 잡힐 때까지 활동을 계속했다.

그때까지 서일본 지방에 많았던 기리시탄들은 박해를 피해 비교적 호의적인 오슈奧州(지금의 도호쿠 지방의 일부) 지방이나 쓰가루津輕(지금의 아오모리현 서부) 지방으로 도피하여, 그곳에서 신앙활동을 계속했다. 또한 사도佐渡(지금의 니가타현의 일부)의 광산에 광부가 되어 이주하거나, 홋카이도의 마쓰마에松前 지방으로 건너간 사람들도 있었다. '사도행전 8장'이 기록하고 있는 예루살렘 교회를 향한 박해가 각지에 복음의 씨앗을 흩어 뿌린 것처럼, 금제는 오히려 복음을 전국으로 확산시키는 계기가 되었다.

그러나 오사카 전투에서 승리한 후 도쿠가와 정권의 토대가 한층 견고해져 가는 가운데, 기리시탄 금제와 무역 통제가 점차 본격화되어 갔다. 기리시탄 박해는 각지에서 혹독하게 자행되어, 1622년에는 한번에 55명의 선교사와 신자들이 화형당한 겐나元和의 대순교*가 일어났다. 이듬해에 있었던 에도의 대순교 이후에는, 그때까지 기리시탄을 대하는 데 느슨했던 도호쿠東北 지방의 모든 번藩에서도 단속이 심해져 순교자가 나왔다.

다음은 순교를 각오한 한 기리시탄이 동지에게 보내 자신의 뜻을 알린 글인데, 당시 기리시탄의 각오가 잘 드러나 있다.

> "지금이야말로 천국에 이르는 직로直路라고도 할 만한 마르치료(순교를 의미하는 포르투갈어 martirio의 기리시탄 용어)의 시절이 도래한 것이라면, 데우스께 천만 번의 예를 올려드리며 이 기회를 놓치지 않도록 마음을 정하고, 천국에 의연한 모습으로 들어가도록 허락을 얻고 싶다."[3]

이와 같이 열렬한 기리시탄에게 순교는 '천국으로 가는 직로' 바로 그것이며, 그들의 신앙을 정화하기 위한 데우스의 '시험'이었다.

* 에도 시대 초기인 1622년 9월 10일 나가사키에서 일어난 대순교 사건으로, 일본 기리시탄 박해사 가운데 가장 많은 신도가 동시에 처형된 사건으로 기록되어 있다.

도쿠가와 막부는 순교라는 박해 정책이 오히려 그들의 신앙에 영예를 부여하는 것임을 알고, 고문에 의해 신앙을 버리게 하는 기교책棄教策에 무게를 두게 되었다. 물고문, 가마니에 넣어 몰매를 때리는 고문, 인두로 지지고 화인을 찍는 고문 그리고 거꾸로 매달아 구멍에 넣고 피를 다 빼는 고문이 행해졌다. 마지막 것은 가장 잔혹한 고문이다. 많은 선교사와 신도가 이들 고문에 굴하지 않고 순교해 갔다. 그들은 신도들이 산헤드린(공의회) 위원들을 향해 "사람보다 하나님을 순종하는 것이 마땅하니라"(행 5:29)고 한 그 길을 선택한 것이다.

이런 순교자의 한 사람으로 페트로 기베Petro Kasui Kibe, 1587~1639(본명은 기베 시게카쓰岐部茂勝)가 알려져 있다. 그는 분고 출신이며, 아리마 세미나리오를 졸업한 후 도주쿠가 되어 전도했다. 1614년의 바테렌 금령에 의해 국외 추방되어 마카오로 건너간 후, 로마에 가서 예수회 사제로 서품되었다.

1630년 일본에 돌아온 그는 주로 도호쿠 지방에 잠복해서 전도를 계속했지만 1639년에 센다이령仙台領에서 체포되었으며, 잔혹한 고문을 당했지만 신앙을 끝까지 지키며 순교했다. 2006년, 로마 교황청은 페트로 기베와 일본 순교자 187명을 성인의 전 단계인 '복자福者, the beatified'로 추앙하기로 하고, 이듬해 정식으로 시복諡福, beatification을 결정했다. 그리고 2008년 11월 24일, 나가사키에서 시복식이 거행되었다.

한편, 이러한 고문에 견디다 못해 신앙을 버린 사람들도 적지 않았다.

이러한 기리시탄들의 확고한 신앙에 어떻게 대처해야 할지 난처해진 도쿠가와 막부는 일본 전국에서 기리시탄 종문을 완전히 없애려고 철저한 기리시탄 금제책禁制策을 내세웠다. 그것들은 오늘날까지 일본인의 국민성에 영향을 끼치고 있기 때문에, 다음과 같이 정리해 보고자 한다.

■ 슈몬아라타메宗門改

사농공상을 막론하고 전 인구를 대상으로, 매년 정기적으로 각자가 속한 종교가 무엇인지를 절(단나데라檀那寺를 의미. 조상 대대의 위패를 모신 절)의 증명서와 함께 제출하게 하는 것이다. 절의 명부에 등록시킴으로써 기독교 입문을 방지했다. 이는 단순한 종교정책에 그치지 않고, 호적과 동일한 기능을 하게 되어 전국 영지 주민의 생활 속으로 깊숙이 밀착해 들어갔다.

■ 데라우케寺請 제도

슈몬아라타메와 마찬가지로, 도쿠가와 막부가 취한 주요한 기독교 탄압책이다. 처음에는 기리시탄에서 개종하여 불교 신자로 돌아간 사람이 절의 단가檀家(일정한 절에 속하면서 그 절에 장례식 등 불사佛事를 맡기고 시주로 그 절의 재정을 돕는 집 또는 신자)가 되었다고 보증하며 날인하는 식이었다. 뒤에 막부는 모든 사람이 속하는 단나데라로부터 기리시탄이 아님을 증명하는 증문證文을 받도록 강요했다. 이 데라우케 증문은 일종의 신분증명서 구실을 하며, 출생·결혼·사망·여행과 그 밖의 경우 필요한 서류로서 관리에게 제출해야 했다.

이처럼 막부는 절을 통해 주민들의 생활을 강력하게 통제하며 기리시탄이 되는 것을 방지했다. 이같이 불교는 어용종교가 되었으며, 소위 '장례葬禮 불교'가 되고, 교의를 설교하거나 도덕을 가르치는 일을 게을리했다.

■ 에후미繪踏

나가사키를 시작으로 규슈 각지에서 기리시탄을 색출하기 위해 그리스도나 마리아의 성화상聖畫像을 밟게 하는 것이다. 매년 정월에 행해지고, 무사·승려·신주神主(신사의 신관)를 제외한 전 주민에게 강요되었다. 처음에는 종이를 사용했지만, 후에는 목판·청동 성화상을 사용하게 되었다. 거절하면 고문당하고 개종을 강요당했다. 끝까지 거절하는 사람은 처형되었다. 잠복 기리시탄들은 성화상을 밟은 뒤 집에 돌아가 죄를 고백하고 회개했으나, 그것은 심리적 고문이 되기도 했다.

■ 5인조 연좌제

도쿠가와 시대 이전에도 있었던, 촌락 내부의 제도. 도쿠가와 막부는 특히 이것을 중시했고, 기리시탄 금제를 위한 상호 감시제도로 이용했다. 만일 어떤 조직에서 기리시탄이 나오면, 그 조직 내의 다른 사람들도 같은 죄로 연대 책임을 지게 했다. 더욱이 막부는 이 제도를 부랑인 단속이나 매년 부과되는 조세 납입에도 적용하며 농민 통제를 위해 사용했다.

■ 기리시탄 유족 아라타메改

기리시탄이 나오면, 그의 친족을 5대까지 걸쳐 기리시탄 유족類族이라 하여 엄중한 감시 아래 두는 것이다. 그 사이에 기리시탄이 나오지 않으면 비로소 감시를 해제할 정도로 철저한 것이었다.

■ 슈몬아라타메를 담당한 관직 설치

시마바라의 난 이후, 도쿠가와 막부는 기리시탄 금제를 더욱 철저히 하기 위해 이노우에 마사시게井上政重, 1585~1661*를 초대 슈몬부교宗門奉行(뒤에 슈몬아라타메야쿠宗門改役로 직명이 바뀜)에 임명했다. 그는 일찍이 기리시탄이었으나, 기리시탄 단속에 위세를 휘둘렀다. 더욱이 1만 석 이상의 다이묘에게는 기리시탄 단속을 위한 전담 슈몬아라타메야쿠의 설치가 의무화되었다.

■ 밀고자를 장려하기 위한 포상제

도쿠가와 막부는 기리시탄 발견을 위해 밀고를 장려하며 거액의 상금을 걸었다. 전국 방방곡곡에 "신분이 의심스런 사람이 있으면 신고해야 한다"고 고발을 장려하는 고찰高札을 세웠다. 선교사를 신고할 경우 현상금은 은화 200~500냥으로 최고액이었다. 게다가 이 밀고를 5인조 제도와 연결시켜, 다른 방법으로 발견된 경우 그 기리시탄이 나온 5인 조직의 다른 사람들까지 형벌을 받았다.

* 막부로부터 부여된 직책을 더한 명칭으로는, 오메쓰케 이노우에 지쿠고노카미 마사시게(大目付井上筑後守政重)가 있다. 오메쓰케(大目付)는 대감찰, 지쿠고노카미(筑後守)는 지금의 후쿠오카 현 남부 지역의 장관직을 지칭.

■ 쇄국의 완성

1639년 이후, 도쿠가와 막부는 네덜란드, 중국(명과 청), 조선을 제외한 모든 외국과 무역 및 외교 관계를 끊었다. 이는 이전부터 진행되던 기리시탄 금지와 무역 통제를, 시마바라島原·아마쿠사天草의 난을 기회로 더욱 철저히 한 것이다. 이로써 쇄국체제가 완성되었다. 구체적 내용은 모든 일본인의 출입국 금지, 기리시탄 종문의 금지, 무역 통제 등의 세 항목을 근간으로 한 것이었다. 도쿠가와 막부는 이로써 기독교 공급원 근절을 목표했다. 이후 막부 말기에 이르기까지 약 214년간, 네덜란드와의 미미한 교섭 외에 일본은 서구 근대문명으로부터 고립 상태에 놓였다.

이상으로 도쿠가와 막부의 철저한 기리시탄 금제책을 살펴보았다. 이러한 정책의 실시에 따른 각지에서의 대규모 박해의 결과, 순교하거나 신앙을 버리거나 개종하는 일이 잇따라 기리시탄 세력도 급속히 쇠퇴해 갔다. 1633년 일본 교회 최고 지도자인 관구장 크리스토바우 페레이라Cristovao Ferreira, 1580~1650는 혹독한 고문 끝에 신앙을 버렸고, 사와노 주안澤野忠庵이라는 이름으로 막부를 섬겼다. 그가 신앙을 버린 것이나 그 후에 관해서는 엔도 슈사쿠遠藤周作의 역사소설《침묵》에 생생하게 묘사되어 있다.[4]

이토록 철저한 도쿠가와 막부의 기리시탄 금제책은 일본인의 국민성에 어떤 영향을 주었을까?

일본에 전해 내려오는 속담이나 격언에는, 윗사람에게 복종하고 자기주장을 경계하며, 대세에 따를 것을 요구하는 것이 많다. 예를 들면, '우는 아이와 지역 고관에게는 당할 수 없다', '긴 것에는 휘감겨라', '이왕 기댈 바엔 큰 나무 밑이 안전하다', '모난 돌이 정 맞는다', '침묵은 금, 웅변은 은', '불필요한 말은 재앙을 부른다' 등이다. 요컨대, 일본 사회에서 처세술은, 자신이 확신하는 것을 관철하기보다 끊임없이 주위를 살피고 무리로부터 튀지 않는 것을 중시한다. 자신을 주장하는 사람은 협조성이 없다고 비난받는다. 예나 지금이나 일본에서는 주변의 모두와 다른 일을 하는 데는 큰 용기가 필요하다. 이와 같이 속마음(혼네本音)과 겉마음(다테마에建前)을 상황에 따라 능숙하게 구사하며 대세에 붙어 자신을 지키려는 국민성은, 도쿠가와 260년 치세에서 위로부터의 통제와 5인조 등의 상호 감시 체제와 기나긴 쇄국 가운데 몸에 밴 것이 많다고 할 수 있다. 이러한 국민성이 기리시탄 금제의 모든 정책에서 비롯한 것임을 생각할 때, 복음 선교는 참으로 일본인의 정신성mentality에 대한 도전이라고 할 수 있다.

이와 같은 복음 선교에 놓인 과제는 오늘의 일본, 특히 지방에서 지금도 여전히 현실적인 것이다. 일본에서 그리스도인은 1퍼센트 이하의 소수자이며, 아직도 일본 사회에 이질적인 것으로 여겨지는 경향이 있다. 이를테면 일본에서 그리스도인으로서 산다는 것은, 100명이 있다면 99명과 다른 가치관으로 살아가는 것을 의미한다. 그런 가운데서 복음을 뿌리내려 가는 데는 지속적인 선교의 노력과 끊임없는 기도가 필요하다.

3. 잠복 시대의 기독교

도쿠가와 막부의 철저한 기리시탄 탄압책으로 그토록 대단했던 기리시탄 세력도 표면상은 완전히 모습을 감추기에 이르렀다. 특히 1680년대 중반부터는 잔류 기리시탄 신도에 대한 뒤처리 수준의 상황이었다. 새로 입교하는 사람이 나오는 일 등은 전혀 생각할 수 없었다. 어쨌든 잠복 중인 기리시탄에게, 어떻게 남에게 알려지지 않고 스스로 신앙을 지킬 것인지가 다급한 과제였으며, 전도 등은 무리였다. 그런 가운데 그들은 모든 고난을 감수하며 지내고, 신앙의 자유가 주어지는 날이 다시금 찾아오기를 한결같이 기다린 것이다.

시도티와 아라이 하쿠세키

1708년, 한 척의 스페인 선박이 야쿠섬屋久島에 접근했다. 한 사제가 그 선박에서 작은 배를 타고 상륙했다. 이탈리아인 예수회 선교사 조반니 바티스타 시도티Giovanni Battista Sidotti, 1668~1714다. 그는 곧바로 붙잡혔고, 나가사키를 거쳐 에도로 넘겨졌다. 이후 고이시카와小石川의 기리시탄 야시키屋敷*에 유폐되었는데, 그의 심문을 맡은 사람은 쇼군을 섬기는 실력자이자 유학자인 아라이 하쿠세키新井白石, 1657~1725였다. 그는 네 차례에 걸쳐 시도티를 심문했고, 그 내용을 《서양기문西洋紀聞》에 정리했다. 이 책은 천지창조부터 노아의 방주, 출애굽, 예수의 탄생과 십자가에서의 죽음, 부활과 사도들의 활동 그리고 기독교 역사를 아우르고 있다.[5] 시도티는 자기를 돌봐주던 노부부에게 세례를 준 일이 발각되어 1714년에 특별한 감옥에 투옥되고 그곳에서 옥사했다. 일본에 잠입한 최후의 선교사의 죽음이다.

잠복 기리시탄의 생활

잠복 시대에 기리시탄들은 표면적으로는 도쿠가와 막부에 고분고분 따르고 있었다. 슈몬아라타메에 의해 각자 단나데라에 속하고, 장례식은 당연히 승려들이 담당했다. 그러나 승려들이 돌아간 후, 자기들만으로 비밀리에 장례식을 다시 치르고, 관 속에는 나무 십자가를 넣곤 했다. 규슈 지방의 잠복 기리시탄들은 연중행사가 되어 있던 에후미에 나가서 성화상을 밟았다. 그러나 집에 돌아와서 콘치리상(참회와 고백을 의미하는 포르투갈어 confissao의 일본식 차음)을 위해 오라쇼(기도를 의미하는 라틴어 oratio의 일본식 차음)를 외웠던 것이다.

잠복하고 있던 신자들 사이에는 콘프라리아(신자들의 모임을 의미하는 라틴어 confraria의 차음. 신심회信心會로 번역된다)라는 조직이 짜여 갔다. 특히 분고 지방이나 오무라 번 등의 규슈 지방에서 그랬다. 오하시 유키히로大橋幸泰의 《기리시탄 민중사 연구》에 따르면, 이 콘프라리아는 신앙에 의한 결합뿐만 아니라 실제로 경제적 상부상조 역할을 했다.[6] 콘프라리아에서는 조카타帳方,† 미

* 기리시탄의 투옥과 심문과 처형이 이뤄진 장소.

† 별칭으로 조야쿠(張役), 소가시라(總頭)가 있다. 조카타는 전체 조직의 총지도자로 기도·교리를 전승하고 교회력을 소지하며 불완전하나마 1년간의 신앙생활을 지도했다.

즈카타水方* 등을 두고 다소 역할 분담이 이뤄지고 있었으며, 축일을 알리고 집회를 지도하며 세례를 베풀었다. 그들은 신앙에 관한 모든 일을 동료들만으로 비밀리에 행했다.

콘프라리아의 역할에서 중요한 일의 하나는 축일을 지키는 것으로, 이를 위해서는 교회력이 필요했다. 일요일 즉 도민고(기리시탄 용어로 주의 날, 스페인어 domingo의 차음)는 7일마다 지속적으로 충실히 지켜나가면 문제가 없지만, 그 외의 축일은 꾸준히 지키지 않으면 전혀 알지 못하게 되는 일도 있었다. 축일 가운데는 나타루(성탄을 의미하는 포르투갈어 Natal의 차음)라고 불리던 강탄제降誕祭가 가장 중요했다. 이때는 전야부터 신자가 모두 모여 밤을 새우며 예수님의 오심을 기념하여 교제를 나누고 기도를 외며, 소에게도 특별한 먹이를 주었다고 한다. 또한 봄의 부활절은 파스코아(부활절 축제를 의미하는 포르투갈어 pascoa의 차음)라고 불리고, 그전의 '가나시미노나이'悲しみの內(수난주간. 사순절은 가나시미노세츠[슬픔의 절기])의 금식 등은 엄격히 지켜졌다.

대부분의 집회는 후레야쿠触役의 집에서 비밀리에 행해지는데, 이를 차코茶講 등으로 불렀으며, 집회에서는 오라쇼를 외웠다. 오라쇼에는 주기도문Pater Noster과 사도신경(라틴어 credo를 '케레도'라고 차음하고 있다)도 포함되었다. 또한 마리아의 찬가나 십계10 mandamentos, 주노 만다멘토스도 구전되었다. 오라쇼는 집회는 물론 매일 개인이나 가정에서 드리는 예배와 기도에도 중요한 것이었다. 지도하는 사제도 없고 성서와 그 밖의 안내서도 없는 신자들에게는 오라쇼가 하나님께 의지하는 유일한 버팀목이 되었다. 그런 까닭에 오라쇼의 보존은 신앙의 중요한 부분이 되었다. 신자들은 입에서 입으로 전했고, 또 그것을 은밀히 기록하기도 하여 부모에게서 자녀에게로 전해 갔다. 이렇게 보존되어 온 몇몇 오라쇼가 덴리天理대학 도서관에 보존되어 있다. 의외로 생각될지 모르지만, 덴리대학 도서관은 많은 기리시탄 관련 자료를 소장하고 있다. 언젠가 일본어로 쉽게 쓰여 보존된 이 오라쇼를 접했는데, 기독교

* 세례를 베푸는 역할. 별칭으로 후레가시라(触頭), 후레야쿠(触役)가 있다.

신앙의 가르침을 잘 전하고 있었다.

또한 바우치즈모(세례에 해당하는 포르투갈어 Bautismo의 차음)로 불리는 세례도 매우 중요해서, 신자들은 모두 세례명이 있었다. 그러나 누설되는 것이 두려워서 보통은 사용하지 않았다. 200년 가까운 잠복생활 가운데 신자들이 가장 고심한 것은 자신들의 비밀을 누설하지 않는 것이었다. 따라서 그들은 자신들이 기리시탄임이 발각된 경우, 엄벌을 마다하지 않고 순교를 각오해야 할 것을 늘 자녀들에게 철저히 가르치고 있었던 것이다.

잠복 기리시탄들은 혹독한 탄압 아래서 신앙을 위장하기 위해 신불神佛 신앙이나 예부터의 습속을 받아들여 갔다. 그 결과, 점차 신도나 불교와 습합習合을 피하지 못하게 되었다. 그 습합은 애초 일본인의 정신 풍토 가운데 농후하게 보이는 종교혼합주의religio-syncretism의 성격에 기초했다. 일본에서는 불교와 신도의 습합이 상당히 진행되고 있었다. 기리시탄의 경우, 그러한 종교혼합주의에 더하여 예수회 선교사들이 취한 융화적 선교정책에도 깊이 연결되어 있었다. 일본에서는 기독교 교리를 이해하는 경우에도 불교 용어나 그 개념을 통해 구원이나 계명, 천국의 교의를 이해한 사람들이 적지 않았다.

개신교회는 '오직 성서로', '오직 믿음으로', '오직 은혜로'를 강조한다. 그에 비하면, 주문呪文과 결합하기 쉬운 틀에 박힌 기도, 성모자상이나 로사리오, 수호천사나 성인의 가호 등이 커다란 요소로 자리하는 가톨릭 신앙은 일본의 신불 신앙과 훨씬 습합되기 쉬운 면이 있었다. 더욱이 많은 기리시탄이 처음부터 기독교 교리를 충분히 이해하지 못했다.

따라서 기리시탄들이 잠복을 위한 위장이 필요할 때, 크게 곤란을 느끼지 않고 신불神佛적 위장을 했다고 본다. 이를테면 그들은 자모관음慈母觀音이나 자안관음상子安觀音像을 쉽게 마리아와 예수의 성모자상으로 바꿔 놓을 수 있었다. 기리시탄 신앙을 비밀리에 이어 가는 것은 선조가 지켜 온 가르침이라는 이유에서였다. 이 경우는 조상숭배와의 습합이라고도 할 수 있을 것이다.

이런 가운데 기리시탄의 조직이 약한 곳에서는, 신불과의 습합은 신앙의 매몰과 자멸을 의미했다. 그러나 조직이 견고한 규슈 지방에서는 표면으로 드러나지 않는 비밀 교단으로서 막부 말기 가톨릭의 재포교 때까지 유지될 수 있었다.

전자의 예로 에치고越後(지금의 니가타현) 마쓰노야마松之山의 잠복 기리시탄을, 후자의 예로 규슈 고토五島의 잠복 기리시탄을 살펴보자.

잠복 기리시탄의 실례

▪ 니가타현 마쓰노야마의 잠복 기리시탄

니가타현 도카마치시十日町市의 일부인 마쓰노야마는 나가노현과도 가깝고, 산으로 둘러싸인 외딴 지역이다. 지금은 도로가 연결되고 온천과 너도밤나무 숲이 있는 관광지가 되어 있다. 그러나 가까운 나가노현의 아키야마고秋山鄕와 더불어 옛날에는 새도 드나들지 않는다고 할 정도로 알려지지 않은 곳이며, 겨울에는 3미터가 넘는 폭설이 내린다. 이런 점에서 마쓰노야마는 기리시탄들이 잠복하기에는 매우 적합한 환경이었다고 할 수 있다.

1966년, 마리아 관음 등 예수불耶蘇佛 연구의 권위자로 알려진 다카다 시게루高田茂 씨가 연구 시찰 때 이 비경秘境의 땅을 방문했다. 잘 보존된 마리아 관음상이나 마리아 지장地藏상을 전국을 돌며 찾고 있던 그는 산중에 있는 쇼인지松陰寺를 방문했다. 그곳에서 그때까지 알려지지 않던 마리아 관음과 마리아 지장이 일본에서도 손꼽힐 만큼의 가치가 있음을 발견했다. 놀라고 기뻤던 후지타藤田 주지는 신자들의 도움으로 '마리아 관음 보존회'를 결성하여 보존과 홍보에 힘썼다. 그 후 마쓰노야마는 온천과 함께 '가쿠레隱れ 기리시탄'*의 마을로 널리 알려지게 되었다. 발견되게 된 극적인 경위는 후지타

* 에도 시대에 기독교 금교령이 내려진 후, 강제 개종에 의해 불교 신앙을 받아들인 것으로 위장하여 드러나지 않게 기독교 신앙을 전수하며 지켜 온 신자들을 '잠복 기리시탄'이라 부르는데, 1873년 기독교 금교령이 해제된 뒤 가톨릭교회로 돌아오지 않은 채 여전히 잠복한 상태에서 전통 종교와 습합된 형태로 신앙을

주지의 아들인 후지타 기미미치藤田公道의 《소생하는 마리아 관음》에 자세하게 언급되어 있다.[7]

마쓰노야마에서는 지금까지 5개의 마리아 관음과 마리아 지장이 발견되었는데, 그 가운데 가장 훌륭한 것은 조동종曹洞宗의 쇼인지에 안치되어 있는 목조 마리아 관음과 마리아 지장이다. 그때까지 자안관음子安觀音과 자안지장子安地藏으로서 마을 사람들의 두터운 신앙의 대상이던 이 두 상이 실제로는 잠복 기리시탄의 성모자상으로 비밀리에 신앙의 대상이 되고 있었다는 것이 명확해진 것이다. 두 상 모두 십자가가 교묘하게 끼워 넣어져 있으며, 기리시탄에게는 아기 예수를 안은 성모 마리아의 상으로서 신앙의 대상이 되어 있었다.

마쓰노야마에 잠복 기리시탄이 들어온 경위는, 규슈 지방의 혹독한 탄압을 피해서 기리시탄들이 조슈上州(지금의 군마현)에서 미쿠니토게三國峠(군마현과 니가타현을 잇는 고갯길)를 거쳐 도카마치에서 마쓰노야마로 이어지는 소금의 길*을 통해 숨어들어, 이 비경의 땅을 정착지로 정한 것으로 추정된다. 쇼인지는 1653년에 세워진 절이다. 잠복 기리시탄들이 마리아 관음과 지장을 기부하고 비밀리에 예배 대상으로 삼아 온 것으로 생각된다. 타지 사람들에게 정이 두터운 시골이며, 근처에는 기리시탄이 일하는 광산도 있었다. 이 지방 특유의 야마부시山伏(산야에 기거하며 수행하는 자들)의 슈겐도修驗道†와도 서서히 혼합되어 간 듯하다.

어쨌든 이런 외진 지역까지 잠입하여 그곳에서 비밀리에 신앙을 끝까지 지킨 기리시탄들의 신앙의 활력에는 경의를 표하게 된다. 그러나 차츰 습합이 진행되는 가운데 어느 사이엔가 신앙 그 자체가 묻혀버리고 만 것으로 추측된다. 오늘의 마쓰노야마 사람들 가운데 기리시탄 신앙을 어떤 형태로든 계승하고 있는 사람은 전혀 없다.

지키는 이들을 지칭하는 용어로 '가쿠레 기리시탄', '하나레(離れ, 떨어짐을 의미) 기리시탄'이 쓰이고 있다.

* 과거 소금과 해산물을 내륙으로 운반하기 위해 오가던 길.

† 일본 고대의 산악 신앙에 불교와 도교 등을 가미한 종교의 한 파.

■ 고토의 잠복 기리시탄

마쓰노야마의 예와 달리, 콘프라리아 조직이 견고하여 5인조 제도와 병립할 수 있었던 지역에서는 오히려 이 연대조직을 이용해서 공동 방위를 했고, 강한 결속 아래 신앙생활이 가능했다. 그들은 집회도 의심받지 않았으며, 지도자들도 쉽게 적발되지 않았다. 이런 지역은 대부분 규슈 지방이었다.

에도 시대 후반인 1790년대, 고토열도五島列島를 마주보고 있는 나가사키현 소노기彼杵 반도의 잠복 기리시탄들이 무리지어 바다를 건너 고토열도로 이주했다. 그들은 오무라번大村藩의 혹독한 종교 탄압을 견디며 백수십 년 동안 비밀리에 신앙을 지켜왔다.

1797년, 오무라령領의 소노기 지방 촌민村民 천여 명이 고토 번의 개척민 모집에 응하는 형태로 고토로 이주했다. 실은 그들 이주민의 대부분은 오무라 번의 혹독한 기리시탄 탄압을 견딜 수 없어서 이를 기회로 슈몬아라타메가 비교적 느슨하다고 알려져 있던 고토열도로 이주한 잠복 기리시탄들이었다. 이 소문은 소노기 지방 기리시탄들 사이에 퍼지면서 차츰 고토로 이주해 오는 사람들이 생겨나고, 그 수는 마침내 3천 명에 이르렀다.

이런 사정을 안 고토번藩은 점점 슈몬아라타메를 강화하기 시작했다. 더욱이 고토의 영지 주민들도 이주자를 걸림돌로 취급하게 되고, 기리시탄은 물질적·정신적으로 고통스러운 생활을 강요당했다. 그러나 그들은 굴하지 않고 황무지를 개간하기도 하고, 무인도로 다시 이주하기도 했다. 이렇게 그들은 고난을 견디면서 결국 가톨릭 재포교의 날*을 맞게 된다. 그들 농민들이 신앙의 자유를 찾아 이주하고, 모든 희생을 감수하면서 마침내 신앙 자유의 날을 맞이한 것은 일본의 복음 선교 역사상 크게 주목할 만한 일이다.

잠복 기리시탄들이 이같이 고난을 견딜 수 있었던 것은 기독교가 약속

* 일본에서 가톨릭교회의 재포교는 1858년 일본이 미국·영국·네덜란드·러시아·프랑스와 수호통상조약을 체결하면서 가능해졌다. 이 조약에서는 외국인 거류지 내에서 외국인의 신앙 활동, 예배, 예배당 건축 등을 허용한다는 조목이 명기되었다. 따라서 가톨릭교회의 경우 1859년부터 파리외방전교회가 본격적으로 재포교를 위해 선교사들을 파견하기 시작했다. 그러나 일본에서 본격적으로 신앙의 자유를 맞게 된 것은 태정관 포고 제68호에 의해 그때까지의 기리스탄 금제 고찰이 철폐된 1873년 2월 24일 이후의 일이다.

하는 천국에 대한 소망에 있었다. 현실의 세상에서는 어떤 고난에 직면한다 해도, 다가올 세상은 부모 처자 형제 모두 천국에서 다시 만날 수 있다는 소망이 버팀목이었던 것이다. 또한 규슈 지방 기리시탄들 사이에는 "7대代가 지나면 좋은 세상이 된다"고 구전되어 오던 말이 있었다. 17세기에 나가사키에서 순교한 일본인 수도사 바스티안이 남긴 말이다. 그는 순교를 앞두고, 7대가 지나면 흑선黑船(에도 시대에 외국에서 온 함선)을 타고 신부가 방문하고, 다시금 신앙을 자유롭게 고백할 수 있는 날이 올 것을 말했다. 이 구비 전승은 나가사키를 비롯하여 규슈 지방 신자에게 가슴 깊이 새겨지고, 고난의 날들을 견디게 한 격려가 되었다. 생각해 보면, 7대라는 아득한 세월을 기다리는 신앙이란 놀랄 만한 것이다.

4. 기리시탄 시대의 성서 번역

기리시탄 시대의 성서 일본어 번역에 관한 연구에는 거의 관심이 없다시피 했다. 가톨릭교회는 성서를 그 나라 언어로 읽게 하지 않기 때문에 일본어 번역이 존재하지 않을 거라는 개신교적 편견이 있었기 때문이다. 이 편견을 바로잡은 것이 에비사와 아리미치의《일본의 성서: 성서 일역의 역사》다. 이 책에서 주목할 만한 점은, 1591년 마누엘 바레토Manuel Barreto, 1564~1620가 만든 사본이다. 바레토는 1590년 일본에 온 예수회 선교사다. 그는 1년간 일본어 학습에 몰두했다. 그때 학습을 겸해서 이미 번역되어 있던 성서나 성인전을 로마자로 일본 전통 종이에 필사한 것이다. '쿠르스(십자가를 의미하는 포르투갈어 cruz의 차음) 이야기', '복음', '성모의 기적', '성인전'의 네 부분으로 된 바레토 사본은 764쪽에 이르는 방대한 것이다. 4복음서의 약 3분의 1, 그 가운데 마태복음서는 거의 절반이 번역되어 있다.[8]

예를 들면, 산상수훈의 팔복 가르침은 다음과 같이 번역되어 있다.

스피리토가 가난한 자는 하늘나라를 가질 것이니 베아토 되도다. 눈물을 흘리는 자는 달래 주실 것이니 베아토 되도다. 주스치이사의 기갈飢渴을 견디는 자는 넉넉히 먹여 돌봐 주실 것이니 베아토 되도다. 자비로운 자는 자비를 입을 것이니 베아토 되도다. 마음이 깨끗한 자는 데우스를 뵈올 것이니 베아토 되도다. 평온한 자는 데우스의 아들로 일컬을 것이니 베아토 되도다.[9] (마 5:3~9. 원문은 로마자)

중요한 단어가 거의 포르투갈어로 쓰였음을 알 수 있다. '영靈 혹은 마음心'은 스피리토espirito, '복(행복)'은 베아토beato, '의義'는 주스치이사justica, '하나님神'은 데우스Deus, 라틴어다.

이 바레토 사본이 어느 정도로 읽혔는지는 분명하지 않지만, 대단히 귀중한 것이다.

한편, 기리시탄 시대에 신약성서 전체를 번역한 것이 인쇄되었다고 전해진다. 영국인 선장 존 새리스John Saris, 1580~1643가 1613년 10월 교토에서 예수회의 손에 의해 신약성서가 인쇄되고 있다고 전한 것이다.[10] 이 교토판 신약성서는 존재 여부가 아직 불투명하다.

그 외에 기독교 교의를 정리한 《도치리나 기리시탄*Doctrina Christiana*》과 다른 기리시탄 문서에 성서가 많이 인용되어 있다.

이처럼 기리시탄 시대에 성서를 일본어로 번역하려는 여러 시도가 있었다. 그러나 후에 일본에 들어온 개신교 선교사들은 곧바로 일본어를 공부하고 성서 번역에 대단한 노력을 쏟았다. 그에 비하면, 성서 전체를 일본어로 번역하고 성서의 언어를 일본인에게 전한다는 점에서 가톨릭교회는 역량이 미치지 못했다고 할 수 있다.

5. 기리시탄의 부활

도쿠가와 막부의 기리시탄 금제는, 말하자면, 국시國是라고도 할 만한 것이며, 그 혹독한 정책은 막부 말기까지 일관되었다. 19세기에 들어서도 우라카미浦上와 아마쿠사 지방을 시작으로 기리시탄의 존재가 발각되어(구즈레崩れ라고 일컬었다), 그때마다 혹독한 심문과 탄압이 자행되었다.

1853년, 저 유명한 매슈 캘브레이스 페리 제독Matthew Calbraith Perry, 1794~1858의 입항入港에 따라 도쿠가와 막부는 마침내 쇄국정책을 버릴 수밖에 없었다. 막부는 조정이나 모든 다이묘의 반대를 무릅쓰고 미국과 조약을 맺었다. 그리하여 나가사키와 요코하마 등 5개 항이 개항되고, 외국인에게는 그들의 거류지에서 신앙의 자유가 보장되었다.

재포교 후 가톨릭교회의 일본 선교를 담당한 것은 프랑스의 파리외방전교회였다. 1864년 이후 베르나르 테디 프티장Bernard Thadee Petitjean, 1829~1884을 시작으로 프랑스인 사제가 나가사키로 옮겨오고, 이듬해에는 오우라大浦 천주당을 건립했다. 이 성당의 정식 명칭은 일본26성인교회였지만, '프랑스 절寺'로 불리며 널리 알려졌다. 그러나 일본인에 대한 선교는 여전히 철저하게 금지되었다. 사제들은 잠복 기리시탄의 자손이 나타나기를 한결같이 기대하며 시간을 보내고 있었다.

1865년 3월 17일, 드디어 그 기념할 만한 날이 찾아왔다. 우라카미 마을에서 온 잠복 기리시탄의 자손들 10여 명이 천주당 앞에 서서, 다가온 사제 프티장과 다음과 같은 대화를 주고받았다.

> "저희는 모두 선생님과 같은 마음입니다" "정말입니까? 여러분은 어디서 오신 분들입니까?" "저희는 모두 우라카미 사람들입니다. 우라카미에서는 거의 모든 사람들이 저희와 같은 마음입니다"라고 대답했고, 또 그 동일한 사람이 다급히 저를 향해 "산타 마리아님의 상은 어디……?" 라고 물었습니다. "산타 마리아!" 이 반가운 이름을 듣고 저는 조금도 의심하지 않았습니다. 지금 내 앞에 있는 사람들은 일본의 옛 기리시탄 후예임에 틀림없다! 저는 이 위로와 기쁨을 천주님께 감사했습니다.[11]

프티장은 잠복 기리시탄의 자손들과 이렇게 극적으로 재회했다. 이 날을 계기로 우라카미를 비롯한 그 주변의 잠복 기리시탄 자손들이 잇따라 천주당을 방문하여 조상 전래의 신앙을 고백한 것이다. "7대가 지나면 좋은 세상이 된다"는 구전을 믿으면서 오래도록 혹독한 탄압을 인내하며 견디어 온 그들의 신앙은, 막혀 있던 분수가 용솟음치듯이 여기서 한번에 넘쳐 나온 것이다.

'기적의 마을'로 불린 후쿠오카현 이마무라今村의 잠복 기리시탄이 발견된 것은 그로부터 2년 후인 1867년이다. 이 마을은 혹독한 금교 체제 아래 마을 거의 전체가 기리시탄 마을로서 살아남아 온 것이다. 그 발견과 오늘에 이르기까지의 극적인 발자취는 사토 사나에佐藤早苗가 지은 《기적의 마을》(2002)에 소개되어 있다.[12]

이러한 기리시탄 발견의 보고에 몹시 놀라며 기뻐한 로마 가톨릭교회 본부는 프티장을 일본 대목代牧, vicar apostolic(주교구로 미지정된 지역의 사교司教, 주교 대리직)에 임명하고 그의 지도에 따르게 했다.

그러나 이러한 움직임을 알아차리고 내부 정탐을 하고 있던 나가사키 부교쇼奉行所(막부와 번의 행정관청)는 그해 7월에 우라카미 지역 신도들에 대한 일제 검거를 단행했다. '우라카미 지역 요반쿠즈레浦上四番崩れ*의 시작이다. 이에 대하여 프랑스를 포함한 각국 재일외교단은 인권침해로 받아들이고 나가사키 부교쇼에 엄중히 항의했다. 그러나 부교쇼 측은 내정간섭으로 여기고 이를 받아들이지 않았으며, 체포된 신도들을 고문하며 개종을 강요했다.

그러는 동안, 1867년에 도쿠가와 막부가 무너지고 메이지 신정부가 탄생했다. 그러나 메이지 정부도 기리시탄 정책에서는 도쿠가와 막부와 같은 금령 방침을 바꾸지 않고 우라카미 지역 신도들을 혹독하게 탄압했다. 정부는 그들 3천여 명을 나고야 서쪽 지역의 여러 번으로 유배 보냈다. 각 번은 학대와 고문으로 개종을 강요했다. 그런 가운데 600여 명이 목숨을 잃었지만 생존자 대부분이 신앙을 끝까지 지켰다.

이런 가운데, 세계 각국의 항의와 압력을 받은 메이지 정부는 기독교 금교 정책을 더 이상 지속하는 것이 곤란함을 깨달았다. 마침내 1873년 2월,

* 우라카미 지역의 잠복 기리스탄에게 행해진 네 번째 탄압.

기리시탄 금제의 고찰高札을 철거하고, 우라카미 지역 신도들을 석방했다. 우라카미 지역 신도들은 유배지로부터 비로소 고향으로 돌아올 수 있었다. 그 후 수만 명의 사람들이 로마 가톨릭교회로 복귀했다. 복귀하지 않은 사람들은 '하나레はなれ'라고 불리며, 지금도 토속화된 독자적인 신앙생활을 계속 지키고 있다.

200년 이상 지속된 기독교 금제 정책은 기독교가 사회에 해악을 끼치는 종교라는 편견을 일본인의 마음 가운데 뿌리 깊게 남겨놓았다.

제3부

프로테스탄트 교회의 일본 선교: 전전戰前

제1장

프로테스탄트 선교의 개시

1. 일본 선교의 선구적 활동

일본에 프로테스탄트의 복음이 전해진 19세기는, 선교역사가 케네스 라투렛Kenneth Latourette, 1884~1968이 "위대한 세기the Great Century"라고 부를 정도로 유럽과 미국 프로테스탄트 교회에 비약의 세기였다.[1] 특히 19세기 전반에는 신앙부흥운동의 물결 가운데서 교파, 초교파를 불문하고 많은 선교단체가 탄생했다. 그 중 많은 수가 아시아, 아프리카의 미전도 지역을 목표로 하고 있었다. 이들의 활동에 대해서는 나의 책《세계 선교의 역사: 예루살렘에서 땅끝까지》(제5, 6장)를 참조하기 바란다.[2]

이렇게 프로테스탄트 교회의 세계 선교가 열기를 더해가는 가운데, 기나긴 동안 닫혀 있던 나라 일본은 서구의 많은 기독교인에게 뜨거운 기도의 대상이었다. 200년 이상 쇄국을 유지하던 일본과 유일하게 교섭한 서구의 나라는 네덜란드뿐이었다. 인도네시아에서 개혁파교회와 연결하여 선교를 했던 동인도회사는, 일본에서는 무역만 하고 선교는 포기하고 있었다.

카를 귀츨라프와 일본 선교

일본에서 복음 선교의 선구자로 들 수 있는 사람은 카를 귀츨라프Karl Friedrich August Gützlaff다. 그는 중국 전도에 크게 활약한 인물로 알려져 있지만[3] 일본 선교에서도 간과할 수 없는 인물이다.

1803년 독일에서 태어난 그는 소년시절부터 신앙이 독실하고 향학열이 넘쳤다. 뜻밖에 국왕의 원조를 받게 되어 베를린선교신학교Missionsschule in Berlin에서 공부했다. 그리고 런던선교회London Missionary Society 선교사가 되어 타이에서 활동한 후 중국 대륙으로 건너갔다.

그는 중국 전도에 힘쓰는 한편 조선·대만·일본 등 주변 나라들에도 관심을 가지고, 1832년부터 이듬해까지 배로 여행했다. 여정 마지막에 일본 방문을 바랐지만, 당시 일본은 문호를 굳게 닫고 있어서 결국 실현되지 못했다.

그 여정 가운데 그는 1832년 8월에 류큐 나하에 들렀다. 당시 류큐 왕국은 사쓰마번薩摩藩(지금의 가고시마현 서부 지방)의 지배 아래 있었고, 기독교는 금교禁教였다. 귀츨라프 일행은 린카이지臨海寺 부근에 상륙했다. 린카이지는 현재 나하 시의 아게보노초曙町로 옮겨져 있지만 당시는 나하의 항구 안에 있었다. 그는 이때 모여든 민중과 관리들에게 한역漢譯 성서를 배포했다. 그의 일행은 일주일 동안 나하에 머물며 사람들과 교류했다. 귀츨라프는 류큐 국왕에게 선물과 함께 세 권의 한역 성서를 증정했다. 왕과 관리, 민중에게 배포한 성서가 읽히고 류큐에서 복음의 씨앗이 열매를 맺도록 기도하며 나하를 떠났다. 이것이 일본에서 프로테스탄트 선교의 여명이다.

중국에 돌아간 귀츨라프는 그 후에도 일본 선교에 관심을 두고 있었다. 일본인 표류 어민 세 명을 맡아 자택에서 돌봐주며 그들에게 일본어를 배웠다. 그리고 요한복음과 요한의 세 서신을 일본어로 번역하여 1837년에 싱가포르에서 출판했다. 이것은 프로테스탄트 최초의 일본어역 성서다. 다행히도 그 충실한 복각본復刻本을 입수할 수 있어서, 심혈을 기울인 이 번역본을 읽을 수 있다.[4] 요한복음 1장 1절은 다음과 같다.

> ハジマリニ　カシコイモノゴザル コノカシコイモノ　ゴクラクトモニゴザル コノカシコイモノワ ゴクラク
>
> 처음에 가시코이모노(가) 계시다 이 가시코이모노(가) 고쿠라쿠와 함께 계시다 이 가시코이모노는 고쿠라쿠(다)

하나님神을 '고쿠라쿠'라 하고, 6장 35절의 '생명의 빵(떡)'을 '이노치노 모치'로 번역했다. 표류민 가운데 최연소자인 오토키치音吉, 1819~1867(후에 존 매슈 오토슨John Matthew Ottoson으로 불린다)만이 겨우 가타카나를 읽고 쓸 줄 알았다. 그들의 종교적 지식은 통속적인 불교 지식뿐이었다. 또한 표류민들이 오와리尾張 지방 출신이었기에 오와리 사투리가 섞여 있었다.[5] 이 같은 난점이 있다 하더라도, 이 번역은 프로테스탄트에 의한 최초의 일본어역 성서로서 획기적인 것이고, 후에 일본에 온 선교사들의 성서 번역에 커다란 자극이 되었다.

1837년 7월, 귀츨라프와 선교사 새뮤얼 W. 윌리엄스Samuel W. Williams, 1812~1884 등은 모리슨호the Morrison를 타고 이들 일본인 표류민 7명을 일본에 데려다 주려고 우라가浦賀에 입항을 시도했다. 그러나 외국 선박 퇴치령에 따른 일본 측의 포격을 받고 할 수 없이 되돌아갔다. 7명의 일본인은 꿈에도 그리던 조국을 눈앞에 두고서 눈물을 머금고 돌아갈 수밖에 없었다. 모리슨호 사건은 작가 미우라 아야코三浦綾子, 1922~1999가 쓴 《해령海嶺》의 바탕이 되었고, 이 책을 바탕으로 영화로도 제작되었다.[6]

모리슨호 사건은 뜻밖의 파문을 불러왔다. 서양 학문을 공부하고 있던 다하라번田原藩의 가로家老(다이묘의 으뜸 가신으로 정무를 총괄하던 직책) 와타나베 가잔渡邊華山, 1793~1841과 다카노 조에이高野長英, 1804~1850 등은 이 이야기를 듣고 막부의 쇄국정책을 비판했다. 이 일은 '반샤의 옥蠻社の獄'*을 불러일으켰고, 가잔과 조에 등은 체포되었다.

한편, 아편 수입을 둘러싸고 중국과 영국 사이에 아편전쟁(1839~1842)이 벌어지고, 최신예 군비를 갖춘 영국에 중국은 허망하게 패했다. 중국은 많은 배상금을 지불하고 5개 항구를 개방하며, 홍콩을 영국 식민지로 할양했다.

귀츨라프는 이 무렵 영국 식민지의 최고책임자인 홍콩 총독의 통역관으로 있었다. 그는 1845년 홍콩 총독에게 주목할 만한 상신서上申書를 제출했다.

* 모리슨호 사건과 막부의 쇄국정책 비판에 대하여 1839년 5월에 일어난 막부의 언론 탄압 사건.

아편전쟁 후 일본, 조선, 시암Siam(지금의 타이), 안남安南(지금의 베트남) 같은 중국 주변 나라의 반응을 분석하며 이후의 영국 외교를 전망한 내용이다. 전쟁에 의존하는 수단을 택한 청淸 왕조와 달리, 평화적으로 조약을 맺고 외교 관계를 수립할 수 없는가 하는 점이 그 상신서의 요지다. 그는 이 4개국 가운데 경제적으로 발전해 있는 일본이 가장 그 가능성이 높다고 보며 이렇게 말한다.

"아편전쟁과 그 결과에 대해서도 에도에는 잘 알려져 있다. 일본에 아편전쟁의 기억은 지금도 선명하며, 만일 우리가 노력하지 않고 시간만 보낸다면 그들의 기억은 망각되고 사라져서 의미가 없어진다. …… 우리가 군대를 철수할 즈음 앞서 언급한 4개국에 평화 사절을 보내야 한다. 군인과 군함은 그곳에서 조달할 수 있다. (그때) 일본에는 증기선을 한두 척 앞세우면 된다. 증기선은 일본 정부에 우리의 모든 수단을 인식시키는 가장 좋은 방법이다."[7]

이른바 함포외교艦砲外交에 의한 국교 수립을 요청하는 것이다. 이 상신서에서는 모리슨 호를 타고 일본 입국을 목표로 했지만 이룰 수 없었던 일본 개국에 대한 그의 강한 집념이 느껴진다. 만약 이 상신서가 그대로 실행되었다면, 그 후 일본 역사는 변했을지 모른다. 그러나 상신서는 계획 단계까지 갔지만, 여러 사정으로 실행이 늦어지고 말았다. 그리고 이 제안은 1853년 페리 제독에 의한 일본 개국에서 볼 수 있듯이, 미국의 대일對日 정책에 반영되었다.

결국 귀츨라프는 1851년, 일본의 개국을 보지 못하고 47세로 세상을 떠났다. 귀츨라프의 일본 선교에 대한 생각을 계승한 사람이 버나드 베텔하임이다.

베텔하임의 류큐 전도

버나드 베텔하임Bernard J. Bettelheim, 1811~1870은 헝가리의 유대인 가정에서 태어났다. 부친은 정통 유대인이다. 그는 13개 국어에 능통한 어학의 천재였다. 25세에 이탈리아의 한 대학에서 박사 학위를 받고 정신과 의사로 이집트와 터키에서 군의관으로 복무했다. 그리고 영국에서 기독교로 개종하고 영국인 엘리자베스와 결혼하여 영국 국적을 취득했다. 그 후 세계 선교에 뜻을 두게 되고, 런던 외곽의 보그 아카데미Vogue Academy에서 공부하며 선교사가 될 준비를 했다.

이즈음 극동 지역과 류큐를 방문한 영국 해군의 기독교인 군인들이 류큐 전도를 계획하고 영국해군류큐선교회를 조직했다. 그 최초의 선교사로 파견된 사람이 베텔하임 일가족이다. 런던에서 의사인 베텔하임의 생활은 경제적으로 넉넉했다. 그러나 그는 가난하더라도 미지의 세계에서 의료 선교에 헌신하기를 늘 바라고 있었기에 이 선교회에 지원했다.

1845년, 베텔하임 부부와 두 자녀는 홍콩에 도착했다. 그들 일행은 홍콩 민정장관으로 있던 귀츨라프의 영접을 받았다. 베텔하임은 이전부터 그를 알고 있었고 존경하고 있었다. 항해 중에 태어난 둘째의 이름을 귀츨라프Bernard James Gützlaff Bettelheim로 지을 정도였다. 그는 귀츨라프의 소개로 일본인 표류민을 만나 그들에게 일본어를 배웠다. 귀츨라프는 그의 어학 재능을 인정하며 큰 기대를 걸었다. 그의 가족은 반 년 정도 홍콩에 머문 뒤 류큐로 출발했다. 여기서 귀츨라프에게서 베텔하임에게로 일본 선교의 바통이 넘겨진 것이다.

1846년 5월, 베텔하임 가족은 나하에 입항했다. 류큐 조정으로부터 입국을 거부당했지만 상륙을 강행한 것이다. 그들은 나하의 고코쿠지護國寺를 거처로 하고 8년 남짓 여기서 지냈다. 현재도 고코쿠지에는 베텔하임 기념비가 있다. 그들은 가족 모두 류큐에 거주한 최초의 서양인이다. 베텔하임은 당시의 류큐에서는 보기 드문 안경을 쓰고 개를 데리고 자주 산책했다. 그래서 사람들은 그를 '난민의 안경'*이라고도 불렀다. 지금도 오키나와에서는

* 류큐 방언으로 난민누간초(波之上の眼鏡). 난민(波之上)은 고코구지가 있던 지역 이름으로, 지금의 나하시 와카사(若狹)에 해당하며 '난민 지역의 안경' 이란 뜻이다. 류큐 방언으로 '인간초(犬眼鏡)' 라고도 불렸는데, 개를 키우는 안경 쓴 사람을 의미한다.

그 호칭으로 그에 대한 노래가 남아 있다.

입국한 지 반년 후에는 거리에서 설교했고, 집집마다 종교 책자를 배포했다. 그러나 기독교 전도를 엄격히 금하고 있던 류큐 조정은 그의 전도를 거부하고 혹독한 박해를 가했다. 실내에서 류큐의 관리가 전도 중인 그를 덮쳐 밖으로 내동댕이쳐 부상을 입힌 일도 있다. 그러나 그는 굽히지 않고 저항하며 온갖 방법으로 전도와 의료 활동을 했다. 다음 네 가지 점에서 그의 활동을 정리해 본다.

■ 전도의 공적

혹독한 박해에도 불구하고 그가 전도한 결과, 신앙을 받아들인 사람들이 생겨나고, 그 가운데 세례를 받는 사람들도 나왔다. 사키하마 히데노崎浜秀能라는 청년이 베텔하임의 주일예배에 출석하고 있었지만 가족의 박해로 죽음에 이르게 되었는데, 그는 일본 프로테스탄트 최초의 개종자이며 순교자로 볼 수 있다.[8]

■ 외교적 활동

1853년, 일본 개국의 큰 사명을 띤 페리의 함대는 일본 본토에 오기 전에 나하로 입항했다. 나하시의 외국인묘지에는 페리의 상륙기념비가 있다. 페리는 활동 중계지로 다섯 차례 류큐를 방문했다. 그때 류큐에서 가장 효과적으로 페리에게 협력한 사람이 베텔하임이다. 그는 페리에게 류큐와 도쿠가와 막부에 대한 자세한 정보를 전했다. 페리가 류큐에 체재하는 동안에는 임시 통역자로도 활약했다. 《페리 제독 일본 원정기》에는 베텔하임의 활동과 그들이 얻게 된 류큐에 대한 지식이 상세히 소개되어 있다. 그리고 "베텔하임 박사의 경험으로 추측할 때, 자유롭게 방임된다면 백성들은 기꺼이 기독교 교사의 가르침을 경청하리라고 생각할 수 있다"고 언급되고 있다.[9] 페리는 류큐에 있는 동안 베텔하임의 안내로 슈리首里의 왕궁을 방문하여 섭정攝政을 만나는 성대한 퍼레이드를 했다. 일본 개국에 성공하고 미국으로 귀환할 때 페리 제독은 베텔하임과 그의 가족을 배에 태워 함께 귀국했다.

■ 성서 번역

베텔하임은 류큐에 왔을 때 이미 일본어를 배우고 있었고, 귀츨라프가 번역한 성서를 갖고 있었다. 또한 류큐에서 조정으로부터 감시 겸 통역관으로 파견된 관리를 통해 일본어와 류큐어를 배웠다. 그리고 사복음서, 사도행전, 로마서를 류큐어로 번역했다. 에비사와 아리미치의《일본의 성서》에 따르면, 프로테스탄트 역 성서가 하나님神에 대해 '가미カミ'라는 번역어를 쓴 선구가 되고 있다.[10] 완성된 성서는 귀츨라프가 번역한 것에 비해 용어도 훌륭하고 짜임새도 좋았다.

■ 의료 분야의 공적

의학박사 학위가 있는 그는 진료소를 만들어 많은 병자를 치료했다. 의학 분야에서 그의 가장 큰 공헌은 우두 접종을 소개한 것이다. 이는 일본 본토보다 1년 빠르다. 그는 나카치仲地라는 류큐인 의사의 협력으로 종두를 시행했다. 이 새로운 방식은 류큐에서 실시되어 위력을 발휘했다. 오키나와의 의학 역사에서 베텔하임의 공적은 찬란히 빛나고 있다. 베텔하임은 류큐에서 훌륭한 활동을 했다. 그의 8년 남짓한 선교는 일본 프로테스탄트 선교의 선구로서 높이 평가돼야 한다. 그는 페리 함대의 미국 귀환에 동반하여 함께 미국으로 건너가 그곳에서 하늘의 부름을 받았다.

일본의 개국

쇄국 아래 있던 일본을 개국으로 이끌고, 근대 일본에서 본격적인 프로테스탄트 선교의 담당자가 된 것은 개척자 정신으로 가득 찬 젊은 미합중국과 그 교회였다. 1853년 7월, 동인도함대 사령관 페리 제독이 흑선黒船으로 불린 증기선 네 척을 거느리고, 미국 대통령 필모어Millard Fillmore, 1800~1874의 친서를 갖고 우라가浦賀에 내항来航했다. 당시 미국은 북태평양에서 대규모 고래잡

이를 하고 있었는데, 선원들의 식료품과 물 등의 보급지로서, 더욱이 중국 무역의 중계지로서 일본 개항이 필요했다. 근대 문명 상징의 하나인 증기선의 위용이 오랜 세월 쇄국에 길들여진 일본인을 얼마나 놀라게 했던가는, "태평한 잠을 깨우는 증기선 단 네 척으로 밤에도 잠들 수 없어"라는 유명한 교카狂歌*에서 볼 수 있는 그대로다.

경건한 기독교 신자인 페리는 일본 개국을 선교의 문호를 여는 영광스런 사명이라고 생각하고 있었다. 그는 미·일 교섭美日交涉에 즈음하여 수석통역관으로 미국 해외선교회 선교사 윌리엄스를 기용했다. 윌리엄스는 1837년 모리슨호 사건 때 승선해 있었고, 일본 개국을 크게 기대하던 인물로, 이 교섭에서 활약했다. 페리는 우라가에 입항한 후 첫 일요일에, 함대의 기함旗艦 서스키하나호Susquehanna에 장병들을 모아 예배를 드렸다.[11] 그때, 〈만국 백성 주 앞에 엎드려 경배하라〉† 를 택하여 군악대의 반주에 맞추어 불렀는데, 그 찬송 소리는 해안까지 울려 퍼졌다고 한다.

개국 교섭은 조정과 모든 다이묘의 반대로 난항으로 치달았다. 그러나 도쿠가와 막부는 쇄국정책을 더 이상 지속하기 어렵다는 것을 깨닫고, 이듬해인 1854년에 미일화친조약을 체결했다. 여기서 도쿠가와 막부의 215년에 걸친 쇄국정책은 종언한다. 이후 막부는 다른 유럽 국가들과도 잇따라 화친조약을 체결했다.

한편, 타운젠드 해리스Townsend Harris, 1804~1878는 1856년부터 1862년까지 초대 주일공사로 머물며 미·일 외교관계의 토대를 놓았다. 해리스 역시 열렬한 기독교인이며, 항해 중에도 일본 체재 중에도 빠짐없이 주일예배를 드렸다. 그의 《일본체재기》에 따르면, 에도에 머물던 1857년 12월 6일(주일) 성탄절 예배를 통역관 헨드릭 휴스컨Hendrick Heusken, 1832~1861과 단둘이서 드렸다. 그

* 일상의 잡다한 일을 소재로, 해학·익살·풍자 등을 담은 통속적인 짧은 노래. 에도 시대 후기에 유행.

† 이 찬송시는 아이작 와츠(Isaac Watts)가 쓴 가사를 존 웨슬리(John Wesley)가 고쳐 쓴 것이며, 프랑스의 루이 부르주아(Luis Bourgeois)가 작곡한 〈Old Hundredth〉에 맞춘 찬송이다. 우리나라 찬송가 제1장 〈만복의 근원 하나님〉에 해당한다.

는 일본 본토에서 처음으로 영문 성서가 읽힌 것에 큰 감동을 받아 이렇게 기록했다.

> "지금이야말로 일본인의 잔혹한 기독교 박해에 처음으로 타격을 가할 수 있다. 하나님의 축복으로 내가 일본인과 교섭에 성공한다면, 나는 미국인을 위하여 일본에 교회를 세울 권리와 기독교 신앙의 자유를 과감하게 요구할 생각이다. 나는 후미에* 관습의 폐지도 요구할 것이다. …… 기독교의 복음을 다시금 일본에 널리 알리는 겸손한 매개자가 될 수 있다면 내겐 영광이고 행복일 것이다."[12]

그러나 실제 교섭은 어려움에 부딪히고, 해리스와 막부의 절충은 10여 차례에 달했다. 그리고 1858년, 마침내 미일수호통상조약이 체결되고, 하코다테·니가타·요코하마·고베·나가사키가 개항되었다. 그 조약 제8조에서 해리스의 염원이던 재일외국인의 신앙의 자유가 보장되었다.

> 第8조: 일본에 있는 미국인들은 그들의 종교 활동의 자유가 허락되어야 하고, 이 목적을 위해 적합한 예배당을 세울 권리를 가져야 한다. 이와 같은 건물들을 파괴해서는 안 되며, 미국인들의 예배에 어떠한 방해도 있어서는 안 된다. …… 미국인과 일본인 쌍방은 종교적인 적대감을 자극할 수 있는 어떠한 행위도 해서는 안 된다. 일본 나가사키 역소役所에서 후미에 관습을 폐지시킨다.[13]

여기서 보장되는 재일 외국인 신앙의 자유에 관한 조항에 기초하여 구미 선교사들은 아직 금교 아래 있던 일본에 건너오려는 뜻을 굳힌 것이다.

* 에도 시대에 기리시탄(가톨릭 신자)을 발견하여 기독교 신앙을 버리고 불교로 개종시키기 위해 행해지던 기독교 금제정책의 한 방법으로, 그리스도와 성모 마리아의 그림, 판화 등을 밟게 했다. 매년 1월에 행해졌다.

2. 선교사들의 일본 본토 입국

미국 성공회 선교사들

1859년 5월, 미국 성공회의 존 리긴스John Liggins, 1829~1912가 일본에 온 최초의 프로테스탄트 선교사로서 나가사키에 도착했다. 그는 중국에서 선교하는 동안 건강에 문제가 생겨 요양을 겸해서 일본에 왔으나, 병이 재발하여 결국 9개월여 만에 귀국했다. 그는 일본에 머무는 동안 한문 성서와 역사, 지리 등의 문서를 배포했다.

1859년 6월, 마찬가지로 중국에서 선교하고 있던 채닝 M. 윌리엄스Channing M. Williams, 1829~1910가 일본 선교사로 임명되어 나가사키에 왔다. 그는 리긴스와 협력해서 영어를 가르치며 일본어를 배웠고, 전도를 준비했다. 당시 학생들 가운데는 마에지마 히소카前島密, 1835~1919,* 오쿠마 시게노부大隈重信, 1838~1922† 등이 있다. 그는 후에 오사카와 도쿄에서 전도하며 일본 성공회 창립자 역할을 했다. 일본인의 신학 교육을 위해 일찍부터 힘쓰며 성 바울 학교(세이포로학교聖保羅學校, 지금의 릿쿄학원立教學院), 릿쿄여학원立教女學院, 도쿄 산이치三一신학교를 설립했다. 50년에 걸친 그의 일본 선교 활동은 오에 미쓰루大江滿의 《선교사 윌리엄스의 전도와 생애: 막말幕末·메이지 미국 성공회의 궤적》에 자세하게 정리되어 있다.[14]

제임스 헵번

1859년 가을이 되어, 중국에서의 전출이 아니라 미국 본토에서 건너온 선교사들이 차례로 상륙했다. 먼저 미국 북장로교회에서 저 유명한 제임스 C. 헵번James Curtis Hepburn, 1815~1911이 10월에 일본에 왔다. 그의 정식 이름은 헵번이지만, 일본인이 발음하기 어려웠던 까닭에 '헤본'으로 불렸다.

* '일본 근대 우편제도의 아버지'로 불린다.
† 정치가, 교육자로 와세다대학교 설립자 및 초대 총장.

그는 프린스턴대학교에서 라틴어·그리스어·히브리어를 공부했는데, 이것이 일본에서 사전 편찬과 성서 번역에 크게 도움이 되었다. 그 후, 펜실베이니아대학교에서 21세에 의학박사 학위를 받았다. 결혼 후 중국에서 의료 선교를 했지만 부인의 병 때문에 귀국했고, 일본에 오기 전에는 뉴욕에서 병원을 개업하여 크게 번창하고 있었다.

그러나 그의 마음에는 복음이 전해지지 않은 나라들을 향한 선교의 열정이 줄곧 타오르고 있었다. 그런 까닭에 일본 개국 소식을 듣고 44세에 미국 북장로교 해외선교부에 지원하여 부인 클라라와 함께 일본에 오게 된 것이다. 연로한 부친과 14세의 외아들 새뮤얼을 남겨두고 온 그는 동생에게 보낸 편지 가운데 아들과의 이별을 이렇게 적었다.

> "내게는 첫 이별이기에 너무도 감내하기 어려운 시련이기도 하구나. 가슴이 찢어지다시피 하는 슬픔이다. 하지만 나는 주 하나님을 믿고 있다."[15]

이같이 큰 희생을 치르고 일본에 온 것이다. 그들 부부는 가나가와의 조부쓰지成仏寺에서 살았다. 그가 일본에 온 무렵은 아직 기독교 선교가 엄하게 금지되고 있었다. 따라서 그는 우선 의료 활동을 시작하고 많은 병자를 치료하며 의사로서 평판을 얻었다. 또한 일찍부터 성서 번역을 목표로 일본어를 열심히 공부했다.

그 과정에서 《화영어림집성和英語林集成》을 출판했다. 이 책은 일영日英·영일英日 사전으로, 2만 단어를 수록했다. 여기서 발전한 것이 헵번식 로마자 시스템이다. 이 일로 그는 일본 문화사에도 큰 족적을 남겼다. 그는 이 사전의 제3판부터 판권을 마루젠丸善 출판사에 넘기고, 대가로 받은 2천 달러를 모두 메이지학원에 기부했다. 그 돈으로 헵번관Hepburn Hall이라는 학생 기숙사가 만들어졌다.

일본 선교에서 그의 커다란 공적은 성서 번역이다. 그는 새뮤얼 R. 브라운Samuel R. Brown, 1810~1880, 대니얼 C. 그린Daniel C. Greene, 1843~1913 등과 함께 이 사역에 큰 힘을 쏟았다. 원역元譯(메이지역明治譯이라고도 함)으로 불리며 높이 평가된 이 일역 성서는 신약성서가 1880년에, 구약성서가 1887년에 출간되었다. 양쪽 번역에 모두 참여한 사람은 헵번뿐이다. 번역이 완성된 후, 그는 동생에게 다음과 같이 썼다.

> "만약 내가 뭔가를 달성했다고 한다면, 그것은 나의 학문적 재능이 뛰어남을 의미하지 않고, 주어진 직무에 전념하며 그것을 완성하기까지 그 일에만 매달려 포기하지 않는 끈기와 인내를 의미한다."[16]

또한 그는 부인과 헵번학당주쿠塾, the Hepburn School에서 일본 청년들에게 영학英學*을 가르쳤다. 그 청년들 가운데는 오무라 마스지로大村益次郎, 1824~1869가 있다. 헵번학당은 후에 메이지학원 전신의 하나가 되었다. 헵번은 메이지학원 초대 총리總理(학장)가 된다. 또한 요코하마시로교회橫浜指路敎會의 창립에도 힘쓰고 있었다. 그는 초기 일본 기독교계에서 실로 다양한 분야에 걸쳐 중요한 역할을 했다. 일본통으로 알려져 있고 많은 전기를 쓴 윌리엄 E. 그리피스William E. Griffis, 1843~1928는 "페리는 일본 쇄국의 문을 열고, 해리스는 미일통상의 길을 열고, 헵번은 일본인 마음의 문을 열었다"고 평가한다.[17]

새뮤얼 R. 브라운

다음으로 같은 무렵, 미국의 네덜란드 개혁파 교회에서 파견된 선교사 새뮤얼 R. 브라운이 있다. 그의 모친 피비 H. 브라운Phoebe H. Brown, 1783~1861은 〈괴로운 세상 잠시 피하여I love to steal awhile away〉 등의 찬송가 작사가로 알려져 있다. 세계 선교에 열의가 있던 그녀는 새뮤얼이라고 이름 지은 아들을 안고 동양 전도를 위해 하나님께 드리고자 기도했다. 따라서 세계 선교에 대한 브

* 영어를 통한 서양의 학문과 문화, 기술 전반을 연구하는 학문의 총칭.

라운의 정신은 모유와 함께 흡입되었다 해도 좋을 것이다. 그는 일본에 머무는 동안 모친이 세상을 떠났다는 소식을 듣고 편지에 이렇게 썼다.

> "자녀가 독립했을 때 세간의 여느 어머니들이 품는 감정과 다르게, 아들이 일본에서 복음의 개척자가 되는 것을 오히려 기뻐하셨습니다. 어머니는 내가 이 일본에서 지금처럼 선교 사역을 하고 있는 것을 늘 기뻐하셨습니다만, 특히 세상을 떠나실 날이 다가온 때에도 일본에서 내가 사역하는 것만큼 기쁜 일은 없다고 이전의 편지에서 쓰셨습니다."[18]

이와 같이 그의 일본 선교 사역은 실로 모친의 기도에 힘입은 것이었다.

브라운은 예일대학교에서 고학하며 졸업한 후, 뉴욕 유니온신학교에서 신학을 공부했다. 결혼 후 곧바로 선교사로 중국으로 건너가 마카오와 홍콩에서 모리슨기념학교 교장으로 교육 선교에 헌신했다. 약 8년간 일했지만, 부인의 병 때문에 귀국해서 교육자와 목사로 활동하고 있었다.

그가 네덜란드 개혁파 교회 선교부에 지원하여 일본에 왔을 때는 이미 인생의 절반을 넘긴 50세였다. 그는 선교부로 보낸 편지에서 입항을 눈앞에 두고 다음과 같이 썼다.

> "항해의 끝이 가까울수록 이제부터 일할 선교지에 대해 여러 가지 생각이 더해지고, 두 어깨에 놓인 막중한 책임을 한층 깊이 느끼고 있습니다. 새로운 선교지에 관해 아무런 예비 지식 없이 출발한 것입니다. 어디 정착해야 좋을지, 나가사키일지, 에도에서 가까운 가나가와일지, 스스로 결정하지 않으면 안 됩니다. …… 과연 일본 정부가 그 해안에서 저희를 선교사로 맞아 줄지, 앞일을 생각하면 여러 가지로 의문이 생깁니다."[19]

그러나 이렇게 불안해하는 한편, 미지의 선교지로 가는 영광과 특권을 다음과 같이 적었다.

> “20년 전, 아내와 저는 이 바다를 거쳐 중국으로 향했습니다. 그런데 다시금 저희는 세 자녀들을 데리고, 저 자신은 50세가 되려는 지금 동양의 하늘을 향해 가는 것입니다. …… 친애하는 형제들이여, 저는 사랑하는 이들을 남겨두고 네덜란드 개혁파 교회의 이 선교 여행에 나서는 것을 크나큰 특권으로 생각하고 있습니다.”[20]

그는 중국에서와 마찬가지로 일본에서도 교육자로 활약했다. “한 사람의 브라운이 전도하기보다 열 사람의 브라운이 전도하는 편이 좋다” “전도는 급선무다. 그러나 배우지 않은 사람이 전도하는 것은 해롭다”라는 지론을 토대로 일본인 전도자 양성에 심혈을 기울였다. 그의 제자들 가운데 우에무라 마사히사植村正久, 1858~1925, 오시카와 마사요시押川方義, 1852~1928, 이부카 가지노스케井深梶之助, 1854~1940, 혼다 요이쓰本多庸一, 1849~1912 등 일본 교회를 짊어질 지도자들이 배출되었다. 후에 오시카와 마사요시는 브라운에 대해 이렇게 말했다.

> “우리나라에 온 선교사 가운데 그는 가장 존경할 만하다고 생각합니다. 그는 저희에게 늘 이렇게 말씀하셨습니다. ‘일본 전도의 가장 좋은 방법은 일본 청년을 교육하는 것입니다. 우리 학교에서 20명의 일본인 설교자가 교육받았답니다. 이는 20명의 브라운이 세상에 보냄 받은 것을 의미합니다. 이들은 제가 하는 것보다도 얼마나 뛰어난 큰일을 하겠습니까!’”[21]

그가 가르치고 있던 브라운학당the Brown School은, 도쿄 쓰키지의 잇치一致신학교를 거쳐 메이지학원으로 발전했다.

또한 그는 헵번과 함께 성서 번역에 중심적 역할을 맡았다. 1866년 선교부로 보낸 편지에서 그는 이렇게 말했다.

> "무엇보다 시간이 필요합니다. 나이가 들어버렸기에 해야 할 일을 빨리 처리하고 싶은 것입니다. 제가 세상을 떠난 뒤에도 오래도록 존속할 일본을 위해 뭔가를 마치고 싶습니다. 특히 성서 번역은 제가 주력하고 있는 것이기도 하거니와, 진지한 노력이 필요한 일입니다."[22]

브라운은 신구약 성서 전체의 일역 작업에서 신약성서 번역위원장으로 활약했다. 1879년, 신약성서 번역을 끝내고 건강 문제로 귀국했다. 이듬해 일본에서 신약성서가 출간되었다는 보고를 들으며 고요하게 하늘의 부름을 받았다. 그가 일본을 떠날 즈음, "나에게 백 개의 목숨을 주시오. 나는 이것을 송두리째 일본에 주고자 하오"라고 한 말은 너무도 유명하다.

휘도 F. 페르베크

1859년 가을 일본에 온 휘도 F. 페르베크Guido Herman Fridolin Verbeck, 1830~1898는 네덜란드의 독실한 신앙인 부모 슬하에서 자라고 모라비안형제단Moravian Brethren 교회에서 세례를 받았다. 그는 어학에 재능이 있어 네덜란드어, 독일어, 영어, 프랑스어를 자유롭게 구사할 수 있었다. 청년 시절 미국에 갔다가 콜레라에 걸렸으나 구사일생으로 건강을 회복하고 헌신을 결심했다. 뉴욕의 오번신학교에서 공부한 후, 미국 네덜란드 개혁파 교회 선교사로서 1859년 10월, 브라운과 같은 배로 일본에 파견되었다. 그는 나가사키로 옮겨와 살았는데, 그곳에서 약 10년간 지냈다. 나가사키에서는 처음에 자택에서, 그리고 나중에는 사이비칸濟美館이라는 학교에서 무사 가문 청년들에게 영학을 가르쳤다. 가르친 학생들 가운데는 오쿠마 시게노부, 소에지마 다네오미副島種臣, 1828~1905(정치가이자 서예가), 이와쿠라 도모사다岩倉具定, 1852~1910(메이지유신 10공신의 한 사람인 이와쿠라 도모미岩倉具視의 아들) 등 메이지 정부에서 중요한 역할을 한 인물이 있다. 1868년에 쓴 편지에서 그는 오쿠마와 소에지마 두 사람에게 신약성서의 대부분과 미국 헌법을 가르친 일을 적었으며, 이 두 사람이 새 정부의 일원으로서 기독교 금제의 고찰高札* 철거 및 제국 전체 신앙의 자유를 위해 크게 일해 줄 것을 기대했다.[23]

페르베크는 제자들과의 관계를 통해 메이지 정부로부터 도쿄로 초빙되어 다이가쿠난코大學南校† 교감으로 영입되었다. 이미 나가사키에 머물던 때인 1866년에 사가번佐賀藩의 가로家老 무라타 와카사노카미村田若狹守, 1812~1872와 그의 동생 아야베綾部에게 세례를 주었다. 이는 한 해 전 야노 모토타카矢野元隆, 1815~1865가 세례를 받은 것에 이어 일본 본토에서 행해진 두 번째 프로테스탄트 세례였다. 페르베크는 편지에서, 다이가쿠난코 교감이 되어 가르치고 있는 일에 대해 "명성과 영향력을 얻었다"고 하며 학생들로부터 존경과 호의를, 대학 당국으로부터 신뢰를 얻은 것을 기뻐했다. 그리고 "여느 경우라면 쉽게 만날 수 없는 사람들"을 만날 수 있는 입장이 되었다며, "가능한 한 사랑의 복음을 가르치고 직접적인 감화를 주는 것"을 바라고 있다.[24]

일본의 복음 선교 역사에서 그의 중요한 역할은 기리시탄 금령 고찰의 철거와 관련된 구미사절단歐美使節團 파견을 제안하고 입안한 것이다. 다이가쿠난코에서 활동하던 1869년, 그는 당시 정부의 참여參與(정부의 정책고문직)였던 오쿠마大隈에게 〈브리프 스케치Brief Sketch〉로 불리는 건백서建白書를 제출했다. 이는 일본 정부가 구미歐美에 사절단을 파견하기를 제안한 것으로, 구미 여러 나라의 실상을 둘러보고 충분히 이해해야 할 중요한 당위성을 설명하는 한편, 구미 국가들의 종교인 기독교를 금제하는 고찰을 철거해야 할 것과 종교적 관용의 중요성을 주장하고 있다.[25] 이것이 1871년 우대신右大臣 이와쿠라 도모미岩倉具視, 1825~1883를 특명전권대사로 한 구미사절단Iwakura Mission 파견에 연결되고, 기리시탄 금제의 고찰 철거에 이른 것이다.

* 고대부터 메이지 시대 초기까지 법령, 특히 일반법과 기본법을 민간에 알리기 위해 전국 각지에 세워 두던 법령 게시판이며 게시 방법의 하나. 1873년 2월 24일 태정관 포고 제68호에 의해 고찰 제도가 폐지되었다.

† 메이지 정부가 추진한 교육개혁 과정에 구 교육기관이 통폐합되면서 외국어·지리·역사·수학 등의 양학을 담당하는 '다이가쿠난코'와 서양 의학을 주로 담당하는 '다이가쿠토코(大學東校)'로 나뉘었는데, 이 둘은 도쿄대학교의 전신에 해당한다.

페르베크는 다이가쿠난코 교감을 사직한 후, 메이지 정부의 외교에 관한 법률고문이라는 중책을 맡고 외교 정책에 큰 영향력을 행사했다. 1878년 공직에서 물러났을 때, 그는 메이지 천황으로부터 훈3등 욱일장勳三等旭日章을 받았다. 외국인에 대한 이례적인 대우였다. 그 후 그는 선교사의 본분으로 돌아가 성서 번역, 신학 교육, 전도에 힘썼다. 네덜란드에서 미국에 갔을 때 네덜란드 국적을 상실했고, 일본에 왔을 때는 아직 미국 시민권을 얻지 못했기 때문에 무국적 상태였다. 그러나 오쿠마 등의 노력으로 그와 가족은 일본인과 동등한 대우로 일본 영주를 인정받았다. 1898년 일본에서 사거死去하여 아오야마青山 묘지에 묻혔다.

3. 선교사들의 활동과 생활

지금까지 살펴본 선교사들은 공통점이 많다. 먼저, 그들은 청교도주의puritanism에 기초한 훌륭한 인격의 소유자이며, 일본인 가운데 그들의 고결한 인격에 이끌려 신앙을 받아들인 사람들도 있을 정도였다. 헵번이 어느 날 한 일본인 청년을 하인으로 고용했는데, 2주 후 그 청년은 일을 그만두려 했다. 놀라서 들어 보니, 그는 어느 번藩의 무사인데 외국인의 내부 사정을 살피다 여차하면 베어 죽일 심산이었다. 그러나 헵번이 매우 친절하며 인의도덕을 알고 있기에 차마 죽일 수 없었다. 자신의 생각이 옳지 못함을 알고 포기하며 돌아간다는 것이었다.[26]

다음으로, 그들 가운데 적지 않은 이들이 중국 전도 경험이 있었다. 중국에서 교파가 난립하게 된 실정에 대해 반성하고, 일본에서는 교파 간에 경쟁을 삼가며 매우 협조적이었다. 1872년 3월, 일본 최초의 프로테스탄트 교회인 일본기독공회日本基督公會, The Church of Christ in Japan*가 요코하마에서 탄생했다.

* 교파적 경쟁을 지양하고 연합과 일치를 목표로 '교회'가 아닌 '공회(公會)'라는 용어를 사용했으며, 이 공회가 요코하마에서 시작되었다는 의미에서 '요코하마공회'로도 불렸다. 즉, 일본기독공회의 첫 번째 교회인 셈이다. 요코하마공회는 1875년에 '요코하마카이간교회(橫浜海岸教會)'로 이름이 바뀌었다.

그로부터 6개월 후 그곳에서 일본에 머물고 있던 선교사들에 의해 최초의 선교사대회가 열렸다. 이 회의에서 성서 번역의 분담 문제와 기리시탄 금제책에 대한 대처 방안, 그 밖에 향후 일본에서의 교회 개척과 조직에 대한 바람직한 자세가 논의되었다. 긴 시간의 협의 후 참석자들은 이렇게 결의했다.

> "그리스도의 교회는 그리스도 안에서 한 몸이다. 프로테스탄트교도 사이의 교파 분립 같은 것은 계획에 없던 일이기에, 기독교도의 일치를 방해하지 않는다. 그렇지만 이미 기독교 국가에서도 여전히 이 이유로 교회가 한 몸이 되는 것을 애매하게 하는 폐단이 있다. 하물며 교파 분립의 역사를 충분히 이해하지 못하는 이교국에서는 더욱 그렇지 않겠는가."[27]

일본에서는 교파가 분립하는 폐해를 피하고 앞으로 설립하는 교회는 기독공회公會라는 동일한 명칭과 조직을 사용할 것을 제안하고 있다.

그들은 19세기 신앙부흥운동의 흐름 가운데 일본에 건너왔으며, 신앙의 특색은 열렬한 복음주의였다. 복음주의란 66권의 성서만을 신앙과 생활의 유일한 기준으로 삼고, 경건한 생활을 중시하는 것이다.

금교 하에서 선교사들의 구체적인 활동과 생활은 다음과 같이 정리할 수 있다.

일본어 학습과 성서의 일본어 번역 준비

초기 선교사들이 먼저 힘쓴 일은 난해한 일본어 학습이다. 일상생활을 위해, 그리고 무엇보다 장래의 전도와 성서 번역을 위해 준비하며 그들은 일본어 습득에 온 힘을 쏟아 부었다. 중국 선교 경험이 있는 선교사들에겐 한자 지식이 큰 도움이 되었다. 그럼에도 그들 서양인들에게 일본어는 이해하기 어려워서 큰 수고와 노력이 필요했다. 일영사전을 편집한 헵번조차도 일본에 입국한 지 1년 후의 편지에 "일본어는 매우 어렵고, 예상보다 훨씬 어려운 언어라는 점을 알게 되었다"고 할 정도였다.[28]

그들은 일본어를 배울 때 일본인을 교사로 고용했다. 기독교가 금교인 상황이지만 일본인 교사 가운데 복음을 접하고 신앙을 받아들이는 사람들도 나왔다. 한 예를 들면, 1865년 일본 본토의 일본인으로서 처음으로 프로테스탄트 세례를 받은 야노 모토타카矢野元隆, 1815~1865, 호는 류잔隆山는 브라운과 제임스 해밀턴 발라James Hamilton Ballagh, 1832~1920의 일본어 교사였다. 그는 특히 발라의 적극적인 인도로 신앙에 이르렀다. 그 후 폐결핵에 걸려 치료 가능성이 없음을 알고 세례 받기를 자원했다. 헵번이 함께한 자리에서 그는 발라에게 병상 세례를 받고 한 달 후 임종했다.

영학 교육

당시 일본은 쇄국으로 뒤처진 상황을 만회하기 위해 구미의 근대 문명을 받아들이는 데 매우 열심이었다. 특히 메이지 정부는 부국강병, 탈아입구脫亞入歐(아시아를 벗어나 서구 사회를 지향함)를 목표로 급속한 근대화 정책을 추진해 갔다. 이런 시대 상황에 영향을 받아 관리와 평민을 막론하고 영학의 도입이 활발하게 진행되었다. 저 유명한 후쿠자와 유키치福澤諭吉, 1835~1901는 오사카의 오가타 고안緒方洪庵, 1810~1863*이 개설한 데키주쿠適塾라는 학교에서 수년간 필사적으로 네덜란드어를 공부했지만, 개항된 요코하마에 가서 외국인과 대화를 시도하며 전혀 의사소통을 할 수 없는 데 커다란 충격을 받았다. 그래서 그때부터는 '만사가 영어'라 생각하고 영어 학습으로 방향을 바꾼 일을 자서전《후쿠오지덴福翁自傳》에 기록하고 있다.[29]

이런 풍조 가운데 선교사들은 영학의 소개자로서 각지에서 활동하는 기회를 얻었다. 요코하마, 나가사키를 비롯하여 그들이 머물고 있던 곳이 어디든지 영학을 배우려는 향학열 넘치는 청년들(대부분 무사 집안 출신)이 그들 주위에 모였고, 선교사들을 통해 영학을 배웠다. 또한 페르베크, 윌리엄 스미스 클라크William Smith Clark, 1826~1886, 리로이 랜싱 제인스Leroy Lansing Janes, 1838~1909

* 의사 및 난학자(蘭學者). 난학은 네덜란드어를 통해 서양의 학문·문화·기술 전반을 연구하는 학문의 총칭.

같은 '고용 외국인'* 자격으로 국공립 학교에서 가르친 사람들이 많았다.

이와 같이 선교사들은 서양 문명을 전도에 크게 활용했다. 일본은 서양 문명을 흡수하는 데 대단히 열심이었기 때문에 이러한 선교 전략은 매우 효과가 있었다. 그들이 시작한 사립 학교私塾 가운데는 메이지학원이나 페리스Ferris여학원† 등 지금까지도 운영되는 미션 스쿨도 많다. 스즈키 노리히사鈴木範久가 쓴 《일본 기독교 역사 이야기》에 따르면, 1863년부터 1889년 사이에 설립된 미션 스쿨은 60개에 이르며, 그 가운데 약 60퍼센트가 여성 교육 기관이다.[30]

의료 활동

일본에 파견된 선교사들 가운데는 의사 자격이 있는 이들이 있었고, 기독교 신앙이 금지된 상황에서 병자들의 치료를 위해 크게 쓰임을 받았다.

헵번에 대해서는 이미 소개했듯이, 명의로서 칭찬이 자자했고, 많은 병자들을 치료했다. 특히 1868년, 당시 오야마女形(가부키에서 여자 역을 맡은 남자 배우) 역의 3대째 계승자인 사와무라 다노스케澤村田之助, 1845~1878가 헵번에게 탈저脫疽‡ 수술을 받고 의족을 한 채 다시금 무대에 오를 수 있게 된 일이 유명하다. 또한 헵번이 조합한 안약이 잘 듣는 것으로 화제가 되어, 그것을 기시다 긴코岸田吟香, 1833~1905가 세키스이精錡水라는 이름으로 대대적으로 판매했다.

헵번이 일본에 온 1859년 미국의 네덜란드 개혁파 교회에서 파견된 선교사로 듀에인 B. 시먼스Duane B. Simmons, 1837~1889가 있다. 그는 가나가와 및 요코하마에서 의사로 활약하며 당시 헵번과 함께 명의名醫로 불렸다. 1870년 장티푸스에 걸려 사경을 헤매던 후쿠자와 유키치의 생명을 구했으며, 후에 요

* 막부 말기부터 메이지 시대 사이에 생산을 늘리고 산업을 일으킬 목적으로 구미 선진 기술·학문·제도 등을 도입하기 위해 고용된 외국인.

† 1870년 미국개혁파교회 선교사 메리 키더(Mary Kidder)가 세운 학교.

‡ 신체 조직의 특정 부위가 썩어 문드러지는 병.

코하마 주젠十全 병원에서도 의사로 활약했다.

시기는 조금 늦지만, 미국 해외선교회에서 파송된 선교사로 존 커팅 베리John Cutting Berry, 1847~1936가 있다. 그는 1872년 일본에서 고베를 중심으로 의료 활동을 했으며, 감옥 개량활동 등 다양한 사회사업 분야에서 활약했다.

또한 니가타에서는 1875년 영국 에든버러의료선교회Edinburgh Medical Missionary Society에서 파견된 시어벌드 에이드리언 팜Theobald Adrian Palm, 1848~1928이 활약했다. 그는 많은 병자를 치료하여, "팜은 죽은 사람도 살린다"고까지 회자되었다. 전도에 열심이어서 오시카와 마사요시의 협력으로 많은 사람에게 복음을 전하며 니가타현 북부 지역 교회의 토대를 놓았다. 그는 유럽에 처음으로 쓰쓰가무시병*을 소개하고, 그 공적으로 귀국 후 의학박사 학위를 받았다.

이와 같이 그들은 기독교 전도가 엄격히 금지되어 있는 가운데, 혹은 전도가 허용된다 해도 여전히 심한 편견 가운데 서양의학이라는 강력한 무기로 사람들 속에 들어가 기독교를 접하게 했다. 그들의 의료 활동은 일본 각지에서 병원, 의학 교육, 사회복지 사업의 선구가 되었다.

이렇게 초기 선교사들은 금교 하의 편견과 박해 그리고 관민의 감시 가운데 때로는 생명의 위험에도 노출되었다. 그런 가운데 일본어를 익히는 데 힘쓰며, 교육과 의료 활동 등을 통해 일본인 속으로 들어갔다. 그런 방책을 통하여 복음의 씨앗을 뿌림과 동시에 일본 근대화에 크게 공헌했다.

이와 같은 선교 사정은, 일본을 포함한 세계 교회들로부터, 지금도 기독교 선교가 공인되고 있지 않은 개발도상국에 파견되고 있는 선교사들이 처한 상황과 같다.

* 야생쥐 등에 기생하는 진드기가 쓰쓰가무시균의 매개체이며, 사람과 동물 모두 감염되는 발열성 감염병.

제2장

최초의 프로테스탄트 교회 설립과 고찰 철거

1. 일본기독공회 설립

막부 말기부터 메이지 초기에 걸쳐 여전히 기독교 선교는 금지되고, 우라카미 지역 신도의 유배 같은 사건이 일어나고 있었다. 그러나 일본에 온 개신교 선교사들의 수고가 열매를 맺으며 점차 신앙을 받아들이는 사람들이 생겨났다. 1859년 선교사들이 일본에 온 때부터 1872년 최초의 교회가 설립되기 전까지 20명의 일본인이 세례를 받았다. 그 가운데 절반이 요코하마와 나가사키에서 신앙을 받아들인 사족士族 출신이다.[1] 그런 한편으로, 미국 해외선교회 선교사 그린의 일본어 교사 이치카와 에이노스케市川榮之助, 1831~1872는 1871년, 기독교 금령 위반 혐의로 고베에서 체포되어 이듬해 옥사했다.

마침내 1872년 3월 10일, 요코하마에서 일본 최초의 프로테스탄트 교회인 '일본기독공회'가 탄생했다. 일본인 신도 11명으로 이루어졌고 제임스 발라가 임시 목사가 되었다. 이에 앞서 전년 크리스마스부터 이 해 1월 첫 주에 걸쳐, 요코하마에 머물고 있는 선교사들과 외국인 신자들이 '복음주의연맹The Evangelical Alliance'이 제창하는 신년 첫 주간 기도회(초주기도회初週祈禱會)를 지키고 있었다.

'복음주의연맹'은 1846년 런던에서 결성된 프로테스탄트 교회의 국제적 연합기관이다. 이 단체는 정통 신앙을 토대로 한 지금의 세계복음주의연맹The World Evangelical Alliance, WEA의 전신에 해당한다. 복음주의연맹이 결성된 배경으로는, 19세기 신앙 부흥에 따른 유럽 프로테스탄트 교회의 교파를 초월한 일치와 협력을 위한 고조된 기운이 있었다. 영국 옥스퍼드 운동이나 미국 유니테리언주의Unitarianism의 위협에 대한 복음주의 진영의 단결도 배경이었다.[2] 이 단체는 9개조의 교리 기준을 세우고 정통 신앙의 옹호, 초교파적 신년 첫 주간 기도회, 정기적인 국제회의 개최, 박해받는 그리스도인 원조, 세계 선교 추진을 목적으로 했다. 이 단체는 일본 초기 프로테스탄트 교회와 매우 깊은 관계가 있다.

요코하마에서 열린 신년 첫 주간 기도회에서는 참석자 모두 일본인의 구원을 위해 간절히 기도했다. 요코하마의 발라의 사숙私塾, the Ballagh School에서 공부하고 있던 일본인 청년들이 이 기도회의 모습을 보고 열렬한 기도에 감동했다. 그 가운데 몇몇 학생들이 기독교에 관심을 갖게 되고 그 기도회에 참석했다. 그 후, 그 청년들은 일본의 구력舊曆에 맞추어 자체로 정월 첫 주일 동안 기도회를 갖고자 발라에게 제안했다. 그들은 발라의 동의를 얻어 일본어로 기도회를 가졌다.

그들은 발라의 지도로 사도행전과 마태복음을 공부하며, 초대교회 시대와 마찬가지로 일본인에게도 성령이 부어지도록 계속 기도드렸다. 그 기도는 선교사들도 감탄할 만큼 열정적이고 진지했으며, 점점 그 집회는 부흥revival의 양상을 나타냈다. 이 분위기를 미국 교회에 보고한 존 메이슨 페리스John Mason Ferris, 1825~1911는 다음과 같이 말한다.

> "집회는 놀랄 만큼 활기가 있었고 몇 주간이나 지속되어 2월 말까지 이어졌습니다. 1~2주 후, 일본인의 역사에서는 처음 있는 일이지만, 그들은 기도회에서 무릎 꿇고 앉아, 감동하며 눈물로 범벅이 되어 하나님께 기도했습니다. '하나님께서 일찍이 초대교회와 사도들을 둘러싼 사람들에게 성령을 주셨듯이 일본에도 성령을 주소서'라고. 이 기도는 열렬

함 바로 그것이었습니다." 3

3월 10일, 이와 같은 일련의 열렬한 기도회의 직접적인 열매로 일본 최초의 프로테스탄트 교회인 일본기독공회가 탄생했다. 교회 구성원들은 이 기도회에 계속 참석하며 신앙을 고백하고 당일 세례를 받은 아홉 명의 청년들과, 그 이전에 세례를 받은 두 명의 중년 남성이었다. 아홉 명의 청년 가운데는 시노자키 게이노스케篠崎桂之助, 1852~1876, 오시카와 마사요시押川方義 등이 있으며, 중년 남성은 오가와 요시야스小川義綏, 1831~1912와 니무라 모리조仁村守三, 1800~1880였다. 임시 목사로 발라가 세워지고, 초대 장로로 오가와, 집사로 니무라가 선택되었다. 선교사 발라를 임시 목사라고 한 점에서, 일본인 목사를 청빙할 때까지 임시 목사라고 하는 일본인 신도들의 생각을 엿볼 수 있다. 사실, 이후 미국 유학 중인 니지마 조新島襄, Joseph Hardy Neesima, 1843~1890를 목사로 초빙하기로 결의하고 초빙장招聘狀을 보내지만, 그에게 제대로 전달되지 않은 듯하다.

이처럼 교회가 탄생했지만, 당시는 여전히 기독교는 금교였으며, 기독교를 감시하는 관민의 활동도 계속되고 있었다. 놀랍게도, 최초의 교인 11명 가운데 불교 측에서 잠입한 밀정密偵 2명이 있어서, 집회 상황이 낱낱이 보고되고 있었다. 게다가 그 중 한 명은 집사로까지 뽑힌 니무라였다. 그는 원래 혼간지本願寺 승려이며, 밀정이 되어 1870년 나가사키에서 세례를 받았다. 후에 다시 절의 주지로 돌아갔다. 다른 한 밀정은 당일 세례를 받은 안도 류타로安藤劉太郎인데, 밀정 신분을 떠난 후부터는 세키 신조關信三로 이름을 바꾸고 일본에서 유치원 교육의 선구자가 되었다.[4] 초기 기독교 활동을 감시하는 밀정들이 요코하마공회뿐 아니라 각지에 있었는데, 역설적이게도 그들의 보고는 일본 초기 교회사를 아는 데 일급一級 사료史料가 되고 있다.

일본기독공회의 특색을 정리하면 다음 세 가지가 될 것이다. ① 공회주의公會主義, ② 열렬·단순한 복음주의, ③ 사족士族, 즉 무사 집안 출신 중심의 구성이다.

공회주의

교회 설립에 참여한 사람들은, 교회 명칭을 장로교회 등의 특정 교파명에 지역명을 붙인 이름이 아닌, '일본기독공회'라는 공동의 이름을 택했다. 당시 공회는 교회와 거의 같은 의미로 쓰이고 있었기 때문에 '공회'라는 말 자체에 특별한 의미는 없다. 그러나 이 교회를 구성한 일본인 신도들이 미국의 특정 선교회의 일본 지부 교회가 아닌, 교파를 초월한 교회 형성을 목표로 했다는 것은 부정할 수 없을 것이다. 그들을 지도한 선교사들도, 6개월 후 선교사대회의 결의에서 볼 수 있듯이, 이런 방향을 지지하고 있었다.

이 교회를 설립할 때 '공회정규公會定規'라는 간결한 교회 규칙이 만들어지고, '공회규칙'이라는 또 하나의 규칙안이 잇따라 만들어졌지만, 최종적으로 1874년 '공회조례條例'로 개정되었다. 이 공회조례 제1조례의 신앙고백 9개조는, 흥미롭게도 앞서 기술한 복음주의연맹의 교리 기준 9개조를 거의 그대로 번역한 것이다. 즉, 성서는 하나님의 영감에 의해 된 것이며, 신앙의 기준으로서 완전한 권위가 있다는 것을 선언하고 있다.

이 공회조례 가운데 제2조례의 '공회의 기초'에는 다음과 같이 기록되어 있다.

> "우리 공회는 교파에 속하지 않는다. 오직 주 예수 그리스도의 이름으로 세워진 까닭에 성서만을 기준으로 하고, 이것을 믿고 준행하는 자는 모두 그리스도의 종이며 우리의 형제이기에, 공회의 각 회원은 전 세계의 신자를 동일하게 보고 한 가족으로서 사랑을 다해야 한다. 이런 까닭에 이 모임을 일본기독공회로 칭한다."[5]

여기서 보듯이 그들은 특정 '교파'에 속하지 않고, 성서만을 표준으로 하며, 그리스도의 교회를 일본에 세우는 일을 목표로 한 것이다.

이러한 소위 공회주의, 즉 무교파주의는 어디서 온 것일까. 지금까지의 연구에 따르면, 다음과 같은 몇 가지 요인을 생각할 수 있다. ① 무사 가문 출신, 즉 사족士族을 중심으로 하는 일본인 신도들의 강한 민족주의. ② 그들은 구미의 교파신학을 몰랐고, 알 필요도 거의 느끼지 못했으며, 그저 성서에 따르면 충분하다고 생각했다. ③ 그들을 지도한 선교사들이 교파 난립의 폐해가 있었던 중국 선교에 대한 반성에서 일본에서는 가능한 한 교파적 방식을 자제했다.

이 요소들에 더하여, 복음주의연맹의 영향을 들고 싶다. 일본기독공회는 처음부터 설립 과정에서 신년 첫 주간 기도회를 매개로 복음주의연맹과 밀접한 연관이 있었다. 이 교회를 지도한 선교사들도 복음주의연맹의 활동에 호의적이었으며, 1873년 이 연맹의 일본지부를 결성했다. 그런 까닭에 무교파주의를 주장한 이 교회가 특정 교파의 신조가 아닌 정통 프로테스탄트 교회에 의해 널리 받아들여지고 있던 복음주의연맹의 교리 기준 9개조를 그들 교회의 신조로 수용한 것은 자연스러운 선택이었다고 할 수 있을 것이다. 즉, 구미에서는 초교파의 국제적 우호단체로 탄생하여 주로 개인 참여의 성격을 띠는 복음주의연맹이, 아직 교파가 분립하지 않고 신학적으로도 미성숙한 일본에서는 공회주의적 방식을 지향한 일본기독공회의 정신적 배경이 된 것이다.

열렬·단순한 복음주의

초기 신자들은 열렬하고 단순한 복음주의evangelicalism 신앙에 서 있었다. 복음주의라는 말은 성서주의와 바꿔 쓸 수 있으며, 부흥주의revivalism나 경건주의에도 가까운 말이다. 일본에 건너온 초기 선교사들은 19세기 신앙부흥운동의 흐름 속에서 세계 선교를 위해 배출된 사람들이며, 이와 같은 신앙에 기초해서 일본 신자들을 지도한 것이다.

사토 도시오佐藤敏夫, 1923~2007(전 도쿄신학대학 교수)의 《일본의 기독교와 신학》에 따르면, 복음주의는 일본 교회에 다음과 같은 역사적 특질을 부여했다.[6]

① 교의나 신조, 예배의식을 까다롭게 말하기보다 생활이나 실천, 체험

을 중시하는 유형의 기독교였다. 그 후의 일본 교회사를 살펴 가면, 전통적으로 간단한 신조가 쓰이고 있다. ② 윤리적 청결清潔을 강조했다. 초기 선교사들은 청교도적인 청결한 삶의 방식을 보였다. 일부일처제의 가족윤리, 금주운동, 폐창廢娼운동에서 그 증거를 볼 수 있다. ③ 제도화되어 가는 기독교에 신앙의 역동성을 제시했다.

이러한 지적은 초기에 그치지 않고, 지금도 일본 개신교회의 성격을 잘 나타낸다고 할 수 있다. 신앙 이해에 복음주의연맹의 영향이 결정적이었다고 본다. 복음주의연맹 자체가 구미 신앙부흥운동 가운데 탄생한 것이고, 복음주의를 토대로 했다. 그리고 일본기독공회의 신앙개조個條에서 볼 수 있듯이 이 운동이 신앙 이해와 교회 이해에 큰 영향을 끼친 것이다.

그러나 이와 같은 신앙의 체질은 취약성도 있었다. 메이지 시기 중반에 자유주의 신학이 유입되었을 때 일본 교회는 커다란 혼란과 동요에 휩쓸렸다. 쇼와昭和 시기 일본기독교단의 설립에서도 약점을 드러냈다.*

사족 중심의 구성

일본기독공회에서 전형적으로 볼 수 있듯이, 초기 신자층 가운데 많은 수가 사족士族 계층 출신이다. 특히 교역자의 경우에는 그런 경향이 더욱 강했다. 당시 일본 전체 인구에서 사족 계층은 5퍼센트 정도에 불과했기 때문에, 이는 매우 주목할 만한 일이다. 이에 대해서는, 당시 복음 선교의 양상을 생각해 보면 잘 이해할 수 있을 것이다. 선교사들은 초기에 기독교 전도자보다는 서양 근대문화의 소개자로 일본인에게 받아들여지고 있었다. 그들 주변에 모여든 사람은 향학열에 불타는 사족 출신 청년이 많았다. 그 가운데서도 메이지유신으로 몰락한 구 막부 출신자들이 두드러진다.

이에 대해서는 기독교인이며 역사가인 야마지 아이잔山路愛山, 1865~1917이

* 천황제를 중심으로 한 군국주의 체제 하에 중일전쟁이 진행되는 가운데 일본 정부는 종교단체를 통제하고 전시 체제에 순응시키기 위해 1939년에 제정한 종교단체법을 근거로 기독교회의 통폐합을 강요했다. 이를 계기로 개신교 33개 교파가 '합동(合同)' 이라는 명분으로 '일본기독교단' 을 설립하고 전시체제에 협력했다.

한 유명한 말이 있다.

"최초의 교회에 청년이 많았다는 것은 말할 필요도 없다. 청년이 없다면 용기 있게 새로운 신앙을 고백하는 일이 적다는 것은 예나 지금이나 당연하기 때문이다."[7]

먼저 야마지는 어느 시대나 청년들이 새로운 종교나 사상을 받아들이기 쉬운 부류임을 지적한다. 그리고 그 청년들의 경우를 거론한다.

"시험적으로 새로운 신앙을 고백한 당시 청년들의 경우를 살펴보라. 우에무라 마사히사는 몰락한 막부의 자식이 아닌가. 그는 막부의 모든 사람들이 겪은 패전敗戰의 고통을 받은 사람이다. 혼다 요이쓰本多庸一는 쓰가루津輕 사람의 자식이 아닌가. 유신 때 쓰가루의 지위와 그 고충을 아는 사람들 가운데 그가 실의에 빠진 사람임을 의심하는 자가 있는가. 이부카 가지노스케는 아이즈會津 사람의 자식이다. 그는 스스로 전쟁의 참상과 역경을 경험한 사람이다. 오시카와 마사요시는 이요伊予(지금의 에히메현)의 마쓰야마松山 사람 자식이다. 마쓰야마도 막부 편을 들었기에 지금도 실의에 빠져 있는 것이다."[8]

이와 같이 야마지 아이잔은 네 명의 대표적인 그리스도인을 들며 그들이 메이지유신에서(권력을 잃고) 불우해진 막부 출신임을 지적한다. 더욱이 그는 "시대와 싸우려는 새로운 신앙을 품은 청년들이 대부분 전쟁에서 패한 사람들 가운데서 나온 것은 모두 자연의 운명이라고 하지 않으면 안 된다. 모든 정신적 혁명은 많은 경우 시대의 어두움에서 출발한다"고 분석한다.

여기서 말한 네 사람은, 뒤에 말하겠지만, 모두 요코하마밴드 출신이다. 그 외에 삿포로밴드를 대표하는 우치무라 간조內村鑑三, 1861~1930는 마찬가지로 막부 편의 다카사키번高崎藩(지금의 군마현 다카사키시) 출신이다. 또한 구마모토밴드를 낳은 구마모토번은 일단 신정부 측에 붙었지만, 사쓰마, 조슈長州가 주류인 신정부에서는 찬밥 신세였다.

이와 같이 메이지 정부 아래서는 입신출세의 희망이 없던 사족 출신 청년들이 영학을 통해 기독교를 받아들이고, 여기서 신생 일본의 토대가 될 만한 것을 발견했다. 구마모토밴드 출신의 고자키 히로미치小崎弘道, 1856~1938도 《일본에서 기독교의 현재와 장래》에서 사족이 다수를 차지한 것을 일본 기독교의 특색으로 꼽았다. 그리고 "유신혁명으로 그들은 삶의 터전과 일상의 직업을 잃고, 그 후 마음 붙일 곳이 없는 까닭에 이렇게 갖가지 새로운 감화와 진리에 다가가기 쉬운 것이다"라고 지적했다.[9]

또한 선교사들은 아직 일본어 성서나 기독교 서적이 없는 단계에서 중국에서 수입한 한역漢譯 성서나 기독교 서적을 전도나 교육에 사용했다. 당시 이런 것을 이해할 수 있는 사람은 바로 지식층인 사족 계급이었다.

결론적으로 말하면, 선교사들이 서양 문명을 매개로 하여 전도한 것은 사족 등 이를 수용하는 사람들에게 매우 효과가 있었다. 그러나 동시에 이는 많은 국민에게 기독교는 서양 종교, 지식층의 종교라는 이미지를 훗날까지 심어 간 것이다.

이러한 일본의 기독교 수용의 특색을 한국과 비교해 보면 차이점이 더욱 명확하다. 한국의 경우, 기독교는 처음부터 대중 속으로 들어갔다. 그러한 선교의 양상은 네비우스 선교정책Nevius Plan*을 철저히 활용했기 때문으로 지적된다.[10] 이 정책의 중심점은 상류계급보다는 일반대중, 근로자 층을 대상으로 전도해야 하고, 여성들에 대한 전도가 매우 중요하며, 주부가 후대 교육에 중요한 영향을 미친다는 것이다. 따라서 이화여자대학교 등 여성을 위한 미션 스쿨이 한국에서는 커다란 영향력을 끼쳐 왔다. 이처럼 처음부터 대

* 중국에서 선교하고 있던 미국 북장로교 선교사 존 L. 네비우스(John L. Nevius)가 1890년에 주한 선교사들의 초청으로 한국을 방문하여 소개한 그의 선교정책을 1893년에 조직된 선교사 공의회에서 보완하여 한국 선교정책으로 채택하며 붙인 명칭이다. 이 선교정책의 핵심은 3자원리(三自原理, Three-Self Principle), 즉 자급(自給, Self-Support)·자치(自治, Self-Government)·자전(自傳, Self-Propagation)을 통해 선교지 교회가 외국 선교사에게 기대지 않고 자립하며 나아갈 수 있게 하는 것을 목표로 했다.

중에 초점을 맞춰 철저히 전도했기에 한국 교회는 혹독한 일제 식민 통치기에도 국민과 운명을 함께한 것이다.

2. 기독교 금령의 고찰 철거

메이지유신에 의해 신정부가 세워졌어도 기독교 금제禁制는 지속되었다. 1868년 3월 태정관太政官 포고에는 이렇게 쓰여 있었다.

> "기리시탄 사종문邪宗門(그릇된 종교)에 대하여는 엄격히 금제한다. 만일 수상쩍은 자가 있으면 그 지역 관청에 신고해야 하며, 포상금을 받을 것이다."

기독교를 비롯한 신앙의 자유를 부정하는 이 고찰高札은 전국 방방곡곡에 세워졌다. 이를 뒷받침하듯 메이지 정부는 붙잡혀 있던 우라카미 지역 신자들을 유배형에 처했다.

이 고찰에 대해 외국 외교단은 정부에 엄중히 항의했다. 자신들이 신앙하고 있는 기독교를 '그릇된 종교'로 몰아 모욕했다고 받아들였기 때문이다. 메이지 정부는 서둘러 고찰 내용을 다음과 같이 고쳤다.

> 一. 기리시탄 종문宗門(종교)에 대하여는 지금까지의 금제 그대로 엄격히 지켜야 함
>
> 一. 사종문은 엄격히 금지함

요컨대, 기독교를 사종문으로 간주한 것은 아니라고 하며, 기독교와 사종문을 나눴다. 그러나 기독교가 엄히 금지된 것은 변하지 않았다.

기독교 금제의 고찰 철거는 일본 안팎의 기독교도에게 간절한 기도제목이었다. 그런 가운데 1871년 12월, 우대신右大臣 이와쿠라 도모미를 특명전

권대사로 한 구미사절단 일행이 요코하마를 출발했다. 이토 히로부미伊藤博文, 1841~1909, 기도 다카요시木戸孝允, 1833~1877, 오쿠보 도시미치大久保利通, 1830~1878, 야마구치 마스카山口尙芳, 1839~1894를 부사로 하고, 수행원과 구미 유학생을 포함하면 백여 명에 이르는 대규모 사절단이었다. 이미 말했듯이, 선교사이며 다이가쿠난코 교감으로 있던 페르베크가 오쿠마 시게노부에게 제출한 건의서에 의해 실현된 것이다. 1년 10개월에 걸친 이 여행에 대해서는 수행원 구메 구니타케久米邦武, 1839~1931의 《특명전권대사 구미회람실기歐米回覽實記》(전 5권)[11]에 상세히 기록되어 있다. 이 사절단의 목적은 막부 말기에 체결된 불평등조약(치외법권을 인정한 것)의 개정 기간을 단축하고, 조약 개정을 준비하며, 구미 국가들의 정세를 시찰하는 것이었다. 국제 정세 시찰은 성과가 매우 컸다. 그러나 조약 개정을 둘러싼 구미 국가들과의 교섭은 일본 정부가 기독교를 적대시하는 정책과 조약 개정에 대한 준비 부족으로 실패로 끝났다.

일행은 1872년 3월 미국에서 율리시스 S. 그랜트Ulysses S. Grant, 1822~1885 대통령을 만났다. 그랜트는 일행이 가지고 온 메이지 천황의 친서에 의견을 표명하며, 미국이 번영하는 이유는 외국과 교섭하며 무역이 활발히 이루어지고, 출판의 자유를 침해하지 않으며 종교의 자유를 인정하는 데 있다고 강조했다. 이를테면, 일본에서 기독교 금제를 해제할 것을 암암리에 권고한 것이다. 또한 해밀턴 피시Hamilton Fish, 1808~1893 국무장관도 일행과 면담하는 가운데, 일본 정부가 신앙의 자유를 인정할 것과 개정될 조약에 그 조항을 포함시킬 것을 주장했다. 이와 같이 미국을 비롯하여 외국 정부들과의 교섭에서 메이지 정부가 기독교를 적대시하는 정책이 조약 개정 반대의 이유가 되어 교섭은 어려움에 직면했다.

여기서 주목할 점은, 이와쿠라 사절단이 일본을 출발하기 전에 일본에 머물던 개신교 선교사들이 복음주의연맹 런던 본부에 편지를 보내고, 그 편지에서 일본 정부의 기독교도 박해 사실을 전했다는 것이다. 더욱이 각국 복음주의연맹 지부가 방문이 예정되어 있는 일본 사절단에 압력을 가하도록 해당 국가의 정부에 요청했다는 것이다.[12]

1872년 12월에는 복음주의연맹 회장 에버리 경The Lord Ebury, 1801~1893이 다른 임원들과 함께 영국을 방문 중인 이와쿠라 사절단을 만났다. 에버리는 자신들이 전 세계에 지부가 있는 단체를 대표한다는 사실을 말하며 일본 기독교도 박해에 유감을 표했다. 신앙의 자유야말로 문명국가의 필요 불가결한 조건임을 강조하고, 귀국할 무렵에는 일본 천황에게 기독교에 적대적인 모든 법률을 철폐하도록 요망사항을 전했다. 이에 대해 이와쿠라 도모미는 기독교도 박해 사실은 인정하지 않았지만, 이 문제에 최신을 다하고 이후 신앙의 자유를 위해 힘쓰겠다고 약속했다.[13]

그 외에 미국·프랑스·독일·스웨덴 등 구미 복음주의연맹의 지부도 사절단에 선교의 자유를 호소하기 위해 대표단을 보내고, 각 나라 정부를 통해 압력을 넣었다. 물론 복음주의연맹 외에도 많은 정부와 시민단체의 활동이 있었다. 벨기에에서는 사절단 일행이 노상에서 시위대에 포위되었다. 가톨릭 국가인 프랑스에서는 이들이 머무는 동안 일본의 기리시탄 박해를 비난하는 안건이 국회에 긴급 상정되었다.

마침내 이와쿠라 사절단은, 서양 국가들과 조약 개정을 하려면 일본 정부가 신앙의 자유를 보장하지 않을 수 없음을 깨닫기에 이르렀다. 이와쿠라 전권대사는 베를린에서 메이지 정부 앞으로 전신電信을 보내, 기독교도 박해를 그치고 구금된 신자들을 석방하지 않으면 구미 각국과의 교섭은 무의미하다는 것을 진언했다.

사절단의 이런 보고를 받고 1873년 2월 24일 마침내 메이지 정부는 기독교 금제의 고찰을 철거하기로 하고 전국에 포고했다. 그리고 같은 해 3월, 구금되어 있는 우라카미 지역 신도들을 고향 마을로 돌려보내는 것을 승인했다. 이로써 도쿠가와 막부 이래 260년 동안 지속된 기독교 금교 정책은 종언을 고하고, 일본에서 복음 선교는 새로운 단계를 맞았다. 고찰 철거 후, 일본에 오는 선교사가 급속히 늘고 일본에서 복음 선교는 활기를 띠었다.

그러나 고찰 철거로 일본에서 복음 선교가 무조건 공인되었다고 보아서는 안 된다. 고찰 철거에 즈음해서 정부는, 일본인 대상으로는 금제의 사실은 '숙지' 되어 있기 때문에 굳이 고찰을 통해 알릴 필요가 없다는 태도였다. 공인이라기보다 묵인이라 해야 할 것이었다. 게다가 장례식이라는 중요한 의식의 경우, 불교식과 신도식 외의 방식은 태정관의 포고에 의해 금지되어 있었다. 장례식의 자유가 인정된 것은 1884년 이후의 일이다. 그때까지 기독교 신자들은 매장 문제로 심한 고통을 받았다.[14]

제3장 초기 프로테스탄트의 3대 원류

일반적으로 일본의 초기 프로테스탄트의 정신적 원류로서 요코하마, 구마모토, 삿포로의 세 밴드가 거명된다. 여기서는 이 세 밴드를 지도한 사람들과 각각의 대표적 인물을 다루고자 한다.

1. 요코하마밴드

이 그룹의 출발점은 1872년 3월 일본기독공회의 탄생이다. 설립 경위나 특색에 대해서는 앞 장에서 언급한 대로다. 이 그룹의 중심이 된 사람들은 미국인 선교사 브라운과 발라의 사립학교에서 교육받은 사족 청년들이다. 대표적 인물이 우에무라 마사히사, 이부카 가지노스케, 혼다 요이쓰, 오시카와 마사요시 등이다.

브라운에 대해서는 소개했기 때문에, 여기서는 요코하마밴드 사람들에게 커다란 감화를 끼친 발라에 관해 살펴보고자 한다.

발라는 미국 뉴욕주에서 태어나 럿거스대학Rutgers College과 뉴브런즈윅신학교New Brunswick Theological Seminary에서 공부했다. 신학생 시절 선교사 브라운이 신학교를 방문하여 일본 선교의 필요성을 호소했다. 발라는 그의 말에 감명받고 일본행을 결심했다. 그리고 1861년 결혼 직후 부인과 네덜란드 개혁파 교회 선교사로 일본에 왔다.

그는 요코하마에 살면서 야노 류잔矢野隆山, 1815~1865에게 일본어를 배웠다. 1865년, 야노는 병상에서 발라에게 세례를 받아 개신교에서 세례받은 첫 번째 본토 일본인 신자가 되었다. 그는 세례를 받고 한 달 뒤 세상을 떠났다. 발라는 1872년 설립된 일본기독공회의 임시목사가 되어 신자들을 지도했다.

발라는 전도에 열심인 사람으로 알려졌다. 가나가와, 도쿄, 이즈伊豆에서 신슈信州까지 전도의 지경을 넓히고, 많은 사람을 신앙으로 인도하며 교회의 토대를 다졌다. 《우에무라 마사히사와 그 시대, 제1권》에 따르면, "발라 씨는 사상가가 아닌 활동가다. 먼 장래의 계획을 세우는 사람이라기보다 때를 얻든지 얻지 못하든지 오로지 한 마음으로 전도를 한 사람이다"라고 했다.[1] 또 그는 기도하는 사람이었다. 그의 설교에는 감동하지 않더라도 그의 열렬하고 간절한 기도에 감격하여 신앙으로 인도된 사람이 적지 않았다. 초기 선교사 연구의 권위자인 다카야 미치오高谷道男는 《요코하마밴드 사화史話》에서 "요코하마밴드에서 부흥이 일어난 것은 제임스 발라의 종교적 정열, 영적 경건, 정직하게 말해서 발라 자신의 인격과 신앙 때문이다"라고 말했다.[2] 또한 이 책에서 대담자로 등장하는 오타 아이토太田愛人는 요코하마밴드에 대해 "전도에 열심이고 기도회를 존중하는 것은 발라의 정신적 영향이라고 할 수 있겠지요. 헵번의 학식, 페르베크의 통찰력, 브라운의 경건에다 발라의 정열이 메이지 시대 기독교에서 요코하마밴드의 골격을 만드는 데 공헌했다고 해도 좋겠지요"라고 지적했다.[3]

그의 사위 로버트 E. 매캘파인Robert E. McAlpine, 1862~1950과 그의 자녀들도 남장로교 선교부 선교사로 일본에서 봉사하고 있다.

요코하마밴드의 대표적 인물인 우에무라 마사히사는 도쿠가와의 하타모토旗本* 집안에 태어났다. 가록家祿 1,500석에 해당하는 작은 다이묘 집안이다. 그러나 대정봉환大政奉還† 으로 집안이 몰락하고 혹독한 가난과 궁핍한 생활을 체험했다. 장남인 그는 집안을 일으키기 위해서는 영학英學을 공부하는

* 쇼군 직속 무사로, 500석 이상 1만 석 미만의 녹봉을 받았다.

† 1867년 에도 막부의 15대 쇼군 도쿠가와 요시노부가 메이지 천황에게 통치권을 반납한 사건.

것이 최선이라 생각하고, 요코하마에서 브라운과 발라의 지도를 받았다. 그리고 1873년, 16세 때 세례를 받고 일본기독공회에 가입했다.

그 후 전도자로 부름을 받고, 선교사의 사립 학교私塾가 발전해서 생긴 도쿄 잇치신학교에서 공부하며 훈련을 받았다. 그는 선천적으로 어눌해서 목사고시에서 낙제할 뻔했지만, 전도에 열심인 점을 감안하여 합격시켜 주었다는 일화가 있다. 그러나 이후 끊임없이 노력하여 명설교가로 알려지게 되었다.

신학교 졸업 후 그는 도쿄에서 개척 전도를 하고, 오늘날 개신교회를 대표하는 후지미초富士見町교회를 설립하여 목회했다. 후지미초교회 목사, 〈복음신보〉 주필, 도쿄신학사東京神學社 교장, 일본기독교회 전도국장으로 각 분야에서 커다란 족적을 남겼다. 특히 도쿄신학사에서 다카쿠라 도쿠타로高倉德太郎, 1885~1934, 오노무라 린조小野村林藏, 1883~1961 등 많은 우수한 제자를 길러냈다.

우에무라는 뒷날의 유명한 우에무라·에비나植村·海老名 신학논쟁에서 볼 수 있듯이, 일본 기독교계에서 정통 신앙의 확립과 옹호에 시종일관 힘쓴 인물이다. 또한 일본 선교는 일본인이 담당해야 한다고 주장하며 일찍부터 독립 자급 노선을 명확히 했다.

그는 《일본평론日本評論》을 발간하고 사회를 향해서도 적극적으로 발언했다. '언론의 힘을 사용하고 건전한 사상을 사회에 주입하기에 매우 훌륭한 사회적 사업'이라 생각하며 정치·사회·교육에 관한 폭넓은 평론 활동을 했다.[4] 성서 번역과 영문학의 소개에도 공헌했다.

이같이 다채로운 활동을 했지만, 오우치 사부로大內三郎는 "그의 생애는 시종일관 목사·전도자로서의 생애였다"고 평하고 있다.[5]

요코하마밴드 사람들은 스승들의 감화를 받아서 교회 중심의 기본적인 자세를 지니고 있었고, 다른 그룹에 비해 신조와 신학을 중시하는 편이었다. 그들을 지도한 선교사들이 장로교나 네덜란드 개혁파 교회 선교부 소속이었기 때문에, 요코하마밴드의 유파를 이룬 교회도 일본기독일치교회가 되어 장로제를 취한다. 후에 이 교회는 일본기독교회라는 전전戰前 일본 최대의 프로테스탄트 교회가 되었다.

2. 구마모토밴드

구마모토밴드에 관해서는 도시샤同志社대학교 인문과학연구소가 출판한《구마모토밴드 연구: 일본 프로테스탄티즘의 한 원류와 전개》에서 다각도로 상세하게 고찰되고 있다.[6] 이 책에서는 구마모토밴드를 "메이지 4년에서 9년 사이(1871~1876) 구마모토 양학교洋學校에서 제인스의 지도와 영향을 받아 하나오카야마花岡山에서 기독교를 신앙하며 그 가르침을 일본에 널리 알리기로 결의한 사람들을 중심으로 하는 한 무리團"라고 소개했다. 그리고 그들의 많은 수가 이제 막 신설된 도시샤 영학교英學校(도시샤대학의 전신)로 옮기고, "그 엄청난 노력과, 비록 투박하고 거칠기는 하지만 활발하고 왕성한 기풍으로 매우 눈에 띄는 특이한 존재"임을 드러냈다. 구마모토밴드는 이러한 그들에게 도시샤의 선교사들이 붙여준 호칭이다.[7]

구마모토번(히고번肥後藩으로도 불림)은 메이지유신에서 사쓰마·조슈·도사·히젠 번과 함께 메이지 정부에 참여하지만, 근대화의 시류에 뒤떨어져 앞서 나간 모든 번들에 크게 뒤지고 말았다. 따라서 구마모토번은 인재 육성을 목표로 1871년 구마모토 양학교를 설립했다. 이 학교 교장으로 미국에서 초빙된 사람이 제인스다. 제인스는 오하이오 주에서 태어나 웨스트포인트 육군사관학교에서 공부하며 군인으로 훈련받았다. 그는 남북전쟁에서 북군 소위로 활약하며 대위로 승진했다. 그 후 결혼하는데, 부인은 많은 선교사를 배출해 온 스커더 집안the Scudders 출신이다.

일본에 온 제인스는 미국 웨스트포인트 육군사관학교의 체계적인 교육과 영국의 공립학교인 럭비스쿨Rugby School의 인격 교육을 목표로 하여 구마모토 양학교에서 교육을 시작했다. 그런 의욕을 가지고 시작한 제인스의 교육 자세는 엄격하기 그지없었다. 학업이나 품행이 제대로 갖춰지지 않은 사람은 용서 없이 퇴학 조치되었다. 구마모토 양학교 1회 입학생 46명 가운데 졸업생이 11명, 2회 72명 가운데 졸업생이 11명뿐이었던 것에서도 그 엄격함을 엿볼 수 있다. 3·4회 입학생은 모두 졸업하지 못했다. 그러나 남은 학생들은 눈에 띄게 정진하여 제인스 자신조차 놀랄 정도로 학력이 향상되었다. 그들은 교사 제인스를 전적으로 신뢰하며, 엄격한 지도에 온 힘을 다해 따랐다.

제인스는 처음에는 기독교에 관해 한마디도 언급하지 않았다. 아직 기독교가 금지되고 있던 때이기도 했다. 3년이 지난 어느 날, 그는 학생들에게 자택에서 성서를 가르치겠다고 전했다. 매주 토요일에 모인 이 성서연구회에 이내 30~40명의 학생이 모이게 되었다. 모인 사람이 영어 성서를 한 절씩 돌아가며 읽고, 마지막에 제인스가 기도했다. 이 집회에 참여한 사람들 가운데 기독교 신앙을 고백하는 사람이 계속 나오고, 양학교 안은 부흥이 일어난 듯한 상황이 되었다.

그런 가운데 1876년 1월 30일 일요일, 평소부터 신앙을 고백하고 있던 학생 40명이 구마모토 외곽의 하나오카야마에 올랐다. 그들은 그곳에서 기도회를 열고 〈봉교취의서奉教趣意書〉를 낭독하고, 35명이 서명했다. 그 서두는 이러했다.

> "우리는 일찍이 서교西教를 배우며 조금 깨달은 바 있고, 그 후 이것을 읽는 가운데 더욱더 감동하며 기쁨을 감출 수 없어 마침내 이 가르침을 황국皇國에 선포하며 백성의 몽매함을 크게 깨우치고자 한다."[8]

품격을 갖춘 이 봉교취의서에는 구마모토밴드의 특색이 된 국가주의 성격이 잘 나타나 있다.

양학교 학생들이 하나오카야마에서 신앙고백을 하며 기독교인이 된 것을 알게 된 학교 관계자와 학부형들은 매우 놀랐고, 큰 소동이 벌어졌다. 1873년에 기리시탄 금령의 고찰은 철거되었지만, 기독교를 세상에 해악을 끼치는 그릇된 종교로 보는 시각은 여전히 뿌리 깊게 남아 있었다. 특히 구마모토에서는 그 해에 존황양이尊皇攘夷를 내걸었던 신푸렌神風連의 난이 일어날 정도로 보수적이고 배외적인 기풍이 강했다. 학교 당국은 제인스의 해임을 결의하고, 학교는 폐쇄되었다. 학생들은 부모에게 불려 돌아가고, 신앙을 버리도록 압박 받으며 혹독한 박해가 가해졌다. 미치광이나 죄인을 가두어 두는 광에 갇히기도 하고, 스스로 목숨을 끊도록 강요되기도 했다. 그와 같은 상황에서도 많은 학생들이 끝까지 신앙을 지켰다.

제인스는 구마모토를 떠나기 전에 22명의 학생들에게 세례를 주었다. 그 가운데 주된 인물은 고자키 히로미치小崎弘道, 에비나 기사부로海老名喜三郎, 1856~1937(후에 단조彈正로 개명), 우키타 가즈타미浮田和民, 1860~1946, 미야카와 쓰네테루宮川経輝, 1857~1936, 모리타 구만도森田久萬人, 1858~1899 등이다. 가나모리 미치토모金森通倫, 1857~1945는 봉교취의서에는 서명했지만 이때는 세례를 받지 않고, 후에 니지마 조新島襄, 1843~1890에게 세례를 받았다.

학교가 폐쇄되고 많은 학생들이 제인스의 조언으로 1875년에 갓 개교한 도시샤로 옮겨갔다. 이 학교는 니지마 조의 정열과 사명감에 의해 미국해외선교회(아메리칸 보드) 선교사들의 협력으로 시작되었다. 그런 까닭에 아직 학교다운 면모와 내용이 갖추어지지 않아서 구마모토밴드 학생들의 실망과 불만이 컸다. 그들은 학력에서 다른 학생들을 크게 압도했고, 교사들의 실력에 가까울 정도였다. 게다가 제인스의 영향으로 그들의 신앙은 진보적이었고, 보수적 입장의 선교사들과 자주 충돌했다. 이들 사이에 선 니지마 교장의 고투는 실로 엄청난 것이었다. 그는 뒤에 이렇게 술회했다.

> "구마모토에서 도시샤로 찾아온 사람들은 봉棒으로도 지렛대로도 감당할 수 없는 사람들이었다. 그들을 3년 동안 교육했지만, 잠자리에서 얼마나 눈물로 베개를 적셨는지 모른다."[9]

이러한 니지마 교장의 인내로 구마모토밴드 학생들은 학교 생활을 이어 갔다. 1879년 6월에 거행된 제1회 졸업식에서 졸업의 영예를 얻은 15명 모두가 구마모토밴드 출신이었다. 졸업 후, 전도의 제일선에 나아간 사람들은 일본조합기독교회日本組合基督教會* 교역자로 크게 쓰임받았다. 모교인 도시샤에 남아서 교수진에 참여한 이들도 많았고, 역대 도시샤 총장 가운데 5명이 구마모토밴드 출신이다.

구마모토밴드 가운데는 가나모리 미치토모, 고자키 히로미치, 미야카와 쓰네테루, 요코이 도키오橫井時雄, 1857~1927 등 유능한 인재가 많지만, 여기서는 요코하마밴드의 우에무라 마사히사와 쌍벽을 이루는 에비나 단조海老名彈正를 소개하고자 한다.

에비나 단조(본명 기사부로喜三郎)는 1856년 후쿠오카 야나가와柳川번의 무사 집안에서 태어나 그 지역에서 한자와 영학을 공부했다. 그 후 1872년부터 구마모토 양학교에서 공부하며 제인스의 지도를 받았다. 그는 제인스의 집에서 열린 집회에 출석하게 되었는데, 어느 날 "기도는 조물주에 대한 우리의 본분이다"라는 제인스의 말에 깊이 감명을 받는다. 조물주에 대한 의무를 게을리하고 있던 죄를 알고, 자기중심에서 벗어나 하나님 중심으로 살려는 회심을 체험했다.[10] 그를 중심으로 양학교 생도 35명은 하나오카야마에서 봉교취의서에 서명하고 기독교 신앙을 공표했다.

양학교 졸업 후, 그는 구마모토밴드의 다른 동료들과 도시샤에 입학하여 니지마 조의 가르침을 받았다. 졸업 후에는 안나카安中, 도쿄, 구마모토, 교토, 고베에서 목사와 교육자로 활약했다. 그 후 오래도록 도쿄 혼고本鄕교회 목사로 크게 활약했다. 목회 활동 외에 잡지《신인新人》을 통해 시대사조에 대한 날카로운 통찰을 글로 쓰며 평론 활동을 했다. 또한 요시노 사쿠조吉野作造, 1878~1933, 스즈키 분지鈴木文治, 1885~1946 등의 정치학자와 노동운동 지도자를 길러냈다.

* 일본조합기독교회는 전전(戰前) 프로테스탄트교회 주류파의 하나로, 일본에서 활동한 미국해외선교회(American Boad) 소속 선교사 대니얼 크로스비 그린(Daniel Crosby Greene, 1843~1913)으로부터 시작되었다. 아메리칸 보드의 교회 개척 사역에 도시샤 대학을 졸업한 구마모토밴드 출신 전도자들이 합류하면서 조합교회 조직의 원류가 되었다. 처음부터 회중제(會衆制)를 채택하였으며, 1886년에 일본조합기독교회를 설립했다. 1941년 일본기독교단에 통합되면서 조합교회는 해체되고 말았다.

제인스의 영향도 있었던 에비나의 신앙은 진보적이고 자유주의적이었다. 그는 자신의 종교체험에 기초하여 "그리스도와의 일체화", "신인합일神人合一"을 강조했다. 뒤에 그리스도론을 둘러싸고 요코하마밴드 그리고 일본기독교회 지도자인 우에무라 마사히사와 열띤 신학논쟁을 벌였다. 그의 신학 사상은 국가주의적 경향이 강했고, 러일전쟁을 정당한 전쟁이라며 지지했을 뿐 아니라 한일합방을 기독교의 인류동포정신의 발현으로 여기며 긍정했다. 여기서 조선과 중국에서 식민지 지배를 기독교 전도와 연결시킨 면을 볼 수 있다. 이러한 그의 주장을 조선에서 식민지 전도를 통해 실행한 사람이 제자인 와타제 쓰네요시渡瀨常吉, 1867~1944이다. 만년의 에비나는 국가주의적 경향이 더욱 강해져 신도적神道的 기독교라고도 불렸다.

에비나에게서 볼 수 있듯이 구마모토밴드 사람들은 국가주의적·자유주의적 경향이 있었다. 그들의 많은 수가 일본조합기독교회 교역자가 되었는데, 1880년대에 독일에서 자유주의 신학(당시 신신학新神學으로 불렸다)이 들어왔을 때 가장 영향을 받은 사람들이 그들이다.

3. 삿포로밴드

메이지 초기까지 에조치蝦夷地로 불린 홋카이도는 천연자원이 풍부하고 앞날이 유망한 개척지였다. 1869년, 홋카이도에 개척사開拓使(개척 및 행정을 담담하던 관청)가 설치되었을 때, 전체 인구 약 10만 명, 삿포로의 인구는 겨우 2천 명이었고, 토종 여우와 사슴이 자주 눈에 띄었다. 현재 삿포로시의 상황을 생각할 때, 참으로 격세지감이다.

당시 일본은 메이지유신이 시작되어 부국강병의 구호 아래 한창 구미문화와 기술을 받아들이고 있었다. 그런 가운데 북쪽 러시아의 눈치를 살피며 진행하는 홋카이도 개척은 경제적으로도 군사적으로도 중요했다.

그 같은 상황에 응하여 홋카이도 개발을 위해서는 인재 육성이 필수라는 생각에서, 홋카이도 개척사 장관 구로다 기요타카黒田清隆, 1840~1900의 주선으로 먼저 개척사 임시학교가 도쿄 시바芝의 조조지增上寺 경내에 설립되었다. 이것이 삿포로로 옮겨져 삿포로학교가 되고, 1876년의 삿포로농학교札幌農學校(홋카이도대학교 전신의 하나)로 발전한 것이다. 초대 교감(실질적으로는 교장)으로 특별히 초빙된 사람이 미국 매사추세츠 농과대학 학장으로 있던 윌리엄 클라크William Smith Clark, 1826~1886다.

삿포로밴드는 "클라크의 감화로 기독교 신앙을 받아들인 삿포로농학교 1, 2기생들의 그리스도인들 집단에 붙여진 호칭"이라고 할 수 있다.

클라크는 매사추세츠 주의 엄격한 청교도 가정에서 태어났다. 애머스트대학에서 공부하고, 재학 중에 극적인 회심을 경험했다. 대학 졸업 후 독일에 유학하며 괴팅겐대학에서 '운철隕鐵의 화학적 성분 연구'로 박사 학위를 받았고, 귀국 후 애머스트대학에서 15년간 화학을 가르쳤다. 그 사이 결혼하여 아들 다섯 딸 넷을 두지만, 일본에 올 당시 아들 셋은 어린 나이에 이미 세상을 떠났다. 남북전쟁이 시작되자 그는 의용병으로 종군하여 육군 대령으로 퇴역했다. 그래서 클라크 대령으로 불리기도 한다.

매사추세츠 농과대학 학장으로 있던 클라크는 1876년에 1년 임기로 삿포로농학교 초대 교감으로 취임하는 계약을 일본 정부와 맺었다. 학장으로 있던 농과대학에는 일본 정부가 파견한 유학생이 6명이나 있었는데, 이것이 클라크의 초빙과 연결되었다고 볼 수 있다.

1876년 6월, 그는 농과대학 졸업생 윌리엄 윌러William Wheeler, 1851~1932와 데이비드 펜핼로우David P. Penhallow, 1854~1910와 일본에 왔다. 그해 8월에 삿포로농학교는 성대한 개교식과 함께 시작되었다. 새로운 학교의 업무에 기대를 보이는 개척사 장관 구로다 기요타카의 기념사에 이어 클라크 교감의 대연설이 있었다. 그는 이 신설 농학교가 장래 홋카이도의 농업 개량과 산업 발전에 크게 기여할 것을 기대하며 연설했다. 또한 이 학교가 홋카이도 주민뿐 아니라 모든 국민의 존경과 지지를 받는 가치 있는 존재가 될 것을 믿는다는 말로 연설을 끝맺었다.[11]

개교식 한 달 뒤의 편지에서 클라크는 자신이 받고 있는 신뢰와 주어진 책임에 감격하며 쓰고 있다. 학생들에 대해서는 이렇게 적었다.

> "농학교 업무는 매우 즐겁고 전혀 힘들지 않습니다. 학생들은 더없이 선량하며 열심이고, 매우 예의바르며, 가르침에 깊이 감사의 뜻을 보이기 때문에 미국 학생들은 아주 야만인처럼 여겨질 정도입니다."[12]

이처럼 클라크는 농학교 1기생들을 매우 높게 평가한다. 농학교의 전신인 삿포로학교에는 엄격한 교칙이 있었지만, 그는 모든 교칙을 없애고 단 한 가지, "신사가 되어라Be gentleman!"라고 학생들에게 요구했다. 엄격한 가운데서도 정열에 타오른 클라크의 지도 아래 학생들의 실력은 눈에 띄게 늘었고, 학교를 시찰하러 온 구로다 기요타카가 경탄할 정도였다.

클라크는 학력뿐 아니라 학생들의 덕성을 키우는 데에도 무게를 두었다. 학생들 한 사람 한 사람에게 영어 성서를 건네고 수업 전에 성서를 돌아가며 읽게 했다. 이 일이 기독교를 싫어하던 구로다 기요타카의 귀에 들어가자 그는 클라크를 불러 그의 행동에 대해 불평하며 따지고 물었다. 그 말에 클라크는, 자신은 기독교인이며 성서를 가르치는 것 외에 덕성을 길러주는 길이 없다고 단언했다. 확신에 찬 그의 단호한 태도에 구로다 장관도 뜻을 꺾고, 학내에서 예배드리는 것은 인정하지 않았지만 성서를 윤리서로 사용하는 것은 인정했다.[13]

또한 클라크는 일본 학생들에게 음주와 흡연의 해악이 큰 것을 안타까워했다. 자신은 타고난 금주가가 아니었고, 삿포로는 마시는 물이 좋지 않다고 듣고서 질 좋은 다량의 포도주를 미국에서 가지고 왔다. 그렇지만 학생들의 모범이 되기 위해 그것들을 모두 깨뜨려 하수구에 버리고 말았다. 그리고 금주·금연 서약서를 만들었을 때, 1기생 전원이 서명했다.

클라크의 재임 기간은 겨우 8개월로 끝났다. 개척사에서는 3년 계약으로 갱신하자고 했지만, 클라크 쪽에서 거절한 것이다. 그가 삿포로를 떠날 무렵, 〈예수를 믿는 사람들의 계약The Covenant of Believers in Jesus〉을 만들어 학생들에게 서명하기를 권하자 1기생 전원이 서명했다. 그 서약서는 그리스도 신앙을 고백하고 주님의 사랑에 감사하며 일생을 보낼 것, 조속한 기회에 복음주의 교회에서 세례를 받고 정식 교인이 될 것을 강조했다. 또한 삼위일체의 정통신앙과 아울러 모세의 십계명을 준수할 것을 약속하게 하여 복음주의 신앙과 함께 청교도적 생활윤리를 강조했다.[14]

서명한 1기생으로는 이토 가즈타카伊藤一隆, 1859~1929, 오시마 마사타케大島正健, 1859~1938, 사토 쇼스케佐藤昌介, 1856~1939, 와타세 도라지로渡瀨寅次郎, 1859~1926 등이 알려져 있다. 삿포로를 떠나는 클라크와의 이별을 안타까워하는 제자들에게 클라크가 "청년이여, 큰 뜻을 품어라!"라는 말을 남긴 것은 매우 유명하다. 귀국 후 클라크는 미국 각지에서 일본에 관한 강연을 했다. 그 후, 광산사업에 실패하고 사회적 신용을 잃으면서 병을 얻어 불우한 만년을 보냈다. 임종할 즈음, 그는 자랑할 만한 일은 아무것도 없지만 삿포로에서 수개월 동안 일본 청년들에게 성서를 가르친 것이 마음을 달래기에 충분한 일이었다고 술회했다.[15]

이렇게 클라크는 떠났지만, 클라크의 감화는 1기생과 월러 교수를 통해 2기생에게 파급되었다. 보통 삿포로밴드라고 하면 1기생보다 오히려 2기생 쪽이 잘 알려져 있다. 클라크의 뜻을 이어받은 1기생의 활발한 활동으로 2기생의 많은 수가 〈예수를 믿는 사람들의 계약〉에 서명하고 기독교 신앙을 받아들였다. 그들 가운데 잘 알려진 사람은 무교회주의의 지도자 우치무라 간조內村鑑三, 1861~1930, 제일고등학교(현 도쿄대학 교양학부 및 지바千葉대학 의학부의 전신) 교장 및 국제연맹사무국 차장 등을 역임한 니토베 이나조新渡戶稻造, 1862~1933, 세계적인 생물학자 미야베 긴고宮部金吾, 1860~1951, 유명한 토목공학자 히로이 이사미廣井勇, 1862~1928 등이다. 결국 2기생 12명 가운데 기독교 신앙을 받아들인 사람은 7명이다. 나머지 학생들은 기독교 신앙을 거부했다. 기독교 신앙을 받아들이면 일요일에는 공부하지 못하고, 예배하지 않으면 안 된다는 것이 한 가지 이유였다. 그러나 4년간의 성적을 종합한 결과, 상위 7명의 자리를 모두 그리스도인 학생들이 차지하고, 6명이 명예로운 졸업연설을 했다.

삿포로밴드의 경우, 학교에서 시작된 까닭에 집회의 양상은 처음부터 개인주의적·무교파주의적 경향이 강했다. 우치무라 간조의 자서전《나는 어떻게 그리스도인이 되었는가》에는 2기생의 주일예배 모습이 생생하게 묘사되어 있다. 7명의 학생들 모두가 차례로 집회를 인도했다. 그날의 담당자가 목사이자 교사였다. 예배는 기도, 성서낭독, 짧은 설교 말씀, 각자의 감사의 간증으로 이뤄지고, 의식적儀式的 요소는 거의 없었다. 매주 일요일 저녁에는 1기생들과 성서연구회 모임을 했고, 수요일 저녁에는 기도회를 충실히 지켰다.[16]

삿포로밴드 사람들은 농학교 졸업 후에도 집회를 지켜 가지만, 얼마 안 있어 성공회와 감리교 교회로 나뉘면서 교파주의의 폐해를 통감했다. 그들의 무교파주의적 경향은, 자신들의 교회당 건축 자금 원조를 둘러싸고 감리교회 선교사와의 갈등으로 한층 명확해졌다. 그들은 1882년에 어떠한 교파나 선교단체에도 의존하지 않는 '삿포로독립교회'를 설립했고, 그 회중은 오늘에 이르고 있다.

이제, 삿포로밴드의 대표적 인물인 우치무라 간조를 살펴보자.

그는 다카사키高崎(지금의 군마현 다카사키시)번의 에도 번저江戶藩邸* 에서 태어나 도쿄외국어학교에서 영학을 공부했고, 삿포로농학교 제2기생으로 입학했다. 유교 교육을 받았으며 예부터 내려온 일본의 신들을 섬기던 그는 상급생들이 기독교 신앙을 강하게 권유하는 것에 거세게 저항했다. 어느 때는 근처 신사에서, 기독교가 학내에서 포교하는 것을 그치도록 열렬히 기도할 정도였다. 그러나 결국 상급생들의 압력에 굴하여 〈예수를 믿는 사람들의

* 에도 시대에 부케야시키(武家屋敷)와 에도야시키(江戶屋敷)로 불리던 무가(武家) 저택에 대한 역사 용어. 에도 시대 '참근교대(參勤交代)제도'에 따라 쇼군가와 직접 주종관계를 맺은 무사와 다이묘들은 격년마다 1년 정도 에도에 머물며 쇼군을 알현하고 업무를 보좌했고, 이를 위해 이들은 막부로부터 에도성 원근의 여러 부지를 제공받아 각자 용도와 규모에 맞게 여러 저택을 마련해 소유하고 있었다. 우치무라 간조가 태어날 무렵 그의 부친인 다카사키번의 무사 우치무라 요시유키(內村宜之, 1833~1907)는 가족을 데리고 주군인 다이묘와 함께 에도 번저에서 생활하고 있었다. 참고로, '에도(江戶)'라는 명칭은 1968년 9월 '도쿄(東京)'로 바뀌었다.

계약〉에 서명하고 기독교를 받아들였다. 이렇게 신자가 되었지만, 그는 일생 그리스도인으로서 꿋꿋하게 살아갔다. 2기생 가운데 우치무라와 니토베, 미야베는 오랜 우정을 지키며 '삿포로 3인조'로 불렸다.

우치무라는 매우 우수한 성적으로 삿포로농학교를 졸업하고 홋카이도 도청 관리가 되었다. 그는 어류 조사 분야에서도 족적을 남겼다. 그 후, 같은 조슈上州(현재의 군마현) 출신의 이케다 다케池田タケ와 결혼하지만, 파혼이라는 커다란 시련을 경험했다. 상심한 채 미국에 건너간 그는 뉴잉글랜드의 애머스트대학에서 공부했다. 여기서 그는 총장 줄리어스 H. 실라이Julius Hawley Seelye, 1824~1895를 만나 속죄신앙에 눈뜬다. 총장의 권유로 하트포드신학교에 진학하지만, 적응하지 못하고 중퇴한 후 귀국했다. 그 후, 니가타시에 신설된 미션 스쿨 호쿠에쓰학관北越學館에서 가르치지만, 곧 선교사들과 부딪치고 몇 개월 만에 사직했다. 그 후 제일고등학교에서 교편을 잡았지만 재직 중에 불경사건不敬事件을 일으키고, 그 때문에 교사직과 재혼한 부인을 동시에 잃었다.

그 후에는 각지를 전전하며 교편을 잡아가면서, 《기독교 신도의 위안》, 《구안록求安錄》 등 문필활동을 통하여 고난의 길을 헤쳐 갔다. 1900년에 〈성서연구〉를 창간하고, 이 잡지와 매주 일요일의 성서 강의를 통하여 실로 많은 사람에게 강렬한 감화를 주었다. 그리고 〈성서연구〉 구독자를 중심으로 일본 각지에 교우회敎友會로 불리는 그룹이 생겨났다. 무교회라고 불리게 된 이들의 모임 가운데서 쓰카모토 도라지塚本虎二, 1885~1973, 후지이 다케시藤井武, 1888~1930, 아제가미 겐조畔上賢造, 1884~1938, 야나이하라 다다오矢內原忠雄, 1893~1961 등 뛰어난 제자들이 많이 배출됐다.

우치무라가 제창한 무교회주의 정신을 정리하면 다음과 같다.

① 외국 교파와 선교사로부터 독립

② 세례, 성찬식 부정

③ 직업적 성직제도와 헌금제도 부정

④ 충실한 성서연구 집단

이러한 정신은 삿포로밴드 태동기부터 나타났다. 지금도 무교회의 집회는 도쿄를 비롯하여 각지에서 행해진다. 우치무라 간조 등 무교회 지도자들 가운데는 교사와 학자가 많고, 일본 기독교계뿐 아니라 사상계에도 적지 않은 영향을 끼치고 있다.

우치무라 간조는 아시오足尾 구리 광산의 광독鑛毒 문제나 비전론非戰論 주장을 통해 사회에 대해서도 발언했다. 우치무라 간조에 대해서는 불경사건과 다이쇼기大正期의 재림운동에서 다시 다룰 것이다.

제4장

성장기의 교회: 1874~1890년

기독교 금제의 고찰을 철거한 이듬해인 1874년부터 1890년에 이르는 시기에 일본 교회는 비약적으로 성장했다. 많은 일본 기독교 역사가들이 기독교회와 연관하여 이 시기를 '순조順調 시대', '발흥勃興 시대', '급성장 시대'라고 부른다. 이 시기는 일반적인 일본 역사에서 말하면, 정확히 구화주의歐化主義* 전성기, 흔히 말하는 '로쿠메이칸鹿鳴館 시대'† 였다. 이 시기에 일본 교회가 급성장한 원인으로 다음 요인들을 꼽을 수 있다.

1. 선교단체의 입국과 교파교회 형성

1873년 기독교 금제의 고찰이 철거된 결과, 일본에 오는 선교단체들이 급격히 늘었다. 고찰 철거 전년까지 일본에는 7개의 개신교 선교단체가 있

* 일본의 문명개화론, 탈아입구론과 맥을 함께하는 것으로, 특히 1880년대 일본의 사회 풍조를 일컫는 말이다. 일본 개국을 계기로 천황 중심의 근대입헌국가로 탈바꿈을 시도하는 과정에서 후쿠자와 유키치와 니시 아마네(西周) 등 이른바 선각자들은 정부 조직과 법률 등의 제도뿐 아니라 문화, 생활습관, 사고방식까지도 서양화해야 한다는 문명개화론을 주창했다. 일본 근대화의 아버지로 추앙되는 후쿠자와의 경우, 일본은 아시아를 벗어나 완전히 서구화되어야 한다는 탈아입구론(脫亞入歐論)을 주장했는데, 이는 뒤에 아시아를 동반자가 아닌 '개화가 필요한 후진적 존재'로 취급하며, 청일전쟁과 한일합방 등을 통해 침략과 수탈을 정당화하는 이론적 근거가 되었다. 1880년대 외무장관을 지낸 이노우에 가오루(井上馨)는 서구 국가들과의 불평등조약 개정을 앞당기기 위해 일본이 근대화되었다는 사실을 서구 국가들에 인지시키려고 이른바 '구화정책'을 폈다.

† 로쿠메이칸은 관립 국제 사교장으로, 1883년 도쿄에 세워진 이층 양옥이다. 이곳에서 서양식 무도회나 문화행사 등이 열리던 것을 빗대어 '구화주의 시대의 상징'이라고 한다.

었고, 28명의 선교사가 활동하고 있었다. 그에 비하여 금제가 풀린 뒤에는 1873년 한 해에만 4개의 선교단체가 늘었고, 일본 체재 선교사는 배에 가까운 55명으로 늘었다. 더욱이 4년 후인 1877년에는 재일 선교단체가 총 14개가 되었고, 선교사는 99명으로 늘었다.

일본에 들어온 주요 선교단체들과 그들의 전도로 생겨난 교파는 다음과 같다.

해외 선교단체 및 교회	일본의 교파교회
미국 장로교회	일본기독교회
네덜란드 개혁파교회	
스코틀랜드 장로교회	
미국해외선교회(아메리칸 보드)	일본조합기독교회
미국 감독교회	일본성공회
영국교회선교회	
미국 침례교 선교단	일본 침례교 동맹
남침례교 선교단	일본 침례교 연맹
미국 감리교 감독교회	일본 감리교회
캐나다 감리교회	
미국 남(南)감리교회	

이들 외에도 선교단체들이 잇따라 일본에 들어왔고, 열심히 전도하며 각자의 교파교회를 형성했다. 기독교 금제 아래 선교사들은 교파를 초월하여 협력했고, 일본기독공회에서 볼 수 있듯이 무교파주의적 경향이 강했다. 그러나 1873년 이후 잇따라 선교단체가 들어온 결과, 각 선교단체는 경쟁하듯 전도하며 각자의 교파교회를 형성해 갔다.

2. 신학교 설립과 일본인 교역자 배출

초기에는 주로 선교사가 전도와 교회 지도를 맡고 있었다. 그러나 이 시기가 되자 선교사의 사설 학교에서 발전한 신학교가 설립되고, 거기서 양성된 일본인 교역자가 제일선에서 활약하게 되며, 전도 대상 지역은 비약적으로 확대되었다.

일본 최초의 본격적인 신학교로서 1877년 도쿄 쓰키지築地에 잇치신학교가 개교되었다. 이 신학교는 그해에 성립된 일본기독일치교회(뒤에 일본기독교회)의 교역자 양성기관으로 세워진 것이다. 이 학교는 후에 메이지학원 신학부로 발전했다. 메이지학원 신학부는 그 후 우에무라 마사히사가 설립한 도쿄신학사東京神學社와 합병되어 일본신학교가 되었다.

다음으로 도시샤가 있다. 1875년, 도시샤의 전신에 해당하는 도시샤 영학교가 미국에서 귀국한 니지마 조에 의해 설립되었다. 니지마는 1864년 국금國禁(당시 정부는 국민이 일본을 벗어나는 것을 금지하고 있었다.)을 어기고 하코다테에서 미국으로 탈출하여 미국에서 기독교 신앙을 받아들였다. 애머스트 대학과 앤도버Andover신학교에서 공부하고 미국해외선교회(아메리칸 보드) 선교사 자격을 얻었다. 일본에서 기독교 학교 설립에 뜻을 두고 1875년에 야마모토 가쿠마山本覺馬, 1828~1892와 미국해외선교회 선교사 제롬 D. 데이비스Jerome Dean Davis, 1838~1910의 협력으로 교토에 도시샤 영학교를 설립했다. 미국해외선교회가 개교 이래 물심양면으로 많은 원조를 지속했으며, 특히 데이비스와 런드D. W. Learned, 1848~1943 등의 선교사가 도시샤에서 교편을 잡았다.

앞 장의 구마모토밴드에서 언급했듯이, 구마모토에서 무리지어 도시샤로 옮긴 구마모토밴드의 학생들이 초기 도시샤의 교풍校風에 큰 영향을 끼쳤다. 그들을 시작으로 졸업생의 많은 수가 일본조합기독교회 교역자로 각지에 파견되어, 조합교회의 전도 지역은 현저하게 확대되었다. 미국해외선교회는 도시샤를 수준 높은 전도자 양성기관으로 여기고 지원을 아끼지 않았다. 그러나 니지마는 한 걸음 더 나아가 국가에 유용한 인재를 내보내는 고등교육기관으로 만들기를 염원하며 그 뜻을 이루기 위해 분주했다. 그 후 도시샤는 조합교회의 교역자 양성기관에 머물지 않고 종합대학으로서 많은 인재를 배출하여 오늘날 간사이 지방 사학의 상징으로 알려져 있다.

다음으로, 일본성공회의 교역자 양성기관이 된 도쿄 교바시京橋의 도쿄 산이쓰三一신학교가 있다. 이 학교는 1877년에 설립되었고, 초대 일본 주교가 된 채닝 M. 윌리엄스Channing Moore Williams가 교장이 되었다. 윌리엄스는 처음부터 일본 전도는 일본인 교역자가 해야 한다고 생각했다. 1874년에 이미 릿쿄학원立教學院이 설립되어 있었기에 산이쓰신학교는 릿쿄학원에 부설되는 형식으로 발족했다.

여기서 주목하고 싶은 점은, 윌리엄스가 처음부터 일반교육기관으로서의 릿쿄학원과 교역자 양성을 위한 신학교를 명확히 구별한 것이다. 이 전통은 릿쿄학원이 전문학교, 더욱이 대학이 된 후에도 지켜졌는데, 이는 신학 교육에 관한 한 가지 식견을 보여 주는 것이다. 도쿄 산이쓰신학교는 미국 성공회에 의해 운영되었고, 뒤에 다른 신학교와 합병됨으로써 성공회신학원이 되어 많은 일본인 교역자를 배출해 갔다.

이들 외에도 조금 시기는 늦지만, 1882년 감리교회에 의해 도쿄 에이와和학교가 설립되었다. 이 학교는 뒤에 아오야마학원대학青山學院大學으로 발전했다. 또한 1886년에 오시카와 마사요시가 미국의 독일 개혁파 교회 선교사 윌리엄 E. 호이William Edwin Hoy, 1858~1927와 함께 센다이仙台신학교를 설립했다. 이 학교는 뒤에 도호쿠학원東北學院으로 개명되어 현재에 이르고 있다.

이와 같이 설립된 신학교들이 많은 일본인 교역자를 배출하면서 전도와 교회 형성이 진전된 것이다.

3. 교회의 협력활동

이 시기의 교회는 교파를 초월하여 적극 협력하며 활동했는데, 이는 전도와 교회 개척 및 조직에 큰 도움이 되었다.

기독교청년회

1880년, 일본 기독교청년회 활동의 중심이 된 도쿄기독교청년회가 교바시에서 결성되었다. 초대 회장으로 고자키 히로미치, 임원으로 우에무라 마사히사, 이부카 가지노스케 등이 선출되었다. 당시 혈기왕성한 20대였고 일본 기독교계에서 이미 두각을 나타내던 사람들이다. 그들은 선교와 계발啓發에 뜻을 두고 강연회와 수양회를 여는 한편, 기독교계 유일의 종합잡지로 높게 평가된 〈리쿠고六合〉 잡지를 발행했다. 이 잡지는 앞서 언급한 회원 외에 에비나 단조, 우치무라 간조, 오니시 하지메大西祝, 1864~1900, 아베 이소오安部磯雄, 1865~1949, 가타야마 센片山潛, 1859~1933 등을 기고가로 두고, 종교·학술·교육·정치·경제 등의 평가 연구를 게재하며 일본 사상계에 큰 영향을 끼쳤다.

주목할 만한 일은, 이 단체의 활동은 복음주의 신앙에 기초한 초교파적 입장이었다는 것이다. 후에 세워진 도쿄기독교청년회관은 '간다神田의 청년회관'으로 친숙히 알려졌으며, 메이지·다이쇼 시기 문화의 전당으로도 언급된다.

일본어 성서와 찬미가 출판

선교사들이 일본에 온 이래, 선교를 위한 일본어 성서 출판은 강한 염원이었다. 그들은 1872년 요코하마에서 열린 제1회 선교사회의에서 성서 번역을 모든 교파의 공동사업으로 추진하기로 결의했다. 그리고 브라운, 헵번, 그린, 이 세 사람이 위원에 선출되었다. 일본인 협력자로는 오쿠노 마사쓰나奧野昌綱, 1823~1910, 다카하시 고로高橋五郎, 1856~1935, 마쓰야마 다카요시松山高吉, 1847~1935가 참여했다. 신약성서부터 시작하고, 헬라어 원전으로는 데시데리위스 에라스뮈스Desiderius Erasmus, 1466~1536가 작성한 〈텍스투스 리셉투스Textus Receptus〉를 사용했으며, 영어의 흠정역Authorized King James Version과 중국어역을 참고했다. 번역 작업은 순조롭게 되어 갔지만, 헬라어 '밥티조baptizo'의 번역어를 둘러싸고 문제가 생겼다. 헵번 등은 이 단어에 '세례'라는 번역어를 제안

했지만 침례교파 선교사 네이선 브라운Nathan Brown, 1807~1886은, 세례는 의복을 빼는 의미가 되며 인간에 대해서는 부적당하니 '밥티스마'로 할 것을 주장했다. 결국 브라운은 위원회를 탈퇴하고 독자적으로 성서 번역을 진행하여 위원회의 신약성서보다 한발 앞서 브라운역 신약성서를 출판했고, 밥티조는 '시즈메しずめ('물에 잠김'을 의미)'라고 번역했다.[1]

한편, 위원회역은 1880년에 출판되고 4월에 신에이바시新榮橋교회에서 축하 모임이 열렸다. 이때 헵번이 연설했는데, 최초의 일본어역 성서인 귀츨라프의 《요한복음約翰福音之傳》을 접한 일을 이야기하며 실물을 청중에게 공개했다. 이 번역(원역元譯이라고 불린다)에 즈음해서 누구나 읽을 수 있는 쉬운 문체를 주장하는 선교사 측과, 격조 높은 일본어 문체와 한문체를 주장하는 일본인 측 사이에 대립이 있었다.[2] 결국 원역은 일본어 문체와 한문 훈독체가 혼용된 문체로 번역되었다.

구약성서는 헵번·페르베크·파이슨Philip Kemball Fyson, 1846~1928 등이 중심이 되고, 마쓰야마 다카요시·우에무라 마사히사·이부카 가지노스케 등이 협력했다. 많은 수고와 협력 끝에 1888년 구약성서도 출판되고, 완성 축하 모임이 성대하게 치러졌다. 축하 연설에서 헵번은 번역 작업 경위를 이야기한 뒤, 신약성서와 구약성서를 두 손에 들고 조심스럽게 합쳐서 책상 위에 올려놓고 완성된 것을 기뻐했다. 이 성서는 당시 일본 문학계의 거장으로 알려진 우에다 빈上田敏, 1874~1916이 "메이지 시대의 대번역은 의심할 여지 없이 경건한 신도들이 각고의 노력으로 이루어 낸 신구약전서"라고 절찬할 정도로 뛰어난 번역으로 받아들여졌고, 오랜 세월 많은 사람들에게 애용되었다.[3] 그 성서가 보급됨에 따라 '좁은 문', '눈에는 눈' 등 완전히 일본어로 정착된 성서의 표현도 적지 않다. 또한 1917년에 신약성서만 개역되어 다이쇼 개역大正改譯 또는 개역성서로 불렸다.

다음으로 찬미가讚美歌에 관해서인데, 금제의 고찰이 철거되고 공개적으로 전도활동이 행해지며 각지에서 집회가 열리게 되자 자연스럽게 일본어 찬미가가 필요해졌다. 처음에는 각 교파나 개인에 의해 간략한 찬미가집이

조금씩 인쇄·출판되어 사용되었다.

그러나 1880년대 중반이 되자 교파들 사이에 공통의 찬미가를 편집하려는 분위기가 급속히 고조되어, 1888년에 《신찬찬미가新撰讚美歌》가 출판되었다. 편집에 주로 참여한 사람은 오쿠노 마사쓰나, 우에무라 마사히사, 마쓰야마 다카요시였다. 악보는 조지 올친George N. Allchin, 1852~1935(아메리칸 보드 파송 선교사)이 담당했고, 289곡이 실렸다. 이 찬미가집은 당시 문단의 청년시인들에게 큰 영향을 끼쳤다. 시마자키 도손島崎藤村, 1872~1943이 이 찬미가집의 4번 〈노을빛 아래 고요히 기도하네〉는 피비 브라운Phoebe H. Brown, 1783~1861 작, 우에무라 마사히사 번역에 약간의 자구字句를 고치고 연애시로 개작하여 그의 첫 시집《와카나슈若菜集》에 수록한 일은 잘 알려져 있다.

일본 소학교의 창가唱歌 가운데 가사는 다르지만 찬미가에서 채용한 것이 몇 곡 있다. 예를 들면,〈3월의 봄春のやよひ〉,〈매고 풀고むすんでひらいて〉,〈개똥벌레螢の光〉 등의 친숙한 노래들은 찬미가에서 유래한다. 이는 1880년 문부성 초빙으로 음악교과서 제작에 관여한 루서 W. 메이슨Luther W. Mason, 1818~1896이 이런 형식으로 기독교 전도를 원했기 때문으로 보인다.[4]

전국 기독교도 대친목회

1878년 일본 개신교회는 44개, 신자는 1,600여 명까지 늘었다. 그런 가운데 개신교 기독교인들의 교제에 대한 요망이 커져, 같은 해에 제1회 전국 기독교도 대친목회大親睦會가 도쿄에서 열렸다. 이 모임은 일본 전도의 방책을 논의하고 교류를 도모하려는, 도쿄에 사는 그리스도인들의 요청으로 열린 것이다.《우에무라 마사히사와 그 시대, 제2권》에 따르면, 사와야마 포로澤山保羅, 1852~1887, 오시카와 마사요시, 페르베크 등의 연설과 각지 대표들의 근황 보고 및 기도 등이 있었고, 3일간의 모임에서 청중은 매일 500~600명 정도였다고 한다.[5]

이 친목회는 그 후 1880년 오사카에서, 이어 1883년 도쿄, 1885년 교토에서 열렸다. 회를 거듭할수록 성황을 이루었고, 일본 개신교회 간의 협력과 교제에 매우 중요한 역할을 했다.

특히 1883년 도쿄에서 열린 제3회 친목회는 요코하마의 신년 첫 주간 기도회에서 일어난 신앙부흥revival이 끼친 열렬한 분위기 가운데 개최되었다. 그 집회에서 죄를 회개하며 구원의 확신에 차고, 전도에 새로운 의욕을 불태우는 사람들이 잇따라 나왔다. 거기서 드러난 열정이 도쿄의 여러 교회와 극장에서 열린 공개 연설회에서 보였으며, 많은 사람이 복음을 접했다. 우치무라 간조는 이때 삿포로독립교회를 대표하여 친목회에 참석하고, 마치 성령강림절과 같았던 그때의 상황을 기록했다. 죄에 대한 슬픔이 가득했으며, 기적적인 회심이 수없이 알려졌다. 그리고 조선인 참가자 한 사람이 자국어로 힘 있게 기도한 일을 기록했다.[6] 그 조선인은 한국 최초의 개신교 세례 교인의 한 사람이자 한국 기독교 역사에 커다란 족적을 남긴 이수정李樹廷, 1842~1886이다.

1885년, 제4회 친목회가 교토에서 열렸다. 이 집회에서 이 친목회의 이름을 '일본기독교도 복음동맹회'로 바꾸고, 런던에 본부가 있는 복음주의연맹에 가입할 것을 결의하여, 신앙의 조목으로 복음주의연맹의 교리 기준 9개조를 채용했다. 이 복음동맹회는 일본에서 개신교 각 교파의 협력기관이 되어 '20세기 대거전도大擧傳道'를 추진했으며, 뒤에 교회동맹, 기독교연맹으로 발전하여, 일치의 정신을 함양하는 동시에 일본 선교의 사명을 다하며 중요한 역할을 했다.

4. 부흥: 신앙 각성

이 시기에 교회가 비약적으로 성장한 큰 요인으로 1880년대의 신앙부흥이 있다. 이 신앙부흥은 1883년 요코하마에서 시작되었다. 이 해 신년 첫 주간 기도회를 위해 요코하마에 모인 몇몇 그리스도인 선원船員들이 특별한 은혜를 경험하며 신앙 각성이 일어났다. 그리고 그들을 통해 회개와 영적 각성을 전하는 부흥의 불길이 요코하마의 여러 교회와 미션 스쿨로 붙어 갔다.

이 부흥의 기운은 요코하마를 거쳐 도쿄의 여러 교회와 아오야마학원으로, 그리고 그곳에서 지방으로 확산되어 갔다. 많은 사람이 이 운동을 통해 회개하며 마음이 뜨거워지는 것을 경험하고, 그리스도 안에 있는 새로운 생명의 기쁨에서 오는 생생한 간증을 해갔다.

발라는 이 부흥에 대해 다음과 같이 해외 교회에 전했다.

> "신년 첫 주간의 기도회 이후, 끊임없는 부흥이 지속되어 왔습니다 …… 그것은 도쿄에서도 확산되고, 먼 지방에도 확산되기 시작했습니다. 그 선한 열매는 보다 높은 그리스도인의 생활의 표준, 하나님의 말씀에서 생겨나는 사랑, 그리스도인의 일치 그리고 영혼을 향한 사랑에서 현저하게 나타나고 있습니다."[7]

〈리쿠고〉 잡지도 "신앙이 약한 사람은 즉시 열심 있는 신앙인이 되고, 신앙이 그릇된 사람은 곧 참된 신앙으로 돌아오며, 말씀에 저항하던 사람은 즉시 회개하고 진실한 그리스도의 제자가 되며, 매일 새롭게 말씀을 믿는 사람이 적지 않다"며 이 신앙부흥을 거론했다.[8]

부흥은 도쿄·요코하마 지역에서 더욱 불길처럼 번지고, 1884년에는 교토의 도시샤도 에워쌌다. 여기서도 1월 첫 주간의 기도회가 멈추지 않았고, 학교 전체가 영적 각성 속에서 3월까지 이르렀으며, 200여 명의 학생들이 한꺼번에 세례를 받았다.

부흥은 센다이와 일본 각지로도 확산되었고, 일본 교회를 비약적으로 성장시켰다. 이때의 부흥의 결과로 '리바이바루revival(부흥)'라는 단어가 일본 기독교 용어 가운데 정착했다. 이 부흥의 열매인 교회의 일치 정신은-결과적으로는 실패로 끝났지만- 1886년의 일본기독일치교회와 조합교회의 합동운동의 한 원동력이 되었다.

5. 시대 배경: 구화주의

기독교가 급성장한 이 시대는 일본 정부가 구화주의歐化主義 정책을 취한 때였다. 흔히 말하는 로쿠메이칸鹿鳴館 시대에 해당한다. 정부는 1880년대 중반 무렵부터 서양을 모방하고 위로부터의 근대화 정책을 강력하게 추진해 갔다. 서구 국가들의 조약 개정을 기다리며, 일본이 근대국가로서 구미 국가들과 어깨를 나란히 할 수 있다는 것을 일단 선전해 둘 필요가 있었기 때문이다.

당시 모습에 대해《우에무라 마사히사와 그 시대, 제5권》은 다음과 같이 기록하고 있다.

> "종교의 견지에서 말하자면, 예수교의 번창을 불러오고, 풍속의 견지에서 말하자면, 버터 냄새 나는 것들이 극도로 성행하니, …… 확실히 구화주의의 시대다. 예를 들면, 마치 국민을 부추겨서 포도주에 취하게 하는 것과 같지 않은가? 잠시 후 깨어나는 것은 당연하지만, 만취 중에는 어이없을 정도로 유쾌한 때가 아닐까."[9]

이처럼 극단적으로 말할 수 있는 구화주의의 시대가 시작되자, 기독교에 대한 정부의 태도는 싹 달라졌다. 구화주의 정책의 추진을 맡은 외무대신 이노우에 가오루井上馨, 1836~1915는 선교사와 목사를 초대하여 기독교에 호의를 보이며 전도하는 일에 편의를 제공하는 데 힘썼다. 도쿄제국대학교 총장 가토 히로유키加藤弘之, 1836~1916도 기독교를 장려할 뿐 아니라 가족에게 권하여 교회에 출석하게 하기도 했다. 또한 민간에서도 후쿠자와 유키치는 종래의 반기독교적 태도를 버리고 기독교를 국교로 삼아야 한다고 주장할 정도로 달라졌다.[10]

이러한 구화주의 정책을 상징하는 것이 1883년 도쿄 히비야에 건축된 로쿠메이칸이다. 이 서양식 건물은 일본의 대표적인 사교장으로, 그곳에서 국내외 고관들과 그 가족들의 호화스러운 무도회나 가든파티가 연일 열렸기에 로쿠메이칸 시대라는 자의적 이름으로 불렸다.

이 시기 기독교회의 두드러진 특색은 이전까지 기독교와 관계가 약했던 상류층 사람들이 교회에 출석하고 자녀들을 경쟁적으로 미션 스쿨에 입학시킨 일이다. 1886년 도쿄에서 반초番町교회를 설립한 고자키 히로미치小崎弘道, 1856~1938는《70년의 회고》에서 당시의 일을 다음과 같이 기록하고 있다.

> "외무대신 이노우에 가오루 등이 구화주의를 주창하여 기독교의 복음을 널리 전파하는 데 큰 도움이 되었고, 무너지려던 교회들은 몰려드는 사람들로 붐볐다. 특히 반초교회는 대신大臣들도 출석했기 때문에 주일예배는 매회 참석자가 넘쳐나서 여섯 칸 가운데 네 칸의 작은 예배당은 갑자기 비좁아진 듯했고, 다음 해에는 증축해야 했으며, 3년째에는 다시 건축하여 전보다 두 배나 큰 건물이 되어 겨우 회중을 수용했다."[11]

이와 같이 고자키는 대신이나 상류층 사람들이 많이 교회에 모이는 것을 자랑스럽게 적고 있다. 그리고 교회 중에서도 대표적으로 조합교회에서는 상류층을 기독교화함으로써 일본 전체를 기독교화하려는 생각이 대두되었다.

이런 풍조 가운데 기독교회의 성장은 괄목할 만한 것이었는데, 1885년에는 교회 수가 168개, 신자 수가 1만 1천 명이던 것이, 5년 후인 1890년에는 교회 수가 약 300개, 신자 수는 3만 4천 명에 달했다. 특히 이러한 시류를 탄 조합교회의 성장은 현저했고, 그때까지 일본 최대 교파였던 일본기독교회에 육박하는 기세였다.

이런 요인들에 의해 이 시기의 기독교 전도는 성장에 성장을 거듭했고, 부흥의 기운이 고조되는 가운데 많은 그리스도인이 머지않아 일본이 기독교 국가가 되리라 확신했다.

6. 초기 신도들의 입교 동기와 특색

초기 신도들의 입교 동기와 그 특색을 살펴보면, 그들 대부분이 거의 예외 없이 제1세대 신앙인들이다. 즉 비기독교적 환경에서 살아 오다가 어느 시점부터 기독교의 복음을 접하고 회심한 것이다. 보통 기독교의 회심에서 강조되는 것은 '하나님의 의와 사랑', '죄의 회개', '그리스도의 십자가에 의한 구원'이다. 회심에 이르기까지 사람에 따라 정도의 차이는 있지만, 기본적으로는 이런 체험을 거쳐 신앙을 받아들이고 세례에 이르는 것이다. 성서는 우선 유일전능의 하나님과 그분의 의와 사랑을 말씀한다. 다음으로, 사람은 이 하나님 앞에 모두 죄인임을 강조한다. 그 죄인을 위하여 하나님의 아들 예수 그리스도가 십자가에 달려 죽으신 것을 믿을 때, 죄가 용서되고 거듭나며, 하나님의 자녀가 되는 것이다. 그리고 천국과 영원한 생명에 이르는 희망이 주어진다. 이러한 신앙의 외적 증거로 세례를 받고 교회의 일원이 되는 것이다.

이것이 기독교 신앙을 받아들이는 기본적 패턴이지만, 사람에 따라 그 동기나 강조점의 차이는 크다고 할 수 있다. 다행히도, 이 점에 관련하여 매우 유익한 책이 1921년 게이세이사警醒社에서 출간되었다. 《신앙 30년 기독자 열전列傳》이라는 이 책은 1889년 이전까지 세례 받은 사람들로 신앙생활 기간이 30년에 이르는 신자 859명의 설문 조사 결과를 엮은 것이다. 그들 대부분이 1세대 신자들이고, 기독교 신앙을 받아들인 경위가 그들 자신에 의해 기록되어 있다. 이 중에는 우에무라 마사히사, 우치무라 간조, 니토베 이나조, 고자키 히로미치, 에비나 단조, 이부카 가지노스케, 오시카와 마사요시 등 당시의 저명한 기독교인이 있다.[12]

먼저, 신자들의 출신지는 전국에 두루 걸치지만, 메이지 정부의 중심이 된 삿초薩長* 출신은 21명에 불과하고, 도히土肥(지금의 고치현과 사가현) 출신을

* 지금의 가고시마 서부 지방에 해당하는 사쓰마(薩摩)번과 지금의 야마구치 서북부 지방에 해당하는 조슈(長

더해도 56명이다. 이 점에서도 초기 그리스도인의 주류가 구 막부 측 출신 그리고 삿초 출신에게서 밀려난 지방 사족士族의 자녀들이라는 정설定說이 입증된다. 즉, 메이지 정부 아래서는 입신출세의 희망이 없던 청년들이 영학을 공부하는 과정에서 기독교를 접하고 회심을 경험하며, 신생 일본의 초석이라고도 할 만한 것을 발견한 것이다.

구도 에이이치工藤英一, 1922~1987는 메이지유신에서 패한 쪽이 된 사족들이 기독교를 접했을 때에 대해 다음과 같이 평했다.

> "그와 같은 사람들이 기독교의 가르침을 접한 경우, 구체적으로 '네 원수를 사랑하라', '핍박하는 자를 위해 기도하라'는 성구를 접한 경우, 봉건적 도덕과 무사적武士的 윤리를 훨씬 넘어선 대단히 높은 수준의 윤리를 발견하지 않을 수 없었습니다. 그 감동적인 놀람은 기존 가치관이 뒤집히는 것을 의미합니다. 메이지 초기 사족 신자들의 입교는 많은 경우 이런 양상을 띠었습니다."[13]

다음으로 주목할 만한 것은, 신자들이 세례를 받은 지역과 당시 살던 지역이다. 앞서 언급했듯이, 그들의 출신지는 거의 전국에 걸쳐 있지만, 세례를 받은 지역의 경우, 도쿄·오사카·교토·요코하마 등 대도시에 집중되어 있다. 생활 현장의 경우 이 경향이 더욱 강하고, 도쿄가 189명으로 약 4분의 1을 차지한다. 그리고 오사카(68명)·교토(48명)·고베(42명) 등 압도적으로 도시 중심이다. 이는 많은 사람들이 젊었을 때 출신지를 떠나 대도시로 나와서 신앙을 받아들인 것을 의미한다. 지방, 특히 농촌에서는 지연·혈연에 따른 공동체의 제약이 강하고, 거기서 신앙을 받아들이기란 매우 어렵다. 그곳에서 떠남으로써 신앙을 수용하고 신앙생활을 영위할 수 있게 되는 것이다. 이

州)번. 도쿠가와 말기에서 메이지유신에 걸쳐 이 두 지방 출신자가 막부 타도와 신정부 수립 과정에서 중심적으로 활약했다.

런 경향은 오늘의 일본에서도 계속된다.

이들 859명이 세례받을 때의 연령은 16~23세가 40퍼센트, 16~30세까지가 67퍼센트를 차지하고, 18세가 가장 많다.[14] 역시 청장년, 특히 청년의 비율이 가장 높다는 것을 알 수 있다. 청년 시절이 기독교라는 외래 종교를 받아들이기 쉬운 것이다.

다음은 신앙을 받아들인 동기다. 스즈키 노리히사鈴木範久가 이 설문 결과를 분석하여 크게 세 가지로 나누었기에, 그것을 근거로 생각해 보고자 한다.[15]

첫째는 기독교적 환경인데, 여기에는 가정과 학교가 있다. 가정의 경우, 이 시기는 부모의 권유에 의한 경우는 없고, 먼저 신앙을 받아들인 남편을 통해 부인이 믿음을 갖게 된 예가 많다. 학교의 경우, 선교사들의 개인 영어학교英語塾나 미션 스쿨을 통해 신앙을 받아들인 것이다. 관립학교에서 일하는 선교사들을 통한 경우도 있다. 배우는 과정에서 그들의 인격을 접하고 기독교라는 새로운 삶의 방식을 접하기도 하고, 성서의 가르침에 공명共鳴하기도 하면서 신앙을 받아들이는 것이다.

둘째는 생활의 위기다. 스기이 무쓰로杉井六郎, 1923~2011는 이 유형을 '굴절형屈折型'이라고 부른다. 질병이나 가족의 죽음, 경제적 어려움, 가정적 불행 등이 많은 경우 신앙을 받아들이는 동기가 되고 있다. 학생 시절 질병으로 죽음의 위험에 직면하고 그 경험을 통해 회심한 아베 이소오에게서 확실히 그러한 사례를 볼 수 있다. 그러나 이 시기에 회심한 사람 가운데 이런 유형은 소수다.

셋째는 윤리·사상적 공명이다. 이 유형은 첫 번째 유형의 사람들과도 겹친다. 그때까지의 종교와 사상에서 볼 수 없는 자유·평등·박애·성실·거룩함 등의 기독교 메시지를 접하고 그것에 공감하여 신앙을 받아들이는 경우다. 《신앙 30년 기독자 열전》에는 스미야 고우메炭谷小梅, 1850~1920라는 여성이 나온다. 그녀는 오카야마현 관리의 애첩으로, 딸 하나를 낳아 평안하고 풍족하게 지내고 있었다. 그러나 교회에 가게 되어, 설교를 통해 "자기 경우가 옳지 않은 것을 자각하고" 깊이 괴로워했다. 그러고는 "주의 십자가를 생각하고", 눈물을 흘리며 딸을 관리의 슬하에 돌려보내고, 신앙을 고백하며 세례를 받았다. 그 후 오카야마 교회의 전도사가 되어 이시이 주지石井十次, 1865~1914*의 고아원 사역을 도왔다.[16]

'장례식 종교'로 전락한 불교에 비해 기독교는 가족과 사회에서 윤리성이 강한 종교였다. 이에 매료되어 신앙을 받아들인 사람들이 적지 않다. 더욱이 메이지기의 기독교인은 금주활동, 폐창 운동 등에 적극 관여해 갔다.

* 일본 최초의 고아원 설립자로, '아동복지의 아버지'로 불린다.

제5장 전도 부진의 시대: 1891~1900년

앞 장에서 언급했듯이 기독교 금령의 고찰 철거 후, 1874년부터 1880년대는 기독교의 급성장기이며 교회는 번성했다. 그러나 이어진 이 시기는 분위기가 사뭇 달라져서 극도의 침체기를 맞이했다. 앞의 시대는 구화주의의 시대였음에 비해, 이 시대는 그 반동으로 국가주의가 성행했다.

저명한 기독교 역사가 야마지 아이잔의《현대일본교회사론》에 따르면, 이 시대의 기독교는 다음과 같이 묘사된다.

> "기독교회 침체되다.
> 이와 같이 일본 기독교회는 안으로는 신학 논쟁으로 지치고, 밖으로는 교육가의 배척에 직면하여 결국 극도로 부진한 상황에 떨어진다. 이리하여 1892년 이후의 기독교회는 진보라는 것이 거의 볼 만한 것이 없다. …… 사실 일본 기독교회는 최근 15년간 거의 진보의 징후를 보이지 못할 뿐 아니라 모든 점에서 쇠약함을 드러낸다."[1]

이 글에 명확하게 나타나듯이, 이 시기에 기독교가 극도로 부진했던 것은 국가주의적 반동의 격류 속에 일어난 기독교 배척 풍조와 자유주의 신학의 유입에 따른 혼란과 동요 때문이다.

1. 천황제 확립과 기독교: 불경사건을 중심으로

1880년대가 끝나갈 무렵, 그때까지 극단에 치달은 구화주의 정책의 반동으로 천황을 정점으로 하는 국가주의 정책이 강력하게 추진되었다. 메이지기에 들어서 정부는 구미 국가들에 의한 식민지화를 피하기 위해 탈아입구脫亞入歐*를 목표하며 오로지 부국강병책을 취했다. 그때, 국민을 결속해 가기 위한 정신적 지주가 필요했다. 구미 국가들의 경우는 기독교가 국가와 국민을 결속시키는 종교였다. 메이지 정부가 일본의 정신적 지주로서 내놓은 것이 천황제이며, 그것과 결탁되는 국가신도國家神道였다. 천황제를 지탱하는 논리는 동질적인 것은 받아들이고 이질적인 것은 철저히 배제해 간다는 '수용과 배제'라고 할 수 있다. 국민은 천황의 신민臣民으로서 충성과 복종을 요구받았고, 아이누족(홋카이도 원주민)과 오키나와현의 주민에게는 철저한 황민화皇民化 정책이 시행되었다.

이 천황제 국가주의 정책의 완성이 1889년 대일본제국헌법의 발포發布였고, 이듬해 교육칙어의 환발渙發(임금의 명령을 널리 알리는 일)이었다. 먼저 이 헌법 제1조에서는 "대일본제국은 만세일계萬世一系의 천황이 통치한다"고 강조되고, 일본은 천황주권국가임이 선언되고 있다. 다음으로 제3조에서는 "천황은 신성해서 침범할 수 없다"고 선언되며, 천황의 신격화에 법적 근거를 마련하고 있다. 기독교인이나 다른 종교인에게 주목할 만한 것은 제28조에서 "일본 신민은 안녕질서를 방해하지 않고 신민으로서 의무를 저버리지 않는 한 신교信敎의 자유를 갖는다"는 규정이다.[2] 천황에 대한 신민의 의무는 신앙의 자유의 권리에 우선하는데, 전전戰前 국가에 의한 종교 통제의 근거가 여기 있다. 덧붙여 말하면, 전후戰後 일본 헌법에서는 제20조에 "신앙의 자유는 누구에게도 보장한다"라 하여, 무조건적인 신앙의 자유가 보장되고 있다.

* 아시아를 벗어나 서양 국가들과 동등한 자리에 선다는 메이지 일본의 근대화 목표이자 표어.

천황의 신격화를 선언한 대일본제국헌법이 발포된 1889년 2월 11일, 당시 국가주의 노선을 상징하는 사건이 일어났다. 그날 아침, 헌법 발포식에 참석하기 위해 나서고 있던 문부대신 모리 아리노리森有礼, 1847~1889가 니시노 분타로西野文太郎, 1865~1889라는 국수주의자에게 암살된 일이다. 모리가 기독교인이며 이세 신궁伊勢神宮에서 불경不敬을 저질렀다는 것이 이유였다. 모리는 미국 체재 중 기독교의 한 교파에서 공동생활을 한 적이 있지만, 세례받은 기독교인은 아니었다. 이세 신궁에서 불경을 저질렀다는 것도 오해였다. 이 사건은 기독교에 대한 반감과 국가주의의 대두를 상징하는 것이다. 모리 아리노리의 장남 모리 아키라森明는 목사가 되었고, 손자 모리 아리마사森有正, 1911~1976는 철학자로 알려져 있다.

헌법 발포에 이어 이듬해 10월 메이지 천황의 이름으로 교육칙어가 발포되었다. 내용은 천황 중심의 국가주의와 인의충효의 유교윤리를 근본으로 한 것이다. 문부성은 이를 전국 학교에 배포하고 식전式典 등에서 낭독하도록 의무화했으며, 그것의 철저한 보급을 계획했다. 교육칙어는 일본의 교육과 국민도덕의 근본으로, 전후 폐지되기까지 일본인의 마음과 머리에 철저히 주입되어 간 것이다.

이러한 배경 가운데 저 유명한 불경사건不敬事件이 일어났다. 사건 당사자가 된 우치무라 간조에 대해서는 제3장의 삿포로밴드 항목에서 소개했다. 사건 당시 그는 제1고등중학교 촉탁 교원이었다. 정부는 교육칙어를 모든 학교에 보냈는데, 제국대학과 제1~5까지의 고등중학교*에는 특별히 메이지 천황이 '무츠히토睦仁'라는 본명을 친필로 서명하여 보냈다.†

1891년 1월 9일 제1고第一高에서 교육칙어 봉독식이 거행되었을 때, 우치

* 1886년 중학교령 공포에 따라 전국을 5개 구로 나누고 각 구에 하나씩 세운 2년제 관립고등중학교.

† 교육칙어 원본의 본문 말미에는 '무츠히토'라는 메이지 천황의 친필 서명과 그 바로 아래 '천황어새'라는 어인(御印)이 찍혀 있다. 그러나 필사본에는 서명과 어인을 대신하여 '어명어새'라고 쓰도록 했다. 천황의 이름을 부르거나 쓰는 것은 전통적으로 불경죄에 해당했기 때문이다. 제국대학과 제1~5까지의 고등중학교에 천황의 이름을 서명하고 어인을 찍은 교육칙서가 보내졌다는 사실에서 정부가 이 학교들을 얼마나 비중 있게 생각했는지를 알 수 있다.

무라는 교육칙어 친서에 최경례最敬禮(가장 존경하는 뜻으로 하는 정중한 경례)를 하지 않았다. 사람들의 면전에서 유일하신 하나님 외에는 예배하지 않는다는 신앙의 양심에 따라 고개를 약간 숙일 뿐이었다. 그래서 우치무라의 '배례拜禮'는 일부 참례자에게는 충분한 최경례로 비치지 않은 것이다. 이때의 상황을 우치무라가 미국인 친구 데이비드 C. 벨David C. Bell, 1841~1930에게 보낸 편지로 재현해 보자.

"나는 세 번째로 단상에 올라 경례해야 했기 때문에 거의 생각할 틈도 없이 내심 망설이면서도, 기독교적 양심에 저촉되지 않는 길을 택했고, 자리한 60명의 교사들과 천 명이 넘는 학생들의 주목을 받으면서도 자신의 입장에 서서 경례하지 않았습니다. 두려운 순간이었습니다. 그 순간 나의 행동이 어떤 결과를 초래했는지 알 수 있었지요. …… 먼저 여러 명의 난폭한 학생들이, 그리고 계속해서 교수들이 나를 향해 돌을 치켜들었습니다. '국가 원수가 모욕을 받았다, 학교의 신성함이 더렵혀졌다, 우치무라 간조와 같은 악한, 국가의 적을 이 학교에 둘 정도라면 차라리 학교 전부를 파괴하는 것만 못 하다'라는 것입니다."[3]

이 편지에서 볼 수 있듯이, 우치무라의 행위는 순식간에 커다란 문제가 되었고, 국수주의 사상에 기울어진 교사와 학생들이 그를 국가의 적, 불경한不敬漢으로 여기고 거세게 공격했다. 우치무라는 이 사건 직후 독감에 걸려 의식불명 상태가 계속되었는데, 그런 그의 집에까지 격앙된 학생들이 따지러 와서는 돌을 던지거나 오줌을 누기도 했다. 그 후, 그는 교장의 중재로(교육칙어) 친서에 배례拜禮하는 것은 종교 행위가 아니라는 것을 확인했으며, 대리인이 경례를 해주었다. 병에서 회복되었을 때 본인이 원하여 퇴직한 것으로 되어 있지만, 사실상 면직이었다. 게다가 학생들에게 응대하며 자신을 간호했던 부인을 독감으로 하늘나라에 보내는 슬픔과 아픔을 겪었다. 우치무라는 그로부터 2년 후, 첫 작품인《기독교 신도의 위안》을 출판했다. 이 책에

서 그는 '국민에게 버림받은 때'와 '사랑하는 이를 잃은 때'라는 제목의 글로 당시의 일을 기록했다.[4]

제1고에서 벌어진 이 사건을 한 신문이 폭로하듯이 보도하여 많은 신문과 잡지가 문제 삼아 다루었고, 우치무라의 행위에 대한 비난은 전국으로 퍼져 갔다. 한편, 기독교계는 우치무라에 대한 옹호 기사를 신문과 잡지에 싣기도 하고 연설회를 개최하기도 했다.

처음에 우치무라 개인을 향하던 세간의 비난은 차츰 기독교를 겨냥해 갔다. 특히 국수주의자, 불교도들은 우치무라의 불경사건에다 각지의 기독교 신자들의 불경사건을 과장하여 거론했다. 그리고 기독교는 일본의 국체國體*와 양립할 수 없는 종교라며 혹독한 비난을 퍼부었다.

이런 가운데 이노우에 데쓰지로井上哲次郞, 1856~1944 도쿄제국대학교 교수는 1893년 〈교육시론教育時論〉이라는 잡지에 '교육과 종교의 충돌'이란 논문을 발표했다.[5] 그의 논점은 기독교는 일본의 국체와 맞지 않다는 것이었다. 그의 주장을 정리하면 다음과 같다.

① 기독교는 무국가주의적이고 교육칙어는 국가주의적이므로 양자는 필연적으로 충돌한다.

② 기독교는 충효를 중시하지 않는 평등주의여서 신민도덕臣民道德과 양립할 수 없다.

③ 기독교는 탈세속적이어서 오늘의 국가 개조와 진보를 방해한다.

④ 기독교는 무차별 박애주의여서 충군애국 사상에 합치하지 않는다.

이러한 이노우에의 주장에 기독교회 측은 힘껏 반론했다. 우치무라는 교육칙어를 숭배할 것이 아니라 칙어의 정신을 행하는 것이야말로 중요하며, 기독교인이야말로 참된 애국자라고 반론했다. 그 외에 우에무라 마사히사와 오니시 하지메 등이 반론했고, 특히 가시와기 기엔柏木義円, 1860~1938은 이

* 국가의 기초적인 정치 원리를 의미하며, 국가의 주권이 누구에게 있는지를 나타내는 말로, 일본 정치사상 용어로 쓰이는 전전(戰前)의 '고쿠타이(國體)'는 일본의 주권과 통치권이 천황에게 있음을 명확히 한다. 즉 천황은 일본의 국체였다.

노우에도 주눅 들 만큼 예리한 반론을 거듭했다.[6] 그러나 이러한 기독교도 측의 노력에도 불구하고 여론은 이노우에의 주장 쪽으로 기울었다. 야마지 아이잔에 따르면 다음과 같다.

> "그러나 대학교수이자 인기 있는 박사이며 독일에서 공부한 학자라는 (이노우에) 씨의 명성과 국민적 반동사상의 조류는 이 논문에 범에게 날개를 달아주듯 했고, 교육가의 대부분은 이 논문을 금과옥조처럼 여겼으며, 반기독교 감정을 활활 타오르게 했고, 학교 내의 기독교도 박해는 시작되었다."[7]

이후에도 교육과 종교의 충돌을 둘러싼 논쟁은 계속되었고, 기독교 측은 이를테면 논쟁에서는 이긴 모양새가 되었다. 그러나 이 열띤 논쟁을 통하여 대다수 국민의 눈에는 기독교가 반국체적 종교라는 이미지가 심어져 복음 전도에 커다란 손실이 되었다. 이 사건을 통해 기리시탄 시대의 기독교 사종관邪宗觀이 부활했다는 느낌마저 있었다.

이 불경사건에 대한 방대한 자료를 꼼꼼히 조사하여 《우치무라 간조 불경사건》을 저술한 오자와 사부로小澤三郎는 결론적으로 다음과 같이 썼다.

> "이 사건은, '천황신격화'에 공공연히 반대하는 사람은 우치무라와 마찬가지로 국가의 적, 불경스러운 사람으로 매도되고 사회적으로 추방된다는 것을 일본 국민에게 구체적으로 가르친 것이다."[8]

우치무라의 불경사건 외에도, 1892년에 구마모토 영학교 사건이 있었다. 미션 스쿨인 구마모토 영학교 교원 오쿠무라 데이지로奧村禎次郎가 신임 교장 취임식 연설에서 국제적 박애주의를 말한 것이 교육칙어의 취지에 어긋나는 불경한 발언으로 비난받았고, 결국 교사직을 그만두게 된 사건이다. 또한 1897년에는 니가타사범학교 사건이 있었다. 니가타사범학교 학생 요시다 사다마쓰吉田定松가 기독교인이라는 이유로 도쿄고등사범학교에 추천받는 것을 교장에게 거부당한 사건이다. 이에 관해서는《니가타현 기독교사》(상권)에 구체적으로 언급되어 있다.9

이처럼 이 시대는 기독교회에 시련과 역풍의 시대였으며, 전도는 정체되었고 교세는 침체되었다.

2. 자유주의 신학의 유입에 따른 혼란

그때까지 일본 교회는 대체로 신학적 자각이 깊지 않았고, 선교사들의 신앙을 그대로 이어받아 단순한 성서주의 신앙에 머물러 있었다. 특히 복음주의연맹의 교리 기준이 널리 받아들여져 있었고, 성서의 완전영감설完全靈感說을 그대로 받아들이는 교회가 많았다. 그런 가운데 1880년대가 되자 독일과 미국으로부터 자유주의 신학이 깊숙이 들어오고, 신학적으로 미성숙했던 일본 교회에 큰 영향을 미친 것이다.

독일 자유주의 신학의 유입

먼저 1885년, 독일에서 보급복음신교전도회普及福音新敎傳道會의 선교사 윌프리트 스피너Wilfried Spinner, 1854~1918*가 일본에 왔다. 이 교회의 주장은 초자연적 계시를 배제하고, 교회에 의해 만들어졌다는 전통적 교의로부터 자유로운 입장이며, 일반 종교와 마찬가지로 역사적 환경 속에서 형성된 종교로서의 기독교를 추구했다. 그들은 성서가 하나님의 계시로 쓰였다는 무오설無誤說을 인정하지 않았다. 어디까지나 성서를 인간의 기록으로 간주하고, 그 가운데서 그들이 생각하는 종교적·윤리적 의의를 찾았다.

1887년에는 이 파의 지도자 오토 슈미델Otto Schmiedel, 1858~1926이 일본에

* 스피너는 1884년 독일과 스위스의 기독교인들이 결성한 보편적 복음주의 개신교 선교회(Allgemeinen Evangelisch-Protestantischen Missionsvereins) 소속이었는데, 이 단체는 일본에서 '보급복음신교전도회'로 불린다. 1887년 도쿄에 처음 설립한 '보급복음교회(普及福音敎會)'의 이름은 이 교파의 명칭으로 쓰인다.

왔고, 월간지《진리》를 발행하며 자신들의 주장을 알리고자 했다. 보급복음교회를 세우고 신교신학교新教神學校도 설립해서 신학 교육에 착수했다. 그들은 자신들의 신학이야말로 "가장 진보한 학술적 기독교 신학을 주장하는 것"이라는 강한 자부심이 있었다. 일본 교회가 아직 접하지 못했던 성서비평학을 소개하는 한편, 그때까지 영미英美 선교사들이 전한 단순한 정통주의 신앙을 과학주의와 합리주의의 이름으로 비웃으며 성서의 영감 신앙을 비판했다. 이러한 그들의 주장은 '신신학新神學'으로 불렸고, 일본 개신교회, 특히 조합교회 사람들에게 강한 영향을 끼쳤다.

야마지 아이잔은 독일 자유주의 신학이 당시 일본 교회에 끼친 영향을 이렇게 적었다.

> "'튀빙겐 학파'를 대표하는 독일 보급복음교회의 주장에 이르러서는, 마치 칼집에서 막 뽑아 든 칼로 당장에 우리의 심장을 꿰뚫을 기세다. 그 주장에 저항해야 할 방법을 거의 모른다. 이 학파의 무기는 과학적·역사적 비평에 근거한 신·구약 연구를 기초로 하기 때문이다."[10]

미국 자유주의 신학의 유입

독일에 이어 1887년, 미국 유니테리언Unitarian* 협회 최초의 선교사 아서 메이 냅Arthur May Knapp, 1841~1921이 일본에 왔다. 그들은 이름 그대로 정통 기독교의 중심 교리인 삼위일체론을 부정했다. 하나님의 단일성을 주장하고 예수 그리스도의 신성을 부정했다. 그리고 휴머니즘에 기초한 세계관·인간관에 서서 인류동포주의와 인류애를 제창하며 사회개량운동에 적극 참여했다. 미국에서는 하버드대학교 신학부가 유니테리언의 입장에 있었다.

그들은 일본에서 월간지《유니테리언》(후에 '종교'로 이름을 고침)을 발

* '유니테리언'은 예수 그리스도의 신성과 삼위일체론을 부정하는 단일신론(Unitheolism, Monarchianism)을 신봉하는 종교와 종교인을 의미한다.

행했다. 또한 '유일관惟一館'(1894년 세워진 유니테리언 교회)을 세우고 활발히 강연회를 열며 자신들의 주장을 보급하는 데 힘썼다. 그들의 활동은 무라이 도모요시村井知至, 1861~1944, 아베 이소오 등을 통하여 일본 사회운동에 영향을 끼쳤다.

또한 1889년 미국 유니버설리스트Universalist 선교사 페린George L. Perin, 1854~1921*이 일본에 왔다. 신의 보편적인 부성父性과 사랑을 강조한 그의 주장은 유니테리언과 매우 가까운 것이었다. 뒤에 유니테리언 협회와 유니버설리스트 교회는 통합되었다.

미국에서 유입된 이러한 자유주의 기독교는 한동안 세상의 주목을 받았지만, 교회 사람들에게는 일종의 철학사상으로 여겨질 정도였고, 신앙을 동요시킬 정도는 아니었다.

일본 교회의 반응과 그 의미

앞에서 언급했듯이 성서에 대한 역사적·비평적·신학적 훈련을 받은 일이 없던 일본 교회는 이러한 자유주의 신학의 유입으로 크게 동요되었다. 특히 이에 가장 강하게 영향을 받은 것은 조합교회, 그 가운데서도 구마모토밴드 출신 사람들이다. 그들은 처음부터 스승 제인스Janes의 영향을 받아 합리주의적 신앙을 지니고 있었다. 도시샤 시대에는 보수적 입장을 유지한 미국해외선교회(아메리칸 보드) 선교사들과 신학적 갈등이 끊이지 않았다. 이러한 그들이 자유주의 신학, 특히 독일의 신학사상에 민감하게 반응한 것은 당연했다.

1889년, 구마모토밴드 지도자의 한 사람인 고자키 히로미치小崎弘道(당시 레이난자카靈南坂교회 목사)는 그해 여름 도시샤에서 개최된 YMCA 제1회 하

* 페린은 1866년에 결성된 유니버설리스트 총회(Universalist General Convention: UGC) 소속이다. 이 단체는 1942년에 미국 유니테리언교회(The Universal Church of America)로 이름이 바뀌었고, 1961년에 미국 유니테리언협회(American Unitarian Association)와 병합하여 유니테리언 유니버설리스트 협회(Unitarian Universalist Association)가 되었다. 유니버설리스트는 정통 기독교와 달리 만인구원설(universal reconciliation)을 신봉한다.

계夏季학교에서 '성서의 영감'이라는 제목의 강연을 하며 커다란 반향을 불러일으켰다. 내용은 다음과 같은 것이다.

> "나는 이 강의에서 영적·윤리적 영감설을 주장했으며, 성서에 오류가 있다든가 없다든가 하는 등의 옹색한 견해를 포기했는데, 이에 대해서는 자유롭게 연구해야 한다. 또한 나는 신앙의 기초를 성서에 두지 않고 성령, 이를테면 실제적인 경험에 두어야 한다는 것을 말했다."[11]

그의 주장은 자유주의에 의한 성서의 고등비평을 받아들이며 성서의 신앙적 입장과 조화시키려 한 것이었다. 그러나 이 입장은 자유주의의 입장으로 한 걸음 내디딘 것으로, 선교사를 비롯한 교회 사람들을 실망시켰고 그들의 비판을 불러일으켰다.

더욱이 1891년, 구마모토밴드 지도자의 한 사람인 가나모리 미치토모金森通倫, 1857~1945(당시 반초番町교회 목사)는 《일본의 오늘의 기독교와 미래의 기독교》를 저술하고, 자유주의 신학으로 전향할 것을 공표했다. 이 책은 초판이 일주일 새에 동이 날 정도로 반향을 일으켰다. 가나모리는 이 책에서, 모세오경은 고대 유대인의 전설과 여러 사료의 엉성한 묶음이며 성서는 결코 '오류 없는 하늘의 계시'가 아니라고 주장했다. 또한 예수 그리스도에 대해서는, 그의 마음은 순백결청純白潔清이지만 결코 완전하지 않았다며 그의 신성을 부정적으로 묘사했다.[12] 그 후, 그는 신앙을 잃고 조합교회를 탈퇴했다. 그리고 실업계에서 활약하며 저축을 장려하기 위해 전국을 돌며 연설했다. 부인의 죽음을 계기로 신앙을 회복하고 구세군에 들어가 전도했지만, 성결교회로 옮겨 백만인구령운동百萬人求靈運動을 전개했다. 만년에는 은퇴하여 동굴생활에 들어갔고, 기복이 심한 생애를 보냈다.

요코이 도키오도 1894년에 《우리나라의 기독교 문제》를 출판하고 자유주의 신학을 공표했다. 그는 뒤에 정치계에 입문했다.

이처럼 구마모토밴드 출신의 유력한 지도자들 가운데 자유주의 신학을 접하고 교역자의 직을 사임하는 사람들이 나타났고, 당연히 신자들도 동요했으며, 교회를 떠나는 사람들도 나왔다. 또한 무라이 도모요시村井知至, 1861~1944, 아베 이소오처럼 유니테리언주의Unitarianism를 매개로 하여 사회주의 운동으로 전향하는 사람들도 나타났다.

이렇게 보면, 신신학이라고 불린 자유주의 신학은 일본 교회에 파괴적 역할을 했고, 전도의 진전을 방해했다고 할 수 있다. 이는 전도 과정에서 성서관을 토대로 하는 교리적 훈련이 얼마나 중요한지를 이야기해 주는 것이다.

지금까지 자유주의 신학의 유입을 부정적 측면에서 살펴 왔다. 그런데 한편으로, 오우치 사부로는《일본 기독교사》에서 자유주의 신학의 유입에 적극적 평가를 시도했다. 성서의 역사적·비평적 연구방법이 소개됨으로써 성서 연구가 종래보다 치밀해졌다는 것이다. 또한 그에 따르면, '신신학'을 제창한 배경에는 당시 외국인 선교사들의 신학에 매우 경직된 보수적 경향이 있었고, 그러한 선교사들의 손에서 일본 신학을 해방·독립시키고자 한 점이 있었다고 한다.[13]

확실히 그와 같은 측면을 볼 수는 있을 것이다. 그러나 종래의 보수적·복음주의적 신학에 도전하기 위해 독일 자유주의 신학의 힘을 빌려야 하는 점에서 일본 신학사상이 얕다고 할 수 있다. 이러한 신학사상이 얼마만큼 일본인의 것이 되어 갔는지에 대해서는 다음 장의 우에무라와 에비나의 신학 논쟁 부분에서 다루겠다.

제6장

메이지 말기의 교회: 1900~1912년

앞 장에서는 국가주의라는 거센 맞바람으로 전도를 비롯한 교회 활동이 모든 면에 걸쳐 크게 침체한 것을 언급했다. 이 장에서는 이러한 침체 상황을 타개한 20세기 대거전도大擧傳道 및 그와 함께 일어난 우에무라·에비나 신학논쟁을 다루고자 한다. 그리고 마지막에 삼교회동三教會同을 언급하고 메이지기를 가름하려 한다.

1. 20세기 대거전도

1890년대의 기나긴 정체와 부진을 타개하기 위한 이 대전도 계획은 일본 개신교회의 대표적 기관인 복음동맹회에 의해 계획되었다. 이 단체는 1900년 제10회 대회에서 20세기라는 새 시대의 도래를 기념하고, 구미歐美 교회에서 계획된 20세기 전진운동Twentieth Century Forward Movement에 호응하여 대규모의 조직적 전도에 일본 교회 전체가 총력을 기울이기로 결의했다.

이 20세기 대거전도를 위해 도입된 전도 계획은 다음과 같은 것이었다. 먼저, 모든 교파에서 대표자를 보내 협의회를 결성하고 거기서 면밀한 계획을 세우며 그것을 위한 예산을 정한다. 그리고 이 전도를 위해 정기적 연합 기도회를 여는 것이다.

전도의 구체적 내용으로는, 각 교회에서 모인 교역자와 신도들로 전도대를 조직하고 그들을 중심으로 가정 방문·광고지 배포·전도지 배포·노방

전도 등을 실시하며, 이러한 전도활동을 종합하여 대규모 각종 전도집회를 열고, 많은 저명한 지도자를 설교자로 세우는 것이었다. 그리고 그 집회에서 신앙을 받아들이기로 결심한 사람들과 신앙 수용을 고려 중인 사람들을 위해 준비된 소집회에서 지도해 간다는 계획을 세우고 실행에 옮겼다. 이러한 전도 방법은 오늘의 우리에게 초교파적 대전도집회에서 당연한 것처럼 여겨질 수 있지만, 당시로서는 획기적인 것이었다.

이 대거전도가 시작된 초기에는 아직 협력 체제도 순조롭지 않았고, 열의도 부족했으며, 과연 얼마만큼 성과를 거둘 수 있을지도 의문이었다. 그러나 1901년 5월, 도쿄 교바시에서 열린 집회에서 시작된 부흥의 열기가 전국적으로 파급되어 이를 계기로 활발한 전도가 전개되었다. 이 교바시의 부흥에 대해 다무라 나오오미田村直臣, 1858~1934 스키야바시數寄屋橋교회 목사는 이렇게 적었다.

> "마침내 5월 두 번째 일요일에 대전쟁은 시작되었다. 3주 동안 매일 격전을 계속했다. 대거전도 첫날 오후 기도회에는 70여 명의 회중이 있었다. 그 집회는 기도도 활기 차고 마음도 하나 되어, 밝게 타오르는 성령의 불꽃을 보았다. 날이 갈수록 거룩한 불꽃은 더욱 타올랐다. …… 교바시의 대부흥이라는 희소식이 전국으로 전해지니, 전국 교역자도 선교사도 천릿길 마다않고 이 대부흥의 현장을 목격하고자 도쿄로 모여들었다."[1]

이 부흥이 대거전도의 도화선 역할을 했고, 이후 약 2개월에 걸쳐 도쿄도都내 각지에서 전도 집회가 열려 다음과 같이 커다란 성과를 이루었다.

> 참가 교회 52곳/ 참가 교역자 79명/ 전도대 16팀/ 참석자 총 8만 4,247명/ 회개자 및 구도자 5,309명

도쿄도내의 대거전도 성과가 전국에 알려지자, 오사카를 비롯하여 일

본 각지로 이 운동이 파급되어 갔다. 그 방식은 도쿄의 경우와 거의 같았다.

결국 20세기 대거전도는 약 2년간 전국적으로 전개되고, 우에무라 마사히사와 고자키 히로미치를 비롯한 많은 유능한 교회 지도자가 강사로 활약했다. 이 전도는 그때까지 침체의 밑바닥에 있던 일본 교회에 부흥을 일으켰으며, 그 후 눈부시게 진전해 가는 전환의 계기가 된 것이다.

20세기 대거전도의 역사적 의의는 다음과 같다.

① 2년간 계속된 전도 결과, 2만 명에 가까운 구도자가 교회에 인도되고, 그때까지 침체해 있던 교회가 활기를 되찾았다. 이 대전도를 통하여 일본 교회는 다시금 왕성한 전도열에 눈이 뜨이고 자신감을 회복해 갔다. 덧붙여 말하면, 이 운동이 시작되기 전 해인 1900년에 약 3만 6천 명이던 일본 개신교도는 1907년에 약 6만 명에 이르러, 갑절 가까이 늘어날 정도의 괄목할 만한 기세로 성장했다.

② 이 전도의 성과를 통해 평신도 사역이 매우 중요하다는 점이 드러났다. 그때까지의 교회 활동은 교역자 중심이었다. 그러나 이 전도에서 다양한 분야의 사역을 담당하는 평신도 훈련의 중요성이 인식되었다. 더욱이 이와 같은 대규모 전도에서는 교파를 초월한 협력의 중요성도 인식되었다.

③ 종래의 전도 방법에 비해 이 전도에서는 매우 조직적이며 계획적인 전도 방식이 도입되었다. 그때까지의 전도는 이미 신앙을 받아들인 사람들의 지연·혈연관계를 통하여 하는 경우가 많았고, 전도자 개개인의 사명감이나 수완에 의한 바도 컸다. 그러나 대거전도의 경우, 면밀한 계획과 예산에 기초했다. 홍보를 위해 전단지를 사용했고, 대중집회에 의한 결신자를 초대하는 식으로 새로운 전도 방식이 도입되었으며, 매우 효과적이었다.

④ 마지막으로 주목해야 할 점은, 이 전도가 단순히 전도 방책에 그치지 않고 교회의 사회적 성격을 크게 변화시키게 되었다고 볼 수 있다는 것이다. 결론적으로 말자면, 일본 개신교회의 성격을 명백히 도시 중심적으로 만들어 간 것이다.[2] 대거전도 같은 조직적 전도가 효과 있게 전개된 것은 농촌보다는 인구가 밀집한 도시 지역, 특히 대도시에서였다.

메이지기 중반까지는 농촌 지역에서도 전도가 활발하게 행해졌고, 군마현과 지바현에서 볼 수 있듯이 각지에 농촌교회가 세워졌다. 그러나 농촌교회의 자립은 매우 어려웠고, 국가주의의 영향으로 쇠퇴해 갔다. 그리고 대거전도 이후, 전도 활동의 역점은 결정적으로 도시 지역으로 옮겨져 갔다.

이러한 전도 방책이 대거전도의 시기에만 그쳤다면, 그토록 커다란 영향을 미치지는 않았을 것이다. 그러나 이 전도의 성과를 본 여러 교파들은 이 방책에 기초하여 자신들의 교파에 의한 전도를 거듭했으며, 이러한 경향은 증폭되었다.

이에 따라 교회 구성원에도 변화가 나타났다. 메이지기의 급격한 산업발전 가운데 화이트칼라로 불리는 많은 사람들이 생겨났다. 이러한 중산 인텔리 계층과 이 계층의 예비군이라고도 할 만한 학생들이야말로 대거전도에서 볼 수 있는 도시형都市型 전도에 응하기 쉬운 사람들이라 할 수 있다. 이미 언급했듯이 초기 기독교 신자들은 사족 계층 출신이 압도적으로 많았다. 그런 경향을 이어받아 대거전도 이후 오늘날까지 일본 개신교회는 기본적으로 도시에 사는 중산층 인텔리, 화이트칼라, 그리고 학생들이 주축이다.

2. 우에무라·에비나의 신학논쟁

20세기 대거전도는 이미 언급했듯이 프로테스탄트 교회 친목단체인 복음동맹회의 제창으로 시작된 것이다. 복음동맹회는 다음과 같은 목적을 내걸고 있었다.

> "본회는 일반적으로 복음주의임을 명확히 하는 모든 교회의 상호 친목을 돈독히 하고, 공동사업을 기획하며, 기독교 정신을 세계에 발표하는 것을 목적으로 한다."[3]

그런데 대거전도는 복음동맹회에 중대한 문제를 제기했다. 앞 장에서 보았듯이 1890년대에 유입된 신신학의 영향이 대거전도에도 파급되어 온 것이다. 전도 집회 강사 가운데 어떤 사람은 그리스도는 하나님이라고 하고, 어떤 사람은 그리스도의 신성神性을 부정했다. 따라서 도쿄에서 대거전도가 계획되었을 때, 전도 집회 강사로서 복음주의 신앙을 의심하는 사람에게는 의뢰하지 않는 일이 벌어졌다. 그중에 조합교회의 유력한 지도자이며 신신학에 가까운 입장인 에비나 단조가 있었다.

1901년 9월, 우에무라 마사히사는 '복음동맹회와 대거전도'라는 제목의 글을 자신이 발행인이자 주필로 있는 〈복음신보〉에 발표했다. 내용을 요약하면, "도쿄의 대거전도에서 에비나 등을 강사에서 제외한 것은 부당하다. 원래 복음동맹회라는 것은 친목기관이고, 전도를 주최하는 단체는 아니기 때문이다. 그러한 복음동맹회가 복음주의의 명확한 정의를 내리지 않은 채, 일부 사람들의 신앙이 복음주의에 합치하지 않는다 하여 배제한 것은 타당치 않다"라는 것이었다. 언뜻 보기에 에비나를 옹호하는 듯하지만, 우에무라의 목적은 자신의 입장을 명확히 하는 데 있었다. 즉, "신인神人이 되어 세상에 내려와 십자가에서 죽음으로 사람의 죄를 대속했음을 믿는다"고 주장하고, "이 신앙을 주장하며 이 신앙을 사람에게 전하는 것을 원칙으로 삼는 것이 우리의 전도다"라고 선언한 것이다.[4]

혼고本鄕교회 목사인 에비나 단조는 우에무라의 이 글을 자기를 향한 도전으로 여기고 즉시 반론을 개시했다. 여기서부터 세간에서 말하는 '우에무라·에비나 논쟁'이 시작되었다. 당시 최대의 개신교회인 일본기독교회의 지도자인 우에무라는 정통파 진영의 우두머리로서《복음신보》에서 그의 주장을 전개했다. 한편, 당시 2대 교파의 하나인 조합교회의 지도자인 에비나는 유니테리언이나 독일 자유주의 신학을 대변할 수 있는 신학적 입장에 있었다. 그 역시 자신이 주필로 있는《신인新人》에서 논진論陣을 쳤다.

그러나 에비나와 신신학의 관계는 미묘하다. 그 자신은 "유니테리언, 자유신학파로 불리는 사람들, 이 사람들과는 지식 면에서는 대체로 일치할 수 있다. 그러나 감정·종교적 실험, 윤리적 의지라는 점에 이르면 어딘지 일치하기 어려운 데가 있다"고 주장한다.[5] 이를테면, 에비나 신학의 근저에는 자신의 개인적 종교체험이 있었다. 그는 하나님과 자신의 관계를 유교적인 주군과 가신의 관계로 파악하여 하나님을 향한 헌신과 복종을 이해했다. 에비나에게 기독교 신앙이라는 것은 하나님을 아버지로 부르고 부자일체父子一體로 살았던 예수의 '종교적 실험'을 아는 일 바로 그것이며, 이 예수를 본받아 '신인합일神人合一'을 목표로 하는 것이었다.

이러한 그에게 삼위일체 등의 전통적 교리는 후대의 철학적 산물에 불과했다. 그리스도를 하나님으로 떠받드는 것이 아니라 그리스도가 살았던 사랑과 희생의 길을 사는 것, 즉 그리스도에게 배우는 일이야말로 중요하다고 가르쳤다. 그리고 하나님은 성서로만 말씀하는 것이 아니라 자신에게도 직접 말씀해 주신다. 따라서 "성서는 참고서로 읽는다"고까지 말했다.[6]

그러한 에비나의 주장을 우에무라는 다음과 같이 비판했다. 에비나가 그리스도는 기독교의 중심이 아니라 교사에 지나지 않는다고 주장한다는 것이다. 우에무라에 따르면, 기독교 신앙의 중심은 그리스도가 하나님이며 구세주임을 믿는 것, 바로 그것이다. 또 그는 에비나가 기독교의 중심 교리인 그리스도의 속죄 사실을 인정하지 않는 것은 참된 죄의식이 결핍되어 있기 때문이라고 말한다. 그리고 "기독교는 그리스도이다. 그리스도에게 최대의 요점은 그의 신격神格과 몸을 입고 이 땅에 오신 것이다"라고 단언했다.[7] 그 후 그는 '그리스도와 그의 사업'이라는 제목의 글을《복음신보》에 연재했다.

서로 한 치의 양보도 없는 치열한 논쟁이 계속되었지만, 결과적으로 우에무라 측으로 승리가 기우는 상황이 되었다. 대거전도가 한창인 1902년, 복음동맹회 총회가 개최되고 거기서 다음과 같이 결의된 것이다.

> "본 동맹이 복음이라고 인정하는 것은 성서로써 신앙과 행위의 완전한 규범을 삼고, 사람과 그 구원을 위해 세상에 내려오신 우리 주 예수 그리스도를 하나님으로 믿는 것을 말한다."[8]

이는 사실상 우에무라의 입장에 서서 복음주의의 내용을 명확히 한 것이고, 이것이야말로 복음 전도의 내용이라고 일본 교회가 확인했음을 의미한다. 그 후 에비나는 복음동맹회에서 배제되었다. 이 논쟁에서 중요한 것은 '복음주의'의 내용에 대한 합의로, 그리스도는 하나님의 아들임을 믿는 것이 기독교 신앙의 본질임을 확인했다는 것이다.

여기서 우에무라의 성서관을 살펴 두자. 그는 1891년에 〈신성한 사람, 구세의 내사표神聖なる人, 救世の大師表〉라는 그리스도론을 발표하고, 거기서 다음과 같이 말했다.

> "우리는 극단적 영감설靈感說을 고집하지 않으며, 성서는 일점일획 모두 하나님의 말씀이라고 믿지 않는다."[9]

이와 같이 성서관에 대해서는 완전영감의 입장을 명확히 부정했다. 또한 그는 자유주의 입장의 사람들만큼 극단적이지는 않았지만, 성서비평학의 성과를 성서를 바르게 이해하기 위한 것으로서 적극적으로 평가했다.

3. 삼교회동

지금까지 메이지기의 개신교 선교를 살펴보았다. 1872년 일본기독공회의 설립과 그 이듬해의 기독교 공인 이후, 전도는 눈부시게 진전되어 각지에 교회가 세워졌다. 미션 스쿨을 비롯한 문화적·교육적 공헌도 포함하여 기독교는 일본 시민사회의 일각에서 확실하게 위치를 차지했다. 그러나 1890년대의 반동기反動期에서 볼 수 있었듯이 압도적인 국가권력 체제 앞에서 교회는 아직도 미미한 존재였다.

일본의 국가권력은 처음부터 기독교가 일본 천황을 아라히토가미現人神로 하는 국체國體와 양립할 수 없는 것으로 간주하고 사사건건 차별하는가 하면, 때로는 체제에 편입시키려 했다. 후자의 전형적인 결과가 메이지 말년의 삼교회동三教會同이다.

1912년 2월, 내무차관 도코나미 다케지로床次竹二郎, 1867~1935의 노력으로 내무대신 하라 다카시原敬, 1856~1921는 신도·불교·기독교의 대표자를 초대하여 국민 도덕의 진흥에 대한 종교계의 협력을 요망하고, 식사를 함께하며 환담했다. 하라 다카시는 젊은 시절 가톨릭교회에서 영세를 받은 정치가이자 뒤에 수상이 된 인물이다. 화족회관華族會館에서 열린 이 회합에 출석한 종교인들은 정부의 호소에 응하여 다음과 같이 결의했다.

一. 우리는 각각 그 교리를 동원하여 황국皇國의 번영을 위해 진력하며 국민 도덕의 진흥을 도모할 것을 다짐한다.
一. 우리는 당국자가 종교를 존중하고, 정치·종교 및 교육의 관계를 융화하며, 국운의 신장에 이바지하기를 바란다.[10]

이 회합에 참여한 사람은 기독교계 대표자 7명이다. 천황제와 결합된 신사신도神社神道는 종교가 아니라 하여 초대되지 않고, 교파신도教派神道 13개 파의 대표가 출석했다. 많은 그리스도인은 이로써 기독교도 신도·불교와 대등한 것으로 공인되었다고 여겨 환영했다. 일본 기독교회를 대표하여 이 회의에 출석한 이부카 가지노스케는 이렇게 말했다.

"기독자의 입장에서 헤아려 보면, 이번 일은 실제로 기독교에 대해서도 신불神佛 두 교와 동등하게 대우하는 예를 보인 것이다. 이는 이치적으로 다 아는 일이지만, 실제로 지금까지는 그렇지 않았다. 기독교는 별개의 것으로 여겨져 의붓자식 취급되어 온 것이다. 따라서 이 잘못을 바로잡기 위해 이번 일은 도움이 될 것이다."[11]

이부카의 발언과 같이 많은 그리스도인은 이 회합과 그곳에서 결의된 바를 환영했다. 반대한 사람은 우치무라 간조와 가시와기 기엔 그리고 다른 소수 사람들이었다. 특히 가시와기 기엔은 재빨리 '정부의 소위 종교 이용' 이라는 제목의 글을《조모上毛 교계월보教界月報》에 발표하여 이 회합을 비판했다. 그는 이 회합은 정부가 종교를 이용한 것이며, 종교는 진리를 토대로 전도해야 하고, 정부의 보호로 유지되어서는 안 된다고 주장했다. 그리고 회합의 목적이 "만일 이용하려는 동기에서 간섭하는 데 있다면, 우리는 반대하지 않을 수 없다"고 했다.[12]

가시와기가 우려했듯이, 삼교회동은 기독교가 천황세 국가주의에 순응하고 국가 체제에 편입되어 가는 한 걸음이라고도 할 만한 것이었다.

제7장 다이쇼기의 기독교회: 1912~1926년

일반 역사에서 보면, 다이쇼 시대에는 1914년부터 1918년까지 제1차 세계대전이 있었고, 일본도 연합국의 일원으로 참전했다. 전쟁터는 주로 유럽이었기 때문에 일본은 전시군수물자 수출 등으로 일약 벼락부자가 되었다. 국민은 호경기에 취하고, 풍기는 퇴폐해졌다.

그러나 1918년 대전이 종결되자 일본은 그 영향으로 쌀소동*으로 상징되는 경제공황에 빠졌다. 기업의 도산이 속출하고 그에 따른 대량 해고의 결과 노동쟁의가 잇따라 일어나고 거리에는 실업자가 넘쳤다. 농촌도 불황의 나락에 떨어지고, 생계를 위해 농가에서 자녀를 팔아넘기는 일이 심각한 사회문제가 되었다. 구슬픈 곡조의 노래 〈나는 강가의 마른 억새〉가 유행한 것도 이 무렵이다.

이러한 다이쇼기大正期에는, 한편에서 다이쇼 데모크라시('민본주의'로 번역되었다)라는 말로 상징되듯이, 메이지기의 국가주의와는 다른 민본주의사상, 보통선거운동, 여성 참정권 운동이 일어났다. 이상주의, 교양주의, 문화주의 등의 개인주의 사상이 유행했다.

이러한 풍조를 타고 무샤노코지 사네아쓰武者小路實篤, 1885~1976, 아리시마 다케오有島武郎, 1878~1923, 시가 나오야志賀直哉, 1883~1971 등 백화파白樺派, 시라카바하의 문학운동이 주의를 끌며 등장한 것도 이 시기다. 또한 구라타 햐쿠조倉

* 1918년 일본에서 쌀값이 폭등해서 일어난 민중폭동.

田百三, 1891~1943의 《출가와 그 제자出家とその弟子》(1917)나 에바라 고야타江原小弥太, 1882~1978의 《신약新約》(1921) 등으로 대표되는 종교문학 대유행이 일어난 것도 이 시기다.

기독교 선교의 입장에서 보면, 다이쇼기는 대체로 기독교 선교가 활발했고 교세도 확장되었으며, 사회활동도 적극적으로 전개되었다.

1. 지도자의 세대교체

다이쇼기 기독교의 한 가지 특색은 지도자들의 세대교체라 할 수 있다. 그 변화를 한마디로 말하면, '국가 지향에서 개인 중심으로, 교회의 형성에서 확립 또는 조직화로'라고 할 수 있을 것이다. 초창기의 혹독한 메이지기를 견디며 헤쳐 온 초대 지도자들도 다이쇼기에 들어서자 세상을 떠나거나 노년기에 접어들었다. 예를 들면, 오가와 요시야스小川義綏, 1831~1912(일본 최초의 개신교 장로 및 목사), 혼다 요이쓰本多庸一, 1849~1912(일본 감리교회 초대 감독)가 1912년에 세상을 떠났고, 우에무라 마사히사도 1925년에 세상을 떠났다. 에비나 단조, 고자키 히로미치, 우치무라 간조 등도 다이쇼기 후반에는 이미 60대 후반이나 70대였다.

그런 가운데 제2세대라고 할 만한 사람들이 활약하기 시작한 것이 다이쇼기였다. 다카쿠라 도쿠타로高倉德太郎, 1885~1934, 이시하라 겐石原謙, 1882~1976, 가가와 도요히코賀川豊彦, 1888~1960, 후지이 다케시, 오쓰카 세쓰지大塚節治, 1887~1977 등이다.

그중에서 대표적 인물인 다카쿠라 도쿠타로는 교토에서 태어났고, 감수성이 풍부한 청년기에 가나자와의 제4고등중학교(현재의 가나자와대학교)에서 공부했다. 이 시기에 철학자 니시다 기타로西田幾多郎, 1870~1945와 목사 도미나가 도쿠마富永德磨, 1875~1930 등의 가르침을 받으며 생각을 키웠다. 졸업할 무렵 그는 "가장 사랑해야 할 것은 자기 자신이다"라고 깨달았다. 자아 탐구에 몰두한 청춘의 나날이었다. 그 후, 당시 우수한 인재들의 진로였던 도쿄제국대학의 독일법학과에 진학했다. 재학 중 우에무라 마사히사가 목회하는 후지미초교회에 다니며 우에무라에게 세례를 받았다. 그가 세례를 받은 동기도 오로지 자아 문제 해결을 위해서였다.

그는 부친의 강한 반대를 무릅쓰고 제국대학을 중퇴하고 우에무라가 창립한 도쿄신학사東京神學社에 입학했다. 프리드리히 D.E. 슐라이어마허Friedrich Daniel Ernst Schleiermacher, 1768~1834에 관한 졸업논문을 제출하여 신학교를 졸업하고, 후지미초교회 전도사로서 우에무라를 도운 뒤, 삿포로에서 전도와 목회로 활약했다. 4년간 삿포로에서 머문 뒤 도쿄로 돌아와서 모교인 도쿄신학사에서 교편을 잡았다.

다카쿠라는 1921년부터 1924년까지 영국에서 유학하며 유럽의 신학을 폭넓게 공부했다. 에든버러대학교와 옥스퍼드대학교에 적을 두고 비교적 자유로운 입장에서 교의학教義学을 중심으로 공부했다. 특히 그가 감화를 받은 것은 카를 바르트Karl Barth, 1886~1968 이전의 바르트로 불리는 피터 테일러 포사이스Peter Taylor Forsyth, 1848~1921의 신학이었다. 귀국 후 우에무라의 죽음을 맞고, 도쿄신학사 교장이 되어 신학 교육과 연구에 몰두했다. 그 한편으로, 도야마戸山교회(현 일본기독교단 시나노마치信濃町교회)를 창립하여 호소력 있는 신학적 설교로 사람들을 매료시켰다. 주요 저서인 《복음적 기독교》(1927)는 양심의 종교, 말씀의 종교, 은혜의 종교로서의 기독교 신학을 체계화한 본격적 신학서로 높게 평가되고 있다.[1]

다카쿠라는 처녀작 《은총의 왕국》(1921) 서문에서 자아 추구에 몰두했던 나날을 회상하며 이렇게 적었다.

> "자아란 도대체 무엇일까. 어떻게 하면 이것을 해방하며, 충실하고 철저하게 다스릴 수 있을까. 자아 문제 해결을 위해서는 모든 희생을 마다하지 않겠다는 것은 당시의 기세氣勢였다. 자기가 있어야만 인생이다. 자기를 잃으면 모든 것은 무의미해지고 만다고 생각되었다."[2]

이러한 자아 탐구자였던 그가 비로소 다다른 곳은 그리스도의 속죄에 의한 하나님의 은총이다. 《자아를 넘어서 은총으로》에서 그는 이렇게 단언한다.

> "타고난 자아를 그대로 살려가고자 하더라도 자아는 모순이며 분열이다. 자아로 살려고 하면 할수록 금세 막다른 한계를 느낀다. 이 막힌 자아에 활로를 주고 새 하늘과 새 땅으로 날아오르게 하는 것은 은총을 제외하고서, 신앙을 제외하고서는 결코 없다고 나는 확신한다."[3]

그리고 그러한 개인이 모이는 교회는 "어디까지나 은총의 단체인 점"에 특색이 있었다. 이 은총 체험이 다카쿠라에게는 사회적 봉사로 향하는 원동력이 되어 간 것이다. 이러한 다카쿠라의 복음 이해에 비해, 메이지기의 많은 그리스도인은 국가를 떠나서 기독교 신앙을 생각하기란 불가능했다. 그러나 다카쿠라 등으로 대표되는 제2세대 사람들은 개인주의나 교양주의의 영향을 받아, 개인으로서의 인생 문제 해결을 기독교에서 찾으려는 인생 추구파가 많았다.

만년의 다카쿠라는 신학교 문제, 목회 문제, 그리고 제자들과의 문제가 크고 무거운 짐이 되어 우울증에 걸려 결국 스스로 목숨을 끊었다.[4]

다카쿠라를 통하여 다이쇼기의 그리스도인들을 살펴보았거니와, 이 시기의 기독교 지도자들은 다카쿠라, 이시하라 겐, 구와타 히데노부桑田秀延, 1895~1975 등에게 볼 수 있듯이 서구의 신학교에서 유학한 사람들이 적지 않았고, 학문적으로도 체계가 서게 되었다. 그런 점에서도 제2세대였다.

2. 교파교회의 고정화

다이쇼기 기독교의 특색을 교파적 측면에서 보면, 서구에서 기독교 유입이 일단락되고 거의 모든 교파가 들어와 정착해 가는 시기라 할 수 있을 것이다. 순복음파에 관해서는 뒤에서 정리하기로 하고, 여기서는 이 시기 주요 교파들의 행적을 살펴본다.

일본기독교회

이 교회의 전신前身인 일본기독일치교회는 하이델베르크 신앙문답Heidelberg Catechism, 1563, 웨스트민스터 신앙고백Westminster Confession of Faith, 1647과 소요리문답Westminster Shorter Catechism, 1647, 도르트 신조Canons of Dort, 1619를 신앙고백으로 삼고 있었다. 1890년의 대회에서 신앙고백을 간결하게 하고, 명칭을 일본기독교회로 바꾸었다.

일본기독교회는 1912년 시점에서, 교역자 310명(일본인 교역자 134명), 교회 190곳, 교인 1만 8,460명이 있었다. 이 교회와 협력했던 미션 스쿨은 모두 미국에 본부를 둔 북장로교회, 남장로교회, 네덜란드 개혁파교회, 독일 개혁파교회 등이었다. 우에무라 마사히사의 강력한 지도 아래 자립이 강조되어 왔지만, 아직 이 시점에서는 개척전도나 신학교육 면에서 미션 스쿨의 도움을 받는 곳이 적지 않았다.

이 교회의 신학교육기관으로는 메이지학원 신학부와 우에무라가 창립한 도쿄신학사가 있다. 1907년에는 보수신학의 입장인 남장로교회 선교사들이 창립한 고베신학교神戶神學校(후에 중앙신학교로 변경)가 있었다. 메이지학원 신학부와 도쿄신학사는 1930년 합병되어 일본신학교가 되었다.

이 시기 이 교회의 지도자로는 메이지기부터 활약해 온 이부카와 우에무라 두 원로와 가시와이 엔柏井園, 1870~1920, 다카쿠라 도쿠타로, 다다 시로시多田素, 1865~1941, 오노무라 린조 등이 있었다. 다이쇼기에 전도에 힘쓴 결과, 일본기독교회는 다이쇼 말년인 1926년에는 교인이 3만 8,510명으로 크게 늘었다.

또한 일본기독교회는 메이지기 중반부터 일본의 식민지 지배 확대에 따라 외지外地(일본 본토를 내지內地로, 식민지를 외지로 부름)의 일본인 전도에 착수해 갔다. 그 결과, 대만중회臺灣中會·만주중회滿洲中會·조선중회朝鮮中會가 설립되

었다.[5]

일본조합기독교회日本組合基督教會

이 교회는 1912년 교역자 142명(일본인 교역자 71명), 교회 91곳, 교인 1만 7,816명을 헤아렸다. 미국해외선교회의 많은 지원을 받으며 교회를 형성해온 그룹이지만, 양자의 관계는 미묘했고, 메이지기에는 내셔널리즘의 영향으로 선교회로부터의 독립이 과도하게 강조되기도 했으며, 자유주의 신학을 둘러싼 문제로 불행한 시기도 있었다. 다이쇼기에는 국제협력의 풍조 가운데 적극적인 협력관계가 유지되었다.

일본조합기독교회(이하 조합교회)는 개교회의 자립과 자치를 중시하는 회중주의의 입장이었고, 신학적으로는 자유롭고 폭넓었다. 구마모토밴드의 영향으로 국가나 사회 문제에 늘 관심을 두었고, 진보적 성격이 강했다. 특히 1919년 총회에서 결의된 '신시국선언新時局宣言'은 정의의 실현, 국가 간의 정치적 질서 확립, 남녀평등, 계급적 차별 타파를 호소했다.[6]

1910년 한일합방을 계기로 조선전도부를 설치하고, 와타제 쓰네요시渡瀨常吉, 1867~1944를 중심으로 대대적으로 조선인 전도에 착수했다. 이는 조선총독부와 연계하여 정계와 재계의 후원을 받은 전형적인 식민지 전도였다. 이에 대해 안나카安中교회의 가시와기 기엔과 유아사 지로湯淺治郎, 1850~1932 그리고 정치학자 요시노 사쿠조가 호된 비판을 계속했다. 조합교회의 조선인 전도에 대해서는 나의 책《일본인 해외 선교의 행보》제2장을 참고하기 바란다.[7]

조합교회는 다이쇼기에 전국협동전도에 참여하기도 하며 전도에 힘썼지만, 다른 교파들에 비하면 부진했다. 이 교회의 경우, 개교회 자립이 우선시되었고, 미국해외선교회도 어디까지나 일본 교회의 자주성을 존중하며 협력했다. 신학교도 도시샤 한 곳뿐이어서 배출되는 전도자도 한정되어 있었다. 그래서 다이쇼기 말년인 1926년에 이르러 교인은 2만 5,491명으로 늘었지만 일본기독교회 등과 비교될 정도는 아니었다.

이 무렵의 지도자로 에비나, 고자키小崎, 미야카와 쓰네테루宮川経輝,

1857~1936 등의 이른바 구마모토밴드는 여전히 건재했지만, 점차 노경老境에 접어들고 있었다. 대신 히노 마스미日野眞澄, 1874~1943, 오쓰카 세쓰지大塚節治, 1887~1977 등의 차세대가 등장하고 있었다. 시오노 가즈오塩野和夫는 1920년대부터 조합교회계 신문에 천황제를 찬양하는 경향이 강하게 보인다고 지적하고 있다.8

일본감리교회

다른 교파에 비하면 감리교회의 형성은 늦어지고 있었다. 1907년 미국 감리교회, 캐나다 감리교회, 미국 남감리교회 등 감리교계의 세 교파가 합동하여 일본감리교회가 탄생했다. 초대 감독에는 혼다 요이쓰本多庸一, 1849~1912가 선출되고, 총회구總會區는 동부연회와 서부연회로 나뉘었다. 1912년에는 교역자 235명(일본인 교역자 94명), 교회 144곳, 교인 1만 558명으로 성장하여 일본기독교회, 조합교회와 함께 일본 개신교 3대 교파의 하나로 손꼽혔다.

창립자 존 웨슬리John Wesley, 1703~1791의 신앙을 이어받은 이 교파는 경건주의적 신앙을 지녔으며, 전도뿐 아니라 금주운동과 교육사업에도 열심이었다. 다이쇼기에 이 교파의 최대 과제는 선교회에서 자립하는 것이었다. 다이쇼기 초기에 140여 곳의 교회가 있었지만 자급교회는 20여 곳에 불과했고, 전도국 경비의 90퍼센트 이상을 선교회에 부담지우고 있었다. 그러나 다이쇼기에 선교회에서 자립할 것을 결의하고, 어려움은 있었지만 전도에 힘쓴 결과 교인이 늘고 자급교회가 급증했다.

감리교회의 전통인 감독정치를 택하여 한 사람의 감독이 인사권을 포함해 강력한 권한을 지녔지만, 다이쇼기가 되자 차츰 민주주의적 방향으로 개혁되었다.

신학교로는 아오야마학원 신학부와 간세이關西학원 신학부(현재 간세이학원대학교)가 있었는데, 후자는 지금도 존속하고 있다.

또한 교육사업을 중시하고, 앞서 말한 학교 외에 진제학원鎭西學院, 도오의숙東奧義塾, 히로사키학원弘前學院, 램버스Lambuth여학원, 팔모어Palmore학원을 경영했다. 출판사업에도 힘을 쏟아 교분칸敎文館을 설립·경영했다. 지도자인 초대 감독 혼다 요이쓰가 1912년 세상을 떠난 후, 히라이와 요시야스平岩愃保, 1857~1933, 우자키 고고로鵜崎庚午郞, 1870~1930가 뒤를 이었다.

일본성공회

가장 일찍부터 일본 선교에 착수한 이 교회는 미국성공회, 영국교회선교회, 영국해외복음전도협회의 활동으로 형성되었다. 1912년 당시 교역자 324명(일본인 교역자 79명), 교인 8,623명이었다. 교회 수는 이 해의 통계에는 없지만, 그 앞뒤 해로 추측해서 130곳 정도로 볼 수 있다.

다이쇼기에 일본성공회는 조직과 교세 면에서 크게 변모했다. 열심히 전도하며 해외까지 활동을 넓힌 결과, 1927년에는 교회 241곳, 교인 2만 2,235명으로 성장했다. 또한 조직상으로는 1923년에 도쿄교구와 오사카교구가 설치되고, 처음으로 일본인 주교가 치리治理하는 주교교구가 일본 선교를 시작한 지 64년이 지나서 탄생했다. 그리고 도쿄교구의 초대 주교로 나이데 야스타로名出保太郞, 1865~1945가 선출되어 일본성공회의 지도를 맡았다. 교역자 양성기관으로는 산이쓰신학교가 사역을 담당하고 있었지만, 1911년 성공회 신학교가 설립되자 이 학교에 합류했다.

이 교회의 전도 활동에서 특별히 기록할 만한 것은 영국교회선교회 선교사 존 바첼러John Batchelor, 1854~1944의 아이누인 전도다. 그는 메이지기부터 아이누인 전도에 강한 사명감을 가지고, 일본인에게 차별당하고 있던 아이누족의 구원을 위해 힘쓰기로 결심했다. 1877년부터 1940년까지 홋카이도에 거주하며 아이누인 전도에 전념했다. 그들과 지내면서 아이누어 사전을 출판하고, 아이누 보호원保護園, 아이누 시료병원施療病院 등의 설립에 참여하며 아이누인 전도에 생애를 바쳤다. 그의 활동에 대해, 아이누인을 보호하고 일본 사회에 동화시킨 것뿐이라는 평가도 있으나, 아이누인 전도에 헌신한 것은 틀림없는 사실이다.[9]

침례교회

영국에서 탄생한 침례교회는 미국에서 크게 발전했다. 이 교회의 특색은 침례와 회중정치會衆政治, Congregational Policy,* 국가와 교회의 분리다. 미국에 본부를 둔 북침례교회(후의 일본 침례교회동맹)와 남침례교회(후의 일본 침례교연맹)가 일본 전도에 나섰다. 전자 쪽의 전도가 빨랐지만, 전도 지역에 관하여 서로 협의해 북침례교회가 동일본, 남침례교회가 서일본에서 주로 전도했다. 그런 까닭에 북침례교회는 동부조합, 남침례교회는 서부조합으로 불렸다.

1912년 당시 두 교회를 합하여 교역자 110명(일본인 교역자 31명), 교회 30곳, 교인 3,808명이었다. 다이쇼기에 들어서 전국적으로 교육·전도 체제를 갖추고 더욱 성장했다. 신학교육기관으로는 동부조합이 간토학원關東學院, 서부조합이 세이난학원西南學院을 운영했다. 이 시기의 지도자로 지바 유고로千葉勇五郎, 1870~1946가 있다.

일본복음루터교회

개신교회의 주류라고도 할 만한 이 교회의 일본 선교는 비교적 늦었다. 1892년 미국 루터교회가 2명의 선교사를 일본에 파견했다. 그 후 몇몇 루터파 선교단체가 선교사를 보내 주로 규슈 지역에서 전도가 진척되었다. 1911년에는 구마모토에서 규슈학원을 개교했다. 이 교회는 일상의 전도활동뿐 아니라 유치원이나 노인보호시설, 구제사업기관 등을 설립·운영했다. 특히 1923년에는 고아와 불우한 여성들을 대상으로 한 구제사업인 구마모토 자애원慈愛園을 설립했다. 1925년 일본 루터신학전문학교(현재의 루터학원대학)가 도쿄로 옮겨 개교했다.

* 교회 정치의 한 형태로, 각 지역교회는 상호 독립적이며 목회와 선교를 포함한 교회 운영에 관한 최종 의사 결정권을 회중에게 둔다.

3. 전국협동전도

다이쇼기 기독교의 전도활동으로는 '전국협동전도'가 특기할 만하다. 이미 이 책에서 메이지기에 진행된 획기적인 협력전도로 20세기 대거전도를 소개했다. 1914~1917년에 이르는 전국협동전도는 규모나 내용에서 20세기 대거전도를 능가했고, 일본 교회에 커다란 성과를 가져왔다.

이 대규모 협력전도의 모체가 된 것이 1912년 발족된 일본기독교회동맹이며, 이 단체의 전신에 해당하는 것이 20세기 대거전도를 주최한 복음동맹회다. 복음동맹회는 1906년 총회에서 그때까지의 조직을 개편하여 '일본기독교회동맹'을 설립하기로 결의했다. 그러나 실제로 발족한 것은 1912년이다. 이름 그대로 이 모임의 구성단위는 교파였고, 당시 개신교회의 중심적인 8개 교파가 가맹했다. 초대 회장에 혼다 요이쓰(감리교회), 부회장에 고자키 히로미치(조합교회)와 이부카 가지노스케(일본기독교회)가 선출되었고, 복음동맹회 때에 비해 일본 교회의 의지를 한데 모아 일하기 쉬운 체제가 되었다. 이처럼 일본기독교회동맹에 의한 협력체제가 가능했던 것이 전국협동전도를 추진하는 커다란 힘이 되었다.

전국협동전도를 낳게 한 또 하나의 요소는 존 R. 모트John R. Mott, 1865~1955로 대표되는 세계기독교회의 노력이 있다. 1910년 세계 선교사상 획기적인 사건인 세계선교회의가 스코틀랜드 에든버러에서 열렸다. 이 회의는 세계 각지에서 1,300명이 넘는 대표들이 모여 향후 세계 선교에 관해 협의했다. 이 회의의 의장이 되고 계속위원회Continuation Committee 위원장이 존 모트다. 루스 A. 터커Ruth A. Tucker에 따르면 "그는 당시 미국 대통령들의 친구이자 상담자였으며, 노벨평화상 수상자이자 20세기의 가장 영향력 있는 종교가였다."[10]

모트는 1913년 에든버러 선교회의의 계속위원회 의장 자격으로 일본을 방문하여 일본 교회 지도자들에게 대규모 협동전도를 제안하며 2만 엔*을

* 현재 가치로 한화 약 2억 원에 해당한다.

기부했다. 일본기독교회동맹은 이 제안을 받아들여, 많은 교파가 협동하여 추진하는 '전국협동전도'를 기획하고 1914년부터 실시했다.

이 협동전도의 총위원장으로 이부카 가지노스케가 선출되고, 일본을 동부(부장: 우에무라 마사히사)와 서부(부장: 미야카와 쓰네테루)로 양분한 체제로 전도가 진행되었다. 기획된 여러 가지 전도 프로그램은 도쿄·오사카 등의 대도시뿐 아니라 널리 지방 중소도시에서도 행해졌다. 더 나아가 조선·대만·중국에도 파급되었다. 전도 방책에 관해서도 단순한 전도모임에 그치지 않고 부인婦人대회, 학생대회, 활동사진대회, 교역자대회, 실업자대회, 명사名士초대회 등 참으로 다종다양했다. 특히 명사초대회의 경우, 1915년 협동전도 위원들이 도쿄 전도의 시작에 즈음하여 각계 명사를 제국호텔로 초대했다. 그중에는 오쿠마 시게노부 수상, 고토 신페이後藤新平, 1857~1929 남작을 포함한 많은 정·재계, 교육계 저명인사가 있었다. 이 자리에서 동부 부장인 우에무라 마사히사가 협동전도의 취지를 설명하며 이해와 협력을 호소했다.

또한 천막전도나 노방전도라는 종래의 방식에다 자동차를 이용한 자동차대自動車隊 전도와 신문지 전도라는 새로운 방법이 활용되었다. 특히 신문지 전도의 경우, 1915년 4월 동부 전도부가 14개 신문 지면에 기독교에 관한 연설기사를 싣고 이를 배포하는 새로운 전도 방법을 시도했다. 게다가 전도 기간 중에 도쿄 우에노에서 개최된 다이쇼 박람회에서도 대규모 전도가 시도되어 100만 부 이상의 전도지가 배포되었다.

이처럼 다양한 방법을 이용하여 일본 전국 및 해외 식민지에 3년간 계속 전도가 행해진 결과, 다음과 같은 커다란 성과가 있었다.

> 총 집회 4,788회/ 회중 77만 7,119명/ 결신자 2만 7,350명/ 총비용 6만 3,079엔(존 모트가 기부한 2만 엔, 재일선교사들이 기부한 8,500엔 포함)

이 전국협동전도는 다이쇼기의 기독교회가 엄청나게 성장하는 계기가 되었다. 1910년 568개였던 교회는 5년 뒤인 1915년에는 1,056개로, 또 5년 뒤인 1920년에는 1,505개로, 10년 사이 3배 가까이 늘었고, 신도도 경이적이리만치 늘었다.

이 전국협동전도는 메이지기의 대거전도, 쇼와기의 하나님의 나라 운동과 더불어 일본 개신교회가 힘을 결집한 대규모 협력전도로서 특필特筆할 만한 것이다.

모트는 1925년과 1926년에도 일본을 방문해 일본 각계 지도자를 초대하여 개최한 집회에서 강연했다. 모두 열 차례 일본을 방문했는데, 1929년에는 외국인에게는 이례적으로 훈1등 서보장瑞宝章, Orders of the Sacred Treasure이 수여되었다.

4. 순복음파의 대두

다이쇼기 기독교회의 한 가지 큰 특색은 이른바 순복음파의 대두다. 이 교파에 속한 교회의 특색은, 성서의 완전영감설의 토대 위에서 성령의 임재와 성결을 강조하며 전도에 매우 열심인 점이다. 순복음파의 많은 교회는 이미 메이지기에 전도를 시작하고 있었는데, 다이쇼기에 성결교회를 시작으로 두드러지게 성장했다. 순복음파를 몇 가지 유파로 나누어 소개하고자 한다. 순복음파의 더 자세한 역사에 대해서는 나의 책《일본 복음주의파의 역사》를 참조하기 바란다.

영국 교회계의 일본전도대 계보

이 그룹은 영국 성공회의 영국교회선교회British Church Missionary Society(현재의 Church Mission Society의 전신) 선교사로 일본에 온 바클리 F. 벅스턴Barclay F. Buxton, 1860~1946과 앨피어스 패짓 윌크스Alpheus Paget Wilkes, 1871~1934의 전도로 태어났다. 영국의 명문가 출신인 벅스턴은 1890년 일본에 와서 이듬해 전도의 미개척지였던 시마네島根현 마쓰에松江시로 옮겼다. 초교파 입장에서 전도했고, 같은 지역의 아카야마赤山에서 수양회를 자주 열어 많은 사람에게 깊은 영적 감화를 주었다.

주목할 만한 것은, 아카야마에 직계 제자들뿐만 아니라 나카다 주지中田重治, 1870~1939, 사사오 데쓰사부로笹尾鐵三郎, 1868~1914, 가와베 데이키치河辺貞吉, 1864~1953, 도이 슈헤이土肥修平, 1858~1945 등 일본 순복음파의 많은 지도자가 벅스턴을 흠모하여 모이고 그의 영적 감화를 받은 일이다. 그곳에서의 신앙 훈련이 벅스턴의 《신앙의 보수報酬》에 상세히 기록되어 있다. 이에 따르면, 성서 공부와 성령 충만을 강조하는 깊은 영적 훈련과 전도의 실천을 아우른 엄격한 생활이었다.[11]

벅스턴의 동역자가 같은 영국교회선교회에서 파견된 윌크스다. 그들의 신앙의 감화를 받은 사람들이 일본 각지에서 순복음파 교회를 형성했다. 그들의 신앙의 직접적 계보로서 1904년에 일본전도대Japan Evangelistic Band가 조직되었다. 이 단체는 특정 교파교회의 형성을 목표로 한 것이 아니라 전도 활동과 성회 개최를 통해 순복음파 교회를 섬기는 것이었다. 일본전도대는 고베에 성서학교(현재의 간사이關西성서신학교)를 설립하고 많은 전도자를 양성했다. 일본전도대의 사역을 통해 일본예수기독교회(현재의 일본예수기독교단)와 쓰게 후지토柘植不知人, 1873~1927의 기독전도대가 창립되었다.

미국계의 자유감리교회와 나자렌교회

감리교의 유파이며 웨슬리가 주창한 온전한 성결의 교리를 강조하는 두 교파의 일본 전도를 소개한다.

먼저, 자유감리교회는 미국 감리교회의 세속화에 맞서 그 쇄신을 목표로 한 사람들이 1860년에 만든 그룹이다. 이 교회의 일본 전도는 1895년 효고현 아와지시마淡路島섬에서 시작되었다. 이듬해 가와베 데이키치가 이 그룹에 합류한 후부터 전도가 크게 진척되었다.

가와베는 청년 시절 미국 샌프란시스코에 머물던 중, 때마침 태평양 연안 지방에서 부흥이 일어나던 해에 복음을 접하고 신앙을 받아들였다. 그리고 전도자로서 부름 받아 헌신했다. 그는 같은 무렵 신앙인이 된 사사오 데쓰사부로와 아키야마 요시고로秋山由五郎, 1865~1948 등과 미국 서해안에 사는 일본계 사람들에게 열심히 전도했다. 그는 1894년 사사오 등과 함께 귀국해 각지에서 전도했는데, 1896년 자유감리교회에 가입하고 지도자가 되었다. 그 사이 마쓰에에 있는 벅스턴에게 가서 그의 지도와 감화를 받았다.

가와베는 아와지시마섬에서 오사카로 와서 닛폰바시日本橋교회를 창립했다. 가와베와 쓰치야마 데쓰지土山鐵次, 1885~1946 등에게 지도받은 자유감리교회는 오사카 사람의 기질에 맞아서 확고히 뿌리를 내렸다. 특히 가와베가 목회하는 닛폰바시교회는 다이쇼기 오사카에서 예배 출석자가 가장 많았다. 또한 이 교파의 신학교로서 자유감리교신학교(현재의 오사카기독교단기대학)가 설립되었다.

다음으로, 나자렌Nazarene교회는 미국 성결교계의 3개 파가 1908년 합동해서 탄생한 그룹이다. 다른 성결교계 교회와 마찬가지로 성서의 완전영감설의 토대에서 중생체험 후의 온전한 성결을 강조했다. 생활신조로는 웨슬리의 초대 감리교의 그것과 거의 같은 것을 토대로 했으며, 금주·금연이 강조되었다.

이 교회의 전도는 1910년 제이콥 앤더슨 셔놀트Jacob Anderson Chenault, 1870~1952 선교사에 의해 교토에서 시작되었다. 처음에는 좀처럼 진전이 없었지만, 1914~1916년 사이에 기타가와 히로시喜田川廣, 1887~1974, 이사야마 오사미諫山修身, 1882~1969가 미국에서 귀국하여 합류하면서 크게 활기를 띠었다. 다이쇼기에 교회 형성이 진전된 결과, 1924년 교토에서 일본부회日本部會가 조직되었다.

동양선교회 성결교회

성결교회는 전전戰前 순복음파의 중심적 존재다. 이 그룹의 창립자라고도 할 만한 사람은 나카다 주지中田重治, 1870~1939다. 그는 17세 때 히로사키弘前감리교회에서 세례를 받았다. 도오의숙東奧義塾에서 공부한 후 은사인 혼다 요이쓰를 믿고 상경하여 도쿄 에이와학교英和學校(현재의 아오야마학원대학교)에서 공부했다. 그곳을 정식으로 졸업할 수 없었지만, 혼다 교장의 특별한 배려로 감리교회 교역자로 활동을 시작했다. 1896년에는 성령의 능력을 구하며 미국 시카고 무디성서학원에서 공부했다. 그곳에서 성령체험을 통해 성결의 은혜를 받고 1898년 귀국했다. 귀국 후 곧바로 마쓰에의 벅스턴을 방문하여 수양의 시간을 가졌다. 이곳에서 그의 든든한 동역자가 된 사사오 데쓰사부로를 만났다.

1901년, 나카다는 미국에서 머물던 중에 만나 일본 선교의 뜻을 나눈 카우만* 부부Charles E. Cowman, 1868~1924 & Mrs. Lettie Burd Cowman, 1870~1960와 함께 도쿄의 간다神田에 복음전도관을 설립하고 전도하기 시작했다. 동양선교회로 칭하고 초교파적 입장에서 열심히 전도하여 일본 각지에 복음전도관을 세우게 되었고 많은 신자가 생겨났다. 사역자 양성을 위해 성서학원† 도 개설하여 수양생修養生을 받아들였다.

그들에게는 애당초 새로운 교파를 설립할 의도는 없었다. 그러나 '신생新生·성화聖化·재림·신유神癒'의 사중복음을 내걸고 전도 범위를 넓혀 가는 가운데 다른 교파와 체질이 다른 점이 차츰 명확해지고, 마찰도 커졌다. 이에 나카다 등은 1917년에 정식으로 일본 성결교회를 조직했다. 초대 감독에는 나카다가 선출되어 카리스마적 지도력을 발휘했다.

이 그룹의 활동으로 특기할 만한 일은, 1911년부터 일본 전국에 전도문서를 배포하는 대사업을 시작하여 1918년까지 당시 1,037만 세대에 배포를 마친 것이다. 성결교회는 1919년 부흥을 경험하고 놀라운 성장을 보이며 대형 교회들과 어깨를 나란히 하기에 이르렀다.[12]

* 한국에서는 일본식 음차(音借)의 영향으로 '카우만'으로 통용, 정착된 표기이기에 이에 따른다. 참고로 국립국어원 외래어 표기법에 따르면 '카우먼'이 된다.

† 1901년 4월 1일 도쿄 간다진보초에 있던 중앙복음전도관 안에서 시작한 성서학교는 1904년 신주쿠의 가시와기에 교사를 신축, 이전하고 '성서학원'으로 이름을 바꾸고 학원 입구에 '동양선교회 성서학원'이라 쓴 간판을 걸었다. 흔히 성서학원이라 불리나 지역 이름을 붙여 '가시와기 성서학원' 혹은 '도쿄성서학원'이라 불리기도 한다. 참고로, 전전(戰前)의 이 성서학원은 현재의 일본성결교단의 도쿄성서학원과는 별개 조직이다.

그 밖의 순복음파 교회

그 밖의 순복음파 교회의 일본 선교로는, 먼저 일본 얼라이언스 교단Japan Alliance Church이 있다. 이 교회의 일본 선교는 1895년, 히로시마현 미요시三次시에서 시작되었다. 모체가 된 기독교선교연맹Christian and Missionary Alliance은 1887년 미국에서 앨버트 벤저민 심슨Albert Benjamin Simpson, 1843~1919에 의해 시작된 초교파적 신앙단체다. 이 그룹은 왕성하게 세계선교를 하며 순식간에 6내륙 38개국으로 확산되었다. 교리적 특색으로는 신생·성화·재림·신유의 사중복음을 강조했다.

이 그룹은 히로시마를 중심으로 혼슈 서부 지역과 시코쿠 지방으로 전도를 확산하며 교회를 세웠다. 선교사로서 전전戰前·전후戰後에 걸쳐 헌신적으로 전도한 메이블 프란시스Mabel Francis, 1880~1975를 들 수 있다. 일본인 지도자로는 오에 구니하루大江邦治, 1867~1968가 있다. 벅스턴이나 윌크스의 지도를 받은 인물이다. 1923년 얼라이언스성서학교가 히로시마에 설립되고, 2년 후 일본 얼라이언스신학교로 이름을 바꾸었다. 1934년부터 1950년까지 휴교한 후 다시 개교하여 지금까지 이어지고 있다.

다음으로, 일본동맹기독협회(현재 일본동맹기독교단)의 모체인 스칸디나비아 얼라이언스 미션Scandinavian Alliance Mission은 1891년 일본 선교를 시작했다. 이 그룹은 스웨덴 출신인 프레드릭 프랜슨Fredrik Franson, 1852~1908의 지도로 재미 북유럽계 기독교인을 중심으로 조직된 초교파 선교단체다. 제임스 허드슨 테일러James Hudson Taylor, 1832~1905가 설립한 중국내지선교회China Inland Mission(현재의 OMF International)를 본받아 하나님께서 필요한 모든 것을 채워주신다는 것을 믿는 신앙선교였다. 설립 당초부터 많은 선교사를 세계 각지에 파송했는데, 일본에 파송된 선교사들은 특히 그때까지 타 교파의 전도가 행해지지 않던 히다飛騨(지금의 기후현 북부) 지방이나 이즈 제도伊豆諸島에서 전도했다. 초기의 일본인 지도자는 마지마 게이자부로眞島慶三郎, 1883~1934였다.

하나님의 교회연맹은 1908년 야지마 우키치矢島宇吉, 1869~1932를 통해 일본 선교를 시작했다. 이듬해에는 미국 하나님의 교회 선교사 알렉산더Will G. Alexander가 일본으로 와서 야지마와 함께 도쿄의 무사시사카이武藏境를 거점으로 전도했다. 그 후 애덤 W. 밀러Adam W. Miller 선교사도 합류하고, 도쿄·사이타마현·군마현 등 각 현에 교회가 형성되었다. 이 그룹의 특색은 대니얼 S. 워너Daniel S. Warner, 1842~1895가 제창한 성결holiness과 일치unity를 강조한 것이다. 지도자로는 다니구치 시게토시谷口茂壽, 1895~1973를 들 수 있다.

일본 센트럴 파이오니아 선교회Japan Central Pioneer Mission도 1920년 일본에서 선교를 시작했다. 영국인 선교사 마거리트 A. 버넷Marguerite Amy Burnet, 1878~1951이 지도자였다. 그녀는 후나키 린이치舟喜麟一, 1889~1968와 협력해 아시오足尾에서 시작하여 군마현·도치기현·사이타마현으로 전도를 확대해 갔다. 1927년 설립된 교회에 의해 복음전도협회(현재의 복음전도교단)가 발족되었다. 신앙의 특색으로는 성서의 완전영감, 성령 충만, 전천년前千年 재림신앙*이다.

다이쇼기에 성결교회를 비롯한 순복음파 교회가 급성장한 것에 관해 살펴보자.

먼저, 제1요인으로는 기존의 중심 교파들이 교회 형성에 힘을 쏟은 것에 비해, 순복음파 교회들은 모든 수단을 동원하여 열렬히 전도한 점을 들 수 있다. 성결교회의 전도는 '영혼사냥'이라 할 만큼 격렬했다.

다음으로 생각할 수 있는 것은, 이 장 전반부에서 살펴보았듯이 다이쇼기에 들어와 많은 교회가 조직화되고 학문적으로 체계를 갖추어 가는 가운데 전반적으로 고정화되어 온 점이다. 신자 층에도 화이트칼라와 학생이 많았고, 흔히 신앙체험도 단조로운 것이 되었으며, 신앙이 관념화되어 갔다고 할 수 있을 것이다. 그런 경향 가운데 순복음파는 완전영감설의 확신에서서 성경 말씀을 직설적으로 말하며 생생한 성령체험을 강조했다. 그러한 신앙의 모습은 기존 교회 안에서 충분히 만족하지 못하는 사람들을 끌어당김과 동시에 서민층에도 마음을 끌게 되었다. 오우치 사부로는 이렇게 지적한다.

* 천년왕국 전에 재림이 이뤄진다는 종말신앙(Premillenialism).

"'순복음파'는 기독교도의 감정과 심정을 달구고, 주체적으로 신앙을 생생하게 각성시키는 데 큰 역할을 했다. 그것은 지극히 감정적emotional 이었다. 그것은 부정할 수 없다. 그러나 감정적이었기에, 지금까지 흔히 인텔리와 학생, 화이트칼라에 속하는 사람들이 기독교회를 이루고 있었지만, 순복음파는 그 단조로운 지식과 사상으로서의 기독교와는 달랐고, 마음을 뜨겁게 자극하는 신앙을 나타내 보인 것이다."[13]

감정적인 면을 너무 강조하지만, 이런 지적은 타당하다고 할 수 있을 것이다. 이들 순복음파 교회는 일본기독교회동맹에 가입하지 않았다. 그러나 다이쇼기 개신교회의 한 측면을 보여 주는 것으로서 주목할 만하다.

5. 기독교회와 사회문제

사회문제와 관련된 개신교회의 일본 선교에 대해서는 거의 다루지 않았다. 일반적으로 그리스도인들은 메이지기 초기부터 자유민권운동에 적극적으로 앞장섰고, 오늘날 사회복지의 많은 분야에서 선구적 역할을 해왔다. 구체적으로는 금주활동, 폐창廢娼 운동, 고아와 여성의 구제활동, 피차별부락 전도, 감옥개량운동, 결핵과 한센병 환자 치료를 포함한 의료활동 등을 들 수 있다. 또한 일부일처제의 가족윤리 확립에 기독교가 큰 역할을 한 것은 많은 사람들이 인정하는 바다.[14] 더욱이 아시오 구리광산의 광독鑛毒 사건 같은 사회문제에 대해서도 다나카 쇼조田中正造, 1841~1913, 우치무라 간조, 기노시타 나오에木下尙江, 1869~1937, 아베 이소오 등의 그리스도인들이 온 힘을 다해 참여했다.

다이쇼기에는 제1차 세계대전이 끝나고 일본에서 전후 공황이 진행되어 가는 가운데 노동운동 분야에서 기독교사회주의자의 활동이 두드러졌다. 스즈키 분지鈴木文治, 1885~1946, 아베 이소오, 가타야마 센片山潛, 1859~1933, 가가와 도요히코 등이 활약했지만, 가가와를 제외하면 신앙적으로는 유니테리언 계통의 사람이 많았다.

여기서는 일본 그리스도인과 사회문제의 관계를 대표하는 인물로 가가와 도요히코, 야마무로 군페이山室軍平, 1872~1942, 도메오카 고스케留岡幸助, 1864~1934, 이 세 사람을 거론하고자 한다.

가가와 도요히코

가가와 도요히코賀川豊彦, 1888~1960는 고베의 해운운송업주 가가와 준이치賀川純一, 1857~1892와 애첩 스게오이 가메菅生かめ 사이에서 태어났다. 유년 시절 부모가 세상을 떠나고, 중학 시절 폐결핵을 앓으며 비애의 나날을 경험했다. 그 가운데 기독교의 복음을 접하고 16세에 미국 남장로교 선교회 선교사 해리 W. 마이어스Harry W. Myers, 1847~1945에게 세례를 받았다.

중학교를 졸업한 후, 도쿄로 가서 메이지학원 고등부 신학 예과에서 공부했다. 그를 신앙으로 인도한 남장로교 선교회 선교사들이 고베신학교를 세우자 그곳으로 옮겨 1911년 졸업했다. 1909년, 신학교 재학 시절 예수의 이웃 사랑을 실천하며 빈민들과 살기를 원하여 고베시 후키아이葺合 지역 신카와新川의 빈민굴에 들어가 생활을 시작했다. 그곳에서 그가 본 것은 살인, 강도, 도박, 매춘, 입양 자녀 살해* 등의 죄를 지으며 살아가는 밑바닥 인간의 모습이었다. 필사의 각오로 그들 세계에 뛰어든 가가와는 그들의 무거운 짐을 감당하기를 바라면서, 빈곤에서 오는 끝 모를 인간의 비참함에 고뇌했다. 당시 그의 생활은 자전적 소설《사선을 넘어서死線を越えて》의 주인공 니미 에이치新見榮一의 모습으로 그려지고 있다.[15]

그가 빈민굴에서 한 체험과 연구를 토대로 1915년 출판한 처녀작《빈민 심리의 연구》는 많은 문제점을 보인다. 그는 이 책에서 전국의 빈민굴은 거의 특수부락特殊部落에서 발전하고 있다고 지적한다. 그리고 '에타무라의

* 불륜으로 태어났거나 아버지가 불명확한 사생아, 그리고 특별한 사정으로 양육할 수 없는 신생아를 입양하여 친부모에게 양육비를 받은 후 살해하는 사건. 특히 제2차 세계대전 전에 일본에서 커다란 사회문제였다.

연구'('에타穢多'는 중세 이전부터 존재한 신분의 하나로, 차별받던 천민 부류)라는 항목에서는 부락의 기원에 대해 인종기원설을 주장한다. 이를테면, 그들은 일본인이 아니며 그들의 범죄율이 매우 높은 것도 그들이 다른 인종이라는 증거라는 것이다. 그 외에 빈민을 차별하고 그들의 인격과 존재 자체를 모독하는 듯한 부분이 곳곳에 있다.[16]

이는 그가 27세의 나이에 낸 출판물이기에, 말하자면 젊은 혈기의 소치라고도 볼 수 있지만, 그의 차별적 체질을 엿볼 수 있다. 후에 부락 해방을 목표로 결성된 스이헤이샤水平社 관계자들이 거세게 항의하자 그는 이 책의 절판을 약속했다.[17]

가가와는 1914~1917년에 미국 프린스턴신학교에서 공부하며 연구를 거듭했다. 뉴욕에서 자기들의 요구를 내걸고 정연하게 시위행진을 하는 노동자의 대열을 보며 커다란 영감을 받고, 일본에서 노동조합을 설립하기로 했다. 그가 귀국 후 먼저 한 일은 노동조합운동의 지도였다. 그는 스즈키 분지鈴木文治 등과 우애회友愛會·간사이노동동맹회를 결성하고 그 단체의 이사장이 되었다. 가가와 등이 주장한 것은 노동조합의 동맹파업 금지와 결사의 금지를 확정한 치안경찰법을 철폐시키고, 건전한 노동조합을 공인하게 하는 것이었다. 그리고 보통선거 실시로 노동자가 참정권을 쟁취하는 것이었다.

특히 1921년 일어난 고베의 미쓰비시, 가와사키 두 조선소의 대쟁의大爭議에서 노동자의 선봉에 서서 싸우며 노동자의 공장 관리를 지도했다. 그러나 자본가와 정부 측의 철저한 탄압으로 가가와 등 간부들은 체포되고 노동자 측은 뜻을 이루지 못했다. 그러한 가혹한 현실에 직면한 많은 조합 간부들은 비폭력을 설교하는 가가와의 이론은 이제 통하지 않는다며, 오스기 사카에大杉榮, 1885~1923(메이지·다이쇼기의 대표적 아나키스트) 등의 영향을 받아 과격한 직접행동주의syndicalism로 치닫게 되었다.

이 대쟁의의 실패를 계기로 가가와의 영향력이 크게 줄어들었다고는 해도, 그는 여전히 간사이 지역 노동운동의 유력한 지도자의 한 사람이었고, 그의 주장을 지지하는 사람도 적지 않았다. 그가 노동운동에 여전히 커다란 영향력을 행사할 수 있었던 것은 노동운동에 대한 그의 자금 원조 때문이었다. 《사선을 넘어서》가 1920년 가이조샤改造社에서 출판되자 140만 부를 넘는 일대 베스트셀러가 되었다. 가가와는 문필활동으로 얻을 수 있었던 막대한 인세 수입을 노동쟁의의 사후처리와 조합 활동에 아낌없이 쏟아부으며 헌신했다. 그럼에도 노동운동이 급진화됨에 따라 차츰 그는 지도력을 잃고 결국 물러나기에 이르렀다.

그런 가운데 그는 유대 민중에게 버림받은 예수의 고독한 걸음에까지 생각이 미치고, 자신이 걸어가는 길도 예수의 족적을 따라가는 길이라고 생각했다. 일본 노동운동이 이제 자신을 필요로 하지 않게 된 것을 안 그는 새로운 활로를 찾아 1922년 스기야마 모토지로杉山元治郎, 1885~1964 등과 농민조합운동을 일으켰다. 뒤이어 무산정당운동無産政黨運動, 소비조합운동으로 진로를 바꾸어 갔다. 쇼와 초기 가가와는 '하나님의 나라 운동'을 제창하고 지도한다. 그리고 노동자와 농민 등 불이익을 당하는 사람들을 섬기는 일을 사명으로 삼고 살았다. 평생 150권의 저서와 23권의 번역서를 출판하고, 교회 안팎의 사람들에게 커다란 감화를 끼쳤다.

야마무로 군페이와 일본 구세군

다음으로, 일본 기독교 단체로서 사회구제활동에 온 힘을 기울인 일본 구세군과 그 지도자 야마무로 군페이를 소개한다.

오카야마의 가난한 농가에서 여덟 번째 아이로 태어난 야마무로 군페이는 가난한 살림 때문에 양자로 보내졌다. 그러나 향학심에 타오르고 있던 그는 14세 때 양자로 있던 집을 나와 상경했다. 쓰키지築地의 활판제조소에서 과중한 노동을 하면서도 전문학교 강의록으로 열심히 독학했다. 15세 때 노방전도를 통하여 교회에 인도받고 신앙인이 되었다. 순수하며 올곧은 성품인 그는 열심히 집회에 출석하며 방해에도 굴하지 않고 노방전도를 거듭했으며, 어떻게든 동료 노동자들을 신앙으로 인도하겠다는 뜻이 심어졌다. 후에 그가 출판한 《평민의 복음》 서문에는 이렇게 쓰여 있다.

"나는 일개 노동자다. 쓰키지 활판제조소 직공이던 16세 때 처음 예수 그리스도의 구원을 경험하고 몸과 영혼 모두를 받들어 참되신 하나님께 맡겨 드린 그때로부터 햇수로 13년이 지난 오늘, 구세군 사관 자격으로 일하는 지금 이 시간까지 나의 작은 가슴 속에 있는 오직 한 가지 바람은 어떻게든 이 위대하신 하나님의 자애慈愛를 특히 내가 경애하는 여러분에게 알려드리고 싶다는 것이다."[18]

그는 17세 때 도쿠토미 소호德富蘇峰, 1863~1957의 연설을 통해 니지마 조를 존경하게 되어 도시샤에 입학했다. 그러나 당시 조합교회를 중심으로 일본 교회에 큰 영향을 미친 신신학新神學이 도시샤에도 유행했고, 그 자신도 신앙심이 식는 것을 경험하고 고뇌하며 졸업을 앞두고 자퇴했다.

1895년 일본에 온 영국 구세군 선교사 일행은 간다神田에서 활동을 시작했다. 구세군은 영국에서 감리교회 목사 윌리엄 부스William Booth, 1829~1912에 의해 1865년 창립되었다. 특징인 군대적 조직을 토대로 가난한 하층민 전도를 목표하고 있었다. 신앙적 입장은 감리교회를 본받아 성결을 중시했다.

일본 구세군에 입대한 야마무로는 곧 두각을 나타내고, 이듬해 구세군 최초의 일본인 사관(중위)에 임명된다. 야마무로가 사토 기에코佐藤機恵子, 1874~1916와 결혼식을 올린 뒤 휴가 동안 단숨에 쓴 것이 기독교 서적으로는 최대의 베스트셀러가 된《평민의 복음》이다. 이 책은 당시 존중된 한문체가 아닌 언문일치체로 쓰여, 이해하기 쉬운 것이 가장 큰 장점이며, 오늘의 독자들이 읽어도 설득력이 있다.

초기 일본 구세군이 가장 힘을 들인 것이 폐창운동이다. 1900년 8월, 구세군은 기관지 〈도키노코에ときの聲〉에 창부娼婦들이 자신의 의사에 따라 매춘을 그만두는 길을 구체적으로 적고, 예수 그리스도를 신앙해야 할 것을 권면하는 야마무로의 글을 실었다. 또한 요시와라吉原*를 비롯한 도내의 유곽에

* 도쿄에 있는, 에도 시대 이래의 유흥가.

이 글을 분담하여 배포했다. 그러한 구세군의 활동에 위기를 느낀 유곽 측 폭력배들이 구세군 일행을 습격해서 야마무로를 비롯한 구세군 측에 부상자가 속출했다. 이런 사태가 신문에 보도되자, 세간의 동정심이 구세군으로 집중되었다. 특히 야마무로와 영국인 찰스 듀스Major. Charles Duce 소령이 머리에 중상을 입은 일은, 영일동맹을 계획하고 있던 일본 정부에서 볼 때 심각한 국제문제로 비화할 수도 있었다. 이런 가운데 결국 경시청警視廳도 매춘부들이 포주의 동의 없이 자유롭게 폐업할 수 있도록 보호한다고 통첩通牒하기에 이르고, 적어도 이 2년 사이에 전국에서 1만 2,000명의 자유 폐업자가 나오게 되었다.[19] 매춘부 일을 그만두고 갈 곳 없는 여성들을 위해 구세군에서는 야마무로 기에코를 중심으로 '여성의 집Women's Home'을 개설하고 그들을 받아들여 사회에 복귀할 수 있도록 도왔다.

이외에도 구세군의 활동은 금주운동과 직업소개, 출소자 구제 활동, 병자 위문 등 폭넓은 범위에 미쳤다.

1907년에는 구세군 창립자이며 만국사령관인 부스Booth 대장이 일본을 방문하여 각지에서 대환영을 받았다. 특히 그가 구세군 복장을 한 채 메이지 천황을 배알할 수 있도록 허락된 일은 구세군뿐만 아니라 기독교에 대한 인식을 변화시키는 데도 큰 역할을 했다. 부스 대장의 일본체재 중에 뛰어난 통역자로 활약한 야마무로 군페이의 이름도 일약 세간에 알려지게 되었다. 그는 부스가 일본을 방문하는 동안 중령으로 승진했고, 그 후 일본의 사령관에 버금가는 서기장관書記長官에 취임했다.

또한 구세군은 1912년에 구세군병원, 더 나아가 1916년에 결핵사업의 선구가 된 구세군요양소를 개설했다. 1922년에는 '오하쓰코로시お初殺し' 사건*을 계기로 구세군은 아동학대방지운동에 착수했다. 그 이듬해에는 간토關東 대지진으로 구세군도 본부를 비롯하여 커다란 피해를 입었다. 그러나 자신들의 피해 복구에 앞서 피해자 구제를 위해 신속하게 나섰다. 교통망이

* 양모가 당시 10세인 입양한 딸 하쓰를 학대하여 살인한 사건.

마비된 가운데 트럭을 구하여 피해자들에게 생필품을 나눠 주며 동분서주했다. 교통망이 회복됨에 따라 전국 구세군의 소대와 지원자를 통해 보내온 구호물자를 배포했다. 이 대규모 재해에 구세군은 조직적으로 신속히 대처했고 사회로부터 큰 신뢰를 얻었다.

1926년, 야마무로는 구세군 최초의 일본인 사령관에 취임하고, 1935년에 사임하기까지 일본구세군을 지도했다.

도메오카 고스케

도메오카 고스케는 오카야마의 다카하시高梁에서 조닌町人(에도 시대 도시 상인의 총칭)의 자녀로 태어났다. 8세 무렵 사족士族의 자녀와 싸운 후, 부친이 무가武家의 저택에 불려가 벌로 외출이 금지되어 부친에게 호된 꾸지람을 받은 적이 있다. 그는 16세 때 기독교 전도모임에서 "사족의 영혼도 상인의 영혼도 벌거벗은 모습으로 하나님 앞에 나아갈 때는 동일한 가치를 지닌 존재다"라는 말을 듣고 기독교에 마음이 사로잡혔다. 이 평등사상은 그가 평생 신분차별과 싸우고 이웃사랑에 헌신하는 동기가 되었다.

도시샤에서 공부한 후, 그는 교토 단바丹波 지방의 후쿠치야마福知山(현 후쿠치야마시)에서 목회하다 1891년에 홋카이도로 건너가 소라치슈지칸空知集治監(소라치空知에 있던 구식 교도소)의 교회사教誨師가 되었다. 교회사란 수형자를 대상으로 감옥에서 교화하고 새 삶을 얻게 하는 임무를 띤 직책이며, 처음에는 불교 승려가 많았다. 기독교인으로 최초로 교회사가 된 사람은 하라 다네아키原胤昭, 1853~1942다. 하라와 도메오카 등의 활동으로 수형자들 가운데 신앙을 갖게 된 사람도 적지 않았다.

그 후, 도메오카는 미국에서 유학하며 감옥학과 범죄학을 연구했다. 귀국 후에는 레이난자카靈南坂교회 목사로서, 스가모巢鴨(지금의 도쿄 이케부쿠로) 감옥의 교회사로 일했다. 또한 1899년에는 스가모 가정학교를 창설했다. 이는 비행소년을 위한 감화교육시설로, 기독교 신앙을 바탕으로 가족애로 돌보며, 직업훈련을 통해 새 삶을 얻게 하는 것을 목표로 했다. 당시 통용되던

'감화원感化院' 이라는 이름 대신 '가정학교' 로 불렸다.

1914년 홋카이도로 옮긴 그는 나부치名淵에 홋카이도 가정학교를 개설하여 많은 소년들이 바른 생활 태도와 가치관을 갖고 살도록 교화에 힘썼다. 또한 기관지 〈인도人道〉를 발간하여 비행, 범죄, 도시 문제, 지방 개량*에 관한 다채로운 이론을 전개하며 많은 저서를 출판했다.

그는 메이지·다이쇼기 기독교 사회사업의 중심적 역할을 훌륭히 해낸 인물이다.

6. 재림운동

다이쇼기 기독교계에서 주목할 만한 활동으로 교파를 초월한 재림운동이 있다. 이 운동에 앞장선 사람은 무교회의 우치무라 간조, 성결교회의 나카다 주지, 조합교회의 기무라 세이마쓰木村清松, 1874~1958 등이다.

이 시기에 재림신앙이 강조된 배경으로 제1차 세계대전 발발과 그 파괴적 결과를 통한 서양의 기독교적 근대 문명의 파탄이 있다. 한편으로 사람들은 과학의 진보와 합리주의에 대해 심각하게 돌아보기 시작했다. 제1차 세계대전이 끝난 해인 1918년, 오스발트 슈펭글러Oswald Spengler, 1880~1936의 《서양의 몰락》이 출판되어 순식간에 수십 판을 거듭했다.[20] 1919년 출판된 바르트의 《로마서 강해》는 근대주의적 기독교의 종언을 고하는 것이 되었다.

그러한 시대사조 가운데 일본 기독교인으로서 재림신앙에 눈뜬 사람이 우치무라 간조였다. 그는 1912년 둘째 딸 루쓰코(18세)를 하늘나라로 보내는 비애의 체험을 통해 부활 신앙에 서서 내세에 대한 희망에 눈이 열렸다. 게

* 일본은 러일전쟁에서 승전국이 되어 제국주의 국가 체제와 아시아 침략의 발판을 만들었으나, 막대한 전비(戰費) 지출로 특히 지방의 경제적 피폐와 사회모순의 격화 등으로 동요하는 민심을 통합해야 했다. 또한 러일전쟁 승리 후에는 구미 열강과 어깨를 나란히 하여 경제전(經濟戰)을 치러야 했기에 국내 체제를 정비하고 강화하는 일이 시급한 과제였다. 이에 따라 지방 도시와 농촌의 개량 및 재건과 국민 교화를 목표로 한 정부 주도의 운동으로 제2차 가쓰라(桂) 내각 주도하에 반포된 1908년 무신조서(戊申詔書)를 기회로 '지방개량운동(地方改良運動)' 을 전개했다. 이 운동은 부락의 융화와 재정 축적, 산업 육성, 행정 개혁, 조세 개혁, 농촌 개량 등 다양한 모습으로 전개되었다.

다가 제1차 세계대전 발발과 오랜 친구인 벨David C. Bell, 1841~1930이 보내온《선데이스쿨타임스 *Sunday School Times*》의 재림에 관한 기사가 그의 재림신앙 형성에 커다란 역할을 했다. 우치무라는 성서를 그대로 무오無誤한 하나님의 말씀으로 받아들이고 성서연구에 몰두했다. 그런 가운데 제1차 세계대전으로 상징되는 자유주의적·문화주의적 기독교의 한계상황을 극복하기 위해 재림신앙의 전개로 인도되어 간 것이다. 우치무라는 재림에 대해 이렇게 말했다.

> "재림 문제는 성서 문제다. 성서 전부를 하나님의 말씀이라고 믿기 때문에 그리스도의 재림을 믿지 않을 수 없다. 또한 재림을 거부하기 때문에 성서 대부분을 거부하지 않을 수 없다. …… 재림신앙과 성서무오설, 이것은 동일한 신앙의 양면에 지나지 않는다."[21]

이와 같이 그는 재림신앙을 강하게 확신했다. 1917년에는 종교개혁 400주년 기념 강연회가 성황리에 끝난 것에 힘을 얻었다. 그리고 그때까지의 폐쇄적인 집회 방침을 바꾸어 길거리에 나아가고, 이듬해부터 약 1년 반에 걸친 재림운동에 착수해 갔다. 그것은 교파를 초월한 운동이 되었고, 그는 재림신앙에서 뜻을 같이할 수 있으면 누구와도 협력했다.

다음으로 성결교회의 나카다 주지中田重治에 관해 살펴보고자 한다. 일본 성결교회는 창립 초부터 '신생·성화·재림·신유'라는 사중복음을 내걸고, 그 가운데 하나인 재림을 강조했다. 1917년 나카다 주지는 윌리엄 유진 블랙스톤William Eugene Blackstone, 1841~1935의《예수님은 오신다 *Jesus is Coming*》*를 번역, 출판한다. 이 책은 그리스도의 재림이 천년왕국 전에 실현된다는 입장에서 쓰인 것이다.[22] 나카다는 이듬해의 신년성회에서도 재림 문제에 대해 연속 강연을 하며 그 중요성을 강조했다.

우치무라와 나카다는 가시와기柏木(도쿄 신주쿠 지역)에 살고 있었지만, 그

* 이 책은 한국에서 박명수·박도술에 의해《재림》(은성, 1990년)이란 제목으로 번역, 출판되었다.

때까지 특별히 교제가 없었다. 그러나 서로 재림신앙을 증거하는 사명을 받아들이고 있는 것을 알자 급속히 가까워져 협력하게 되었다. 게다가 무디성서학원에서 공부하고 조합교회 순회전도자로 활약하고 있던 기무라 세이마쓰木村清松, 1874~1958가 가세하게 되었다. 더 나아가 동양선교회 성서학원에서 공부하고 미국 유학에서 돌아온 히라이데 게이이치平出慶一, 1882~1975도 합류했다. 또한 미국 침례교선교회 선교사 윌리엄 액슬링William Axling, 1873~1963은 미사키초三崎町의 침례교 중앙회당을 이들 재림운동의 강연회 장소로 제공하는 등, 말 그대로 초교파 운동으로 확대되어 갔다.[23]

처음 이 재림운동은 도쿄와 간사이關西 지역을 중심으로 강연회 개최를 통해 진행되고 있었다. 이윽고 홋카이도에서 오카야마에 이르는 지역으로 파급되어 각지의 교회에 큰 영향을 끼쳤다. 이러한 공동의 재림강연회는 오래 지속되지 못했지만, 다이쇼기 사람들을 각성시킨 의의는 매우 컸다.

제8장 쇼와기의 교회: 전전戰前

1. 쇼와 전기의 개관

1926년 12월 25일 크리스마스 날, 병약한 다이쇼 천황이 세상을 떠나고 연호年號는 쇼와昭和로 바뀌었다. 쇼와 초기 1930년대는 태평양전쟁에 돌입하기 전이며, 마치 비탈길을 굴러떨어지듯이 일본이 침략전쟁에 빠져든 시기다. 쇼와기에 들어서자마자 1927년, 작가 아쿠타가와 류노스케芥川龍之介, 1892~1927가 '어렴풋한 불안ぼんやりした, 不安'이라는 말을 유서에 남기고 자살했다. 어두운 시대의 개막을 상징하는 사건이다.

1929년 미국 월가Wall Street에서 시작된 세계대공황은 일본에도 파급되었다. 노동쟁의가 격화되어 실업자가 급증하고, 농촌에서는 자녀를 팔아넘기는 일이 잇따라 일어났다. 그런 가운데 지배층은 중국 대륙에서 활로를 찾았다. "만주·몽고는 일본제국의 생명선이다!"라며 침략을 단계적으로 확대시킨 것이다. 1931년 일본 군부가 일으킨 '만주사변'을 통해 일본 정부는 괴뢰국가 '만주국'을 만들어 냈다. 이러한 침략 행위로 세계의 비난을 받은 일본은 국제연맹을 탈퇴하고, 마찬가지로 파시스트 국가가 되어 있던 독일·이탈리아와 손잡았다.

만주사변 이후 일본 역사는 군부에 의해 움직이게 되고, 언론·사상·종교에도 군국주의의 위협이 닥쳐왔다. 1932년 5월 15일에는 해군 장교들에 의한 5·15사건이 일어났다. "말하면 안다"고 되풀이하는 이누카이 쓰요시

犬養毅, 1855~1932 수상에게 "문답무용問答無用"이라며 총탄을 퍼부은 이 쿠데타는 '헌정憲政의 신神'으로 불린 이누카이의 죽음임과 동시에 정당정치의 종언이기도 했다.

같은 해 6월 오사카에서 '고스톱go-stop 사건'이 일어났다. 한 육군 병사가 빨간 신호를 무시하고 교차로를 건너자 이를 제지한 경찰관과 주먹다짐을 하게 된 사건이다. 경찰과 육군 고위층까지 대립이 악화되고 해결에 반년이나 걸렸다. 이때 경찰의 책임자로 대응한 사람이 기독교인인 아와야 센키치粟屋仙吉, 1893~1945다. 오사카후大阪府 경찰부장인 그는 병사라도 법률을 지켜야 한다고 주장하며 군의 압력에 저항했다. 결국 쌍방이 타협하여 해결되었지만, 이 사건은 대두하는 군부의 횡포를 상징하는 것이었다.

1936년에는 2·26사건*이 일어났고, 그것을 계기로 군국주의는 더한층 확대되었다.

1937년 7월, 베이징 외곽의 루거우차오盧溝橋에서 중·일 양군이 충돌했다. 이 사건을 계기로 양국은 전면전에 돌입했다. 고노에(고노에 후미마로近衛文麿, 1891~1945) 내각은 이를 '지나사변支那事變'으로 불렀는데, 일본군은 점령지를 확대하여 12월에 난징을 점령했다. 이때 난징학살사건을 일으켰다. 이 전쟁은 태평양전쟁이 시작되면서 제2차 세계대전의 일부가 되었다.

1938년에는 국가에 의한 통제의 총결산이 된 국가총동원법이 만들어지고, 천황제에 부합하지 않는 모든 단체와 개인에게 혹독한 통제와 탄압이 가해졌다.

1941년 12월 8일 일본군의 진주만 공격으로 시작된 태평양전쟁은 자원이 부족한 일본에게는 처음부터 승산 없는 싸움이었다. 첫 전투의 화려한 전과戰果는 1년도 지속되지 못하고 순식간에 국면이 매우 어려워져 백성들은 가난과 궁핍에 빠졌다. 1945년에 접어들어, 절망적인 전투가 지속되는 가운데 오키나와의 지상전에서는 군인뿐 아니라 오키나와현 주민들도 많이 희생되

* 일본 육군에 존재해 온 두 파벌인 황도파(皇道派)와 통제파(統制派)의 갈등으로 일어난 황도파의 쿠데타.

었다. 그해 8월, 히로시마(6일)와 나가사키(9일)에 원자폭탄이 투하되자 8월 15일 일본은 무조건 항복한다. 개국 이래 미증유의 패전이었다.

쇼와기 전기의 기독교회는 혹독한 겨울이었다. 전쟁 양상이 더욱 치열해지고 전쟁의 불길이 확산되어 가는 가운데 기독교인에 대한 편견과 탄압이 심해졌고, 교회를 떠나는 신자들도 있었으며, 구도자는 감소했다. 1943년 무렵부터는 기독교에 대한 군부와 경찰의 압력이 한층 거세어져 예배도 규조요하이宮城遙拜(천황이 사는 궁성을 향해 절하는 것)부터 시작해야 했다. 이같이 이 시기의 기독교회가 걸어간 역사는 커다란 시련의 길이었다. 그러나 아시아 모든 교회에 일본 교회는 국가 시책에 협력한 가해자의 입장이었음을 잊어서는 안 된다.

2. 하나님의 나라 운동

이같이 쇼와기에 들어 경제적으로 정체에 빠져 불안정한 가운데 기독교회가 전개한 대규모 운동이 '하나님의 나라 운동神の國運動'이다. 이 운동은 국제선교협의회International Missionary Council 회장 존 모트의 중재와 노력으로 가가와 도요히코가 제창하고, 일본기독교연맹(일본기독교회동맹의 후신)을 통해 추진된 대규모 전도활동이다.

1930년부터 2기 5년에 걸쳐 실시된 이 전국적 운동은 '기도하라, 헌신하라, 일하라'를 표어로 하고 영혼 구원과 동시에 사회 구원을 목표했다. 특히 그때까지 교회의 전도활동에서 그다지 관심을 받지 못한 노동자와 농민에게 눈을 돌렸다.

이 운동의 중심인물이 된 가가와에 따르면 "예수의 일생을 관통한 하나님의 나라 운동은 예수의 사회운동이었다." 즉, "가난한 자에게 복음이 전파되고, 마음이 상한 자는 위로받고, 압제받는 자는 해방되고, 모든 자는 구원받는다는 것을 그리스도는 확실히 말씀하고 있다."[1]

또한 '하나님의 나라 운동'의 선언에는 이렇게 강조했다.

"'때가 찼고 하나님의 나라가 가까이 왔으니 회개하고 복음을 믿으라.' …… 현대의 요구는 하나님 나라의 복음이다. 고통받는 현대는 개인적으로도 사회적으로도 구원의 본질적 생명이 살아 있게 하는 하나님 나라의 복음을 듣지 않으면 안 된다. …… 우리 조국을 하나님의 나라로! 우리 동포를 그리스도의 거룩한 존전尊前으로! 그리고 거룩한 나라가 임하게 하옵고, 뜻이 하늘에서 이루어지듯 땅에서도 이루어지게 하옵소서. 이것이 우리 공통의 기도이며 필생의 사업이다."[2]

이러한 이념 아래 중앙위원회와 전국 93개 지방위원회가 설치되고, 각 교파의 941개 교회가 참가했으며, 많은 기독교 단체들이 협력했다. 다이쇼기 '전국협동전도'의 규모와 성과를 넘어섰고, 일본 복음 선교의 역사에서 최대의 조직적 전도가 전개되었다.

1930~1932년에 이르는 제1기에는 청중이 100만 명을 넘어섰고, 신앙을 수용하기로 결심한 사람들이 4만 5,000여 명에 이르렀다. 이 운동에서 하나님의 나라 운동 중앙위원회 간사로 일했던 에비사와 아키라海老澤亮, 1883~1959는 《일본 기독교 백년사》에서 다음 다섯 항목으로 그 활동을 평가했다.

① 전국의 교회와 개인이 교파를 초월하여 협력하고, 많은 영혼을 전도한 것, ② 좌·우익 두 시대 세력으로 좁혀질 수 있음에도 기독교 신앙과 사회적 주장을 명확히 한 것, ③ 세계의 기독교인과 협력할 수 있었던 것, ④ 그때까지 일본 교회 활동에서 그다지 돌아보지 못한 농산어촌農山漁村과 공업지대에 전도의 문을 연 것, ⑤ 이러한 대운동이 처음부터 끝까지 교회를 기반으로 하여 행해진 것.[3]

1932년 11월 이 운동이 일단 종료되었을 때, 많은 관계자가 이 운동이 계속되기를 희망하여 새로이 제2기 2개년 계획이 실행되었다. 일찍이 주간週刊 대중전도지인 〈하나님의 나라 신문〉을 비롯한 많은 소책자들이 발행되어 문서전도가 활발하게 행해져 온 것도 특기할 만하다.

이같이 대대적으로 행해져 온 전도활동이지만, 제2기에 들어 비상시체제非常時體制의 압력이 강화되어 가는 가운데 점차 교육적 전도로 변해 갔다. 이 운동 과정에서 농촌·도시복음학교가 개설되었는데, 종래의 전도에 대한 반성을 토대로 사회문제에 관심을 둔 것은 매우 주목할 만한 점이다. 그러나 결과적으로 극히 일부를 제외하고 일본 교회가 노동자나 농어민층과 연결되기까지에는 이르지 못했다.

3. 사회적 기독교·학생 기독교 운동

쇼와 초기의 불안정한 사회정세에 대한 기독교회의 대응으로 앞에서 '하나님의 나라 운동'을 거론했다. 이 시기에 교회가 사회문제에 진지하게 임했던 또 하나의 운동으로 '사회적 기독교 운동'을 들 수 있다.

이 운동에는 몇몇 단계가 있다. 먼저, 초기 단계에는 '구모노하시라카이雲の柱會'가 설립되었다(1925). 다이쇼 말기부터 가가와 도요히코의 사회실천 운동의 감화를 받아 도시샤대학에서 시작된, 이웃사랑 실천을 위한 단체다. 가가와 도요히코에게 가르침을 받은 도시샤대학 법학부 교수 나카지마 시게루中島重, 1888~1946를 중심으로 한 교원과 학생들의 연구단체이며, 신앙과 사회과학의 접점을 찾으면서 기독교 사회윤리의 실천을 목표로 한 기독교인의 운동이다. 나카지마의 강연과 저작 활동을 통해 전국의 학생기독교청년회 활동에 커다란 영향력을 미치게 되었다.

제2단계로서, 사회적 기독교 운동 담당자가 기독교청년회동맹YMCA을 모체로 하는 학생기독교인들에게로 점차 옮겨 갔다. 어느 시대에나 학생은 당대 사회정세에 가장 민감하게 반응하며 급진적으로 행동하는 존재다.

1930년 7월에는 '예수를 현대에 살게 하라'라는 주제로 YMCA의 제40회 하기학교가 고텐바御殿場에서 열렸다. 이때 나카지마 시게루와 간 엔키치菅円吉, 1895~1972 릿쿄대학 교수가 지도적인 역할을 했다. 간은 이 해 11월 수차례에 걸쳐 〈요미우리신문〉에 '장래의 종교'라는 기사를 연재하여 기독교 안팎에 커다란 반향을 일으켰다. 그의 주장은 다음과 같다.

"지금까지 개신교는 개인적·금욕적 개신교였지만, 이후의 개신교는 사회적 개신교이지 않으면 안 된다. 종교가 단순한 기분이 아니고 생활인 이상, 현대에는 문명에 대응하는 종교·정치·경제·학문에 연결되고 그것과 제휴하는 종교가 필요하다. 즉 기독교는 사회화되어야 한다." 4

간은 이같이 종래 기독교의 개인주의적 특색을 호되게 비판했지만, 마르크스주의와는 선을 긋고 있었다. 이 시기 사회적 기독교 운동의 지도자로는 간 엔키치, 나카지마 시게루, 스기야마 겐지杉山謙次, 나카하라 겐지中原賢次 등이 있다. 매년 열리는 YMCA 하기학교는 이 운동의 전국대회 양상을 나타냈고, YMCA 기관지《개척자》는 이 운동의 선전기관 역할을 했다.

그러나 당시 SCM으로 불리던 이 운동은 사회적 기독교 운동Social Christian Movement의 약칭인지, 학생 기독교 운동Student Christian Movement의 약칭인지 구별되지 않던 1931년부터 1932년 무렵에는 급진적인 양상을 보였고, 마르크스주의적 사고방식이 점차 학생들 사이에 침투해 갔다.

1931년 11월 YMCA가 주최한 '기독교청년회 임시전국협의회'가 도쿄에서 열렸다. 그 협의회의 기록에 따르면, 다음과 같이 선언되었다.

"한때 기독교청년회는 개인주의적 신앙에 안주하여 현대 자본주의의 죄악에 대한 인식이 없었다. 그러나 현존 계급대립을 방임하는 사회적 위기에서는 개인주의적 신앙만으로는 인류의 해방을 결코 기대할 수 없다. …… 시대의 인식, 비판 및 실천, 이것은 현대 학생들이 관심을 두고 있는 것들이며 우리는 거기에 기독교 정신을 살리기 바란다." 5

이 협의회에서는 일단 '기독교 정신을 살린다'는 표현은 사용하지만, 시대 인식이나 행동의 발상에서 마르크스주의의 영향이 짙다. 그리고 종래의 신앙이 '개인주의적 신앙'으로 혹독히 비판되고 있다.

그런 가운데 1932년 7월 21일부터 고텐바의 도잔소東山荘에서 제42회 하

기학교가 열렸다. '현대사회에서 기독자의 실천'을 주제로 한 이 하기학교에 전국에서 106명의 학생들이 참가했다. 그러나 이 하기학교에서는 이론적 연구와 협의보다는 '실천으로, 실천으로' 돌진하는 경향이 지배적이었다. 일부 급진적 학생들은 종래 지도자들을 '다라칸ダラ幹(타락한 지도자를 뜻하는 속어)'이라며 호되게 비판하고 배격했는데, 결국 하기학교는 운영 불능에 빠져 중도에 폐교, 해산되는 사태에 이르렀다.

이 사건을 기회로 SCM을 백안시白眼視하던 교회는 물론, 운동의 모체였던 YMCA도 SCM과 관계를 끊게 되었다. SCM은 한층 급진화되어 나고야에서 계속되었지만, 결과적으로는 공중분해되고 말았다.

이미 보아 왔듯이 SCM 담당자는 학생, 대학 교관, 청년지도자 등의 지식층이었다. 그들이 쇼와 초기의 불안정한 사회정세 속에서 기독교인의 사회적 책임을 진지하게 추구한 것은 높게 평가할 수 있다. 같은 무렵, 일본 기독교계는 온 힘을 다하여 '하나님의 나라 운동'에 몰두하고 있었다. 어디까지나 교회가 주체가 된 전도활동이고, 기존 전도 대상의 범위를 넓혀 가는 가운데 영혼 구원과 사회 구원을 목적으로 한 것이었다.

한편, SCM의 경우, 종래 기독교의 개인주의 신앙을 비판하고 사회문제 해결에 나서는 것을 목적으로 했다. 문제의 핵심에 접근하는 그들의 시각은 예리했지만 정작 대결해야 할 사회악과 싸우기 전에 교회의 체질에 대한 비판이 전면에 대두되고 말았다. 그 투쟁의 창끝이 사회악이 아닌 교회 내부 지도자나 교회 자체로 향해 간 것이다. 그리고 교회로부터 유리되어, 모체가 되었던 YMCA와도 결별하고 말았다. 그 결과, 명확한 이론적·조직적 기반이 없던 SCM은 공중분해되지 않을 수 없었던 것이다.

그러나 여기서 문제시된 것은 기독교인과 사회문제이며, 뒤에 말하겠지만, 전후戰後 아카이와 사카에赤岩榮, 1903~1966 문제나 1960년대 후반부터 시작되는 학원분쟁 가운데 학생 기독교인의 모습에서도 계속되는 것이었다. SCM 자체는 관념적으로 미숙하고 성급하게 추진되어 안타까운 결말을 맞았다. 그러나 그 물음은 기독교인의 사회적 실천에 관계된 중요한 문제 제기가 되었다.

4. 성결교회의 부흥과 분열

쇼와 초기의 불안정한 사회정세에 대한 기독교회의 대응으로 '하나님의 나라 운동'과 'SCM'을 소개했다. 여기서는 같은 시기에 일어난 성결교회를 중심으로 한 부흥운동을 다루고자 한다.

성결교회의 부흥은 1930년 시작되어 1933년에 정점에 이르렀지만, 성결교회에 분열을 초래했다. 1930년 5월, 당시 신주쿠의 가시와기에 있던 성서학원에서 부흥이 시작되었다. 그때까지 부흥을 열망하던 성서학원의 교사와 학생들의 뜨거운 기도가 도화선이었다. 이 부흥이 시작된 기도회의 모습은, 현장에 참석한 교사 요네다 유타카米田豊, 1884~1976의 〈불이 타오르기 시작했다火が燃え出した〉라는 글에서 이렇게 묘사되고 있다.

> "성서학원의 카우먼 홀은 바야흐로 거룩하고 멋진 포도주의 대향연이 한창이다. 진지한 기도, 온 힘을 다한 찬송으로 홀이 넘치고 있다고 할까, 소용돌이치고 있다고 할까. …… 이치노미야(이치노미야 세이키치一宮政吉, 1884~1954, 당시 도쿄성서학원 교사였음) 형제가 간단한 권면을 하고 기도한다. 또다시 장내는 일제히 기도의 폭발. 모두의 입에서 힘 있는 기도가 끊이지 않고 잇따라 무의식적으로 튀어나오고, 아무리 시간이 흘러도 기도를 그치지 않는다. 또 나팔 소리가 울린다. 모두가 함께 우렁차게 노래한다. 이번에는 이 불이 이곳에서 먼저 도쿄의 각 교회로 번지지 않으면 안 되기 때문이라며 각 교회를 위해 모두가 일제히 기도한다. …… 놀랄 만한 찬송, 기도의 영이 충만한 시간이다."[6]

이같이 초대교회 오순절 성령강림을 떠오르게 하는 집회의 열기는 성서학원 교사와 학생들을 통해 도쿄도내의 교회는 물론 전국 성결교회로 번져 갔다.

이해 10월 '성령이 말씀하는 대로 하라'는 표어 아래 전국 부흥대회가 열렸다. 이 집회에는 성결교회의 교역자와 신도뿐 아니라 자유 감리교, 나자렌, 일본전도대 등의 교역자와 신학생도 출석하여 획기적인 초교파의 부흥대회가 되었으며, 부흥은 점점 확산되어 갔다. 이듬해 1931년에는 더욱 부흥이 진전되었다. 성서학원 구내에 5,000명을 수용할 수 있는 큰 천막이 설치되고 부흥대회가 준비되었다. 이 해의 부흥대회는 '나 새벽을 불러 깨우리라'를 표어로 했고, 일본 전국뿐 아니라 해외에서도 교역자와 신자들이 참가했다. 〈깨어라 날은 가깝다〉를 자주 불렀고, "주님은 가까이 오셨다"며 재림이 어느 때보다 강조되었다.

이같이 분위기가 고양되어 가는 가운데 재림대망의 열기는 점점 고조되어 갔다. 1932년을 지나 1933년에 들어서자 실로 재림 직전에나 있을 법한 독특한 열기를 뿜게 되었다. 이 부흥을 통해 성결교회는 놀랍게 성장했다. 1928년에 160개 교회, 교인 8,400명이던 이 교회는 부흥이 시작된 1930년에 4,311명이 세례를 받았으며, 교회 수 330곳, 교인 1만 2,000명으로 급증했다. 그리고 분열 직전인 1932년에는 434개 교회, 교인 1만 9,523명의 대규모 교회로 성장했다.

이같이 부흥이 진전되어 가는 가운데 성결교회를 이끌던 나카다 주지 감독은 1932년 말 요도바시성결교회의 성회에서 '성서로 본 일본'이라는 주제로 연속강연을 했고, 강연 내용을 글로 쓴 것이 이듬해인 1933년 초에 출판되었다. 여기서 나타난 나카다의 주장이 성결교회 분열의 계기가 되었다.

그는 이 책에서 일본인의 기원을 유대인과 연결시키고, 성서의 예언을 독특한 해석으로 서로 연결시키면서 세계사에서 비교할 대상이 없는 일본의 사명을 강조했다. 그리고 조선 병합, 만주 지배 등 일련의 대륙 침략을 긍정하며, 일본이 강대해지는 것은 선민 이스라엘을 구원하기 위해 쓰인다고 주장했다. 성서에 나오는 '해가 떠오르는 나라'를 모두 일본에 적용하며 그리스도의 재림을 앞둔 일본의 특별한 사명을 강조한 것이다.[7]

이러한 나카다의 생각은 개인의 견해에 머물러 있었고, 성결교회의 전통적 모습과 공존할 수 있는 동안에는 아직 결정적인 문제가 되진 않았다. 그러나 그는 더욱 주장을 발전시키고, 그리스도의 재림 때 유대 민족이 회복되며, 일본 민족도 그 축복에 참여할 거라고 주장했다. 1933년 들어 재림의 절박성을 설교하는 그의 주장은 더욱 강해졌고, '금년의 나팔절'이라는 글에서는 그해 9월 21일 재림이 일어날 가능성까지도 시사했다.[8] 그리고 그러한 상황에 비추어 보면 이제 종전처럼 개인전도를 하거나 교회를 개척하며 조직하고 있을 때가 아니라 오직 그리스도의 재림과 유대 민족의 회복을 위한 기도에 전념해야 한다고 설교했다. 이러한 나카다의 주장에 성결교회 교역자와 신자들은 크게 감화되었고, 일상의 일과를 버리고 재림을 준비하는 사람들도 있었다. 한편, 그러한 흐름에 강한 위화감을 느끼거나 우려하는 사람들도 있었다.

1933년 9월 22일, 나카다는 성서학원의 새 학기에 앞서 구루마다 아키지車田秋次, 1887~1987, 요네다 유타카米田豊, 1884~1976 등 5명의 교수에게 자신의 방침에 따라 가르칠 것을 요구하는 편지를 보냈다. 내용은 이런 것이다.

> "저는 어디까지나 지금 주어지고 있는 빛에 따라 나아갈 것입니다. 따라서 사랑하는 형제들은 성구 해석에 다소 이견異見도 있겠지만, 모두의 의견 일치를 위해 저의 방침과 소신에 뜻을 같이하고, 그것을 개인적으로 그리고 교실 및 교회에서 말씀해 주시고 저를 도와주시기 바랍니다. 그러나 이렇게 하는 것이 사랑하는 형제들의 신앙을 거스르고 양심에 거리낀다고 생각하신다면, 많이 기도하며 숙고하신 후에 진퇴를 결정해 주시기 바랍니다."[9]

여기서 언급되는 '저의 방침과 소신'이란 종래의 사중복음에 기초한 전도 중심의 자세가 아니라 그리스도의 재림과 유대 민족의 회복을 위한 기도에 전념해야 한다는 것이다. 이를테면, 일본 민족은 사라진 이스라엘 10지파의 하나로 생각되며, 그리스도의 재림 때 유대 민족이 회복될 거라고 예언되고 있다. 그런 까닭에 그때 일본 민족도 그 복을 함께 받으리라 생각하여 지금은 낚싯대 하나로 낚시하듯 전도를 하고 있을 때가 아니라 오직 그리스도의 재림과 유대 민족의 회복을 위한 기도에 전념해야 한다. 이렇게 함으로써 일본 민족은 유대 민족과 마찬가지로 모두 한 번에 구원받을 것이라는 이야기다.

이에 대해 구루마다, 요네다 등 5명의 교수들은, 비록 감독의 방침이라고는 하더라도 성결교회의 전통적 교리에서 벗어난 것으로 보고, 사건의 옳고 그름을 묻기 위해 임시총회 소집을 요구했다. 나카다는 처음에 이 소집을 인정했지만, 뒤에 이를 취소하고 총회를 비합법으로 간주했다. 10월 25~26일 요도바시교회에서 열린 임시총회에서 5명의 교수를 지지하는 사람들은 나카다의 감독직을 해임하는 결의를, 그야말로 은사恩師에게 활시위를 당기는 심정으로 깊은 고뇌 속에 채택했다. 이에 대해 나카다 측은 전국교역자회를 소집하여 역으로 다섯 교수를 해임하고는 이 총회가 무효라며 민사소송을 했다. 이리하여 양측의 대립은 수습이 곤란한 상황이 되었다. 특히 간다神田교회의 소속을 둘러싼 양측의 충돌은 "하나님, 당신의 자녀들이 다투고 있습니다"라고 신문에도 대서특필되어 기독교회의 이미지를 손상시키게 되었다.

이런 과정과 결과를 우려한 아베 요시무네阿部義宗, 1886~1980 등 감리교회 지도자와 마쓰야마 쓰네지로松山常次郎, 1884~1961 등 기독교인 정치가의 노력으로 1936년에 양측은 '화협분리和協分離'*를 했다. 나카다를 지지하는 쪽은 '기요메きよめ교회'로 이름 짓고 나카다를 종신감독으로 세우는 한편, 다섯 교수를 지지하는 쪽은 '일본 세이聖교회'로 이름 짓고 구루마다 아키지가 지도자가 되었다. 그 후 양측은 각자의 길을 걷고, 1941년 일본 기독교단 성립에 즈

* '화협분리'는 서로 마음을 터놓고 한 협의를 토대로 하여 분리한다는 뜻. 이 용어는 당시 민사재판 과정에서 판검사가 몇 차례 강력히 제시한 조정 권고와 논의에서 사용되었고, 성결교회 분리 사건을 가리키는 역사 용어로 정착되었다.

음하여 일본 세이교회는 제6부, 기요메교회는 제9부에 속했다. 더 나아가 오자키 다카이치尾崎喬一를 중심으로 한 사람들은 기요메교회에서 다시 분리하여 '동양선교회 기요메교회'라고 이름 짓고 일본기독교단 성립에 즈음하여 교단에 가입하지 않고 현지사縣知事의 인가로 종교결사의 길을 택했다.

이리하여 부흥을 통해 급성장한 성결교회는 둘로 분열되었다. 성결교회에서 창립자 나카다 주지는 감독으로서 모든 면에서 카리스마적 권위를 가지고 무리를 이끌고 있었다. 그리고 쇼와 초기에 부흥이 고양되고, 일본의 대륙 진출이 진행되는 가운데 처음부터 그의 안에서 미분화 상태로 공존하고 있던 재림 강조 신앙과 일본 중심의 민족주의가 서로 연결되어 점차 이념화되어 간 것으로 볼 수 있다. 처음부터 나카다는 스승 혼다 요이쓰에게 깊이 감화된 애국주의적 인물이었다. 그러한 그의 신앙 이해가 쇼와 초기 상황 가운데 감독의 권위에 기초하여 사람들에게 강요된 것이다. 그에 대해 종래의 신생, 성화 등 사중복음을 중심으로 한 성결교회의 전통적 교리를 견지하는 성서학원 교수들과 그 지지자들은 나카다의 주장을 성결교회의 전도주의傳道主義를 부정하는 것으로 여기고 거부하여 분열하기에 이른 것이다.

당시 성결교회 본부에서 기관지를 편집하고 전후戰後 성결교단 지도자가 된 야마자키 와시오山崎鷲夫, 1908~2000는 《일본 성결교단사》에서 나카다의 위대함과 인간적 매력을 칭송한 후, "하나님은 인간을 위대하게 되지 않도록 발전의 절정에서 분열의 골짜기로 인도하셨다"고 지적했다.[10] 참으로 시사하는 바가 깊은 말이다. 역사가 얕은 일본 교회에서는 걸출한 지도자가 나오면 인물 숭배에 빠지기 쉽다. 이 역사적 사건은 이런 경향에 대한 경고라고 할 수 있을 것이다.

5. 일본적 기독교 운동

쇼와 초기 준전시체제에서 기독교계의 대응으로 하나님의 나라 운동, 사회적 기독교 운동, 성결교회의 부흥운동에 대해 언급했다. 여기서는 이른바 일본적 기독교의 수립을 목표했던 기독교계의 일본주의적 운동을 살펴보려 한다. 앞에서 소개했듯이 성결교회 지도자 나카다 주지의 주장 가운데서도 일본중심주의* 사상은 명확하게 드러났다. 더욱이 시국이 전시戰時 색채를 띰에 따라 많은 기독교 지도자 가운데 일본정신과 국체國體에 융합되기를 겨냥한 활동이 두드러졌다. 그러한 일본주의화의 움직임 가운데 몇몇 운동을 살펴본다.

미쿠니 운동

이 운동은 1935년 이마이즈미 겐키치今泉源吉, 1891~1969 등이 발간한 월간지《미쿠니》みくに(하나님의 나라)에 기초한다. 이 운동의 중심이 된 이마이즈미 겐키치는 도쿄제국대학교 법학부를 졸업하고 도쿄지방법원 판사로 있던 법률가다. 그는 1927년 국회에 제출된 종교법안에 대한 반대 운동에 앞장섰다. 미쿠니 운동에 가담하기 전에는 다카쿠라 도쿠타로가 제창한 복음적 기독교에 기울어져 있었다. 또한 1930년 결성된 복음동지회 중앙위원으로서 일본기독교회와 일본 신학교의 개혁 문제에 관해 다카쿠라에게 조언하고 있었다. 다카쿠라가 주필인 잡지 〈복음과 현대〉의 발행에도 큰 역할을 했다. 복음동지회 해산 후, 비상시국이 진행되어 가는 가운데 그의 국수주의적 경향이 선명히 드러나고, 일본의 국체와 기독교의 융합·일치를 목표하게 되었다.

이 운동의 중심이 된 것은 월간지 〈미쿠니〉로, 1935년 1월 창간 이래 1943년 3월까지 매호 거르지 않고 800부씩 발행되었다. 이 월간지의 주장에 따르면 "그리스도로 말미암아 일본의 국체를 명확히 한다"고 하며, "황국皇國의 사명을 인식하여 이것을 돕는 일이 가장 하나님 뜻에 합당한 것이다"라고 결론짓는다.[11]

즉, 만주사변 이래 일본의 대륙 진출 정책을 일본의 사명으로 긍정하

* '일본주의'와 '일본중심주의'는 저자가 사용하는 용어로, 일본 기독교계와 지도자들 가운데 자민족 중심의 시각으로 성서를 해석하는 입장을 말한다. 천황제 중심의 군국주의에 박차를 가하며 전시체제에 돌입하는 쇼와기의 시대 상황에서 이는 국가체제에 협력하는 신학적 토대로 작용했다.

고, 그것을 일본 기독교도로서 적극적으로 짊어져야 할 사명으로 생각한 것이다. 그리고 비상시 체제가 진행되어 가는 가운데 운동의 중점은 일본 국체를 명확히 하는 것에 두게 되었고, 성서보다 일본의 가장 오래된 역사서인 《고지키古事記》 쪽이 중요한 위치를 차지하게 되었다. 태평양전쟁 돌입 후에는 "대동아전쟁은 유대인들의 재앙에서 세계를 구원하는 성전聖戰"이라고 주장하며 기독교와 유대교를 예리하게 비판했다.* 특히 국제파 기독교인으로서 저명한 가가와 도요히코를 반국가적이라고 비판하여 〈미쿠니〉 1942년 10~12월호에 가가와 비판 특집호를 엮었다.

일본 역사와 그 사명을 기독교의 복음과 연결하려는 시도는 무교회의 후지이 다케시藤井武, 1888~1930 등 적지 않은 기독교인들에 의해 행해지고 있었다. 그런 시도는 일본 고래古來의 전통적 정신과 민족정신이 경우에 따라 이상화되는 점에서 미쿠니 운동과 공통점이 없는 것은 아니다. 그러나 후지이의 주장 가운데는 일본에 대한 하나님의 심판이 명확히 언급되어 있으며, "평화와 의가 지배하는" 곳에 신일본新日本의 탄생이 있다고 했다.[12]

미쿠니 운동에서는 하나님의 심판에 대해서는 명료하게 다루지 않았고, 한편으로 일본의 민족사상에 기초한 '신국관神國觀'은 미화되며 이상화되어 갔다. 그리고 태평양전쟁에 돌입하면 그것을 '성전聖戰'으로 찬양하고, 기독교의 하나님 나라 사상은 전면적으로 일본 신국관으로 이해되고 만다. 1943년 3월, 이유가 분명히 밝혀지지 않은 채 〈미쿠니〉는 돌연 폐간되고, 미쿠니 운동은 붕괴되었다. 전후戰後 이마이즈미는 가가와를 방문하여 전전戰前의 도를 넘은 비판을 사죄했다. 세상을 떠나기 2년 전에 오바타 스스무小畑進, 1928~2009의 취재에 응해 구술을 통하여 자신의 인생을 〈크리스천신문〉에 연재했다. 연재 마지막에 그는 "(동일한 믿음의 친구들로부터) 여러 가지 충고와 비

* 당시 일본에서 일유동조론(日猶同祖論)이 주목을 끄는가 하면, 한편으로 반유대주의(antisemitism)를 주장하는 사람들도 있었다. 특히 1923년 기타가미 바이세키가 쓴 《유대인의 화(禍)》가 출간되면서 1940년대까지 꾸준히 사회적 반향을 불러일으켰다. 국제 정세를 손에 쥐고 있는 유대인의 음모를 파헤치며 유대인이 세계의 화근이라는 인식을 보였으며, 특히 태평양전쟁에서 일본과 전쟁을 치르고 있던 연합국 국가들은 모두 유대인의 꼭두각시라는 인식이 짙었다.

판을 받는 곤란한 상황이 되었습니다. 모두 배려와 충심에서 들려준 것이지만, 당시에는 이것이야말로 저의 사명이라고만 생각하고 뛰어들고 말았습니다"라며 반성했다.[13]

조합교회의 국가주의적 흐름

조합교회를 결정적으로 방향 지은 구마모토밴드의 정신은 처음부터 국가주의적 지향이 강했다. 특히 그 지도자의 한 사람인 에비나 단조는 만인에게 보편적 종교의식을 궁극적으로 실현한 것이 기독교라 하며, 유교나 신도神道와의 연속성을 주장했다. 대외적으로는 조합교회의 조선 전도를 조선 민족이 대일본제국 신민으로서 일본인과 동화되는 길을 여는 것이라고 지지하며 추진했다. 조합교회의 조선 전도에 관해서는 나의 책《일본인의 해외 선교의 행보》제2장을 참고하기 바란다. 만년에 기독교와 일본 정신의 일치 융합을 말하는 그의 주장은 더욱 명확해졌고, 그의 입장은 유교적 기독교, 신도적 기독교라고 불렸다.

에비나의 충실한 제자인 와타제 쓰네요시渡瀨常吉, 1867~1944는 조합교회의 조선 전도를 홀로 도맡아 추진한 인물이다. 1934년《일본신학의 제창》을 발행하여 그때까지의 주장을 정리했다. 그것은 한마디로 말하면,《고지키》와 성서는 내용이 완전히 일치한다고 주장하기 위해 쓰인 것이다.[14] 그리고 그는 이러한 국가주의적 주장을 사람들이 깨달아 알게 하도록〈히노모토 팸플릿〉*을 간행했다. 또한 이 같은 정신으로 무장한 인재를 육성하기 위해 1940년에 고아신학원興亞神學院을 설립하고 스스로 원장 겸 학감이 되었다. 일본 정신을 체득하고 서양물이 들지 않은 전도자를 대동아大東亞에 내보내는 것을 목적으로 삼고 있었다. 와타제는 1944년 서울에서 머물다 사망했다.

전전戰前 도시샤의 지도적인 교수의 한 사람인 우오키 다다카즈魚木忠一,

* 히노모토(日の本)란 '해가 뜨는 나라'를 의미하는 일본을 미화한 말이다.

1892~1954는 1941년《일본 기독교의 정신적 전통》을 저술했다.[15] 이 책에서 그는 일본 기독교는 일본 국민의 종교적 정신이 기독교 정신에 의해 '촉발'됨으로써 탄생한 것이라고 주장하며, 불교·유교·신도와 기독교 정신의 관련을 논했다. 그리고 일본 기독교에 기대되는 것은 동양과 서양의 종합이고, 이 참된 세계문화를 새롭게 창조하는 일이 신동아건설로 나아가는 일본의 과제이며, 일본 기독교의 사명이라고 했다. 그는 그리스도를 '시모베僕神(종-하나님)', '오미가미臣神(신하-하나님)'로 부르며, 기독교와 황국신민의 도의 일치를 주장했다.*

그 밖의 운동

그 외의 일본적 기독교 운동으로서 몇몇 개인적 활동이 있다. 도호쿠東北제국대학교 교수를 역임한 후 독립전도자가 된 사토 사다키치佐藤定吉, 1887~1960는 쇼와 초기부터 예수의 시모베카이イエスの僕會(예수의 종의 모임) 운동을 추진하며 국내외에서 활발한 전도활동을 했다. 태평양전쟁 시작 무렵부터 그의 신앙은 급속히 황국주의적으로 변모되어 예수의 시모베카이를 해산시키고 황국기독회를 발족시켰다. 기독교의 일본화 운동으로 단체의 뜻을 펴기 위해 힘쓰며, 애국적 황실중심주의야말로 하나님 중심의 생활이라고 강조했다. 그는 전후에도 신도와 황국신학 연구에 몰두했다.

이 외에《하나님의 길과 기독교》(1938)를 쓴 세키네 분노스케關根文之助, 《기독교의 일본적 전개》(1938)를 쓴 히야네 안테이比屋根安定, 1892~1970,《일본적 기독교》(1942)를 쓴 후지와라 후지오藤原藤男를 이 계열에 추가할 수 있다.

또한《일본 기독교 역사 대사전》에서는 일본기독회를 창립한 오지마 사네하루尾島眞治, 1867~1951를 일본적 기독교를 제창한 인물로 소개하고 있다.

* 우오키 다다카즈는 유교의 충효 개념으로 성부와 그리스도의 관계를 해석하며 특히 빌립보서 2장 1~11절과 마태복음 20장 26~28절 등의 성구를 인용해 그리스도는 철저히 자기를 낮추고 비워 죽기까지 섬김을 통해 스스로 '종'과 '신하'가 되었으며, 일본 국체(國體, 천황)와의 관계에서도 그리스도는 신하의 위치에 있다고까지 말한다. 그리고 황국신민의 도(道)는 그리스도의 도(道)라며 이 그리스도를 '종-하나님'과 '신하-하나님'으로 규정한다.

그러나 최근 연구에 따르면, 그가 주장한 것은 일본화된 기독교라기보다 일본인의 기독교를 목표한 것이고, 그를 흔히 말하는 일본적 기독교 계열에 포함시키는 것은 부적합하다고 생각된다.[16]

그런데 위에서 알 수 있듯이, 일본적 기독교 운동이란 쇼와 초기부터 태평양전쟁이 끝나기까지 비상시국 아래서 국수주의적 풍조 가운데 나타난 편향된 기독교 운동이다. 일본기독교단이 1941년 6월에 결성되고, 태평양전쟁에 돌입한 후에는 목사 자격 취득을 위한 필기시험의 유일한 과목이 일본정신사日本精神史였다. 이러한 시대정세에서 기독교계에서도 일본의 정신과 국체에 적극적으로 영합하거나 융합하는 경향이 대두된 것은 당연했다. 많은 경우, 일본적 기독교의 주장은 개인이나 특정 그룹의 언설에 그치고, 독일의 '독일 그리스도인Deutsche Christen'*과 같은 강력한 운동은 되지 않았으며, 태평양전쟁이 끝나면서 붕괴되었다.

그러나 간과해선 안 될 것은, 일본기독교단 지도자들이 이러한 일본적 기독교를 목표하는 연구를 장려하고 그 극단적 부분을 인정하지 않는 한편 이것들을 교묘하게 받아들여 교단의 전시하戰時下 포교 방침과 생활강령에 포함시켜 갔다는 점이다. 특히 일본을 맹주로 하는 대동아의 기독교 수립을 제창한 〈일본기독교단에서 대동아공영권에 있는 기독교도에게 보내는 서한〉에도 이런 주장이 반영되어 있다.

6. 일본기독교단 성립

1941년 6월, 당시 일본에 있던 개신교회 30여 교파가 하나로 되고, 합동교단인 '일본기독교단United Church of Christ in Japan'이 성립되었다.

1923년, 그때까지 일본 개신교회를 대표해 온 일본기독교회동맹은 발전적으로 해산되고 일본기독교회연맹이 발족되었다. 이 단체는 하나님의 나

* 나치 이데올로기에 복종하고 따른 기독교 운동.

라 운동 등 여러 가지 초교파적 활동을 하는데, 특히 교회합동운동을 추진해 갔다. 그러나 최대 교파였던 일본기독교회의 신중한 입장으로 합동운동은 난항을 거듭했다.

그런데 1939년에 종교단체법이 만들어지자 합동 문제를 둘러싼 정세는 크게 변했다. 이 종교단체법은 신사神社를 제외한 모든 종교단체를 국가가 통제하기 위한 법률이다. 과거에도 세 차례 동일한 법안이 국회에 제출되었지만, 안팎의 반대에 부딪혀 모두 성립되지 않고 종결되었다. 그러나 중일전쟁이 시작되고 비상시 체제가 되어 가는 가운데, 이때 제출된 종교단체법은 이렇다 할 반대도 없이 통과되고 말았다.

37개조로 된 이 법률에 따르면, 종교단체 설립에 관해서는 문부대신의 인가가 필요했으며, 그 종교 행위가 공안질서를 방해하거나 신민臣民의 의무에 위반될 때는 인가를 취소했다. 종교단체의 관장管長(신도와 불교 교단을 관할하는 대표자)이나 교단 통리統理(기독교단의 대표)에게는 큰 권한이 주어졌고, 이들에 대한 임면권은 문부대신이 쥐고 있었다. 국가신도國家神道는 이 법의 밖에 있었다.[17]

그 이듬해인 1940년, 문부성 종교국장은 교단 인가의 구체적 기준으로 소속 교회 50개 이상, 신자 5천 명 이상이 필요하다는 견해를 보였다. 이 기준을 적용하면, 개신교회에서 그대로 교단으로 인가될 교회는 소수 교파에 한정될 것이므로, 이 기준에 미치지 못하는 같은 처지의 교파들 사이에 서둘러 합동이 계획되어 갔다.

그런데 문부성 당국은, 개신교회는 이를테면 대동소이하기 때문에 차라리 이때 모든 교파가 하나가 되어 한 교단을 설립하는 편이 현명한 방책이 아니겠는지 강력히 요청해 왔다. 때마침 일어난 구세군 스파이 사건은 더한층 강한 압력이 되었다.[18] 이 사건을 계기로 영미英美 선교단체와 관계가 깊은 교파는 관계를 끊도록 압박을 받았다. 그들 중에는 경제적으로 미자립 상태의 중소교파가 많았고, 그런 점에서도 교회 합동을 서두르게 되었다. 그리고 1940년 10월 아오야마학원 교정에 약 2만 명의 신자들이 모여 '황기

2600년 봉축 전국 기독교 신도대회'를 개최하고 "우리는 전 기독교회 합동의 완성을 기대한다"며 합동선언을 했다.[19] 당초 합동선언까지는 계획되지 않았지만, 문부성 당국의 강한 압력으로 급히 순서에 포함된 것이다.

모든 교파는 이 대회의 결의를 받아들여 이튿날부터 9차례에 걸친 준비위원회를 열며 합동을 준비했다. 결국 신앙고백에 관해서는 의견 일치를 볼 수 없었다. 따라서 신앙고백에 기초한 단일조직이 아니라 당분간 각 교파의 연합소식이 되는 부제部制를 취해 합동을 단행하게 되었다. 로마 가톨릭교회는 일본 천주공교교단으로 이미 인가되어 있었다. 가톨릭과 개신교의 중간적 성격을 띤 일본성공회는 단독으로 교단 인가를 원했다. 그러나 문부성 당국은 받아들이지 않고 일본기독교단에 가입할 것을 강요했다. 그 결과 3분의 1의 교회가 일본기독교단에 가입하고, 나머지는 독립된 종교 결사結社의 길을 택하여 고난의 길을 거쳤다. 그 밖에 성결교의 일부 교회와 몇몇 단체가 현지사縣知事가 인가하는 종교결사의 길을 택했다.

1941년 6월 24~25일, 도쿄 후지미초교회에서 일본기독교단 창립총회가 열렸다. 일본 개신교회 34개 교파가 가입하고, 정식으로 일본기독교단이 성립되었다. 창립총회에서 참석자들은 이렇게 선서를 했다. "우리는 기독교 신자임과 동시에 일본 신민이며, 황국皇國에 충성을 다하는 것을 제일로 삼는다." 그리고 종교단체법에 의해 막강한 권한을 갖는 교단통리統理에 일본기독교회 출신의 도미타 미쓰루富田滿, 1883~1961가 선출되었다.

성립된 일본기독교단은 당분간 11개 부로 구성된 부제를 택했다. 결성 당시 각 부의 교파와 교세는 다음과 같다.

부(部)	주요 교파	교인 수(명)
제1부	일본기독교회	6만 2,708
제2부	일본 감리교회 및 그 외	4만 9,360
제3부	일본조합기독교회 및 그 외	4만 5,228
제4부	일본 침례교회	7,200
제5부	일본복음루터교회	7,111

제6부	일본 세이(聖)교회	1만 6,350
제7부	일본전도기독교단	9,949
제8부	일본 세이카(聖化)기독교단	7,519
제9부	기요메교회 및 그 외	7,361
제10부	일본독립기독교회동맹회	1만 2,294
제11부	일본구세단	1만 6,425
합 계		24만 367

게다가 여기 포함되어 있지 않지만 일본성공회에서 참가한 신자는 1만 명이 넘는 것으로 보이므로, 일본기독교단에 참가한 신자는 25만 명이 넘는다고 할 수 있다.[20]

그런데 문부성은 설립된 교단이 이렇게 11개 부의 연합체에 불과한 것을 알아채고 속히 부제를 없애지 않으면 인가할 수 없다며 압박해 왔다. 도미타 통리는 빠른 시일에 부제를 폐지하기로 약속한 상신서를 문부성에 제출하고, 그 상신서와 맞바꾸어 교단 인가가 실현되었다. 이를 받아들여 이듬해 1942년 11월에 열린 제1회 교단총회에서 부제가 폐지되고 완전합동이 실현되었다.

또한 기존 신학교도 동부신학교, 서부신학교, 일본여자신학교의 세 학교로 통합되도록 강제되었다. 더 나아가 동부신학교와 서부신학교는 1944년 일본기독교신학전문학교로 통합되었다. 또한 전시기업정비령戰時企業整備令에 의해 개신교계 출판사 열 곳이 통합되어 신교출판사新教出版社가 발족되었다.

1941년 12월 8일, 일본군은 진주만을 기습공격하고 태평양전쟁을 개시했다. 그 이전부터 국가총동원법이 발령되어 전쟁 수행을 위한 강력한 통제가 준비되고 있었다. 전쟁이 시작됨으로써 국민의 사상, 종교, 그 밖의 모든 분야에서 국가 통제가 일제히 강화되어 갔다. 기독교회도 전쟁 체제에 편입되어 교단총회에서 '애국기愛國機'라는 이름으로 군용 비행기 헌납을 결의하기도 하고, 부인회와 교회학교에서 전쟁터의 병사들을 위해 위문품 자루를 만들기도 했다. 또한 교역자들을 위한 연성회鍊成會가 자주 열려 교역자들은

'국체國體의 본의本意'나 일본 정신사에 관한 정부 관료와 학자들의 강연을 듣고 토론하며 규조요하이, 야스쿠니 신사참배 등을 했다. 어쨌거나 다양한 형태로 기독교회도 적극적으로 국책에 협력하고 있음을 증명해야 했다.

특히 국가에 대한 교단의 굴종 태도를 보여주는 예로 1942년 1월에 있었던 도미타 통리의 이세 신궁 참배가 있다. 교단 기관지 〈교단시보敎團時報〉는 이렇게 보도했다.

> "도미타 통리는 10일 밤중에 출발해 스즈키 총무국장을 대동하여 11일 아침, 이세다이뵤伊勢大廟에 참배했다. 그리고 우리 교단의 신新 교단 발족을 보고하고, 이후의 발전을 기원했다."[21]

국가권력의 강한 압력이 있었다고는 하지만, 한 나라 개신교회의 최고 지도자가 새로운 교단 발족을 우상 앞에 보고하고 교단의 발전을 기원한 것이다. 이는 국가신도와 하나로 엮인 군국주의 체제의 일부가 된 교단의 모습을 상징적으로 보여 주는 것이다.

7. 일본기독교단 성립에 대한 평가

일본기독교단 성립에 대해서는 다양한 평가가 있다. 그것들을 크게 나누면, 적극적·긍정적 평가, 소극적·부정적 평가, 절충적 평가로 나눌 수 있을 것이다.

적극적·긍정적 평가

교단 성립을 하나님의 뜻으로 적극적으로 평가해 가는 입장이다. 이 입장에 가까운 사람으로 《일본 기독교 100년사》를 쓴 에비사와 아키라海老澤亮, 1883~1959와 《일본 기독교 합동사고合同史稿》를 쓴 미야코다 쓰네타로都田恒太郎, 1897~1983를 들 수 있다. 그들은 각각 합동운동을 추진했던 일본기독교연맹의 총간사를 역임하며 교단 설립에 깊이 관여한 사람들이다.

먼저 에비사와는 그의 저작에서, 교단 성립이 종교단체법의 성립을 비롯한 당국의 요청과 교회 밖 정세에 따른 것임을 부정하지 않는다. 그러나 "하나님은 이 반동법(종교단체법)을 통해서도 기독교를 일본에서 공인시키고, 또한 오랜 기도 제목이었던 교회 일치의 이상을 실현하는 계기를 만드신 것"이라고 생각한다.[22] 더욱이 그에 따르면, "교회가 하나라고 하는 신앙과 이상은 일본 최초의 교회 이래 내세워져 온 점"이고, 요코하마공회 이래 70년이 지나 "일본 개신교 역사상뿐 아니라 세계 기독교 사상 획기적인 대합동이 여기서 실현된 것이다." 물론 에비사와도 당국의 요청이라는 외압을 인정하며, 후에 거기에 문제를 남겼다는 느낌이 있다고 한다. 그러나 여하튼 "세계 기독교회가 쉽게 이루지 못한 대사업을 결행할 수 있었던 것은 하나님의 측량할 수 없는 인도引導의 선물 바로 그것"이라며 교단 성립을 적극적으로 평가한다.[23]

미야코다는 《일본 기독교 합동사고》에서 이렇게 주장한다. 먼저 '서언'에서, "'일본기독교단'의 탄생은 일본 개신교가 발족 이래 목표해 온 도착점에 어쨌든 다다른 이정표였다"는 것이다.[24] 그리고 "이번 합동교회 성립에 즈음하여 잊어서는 안 될 것은, 그 배후에 과거의 오랜 노력이 있었다는 사실이다"라며, 요코하마공회 성립에서부터 교단 성립에 이르기까지 교회 측의 오랜 준비가 있었음을 강조한다. 특히 자신이 총간사로 있던 일본기독교연맹이 합동운동에 얼마나 적극적으로 관여해 왔는지에 대해 내부 자료를 토대로 자세히 진술하고 있다.

미야코다에 따르면, "그런 까닭에 오늘의 합동교회 성립은 결코 하루아침에 이루어진 것이 아니고, 오랜 연구와 희망이 오늘의 상황 속에서 완성되기에 이른 것으로 보아야 하는 것이다."[25] 또한 교회합동은 종교단체법과 새로운 체제에의 순응이라고 당시 대중매체가 보도했고, 일반 기독교도도 그렇게 생각하는 경향이 있지만, 합동의 진전은 "그렇게 쉽사리 이루어진 것이 아니라 100년 전 개신교가 도래한 이래 일본 교회에 부과되어 온 중심적 과제의 해결이었다." 따라서 교단 성립은 "세계 기독교 역사상 유례를 찾아보기 힘든 훌륭한 예"로서 높게 평가되어야 할 것이다.[26]

소극적·부정적 평가

이 입장인 사람으로는《일본 프로테스탄트 기독교사》와《일본 프로테스탄트교회의 성립과 전개》를 저술한 도히 아키오土肥昭夫, 1928~2008가 있다.

그는 먼저, 일본기독교연맹에 의한 합동운동은 "혼미하여 파탄 직전의 상태"였다고 분석한다. 그런데 종교단체법의 성립으로 "합동정세의 급격한 변화"가 일어났다. 모든 종교단체의 국가 통제를 겨냥한 종교단체법을 국가에 의한 종교보호정책으로 생각했던 당시 대다수 기독교 지도자들의 인식은 매우 낙관적이었다. 이 종교단체법으로 대표되는 국가권력의 외압에 대해 "교회는 타자의존적 체질 때문에 자기 보존을 구하며 스스로 천황제 국가의 지배체제 안으로 투신하여 교단을 세운 것이다."[27] 그에 따르면, 종교단체법에 기초하여 만들어진 교단의 기구가 문부대신이 임면권을 갖는 통리자의 막대한 권한으로 지탱되고 있는 것을 생각할 때, "교단은 국가권력에 의한 종교통제정책의 보완적 역할을 맡도록 획책되고 있었던 것"이라고 판단한다.[28]

도히는 "한마디로 말하자면, 교단은 국가의 통제와 동원을 위해 설립되고, 민간에서 국가시책에 협력하는 보완적 존재였다"고 결론짓는다.[29] 따라서 "그 역사는 교회가 자기 존재 기반을 상실했다는 의미에서 패배의 역사"인 것이다. 그러한 패배의 역사에도 불구하고 거기에도 하나님의 섭리의 손길이 작용하여 교회 합동을 인도하신 것이라는 "신앙의 입장"에 대해서는, 철저한 회개와 역사적 반성이 행해지지 않는 한 "안이한 현실 용인容認의 논리"를 만들어 낼 거라며 엄격하게 비판하고 있다.

《일본 프로테스탄트 교회사 상·하》를 쓴 오노 시즈오小野靜雄, 1947~도 이 입장에 포함될 것이다. 개혁파 신학의 입장인 오노는, 교회가 성립되려면 어디까지나 신앙고백이 가장 중요하다는 입장이다. 교단 성립에서 신앙고백으로 일치하지 못한 채 부제部制를 도입한 것에 대해서는 "오합지졸을 형성한 것에 지나지 않고, 거기서 '거룩한 공동의 교회, 즉 성도의 교제'가 실현되는 것은 불가능에 가깝다. …… 매우 이해할 수 없는, 야합이라 할 만한 형식(부제)으로 '일본기독교단'은 창립 준비를 마치고 있었던 것"이라고 했다.[30] 그리고 창립총회에서 '교의教義의 대요大要'를 중심으로 삼는 교단 규칙을 채택한 것에 대해 이렇게 논했다.

> "'교의의 대요'는 말할 필요도 없이 신앙고백이 아니다. 어디까지나 문부성 당국에 이 교단의 신앙교의를 설명하고 승인을 얻기 위한 기입 사항에 불과하며, 하나님께의 응답도 아니고 최소한의 신앙적 합의를 의미하는 것도 아니다. 신앙고백에 대한 관심을 약화시킬 뿐만 아니라 고백해야 할 신앙 내용조차 확인할 수 없으니, 가장 나쁜 합동이라 해야 한다."[31]

절충적 평가

교단 성립에 대한 앞의 두 입장을 극과 극이라 한다면, 절충적 입장을 생각할 수 있다. 교단 성립이 문부성의 압력에 굴복한 것임을 충분히 인정하면서도, 그 가운데서도 역사를 지배하시는 주님의 손길을 인정하고, 성립된 이상 어떻게든 이것을 올바르게 키워 가야 한다는 입장이다.《일본 기독교 사론史論》을 저술한 이시하라 겐石原謙과 야마야 세이고山谷省吾, 1889~1982가 중심이 되어 출판한《일본기독교단사》의 입장이 이에 가깝다고 할 수 있다.

이시하라는 먼저,《일본 기독교 사론》에서 일본 기독교의 특수성을 지적한다. 그것은 "교파성에 대한 소극적 태도, 이것을 무의식적인 회의懷疑라고 해도 좋을지 모른다"는 것이다. 이는 "무교회적 경향, 이를테면, 반교파적 감정은 일본 기독교 전체를 관통하는 공통적 특질"이라는 지적과 맥을 같이한다. 그리고 "일반적으로 일본 교회가 법적 성격이 약하며, 그 점에서 매우 불비불완전不備不完全하다"고 생각한다.[32] 이러한 일본 교회의 특질이 교회

합동의 역사적 배경으로 생각될 수 있다.

그리고 교단 성립은 교회 측에 노력의 결과로 생겨난 것이 아니라 "당시 군국주의적 정부로부터 강제된 것"이며, "군국주의적 국책의 압력에 의해 좋든 나쁘든 기독교의 입장이 굴복당했고, 우리는 이 사실을 변명할 수 없다"고 명확히 주장한다.[33] 이는 "일본 기독교의 미숙한 약점을 드러낸 사실"이라고 할 수 있지만, 그럼에도 "우리는 거기 암시된 역사의 의미를 배우는 겸허한 태도로 임해야 한다"는 것이다.

결론적으로 이시하라는 교단 성립의 의의를 다음과 같이 정리한다. 일본기독교연맹이 여러 해 동안 노력하면서도 성공하지 못한 교회 합동이 종교단체법이라는 국가권력의 강제에 의해 촉진된 것은 "추태"지만 "이 기회가 없었다면 교단은 성립되지 않고 교회 합동은 곤란했을 것이다. 불완전하나마 이 기회에 합동을 이룰 수 있었던 것은 하나님께서 준비해 주신 섭리였다." 어쨌든 "이로써 일본 기독교는 처음으로 교파적 대립을 극복하고 개신교적 기독교 신앙에서 일치하는 입장에 설 수 있었다"는 것이다.[34] 따라서 중요한 것은 새롭게 탄생된 교단을 어떻게든 참된 합동교회가 되게 하는 것이다.

야마야 세이고를 중심으로 집필된 《일본기독교단사》도 교단 성립을 변호하는 입장이 강하지만, 굳이 분류하자면 절충적 입장에 가깝다고 할 수 있을 것이다. 이 책에 따르면, "군부를 중심으로 한 전체주의적인 세계정책의 결행"이라는 당시 일본의 "특수 사정"과 교단 성립은 연결되어 있으며, 그것은 "조급"하고 "부자연"스러우며 "주체성이 결여되어 있었다." 그러나 "비상시국 아래서 우물쭈물하는 것은 용납되지 않았고, 결국 합동을 단행하지 않을 수 없었던 것이다." 그러나 전체적으로 보면, "합동이 부득이했던 사실을 인정하는 교회와 신자가 많을 뿐 아니라, 그들은 적극적으로 합동의 의미를 인식하고 믿으며, 결국 일치하여 합동을 목표로 나아간 것이다."[35]

일본기독교단에 의해 출판된 점을 감안하면, 이 책은 대체로 교단 성립을 변호하는 입장이다. "전후戰後의 입장에서 보면, 여러 가지로 비평될지도

모른다." 그러나 "우리는 당시의 곤혹스러운 현실 속에 자신을 세워 두고 중립자의 입장에 서지 말며, 밖으로부터의 비평으로 끝나지 말고 충분히 이해하고 동정하며" 사실을 인식하는 것이 중요한 것이다.[36] 어쨌든 당시의 힘든 상황에서 교회를 지키기 위해서는 어쩔 수 없었다는 자세를 엿볼 수 있다.

끝으로, 나의 입장을 언급하고자 한다. 나는 교단 설립은, 종교단체법으로 대표되는 정부 문부성의 압력에 대한 교회의 굴복이며, 국책에 타협한 것이라고 생각한다. 당시 상황에 비추어 보면 어느 정도의 양보는 어쩔 수 없었다는 주장은 이해할 수 있지만, 역시 교회의 패배라 하지 않을 수 없다. 만일 기독교회를 지키기 위해서였다면, 성결교의 제6부와 제9부 사람들이 탄압받을 때 교단 당국이 취한 지극히 냉담한 태도는 대의명분에 거스르는 것이다. 더욱이 전시하에서 현실적으로 교단의 역할 자체가 전쟁 수행이라는 국책에 확실하게 영합한 것임을 웅변적으로 이야기한다.

그러나 교단 성립을 부정적으로만 생각하지는 않는다. 어쨌든 강요당한 것이라 하더라도, 하나의 합동교단이 탄생한 것은 부정할 수 없는 사실이며, 전후에도 많은 교파가 교단에 계속 머물렀다. 교단의 전쟁 책임을 분명히 거론한 상황에서 하는 말이지만, 교단 성립은 일본 기독교사에서 귀하고 방대한 실험이었다고 할 수 있을 것이다.

제9장

전시하의 교회

1. 전시하戰時下의 교회 박해와 탄압

1930년대부터 1940년대 초기에 걸쳐 전시戰時 색채가 짙어지고 전쟁에 돌입해 가는 가운데 천황제 국체와 부합하지 않은 모든 단체와 개인에게 혹독한 통제와 탄압이 가해졌다. 먼저, 1928~1929년 일본공산당에 대해 대검거가 실시되어 당이 괴멸될 정도의 타격을 입었다. 종교계에서는 먼저 오모토교大本教가 1921년과 1935년 두 차례에 걸쳐 치안유지법 위반 혐의로 대탄압을 받았다. 1937년에는 히토노미치 교단ひとのみち教團(신도계 종교단체로 지금의 Church of Perfect Liberty: PL교단)이 불경죄로, 1934년에는 창가교육학회(현재의 창가학회創価學會)가 다이마호사이大麻奉齋(이세신궁에서 발행한 부적에 참배)를 거부하여 탄압받았다.

기독교회 탄압은 1933년 기후岐阜현을 중심으로 전도하고 있던 미노美濃 미션이 신사참배를 거부한 것이 이유였다. 1939년에는 기독교 유사종교인 일본 도다이샤灯台社(모노미노토ものみの塔로 알려진 여호와의 증인을 말함)가, 그리고 1941년에는 예수 그리스도의 신약교회耶蘇基督之新約教會가 관헌의 탄압을 받았다. 이들 단체는 재림을 강조하고 신사참배를 거부했다. 미노 미션과 예수 그리스도의 신약교회 탄압 사건에 관해서는 나의 책《일본 복음주의파의 역사》를 참고하기 바란다.[1]

1942년 6월 26일 이른 아침, 성결교 교역자 97명이 치안유지법 위반 혐의로 전국에서 일제히 검거되었다. 이듬해 4월의 제2차 검거를 포함하면 모두 134명이 체포되었다. 일본기독교단 제6부(구 일본세이교회)가 60명, 제9부(구 기요메교회)가 62명, 교단에 가입하지 않고 종교 결사가 된 동양선교회 기요메교회가 12명으로, 일본 기독교 역사상 개신교회에 대한 최대 규모의 탄압이었다. 이 대규모 일제검거의 근거가 된 치안유지법은 1941년 개악改惡되어(법률 제정 및 공포는 1925년), 국체를 부정하거나 신사와 황실의 존엄을 모독할 우려가 있는 모든 단체를 단속하는 것이 목적이었다.[2] 개악 이전에는 그러한 행위가 처벌 대상이었지만, 개악 후에는 그러한 사상이 있다고 간주되는 것만으로도 대상이 되었다.

교단에 가입해 있던 성결교 관계자들이 관헌의 공격 대상이 된 이유는 다음과 같이 생각할 수 있다. ① 서양의 스파이로 활동했다는 혐의가 덧씌워진 것, ② 유대인 문제와 관련, ③ 신사 문제로, 이들 가운데 신사참배 거부로 인한 옥사자獄死者가 있었던 것, ④ 특히 이들이 강조한 재림교리에 관한 문제이다.

이 가운데 ①과 ②는 그리 큰 쟁점이 되지 않았다. ③의 신사 문제에서는, 1942년 1월 일본기독교단 제6부(일본세이교회)의 보교사補教師(목사 안수 이전의 자격)이며 하코다테혼초函館本町교회 목사였던 고야마 소스케小山宗祐, 1916~1941가 신사참배를 거부한 일로 하코다테 헌병대에 구류된 사건이 있다. 그는 그로부터 2개월 후 옥중에서 자살했다고 하지만, 당시는 보도관제報道管制 아래 있었으므로 진상은 불분명하다. 이 사건의 경위나 고야마 소스케에 관해서는 사카모토 고시로坂本幸四郎가 지은 《눈물 골짜기를 지날지라도: 고야마 소스케 목사보의 자살》에 자세히 거론되어 있다.[3] 이런 사건을 빌미로 성결교가 신사참배 문제에 관해 경찰 당국에 특별히 주목되고 있었음을 알 수 있다.

그리고 가장 큰 요인으로 볼 수 있는 것이 ④의 성결교가 특별히 강조하던 재림 교리다. 앞 장에서 언급했듯이, 나카다 주지가 일본 성결교회 감독으로 있던 무렵, 재림을 지나치게 강조한 나머지 탈선하여 분열 사건을 초래한 일이 있다. 이 사건은 재판에 이르게 되어 세간의 주목을 끈 점에서 관헌에게 책잡힐 빌미가 되었다고 추측할 수 있다.

성결교회는 다른 복음주의파의 다수 그룹과 마찬가지로 재림에 관해서는 '전천년왕국'의 입장이었다. 나카다 주지가 번역한 윌리엄 유진 블랙스톤의《예수님은 오신다》가 이미 1917년 성결교회 출판부에서 나왔고, 이 교리가 그 책에 자세하게 소개되어 있다. 이 입장은 종말 때 그리스도가 재림의 주로 나타난 후 천년왕국이 실현되고 그리스도가 왕이 되어 지배하며, 만국민萬國民을 심판한다고 주장한다. 이런 가르침이 만세일계萬世一系의 천황을 신으로 삼고 있는 영원무궁한 국체 관념을 깨뜨리며 치안을 해치는 것이라고 재판 과정에서 집요하게 추궁된 것이다. 예를 들면, 1심에서 실형 2년 판결을 받은 구루마다 아키지車田秋次, 1887~1987의 공판일지에 따르면, 판결 이유로 "성서신언설聖書神言說은 천년기千年期 사상을 필연적으로 불러오게 하니 천년왕국 사상은 이를테면 반국체적이다"라고 결론지었다.[4]

그러나 잘 생각해 보면, 이러한 전천년왕국의 재림 교리는 다른 복음주의파의 적지 않은 교회가 공유하는 신앙이다. 따라서 일본 기독교단에 가입한 그룹 가운데 성결교만이 조직적으로 탄압받은 점에 대해서는 다른 요인을 생각할 수 있다.

전시 체제에서 국가에 무엇보다 중요한 것은 전쟁 수행을 위해 국민을 총동원하고 통제 아래 두는 것이었다. 이를 효과적으로 해내기 위해서는 그것에 반대한다고 생각되는 개인과 단체를 철저히 탄압하고, 그 비참한 결말을 보여 줌으로써 관계자를 공갈하며, 그들이 차츰 국가에 협력하게 만드는 것이다.

이런 당국의 표적이 된 것이 미노 미션, 일본 도다이샤, 예수 그리스도의 신약교회, 플리머스 형제단이다. 그리고 이번에는 개신교회를 통합한 일본기독교단을 압박하여 국가에 순종적으로 복종시키기 위해 성결교가 표적이 되었다고 볼 수 있다. 이러한 관헌의 의도는 공교롭게도 취조 형사가 했다는 다음 말로도 엿볼 수 있다. "가장 열렬한 교파를 두들겨 패서 다른 뜨뜻

미지근한 전체 교회를 공포로 떨게 할 것이다", "그대들을 두들겨서 여전히 일본 기독교인들이 정신을 차리지 않는다면, 그다음은 가장 큰 교단 제1부(일본기독교회)를 잡아 찢는 일이 될 것이다."[5] 즉, 일벌백계一罰百戒의 목적이 있었던 것이다.

어쨌든 당국이 성결교를 조직적으로 파괴하고 검거된 자들을 유죄로 하는 것은 이미 정해진 방침이었다. 그래서 재판 과정에서도 개개인의 언동은 문제 삼지 않았고, 그들이 소속된 교회가 가르치는 재림교리가 개정치안유지법에서 규정하는 국체의 부정, 황실의 위엄에 대한 모독에 해당한다고 간주한 것이다. 따라서 형량도 그 인물이 속한 교단에서의 위치나 입장이 기준이 되었다.

교역자들과 그들의 변호인은 이런저런 방법으로 변호했다. 특히 그리스도 재림 후의 천년왕국이란 정치적인 것이 아니라 신앙적인 것임을 주장하며, 재림교리는 결코 국체를 파괴하는 것이 아님을 강조했다. 그러나 피고인들을 유죄로 몰아가려는 재판소의 방침은 이미 정해져 있었다. 결국 변호인은 정상참작으로 피고인의 형량을 경감하도록 요구할 수밖에 없었다. 구루마다 아키지와 스게노 도시菅野銳, 1884~1943를 비롯하여 피고가 된 사람들의 신문조서訊問調書나 재판 기록, 수기 등을 읽으면, 혹독한 상황 가운데서 신앙을 끝까지 지키려 한 그들의 자세가 전해져 온다.[6]

그러나 한편으로, 관헌의 압력에 저항할 수 없었던 사람들이 있었던 것도 사실이다. 이를테면, 제6부(일본세이교회)의 목사로 있던 이즈미다 세이이치泉田精一는 1944년 11월 재판소에 상신서를 냈다. 그는 이 상신서에서 자신은 야스쿠니 신사를 포함한 여러 신사를 몇 번이고 참배했으며, 신사참배는 기독교 신앙에 저촉되지 않는다고 썼다. 그리고 나카다 주지에 대한 험담을 늘어놓으며 자신의 죄를 경감해 줄 것을 탄원했다. 또 "저는 이번 사건으로 깊이 반성하게 되었고, 고쳐야 할 것이 많음을 발견했습니다"라며, "이참에 모두 깨끗하게 청산하고", "흠 없는 국체관國體觀에 철저하고, 국학서國學書, 특히 《고지키古事記》, 《니혼쇼키日本書紀》, 《국체의 본의本義》, 《신민臣民의 도道》와 그 밖의 책들을 정독하며, 역사에도 정통하여 일본인 됨을 자각하고 자타自他를 잘 가르칠 수 있는 사람이 될 것을 다짐하고 있습니다"[7]라고 했다.

이 글에 따르면, 이는 전향의 뜻을 나타낸 것이며 전시하의 비극의 하나라고 하지 않을 수 없다. 그는 실형 2년, 집행유예 4년 판결을 받아 가족에게 돌아갈 수 있었다. 그리고 전후戰後에 전도자로 복귀하여 교단의 요직을 맡고 목사로서 생애를 마쳤다. 전시하에 제출한 상신서에 대해 그가 전후에 어떻게 생각했는지는 불명확하다.

옥사자獄死者의 한 사람이 된 스게노 도시는 1884년 도쿄에서 태어났고, 도쿄성서학원에서 공부한 후 각지에서 전도했다. 1920년 이후 요코하마성결교회의 목사가 되어 세상을 떠나기까지 이 교회에서 봉사했다. 1942년 제1차 일제검거 때 체포되어 구치소 생활을 했다. 이듬해 12월 폐결핵이 재발하여 옥중에서 최후를 맞았다. 그의 예심조서豫審調書의 일부를 인용한다.

담당관: 그대의 말대로, 신조의 근거인 구약성서에는 모든 인간이 죄인이라고 쓰여 있는데, 그게 틀림없는가?

스게노: 틀림없습니다.

담당관: 그럼 천황폐하도 죄인인가?

스게노: 국민으로서 천황폐하의 일을 운운하는 것은 황송한 일입니다만, 질문에 답하겠습니다. 천황폐하가 인간이신 한, 죄인인 것을 피하지 못합니다.

담당관: 그렇다면 성서에는 죄인은 예수 그리스도에 의한 십자가의 속죄 없이는 구원받지 못한다고 쓰여 있는데, 천황폐하가 죄인이라면 천황폐하에게도 예수 그리스도의 속죄가 필요하다는 의미인가?

스게노: 황송한 말씀입니다만, 앞서 말씀드린 대로 천황폐하가 인간이신 한, 구원받기 위해서는 예수 그리스도의 속죄가 필요하다고 믿습니다.[8]

스게노가 천황을 현인신現人神(아라히토가미)으로 삼은 당시 상황 가운데 능란하게 최선을 다해 답하고 있음을 알 수 있다. 그를 취조한 검사의 소견이 국가권력의 관점을 대변한다.

> "스게노를 취조한바, 조서調書대로 신앙은 완고하며 개종은 도저히 바랄 수 없으므로 일벌타계一罰他戒의 의미에서 이에 걸맞게 처분되어야 함."[9]

이를테면, 성결교의 체포자를 처벌하는 것은 '일벌타계'의 의미가 있었던 것이다. 1996년 스게노의 10회에 걸친 신문조서가 《순교》라는 제목으로 출판되었다. 이 책에서 그는 아마테라스오미카미天照大神를 우상으로 여겨 참배를 거부하고, 신사참배도 받아들이기 어렵다고 주장하고 있다.

재판 결과, 134명의 검거자 가운데 75명이 기소되었다. 그리고 구루마다와 요네다米田 등의 지도자들이 실형 판결을 받았고, 다른 대부분의 사람은 집행유예가 선고되었다. 탄압으로 자유를 박탈당한 채 감옥에서 목숨을 잃거나 옥중 생활로 병을 얻어 후에 사망한 사람은 모두 7명이었다. 전원이 상고上告하여 전후戰後에 면소免訴 처분되었다.

관헌이 일본기독교단 가운데 특히 이들 그룹만을 탄압한 것은, 그들이 교단 가운데 특이한 존재이며 주류에서 고립된 존재였다는 점에서, 탄압에 착수하더라도 교단 전체가 그들을 옹호하거나 지원하는 일은 없으리라 보았기 때문이기도 했다. 사실 이들의 검거 사건과 그 후의 재판에서도 일본기독교단 당국의 대응은 냉담하기 그지없는 것이었다.

먼저, 일제검거 직후 교단은 총무국장 이름으로 전국 교구장과 지교구장에게 문서로 알려 "경솔한 행동을 삼가고 잠시 경과를 조용히 지켜볼 것"과 시국에 대해 더 깊이 인식하고, "황국신민 됨을 자각하며 신민의 도의 실천을 다짐할 것"[10]을 요구했다. 그리고 재앙이 자신들에게 미칠 것을 어떻게든 피하며 그들과 자신들의 차이를 강조했다. 몇몇 간부들은 당국의 조치를 슬기롭고 용기 있는 결단이라고 환영할 정도였다. 예를 들면, 교단의 제4부주사主事 스가야 히토시菅谷仁는 이렇게 발언한다.

"국가의 이번 조치는 실로 지혜로운 결단이었고, 저 자신도 기뻐하는 바입니다. 그들의 광적인 신앙은 저희 교단에서는 어찌 해볼 도리가 없을 정도인데, 당국에서 이를 처단해 주신 것은 교단에 다행스러운 일입니다." 11

또한 교단의 야마나시山梨 지교구장 오노 젠타로小野善太郎는 이렇게 발언한다.

"대국적大局的 견지에서 말하면, 이런 불순한 것을 제거함으로써 일본기독교단이 어느 정도 일단 인정받고 이후의 운영상 오히려 좋은 결과를 얻을 수 있지 않을까 생각하며, 당국의 조치에 감사한다." 12

아무리 시국에 영합한 발언이라 하지만, 같은 교단에 속한 그룹에 대한 동정이라고는 손톱만큼도 느낄 수 없다. 여기서 거명한 사람은 두 명뿐이지만, 이 외에도 몇몇 사람들이 당국의 조치를 환영한다고 했다.

1944년 11월의 제8회 공판에서 당시 일본기독교신학전문학교 교수로 있던 구와타 히데노부桑田秀延, 1895~1975와 일본기독교여자신학전문학교 교장으로 있던 와타나베 젠다渡辺善太, 1885~1978가 증인으로 나섰다. 구와타는 축어신언설逐語神言説, verbal inspiration에 설 경우는 성서의 의미를 그르칠 우려가 있고, 일본 세이聖교회는 정통파 교회라고 생각하지 않는다고 증언했다. 그리고 "만일 일본 세이교회 분들을 위해 연성회鍊成會를 한다면, 미흡하나마 그르칠 수 있는 성서 해석법 등을 바로잡기 위해 노력하고 싶습니다"라고 매듭짓고 있다.13 성결교 사람들의 성서 해석은 잘못되어 있다고 하여 자신들과의 차이를 명확히 하고, 변호하는 발언은 일절하고 있지 않다. 전후戰後가 되자 구와타는 자서전《신학과 함께 50년》에서 이때의 일을 다음과 같이 이야기했다.

"이 문답을 하는 동안 나는 뒤쪽에 계신 성결교 교역자 분들을 전혀 변호하지 않았고, (일본기독) 교단이 종말신앙을 어떻게 생각하는지에 관해 진술한 셈이다. 성결교 교역자 분들께 미안하기도 했지만, 사실 아무것도 모르는 내가 무책임하게 말할 수는 없었다. 이런 나의 증언을 성결교 교역자 분들과 그 외의 분들이 어떻게 받아들이셨는지는 알지 못한다. 그러나 나로서는 그 경우 그런 태도로 나갈 수밖에 없었음을 다시 한번 말씀드린다."[14]

이에 반해, 와타나베 쪽은 일찍이 성결교회에 몸담은 적도 있고, 성결교회의 교리와 분열 경위도 잘 알고 있었다. 그리고 결과적으로 "일본 세이교회는 정통파입니까?"라는 질문에 "그렇습니다"라고 명확히 대답하고 있다.[15]

1943년 4월, 문부성은 종교단체법에 근거하여 제6부와 제9부의 교회 설립 인가를 취소하고 교역자는 사임시켜야 할 것을 일본기독교단 도미타 미쓰루 통리에게 통지했다. 교단은 이를 받아들여 옥중에 있는 교역자들과 그들 가족에게 전했다. 내용은 교회 설립 인가 취소 처분과 교역자의 자발적 사임을 요구하는 것이다. 게다가 만일 응하지 않으면, 교단 규칙에 따라 교역자 신분을 박탈하겠다는 것을 덧붙이고 있다.[16] 즉, 여기서 교단 당국은 그들을 옹호하기보다는 문부성 하청기관이 되어 있었던 것이다.

결국 지도자를 잃고 관헌에 의해 교회 해산 명령을 받은 성결교 신자들은 문자 그대로 목자 없는 양이 되어 뿔뿔이 흩어졌다. 다른 교회로 옮겨 간 사람들은 그나마 나았지만, 신앙을 잃은 사람들도 있었다. 특히 체포, 투옥되어 재판을 받은 교역자들과 그들의 가족들은 비非국민으로 매도되어 심한 편견과 차별을 받으며 빈곤 가운데 큰 고통을 당했다.[17]

1984년, 비로소 일본기독교단은 당시의 조치가 잘못된 것이었음을 인정하고, 관계자들과 그 가족들을 교단총회에 초대하여 공식 사죄했다. 이 총회(1984년 11월, 제23회) 중에 '구舊 6부, 9부 교역자 및 가족, 교회에 사죄하고 회개하는 집회'가 열렸는데, 구 6부와 9부에 속해 있던 목사와 유족 52명이 참석했다. 집회 중에 우시로쿠 도시오後宮俊夫, 1922~2018 총회 의장은 "당시 교단은 검거에 의한 교역자 탄압을 가만히 보고만 있었다. 교회의 지체로 생각하지 않은 건 아니지만, '예수는 주'라는 고백을 철저히 하지 않음으로써 예수의 공동체보다 국가의 주권을 우선시키고 말았다"며 사죄했다.[18]

성결교 외의 기독교회 탄압은, 앞서 언급한 미노 미션, 예수 그리스도의 신약교회, 도다이샤, 그리고 그 밖에 플리머스 형제단Plymouth Brethren과 제칠일 안식교단Seventh-day Adventist Church에도 파급되었다. 더욱이 비전론非戰論 입장으로 일관했던 야나이하라 다다오矢內原忠雄, 1893~1961와 아사미 센사쿠淺見仙作, 1868~1952 등의 무교회 지도자들에게도 탄압이 가해졌다. 야나이하라 다다오는 도쿄제국대학교 교수 시절 전쟁 비판을 빌미로 쫓겨났다. 또한 아사미 센사쿠는 반전적 주장과 재림신앙 때문에 1943년 치안유지법 위반 혐의로 검거되어 3년의 실형 판결을 받았다. 그러나 그는 상고하여 당시 명재판관으로 불리던 미야케 마사타로三宅正太郎, 1887~1949가 재판장인 대심원大審院에서 무죄 판결을 받아 승소했다.[19] 더 나아가 가가와 도요히코, 다가와 다이키치로田川大吉郎, 1869~1947, 오노무라 린조小野村林藏, 1883~1961 등 기독교계의 유력한 지도자들에게도 탄압의 창끝은 향해 갔다.

전전戰前의 사상과 정치·종교단체의 단속을 맡은 것이 특별고등경찰이다. 이들은 내부 자료로 매월 월보를 발간하고 있었다. 이 특고월보特高月報의 기독교 관계 자료만을 편집한 것이《전시하의 기독교 운동》전 3권이다.[20] 이 책을 읽어 보면, 전국 기독교회와 개인에게 철저한 감시가 행해지고 있으며, 약간의 반전적·반국체적 언동으로도 "친영미적親英美的 요주의 언동"이라 하여 가차 없이 단속 대상이 되는 것에 놀라게 된다.

전시하에서 기독교인은 프로테스탄트·가톨릭을 막론하고, 끊임없는 편견과 차별과 박해 가운데 신자와 신앙을 받아들이려는 사람들이 크게 줄어드는 어두운 겨울의 시기가 되었다.

2. 교회의 전쟁 협력

이렇게 보면, 전시하의 교회를 천황제 군국주의의 피해자로만 생각하기 쉬우나, 꼭 그렇지는 않다. 앞서 언급했듯이 탄압과 시련 가운데 교회는 조직을 지키기 위해 어쩔 수 없이 혹은 자진해서 국책에 협력해 간 것이다. 특히 아시아의 여러 교회에 일본 교회, 즉 일본기독교단은 명백한 가해자가 되었다.

일본 국내에서 협력

1942년에 교단은 〈전시戰時 포교 방침〉을 발표했다. 먼저 그 '강령'에서 "국체의 본의에 철저를 기하여 대동아전쟁의 목적 완수에 매진해야 한다"고 선언하고, "종교보국宗教報國의 성의를 다하고" "일본 기독교의 확립을 도모해야 한다"고 강조했다. 그리고 실천요목으로 "충군애국 정신 함양에 힘쓰고 신도를 멸사봉공의 실천자가 되게 하는 것"을 권하고, "나아가 국책수행에 협력할" 것을 강조했다.[21]

이에 입각하여, 앞서 말한 도미타 통리의 이세 신궁 참배, 교단총회의 애국기愛國機 명목의 군용비행기 헌납 결의, 위문품 자루 제작 등에 문부성 방침에 따라 다음 일들이 진행되었다. 황도정신을 함양하기 위해 열린 교역자 연성회, 규조요하이, 교육칙어봉독教育勅語奉讀, 전사자 기념祈念을 포함한 국민의례 실시 등이다. 더욱이 전쟁이 진행되어 가는 가운데 군수공장에서 일하는 근로보국대勤勞報國隊를 목사들을 통해 편성하기도 하고, 황국 일본에 봉사하는 신학 연구와 교육을 위한 교학教學연구소도 설치되었다.

해외에서 전쟁 협력

교단의 이러한 전쟁 협력은 해외 활동에서 한층 선명히 드러난다. 교단은 1943년의 총회 결의에 기초해 교단 내에 동아국東亞局을 신설했다. 고자키 미치오小崎道雄, 1888~1973를 국장으로 세운 동아국은 이전부터 국외 선교 활동을 하고 있던 동아전도회東亞傳道會와 남양전도단南洋傳道團, 그리고 그 밖에 단체들의 활동을 이어받았다. 동아전도회는 1933년 만주전도회로 설립되었으며, 만주의 리허성熱河省(현재의 허베이성河北省)을 중심으로 전도했다. 1935년에 활동 범위를 중국 본토로도 넓히고 동아전도회로 이름을 바꾸었다. 처음에는 헌금으로 운영했지만, 1941년부터 외무성에서 많은 보조금을 받게 되었다. 이 선교단체의 활동에 대한 구체적 내용은 나의 책《일본인의 해외선교의 행보》 제8장을 참고하기 바란다. 남양전도단은 1919년 고자키 히로미치를 단장으로 발족했다. 남태평양 섬들에서 전도했으며, 처음부터 해군의 전면적 지원에 따른 식민지 전도가 행해졌다. 이 단체의 역사와 활동에 대해서는 앞의 책 제7장을 참고하기 바란다.

동아국은 주요 활동으로 이런 해외전도사업 외에 동남아시아 교회들과의 교류 및 지도, 일본 군부와 현지 교회 간의 선무공작宣撫工作을 담당하고 있었다.

아시아 교회들에 대한 교단의 선무공작적 역할은 동아국이 신설되기 전에도 행해지고 있었지만, 동아국이 생긴 뒤에는 한층 본격화되었다. 필리핀과 인도네시아의 예를 들어보자.

일본군의 필리핀 침공은 1941년 12월 8일 시작되어 1942년 마닐라 점령으로 이어지고 군정이 포고되었다. 이후 1945년 2월까지 필리핀에서 일본의 군정이 계속되었다. 육군 참모본부는 전쟁 전부터 필리핀에서 영향력이 있던 기독교회를 대상으로 선무공작을 할 부대를 편성하고 있었다. 이 종교반은 구교반舊教班이 14명, 신교반新教班이 12명, 총 26명으로 구성되었고, 대부분 서구의 신학교에서 유학하여 영어에 능통했다.

그들은 1941년 11월 징용영장을 받고 루손섬에 상륙했다. 신교반의 주된 임무는 미국 선교단체와 선교사로부터 필리핀 교회를 독립시키고, 교회를 합동시켜 관리하기 쉽게 하며, 일본군에 협조적인 필리핀 교회를 만들어내는 것이었다.[22] 신교반 목사들은 군과 협력하면서 미국인 선교사들에게 일본 군정에 협력하도록 설득했다. 또한 일본기독교단과 마찬가지로 필리핀의 개신교회를 합동시키기 위해 활동했다. 반원班員의 한 사람인 지바 이사무千葉勇는 교단 통리 도미타 미쓰루와 총무국장 스즈키에게 다음과 같은 편지를 보냈다.

> "현지 개신교는 전적으로 미국의 자유주의적 감화를 받아 개별적으로 활동하고 있으며, 연맹도 이름뿐이어서, 통제나 연락 등은 고사하고 아무런 조사도 할 수 없어 교세 파악에도 크게 고심하고 있습니다. 하지만 반드시 미국의 굴레를 벗게 하고 통합시켜야 한다고 설득하며 방안을 마련하고 있습니다."[23]

그리고 1943년, 필리핀 복음주의교회가 설립되었다. 그러나 신교반원의 대부분은 1942년 12월 귀국했다. 또한 필리핀에서는 전쟁 후, 대일對日 협력자에 대한 탄핵이 행해졌다.

다음으로, 인도네시아에서는 1942년 3월 일본군에 의한 군정이 시작되고 일본의 패전과 함께 종료되었다. 동인도네시아에서는 기독교도가 다수를 차지했고, 일본군의 만행으로 주민들은 악감정이 있었다. 전전戰前부터 인도네시아에서 선교해 왔으며 군정하에 해군성海軍省 군정부軍政部에서 일하고 있던 미야다이라 히데마사宮平秀昌, 1904~1976는 이런 상황을 우려하여 일본에서 목사를 파견할 것을 민정부民政部에 요청했다. 해군성의 요청에 일본기독교단은 15명의 목사를 인도네시아에 파견했다. 이와는 별도로 가톨릭에서도 8명의 성직자가 파견되었다.

그들은 인도네시아 기독교인은 물론 일본군 관계자에게 의혹의 눈총을 받으면서도 설교와 강연을 통해 '대동아의 이상'을 계속 호소했다. 1943년 일본군 당국은 인도네시아 교회에 심한 요구를 들이댔다. 예배 중에 '대동아전쟁'의 목적에 관한 설명을 낭독하고 교회당 안에 일본 국기 게양을 의무화하여 그 앞에서 도쿄를 향해 예를 갖추어 고개를 숙이게 했다. 일본군과 일본인 목사들은 이 의례는 주님에 대한 예배와 대립하는 것이 아니라 시민

의례라고 변명했고, 신자들은 이에 따를 것을 강요받았다.[24]

이같이 일본인 목사들은 군 당국과 현지 신자들 사이에서 선무적宣撫的 역할을 다했다. 이에 대해 인도네시아의 교회역사가 프리돌린 우쿠르Fridolin Ukur, 1930~2003는 "일본기독교단 목사의 존재는 일본 점령시대 인도네시아 교회에 큰 도움이 되었다. 그들은 교회와 일본 정부 사이의 중보자仲保者가 되었다"고 호의적으로 평가한다.[25] 확실히 그 같은 면도 있었다고 볼 수 있지만, 전체적으로 볼 때 역시 일본군의 식민지 지배를 원활하게 하기 위한 선무공작의 범위를 벗어나지 못했다고 할 수 있다.

조선 교회

일본의 식민지 지배하에서 가장 큰 고난의 길을 걸은 것은 조선 교회였다. '내선일체內鮮一體'를 표어로 하고 조선인의 '황국신민화'를 겨냥한 조선총독부에 신사참배는 창씨개명, 일본어 교육과 함께 중요한 시책이었다. 1935년, 평양의 미션 스쿨에 신사참배를 강요한 이래 총독부가 조선 교회에 본격적으로 신사참배를 강요하게 되면서 본격적 고난의 시기가 시작되었다. 조선 교회의 이러한 고난에 대해 일본 교회는 동참하여 함께 싸우기는커녕 "신사참배는 국민의례"라며 이를 받아들이기를 강요한 것이다.[26]

신사참배에 대한 조선 교회의 투쟁 가운데 평양신학교와 200여 교회가 폐쇄되고, 2,000여 명의 신도가 투옥되어 50여 명의 교역자가 순교했다.[27] 그 순교자들 가운데 가장 잘 알려진 사람이 주기철朱基徹, 1897~1944 평양 산정현山亭峴교회 목사다. 그는 신사참배에 의연히 저항하고 7년간의 고문과 병고 속에 형무소 생활을 보내다 옥중에서 세상을 떠났다. 목회하던 교회 강단을 떠날 때의 고별설교 가운데 이런 구절이 있다.

> "늙으신 어머님과 병든 아내를 주님께 부탁하며, 어린 자식들과 사랑하는 양떼를 자비하신 주님께 부탁합니다. 나는 마지막으로 이 산정현의 강단을 떠나지 않으면 안 됩니다. 주님을 따라, 주님을 따라 주님의 피의

자취를 따라가려 합니다."[28]

눈물 없이 읽을 수 없는, 주님을 따르는 길의 준엄함과 순교의 영광을 보여 주는 설교다.

1945년에 들어서자 장로교회를 시작으로 조선의 개신교회는 일본기독교 조선교단으로 강제 통합되고 완전히 일본기독교단에 예속당했다.

3. 〈일본기독교단에서 대동아공영권에 있는 기독교도에게 보내는 서한〉

아시아의 교회에 대한 일본기독교단의 자세를 단적으로 보여 주는 것으로, 〈일본기독교단에서 대동아공영권에 있는 기독교도에게 보내는 서한〉이 있다. 교단 통리 도미타 미쓰루의 이름으로 1944년 부활절에 발표된 것이다.[29] 전시하라고 믿기지 않을 정도로 멋지게 장정裝幀된 것이다. 교단이 이 서한을 아시아의 교회들에 보낸 의도는, 대동아공영권의 맹주盟主인 일본 교회로서 지도적 위치를 안팎에 보여 주고, 아시아 전역에 걸친 교회 통합의 주도권을 과시하기 위해서였다.

서언과 네 장으로 이루어진 이 서한은 서언에서 '현대의 사도적 서한'임을 강조한다. 먼저 제1장에서는, 교단과 대동아공영권의 교회들을 묶는 끈이 두 가지가 있는데, 하나는 "우리의 공동의 적(구미의 백인)에 대한 공동의 싸움이라는 운명적 과제"이고, 또 하나는 "우리가 함께 주 그리스도를 믿어 영적으로 그의 소속이라고 하는 것"임을 말한다. 그리고 대동아전쟁을 일본의 자위自衛를 위한 성전聖戰으로서 전적으로 긍정하고 있다. 제2장에서는, 일본제국이 천황을 우러러 섬기는 세계 제일의 대가족국가이며 일본 정신이 얼마나 탁월한지를 찬양하고 있다. 또한 제3장에서는, 백인의 기독교에서 벗어나 "대동아에는 대동아의 전통과 역사와 민족성에 맞는 '대동아의 기독교'가 수립되어야 한다"고 강조하고 있다. 마지막 제4장에서는, 같은 그리스도 안에 있는 위로와 희망을 하나로 공유하는 까닭에 "대동아공영권의 건설이라는 지상地上의 다음 목표에 전심전력을 쏟아야 한다"고 한다. 그리고 마지막으로, "불의를 꺾고, 정의와 사랑의 공영권을 수립하기 위해 끝까지 싸우지 않으면 안 된다"며 아시아의 그리스도인들에게 호소하고 있다. 서한 가운데 많은 성구를 인용했는데, 그 성구들은 백인의 오만을 비난하고 일본과 일본 기독교의 탁월성을 과시하며 성전 수행을 촉구하는, 대단히 아전인수我田引水 격인 인용이다.

이 서한이 아시아의 교회에 어느 정도 영향을 끼쳤는지, 과연 전쟁 말기 상황에서 상대에게 전달되었는지도 명확하지 않다. 그러나 이 서한 가운데 아시아의 교회에 대해 일본 교회가 취해 온 자세가 명확하게 나타나 있으며, 가해자로서 일본 교회의 죄는 명백하다.

4. 일본의 패전

1945년에 들어서서 일본은 점점 패색이 짙어지고, 일본 각지에서 미군의 공습으로 많은 피해가 발생했다. 3월에는 도쿄대공습으로 23만 가구가 소실되고 약 12만 명의 사상자를 냈다. 오키나와에서는 미군의 상륙으로 격렬한 지상전이 치러져 비전투요원 사망자가 약 15만 명에 이르는 비극을 초래했다. 본토의 모든 교회는 출정出征, 피난, 공습, 등화관제 때문에 집회를 지속하는 것도 극히 어려웠다.

7월 28일, 스즈키 간타로鈴木貫太郎 내각은 일본의 항복을 재촉하는 포츠담선언을 거부했다. 천황제 존속과 무장해제 등의 항복 조건을 둘러싸고 최고전쟁지도회의는 합의를 보지 못했던 것이다. 그 후 히로시마와 나가사키에 원자폭탄이 투하되고, 8월 8일에는 소련이 대일선전포고를 하고 만주를 침공했다. 결국 8월 14일 어전회의에서 포츠담선언을 수락할 것을 최종으로 결정하고 일본은 무조건 항복했다. 이에 앞서 외무성은 스위스와 스웨덴의 일본 공사에게 8월 9일과 10일에 전보를 보냈다. 그것은 "천황의 국가통치의 대권을 변경하는 요구를 포함하지 않는 점을 이해하고 인정하는 전제로"

포츠담선언을 수락한다는 것이었다. 당시 일본 정부의 최대 관심사는 국민의 운명보다는 항복 후 일본에서 천황의 지위, 즉 국체國體가 어떻게 될 것인가 하는 것이었다.[30]

8월 15일, 천황의 조칙詔勅으로 일본은 연합국 측에 항복했다. 개국 이래 미증유의 패전이었다. 도쿄, 오사카를 비롯하여 전국의 많은 도시는 미군의 폭격으로 철저히 파괴되고, 문자 그대로 초토화되었다. 전시하에 전쟁에 협력하고 국가와 걸음을 함께했던 일본 교회에도 커다란 좌절이었다.

제4부

프로테스탄트 교회의 일본 선교: 전후부터 현재까지

제1장 연합군 점령 시대와 기독교

1945년 8월 15일 수요일, NHK 라디오의 정오 시보에 이어 〈기미가요〉가 흐른 후, 소위 옥음방송玉音放送(천황의 담화를 다룬 방송)이 시작되었다. "짐은 세계의 대세大勢와 제국帝國의 현 상황을 감안하여"로 시작하는 쇼와 천황의 육성이 흐르고 포츠담선언을 수락했음이 알려졌다. 항복이라는 단어는 전혀 사용하지 않았지만, 국민은 패배를 알아차리고 충격과 슬픔에 사로잡혔다. "참기 어려움을 참고, 견디기 어려움을 견디며"라는 말은 그 후, 수개월 동안 헤아릴 수 없을 정도로 인용되었다. 구약성서 예레미야 애가에 마치 패전 직후의 일본을 묘사하듯 한 말씀이 있다.

> 슬프다 이 성이여 전에는 사람들이 많더니, 이제는 어찌 그리 적막하게 앉았는고, 전에는 열국 중에 크던 자가 이제는 과부 같이 되었고, 전에는 열방 중에 공주였던 자가, 이제는 강제 노동을 하는 자가 되었도다. 밤에는 슬피 우니 눈물이 뺨에 흐름이여, 사랑하던 자들 중에 그에게 위로하는 자가 없고(애 1:1~2상)

8월 17일 발족된 히가시쿠니노미야東久邇宮 내각은 여기에 타격을 가하듯 '일억국민총참회一億國民總懺悔'를 제창하는데, 이는 패전 책임을 국민 모두에게 묻고자 한 것이었다.[1]

1. 연합군의 점령정책 실시

일본 국민이 패전의 허탈감에 빠져 있던 8월 30일, 미국의 더글러스 맥아더Douglas MacArthur, 1880~1964 원수는 일본 점령과 재건의 전권을 위임받은 연합군 최고사령관으로서 아쓰기厚木 비행장에 내려섰다. 애용하던 담뱃대를 한 손에 들고, 침착하고 여유 있게 비행기 계단을 내려오는 그의 모습은 바로 승자의 모습을 상징했다. 연합군최고사령부(이하 GHQ로 표기)*는 도쿄 히비야의 다이이치세이메이第一生命 빌딩에 본부를 두고 패전 후의 일본을 움직이고 있었다. 연합군의 점령이라 하더라도 실질적으로는 미군의 단독점령이었다. GHQ 최고사령관으로서 맥아더 원수의 권한은 11개 국가로 구성된 극동위원회와 그 파견 기관인 대일이사회對日理事會의 제약을 받고 있었다. 그러나 현실에서는 미국 정부의 정책 의도가 거의 관철되었다. 더욱이 극동위원회가 기능하기 전부터 GHQ는 초기의 중요한 시책을 이미 실시하고 있었다.[2]

1945년 9월 6일, 미국의 트루먼 대통령은 일본 점령의 기본정책을 정리한 〈합중국 전후대일정책U. S. Initial Post-Surrender Policy for Japan〉을 맥아더 원수 앞으로 시달했다. 그 문서에 따르면, 일본 점령의 '궁극의 목적'은 '일본이 다시는 미국과 세계 평화와 안전에 위협이 되는 일이 없도록 보증하는 것'에 있었다. 그리고 종교와 사상 활동에 대해서는 다음과 같이 제시되어 있다.

> "신앙의 자유는 점령과 함께 즉시 선언하도록 해야 한다. …… 인종, 국적, 종교 또는 정치적 견해를 이유로 차별대우를 규정하는 법률, 명령 및 규칙은 폐지해야 한다."[3]

* 일본의 패전 이후, 1945년 10월 2일부터 샌프란시스코강화조약이 발효된 1952년 4월 28일까지 약 6년 반에 걸쳐 일본을 점령하고 있던 연합군 최고위 사령부. '연합군최고사령부(Supreme Commander of the Allied Powers, SCAP)'가 정식 명칭인데, 일본에서는 '연합국군최고사령관 총사령부(General Headquarters)'로 쓰이며 보통 'GHQ'라는 약칭으로 쓰인다.

이 지시에 기초하여 GHQ는 같은 해 10월에 〈정치적·사회적·종교적 자유의 제한 제거 규약Memorandum on Removal of Restrictions on Political, Civil and Religious Liberties〉, 이른바 〈인권지령人權指令〉을 발령했다. 이에 따라 정치·사상·종교에 대한 전전戰前 특별고등경찰의 탄압 근거가 되었던 치안유지법과 종교단체법은 철폐되었다. 이와 함께 이 악법으로 유죄 판결을 받아 감옥에 있던 사람들은 일제히 석방되었다. 그 대상자에는 성결교를 중심으로 한 기독교인, 오모토교大本敎, 히토노미치 교단 관계자, 공산당원 등 다수가 포함되어 있었다.

계속하여 같은 해 12월에 GHQ는 〈국가신도, 신사신도에 대한 정부의 후원, 지원, 영속화, 조종 및 보급의 철폐 규약Memorandum on the Abolition of Governmental Sponsorship, Support, Perpetuation, Control and Dissemination of State Shinto〉, 이른바 〈신도지령神道指令〉을 발령했다. 이에 따라 국가에 의한 국가신도의 지지와 지원은 일절 금지되고 이세 신궁이나 야스쿠니 신사는 종교법인이 되었다. 이 결과, 야스쿠니 신사를 비롯하여 교육기관의 신사참배 행사는 금지되고, 미션 스쿨은 그때까지의 억압에서 마침내 해방되었다. 또한 메이지 시대 이래 천황제 군국주의의 토대가 되던 교육칙어는 폐지되고, 천황과 황후의 사진인 어진영御眞影과 그것을 제사하는 봉안전奉安殿도 철거되었다.

이같이 GHQ는 포츠담선언에 기초하여 일본의 비군사화와 민주화 정책을 빠르고 강력하게 추진해 갔다. 이러한 일련의 정책은 재벌 해체, 농지 해방, 노동자의 권리 보장, 군국주의교육 부정, 전범戰犯의 공직 추방 등 광범하고 철저한 것이었고, GHQ의 힘을 배경으로 강압적으로 실시되어 갔다.

1946년 1월에는 쇼와 천황이 스스로 신격화를 부정한 이른바 '인간선언'을 하고 일본 각지를 순회했다. 이는 '순행巡幸'으로 불렸으며, 1954년에 마치기까지 오키나와 외의 모든 지역에 발길이 미쳤다. 이때 처음으로 맨얼굴의 천황을 만난 많은 국민은 새삼 패전에 따른 변화를 느꼈다. 천황의 "음, 그렇군!" 하는 틀에 박힌 말투는 그 후 가는 곳마다 농담거리가 되었는데, 이것도 사람들의 천황관의 변화를 느끼게 하는 것이었다.

한편, 이러한 일련의 일본의 비군사화 및 민주화의 총 마무리가 1946년

11월의 일본국헌법 발포였다. 그때까지 '신성불가침의 현인신現人神'으로 여겨지던 천황은 전 국민의 뜻을 토대로 하는 상징 천황이 되었다. 그리고 헌법 제9조에는 세계 역사상 획기적인 전쟁 포기와 전력戰力 불보유不保有가 명문화明文化되었다.

〈제9조〉

① 일본 국민은 정의와 질서를 기조로 하는 국제 평화를 성실히 희구希求하고, 국권 발동發動에 의한 전쟁과 무력에 의한 위협 또는 무력행사는 국제분쟁 해결 수단으로서는 영구히 이를 포기한다.

② 전항前項의 목적 달성을 위해 육·해·공군 및 그 밖의 어떠한 전력도 보유하지 않는다. 국가의 교전권 역시 인정하지 않는다.[4]

그리고 제20조에서는 무조건적인 신앙의 자유와 정교政敎 분리가 명확히 선언되었다.

〈제20조〉

① 신앙의 자유는, 누구에게든지 이를 보장한다. 어떤 종교단체도 국가로부터 특권을 받거나 정치권력을 행사해서는 안 된다.

② 누구도 종교 행위, 축전祝典, 의식 또는 행사에 참가하는 것을 강제받지 않는다.

③ 국가 및 국가기관은 종교 교육과 그 외 어떠한 종교적 활동도 해서는 안 된다.[5]

이 조항에는 전전戰前의 국가신도가 천황제 군국주의와 일체가 되어 국민의 신앙의 자유를 침해한 것에 대한 반성이 담겨 있다.

대다수 국민은 패전에 따른 허탈감과 해방감이 뒤섞인 가운데 이러한 일대 변화에 당황스러워하면서도 대체로 환영하며 새로운 시대에 적응해 갔다.

신헌법 아래서 천황제는 '상징 천황제'라는 형태로 존속하는데, 쇼와 천황의 전쟁 책임은 공개적으로는 불문에 부쳐졌고, 천황이 퇴위하는 일도 없었다. 당시 소수이기는 하지만, 국민들 가운데 천황제 폐지와 천황 퇴위론이 제기되었다.[6] 재건된 공산당도 천황제 폐지를 주장했다. 더욱이 연합국 측에서도 천황 퇴위론과 천황을 전쟁재판에 회부하여 유죄에 처해야 한다는 의견이 적지 않았다. 그러나 천황은 극동군사재판소에 출석하지 않았고, 전쟁 책임은 불문에 부쳐졌다.

왜 천황제가 지속된 것일까? 그것은 맥아더 원수를 포함한 GHQ가 천황제를 온존하는 것이 일본 점령에 유리하다고 판단했기 때문이고, 그것을 미국 정부가 인정했기 때문이다. 일본 지도자층도 모두 천황제의 존속을 간절히 바랐으며, 그 가운데는 기독교인도 있었다.

일본이 항복하기 전에 맥아더 원수의 군사비서관이자 대일심리전對日心理戰 책임자였던 보너 F. 펠러스Bonner F. Fellers, 1896~1973 준장은 1944년 〈일본에 대한 해답Answer to Japan〉이라는 보고서를 작성했다. 그 보고서에서 그는 이렇게 말했다.

> "휴전 조건에 관해 우리는 결코 소극적인 태도여서는 안 된다. 그렇지만 천황 퇴위와 교수형은 일본인 모두의 크고 거센 반응을 불러일으킬 것이다. 일본인에게 천황의 처형은 우리에게 그리스도의 십자가형에 필적한다. 만일 그렇게 된다면, 모두가 개미 떼처럼 달려들어 죽을 때까지 싸울 것이다. 군국주의자 패거리들의 입장은 매우 유리해질 것이다. 전쟁은 불필요하게 길어지고 우리의 손해도 불필요하게 불어날 것이다."[7]

이를 받아들여 미군은 황거皇居의 폭격을 보류했을 뿐 아니라 천황 개인의 명예와 지위를 해치는 선전을 전면 금지했다. 여기서 볼 수 있는 천황에 대한 평가는, 그 후 미국의 전후 정책 기반이 되었다. 마찬가지로 펠러스는 1945년 10월, 맥아더에게 한 통의 문서를 건넸다. 그 가운데 이런 부분이 있다.

> "무혈진주無血進駐할 무렵, 우리는 천황을 군사적으로 이용했다. 천황의 명령으로 700만 병사가 무기를 버리고 일상으로 복귀하고 있다. 천황의 행동으로 몇십만이라는 미국인의 희생을 피하게 되고 전쟁은 예정보다 훨씬 빠르게 종결되었다. 따라서 천황을 크게 이용하였음에도 전쟁범죄를 이유로 천황을 재판한다면, 그것은 일본인의 눈에는 배신과 마찬가지일 것이다. ……만일 천황이 전쟁범죄를 추궁당한다면, 정부기구는 붕괴되고 대규모 폭동을 피할 수 없을 것이다."8

미군이 성공적으로 진주進駐하려면 천황제를 존속시켜야 한다는 매우 명확한 주장이다.

한편, 일본 정부 관계자는 모두 천황제를 지키는 데 급급했다. 정당 관계자도, 보수적 정당은 물론 사회당도 천황제 유지에 찬성했다. 기독교계 지도자도 같은 생각이었다.

예를 들면, 전전戰前부터 기독교계 지도자였던 가가와 도요히코는 히가시쿠니노미야 내각의 고문에 취임하여 일억총참회운동一億總懺悔運動에 협력했다. 종전 직후 8월 말에 그는《요미우리호치讀賣報知》의 기자에게서 '패전 국민의 가가와가 아니라 세계의 양심으로서의 가가와'의 입장에서 맥아더 원수에게 편지를 쓰도록 의뢰받았다. 그래서 그는 '맥아더 총사령관에게 부친다'는 제목의 글을 발표했다. 그 글에서 그는 일본의 패전은 사실이지만, "폐하의 조서환발詔書渙發 1분 전까지 전 국민의 전의戰意는 활활 타오르고 육해공 3군의 총구가 하나같이 귀관각위貴官各位의 가슴에 겨누어지고 있던 것도 사실입니다. 이 상반된 사실이 폐하의 말씀으로 말미암아 딱 일치되어 일본은 다음 시대를 향해 나아가기 시작했던 것입니다"라고 이야기를 꺼냈다. 일본인은 최후까지 싸울 생각이었지만, "폐하의 조서에 의해 전쟁에서 평화로 완전히 전환"했다는 것이다. 그리고 메이지유신 때의 혼란도 "천황의 성스러운 결단에 의해 일본의 내란의 위험을 피하고 그대로 세계 문명의 대열에 서기 위해 출발했다"고 말한다. "맥아더 총사령관 각하, 일본 국민은 이런 국민입니다. (폐하의) 생각 그대로 살아갑니다"라고 호소한 가가와는 마지막에 다음과 같은 문장으로 매듭짓고 있다.

> "폐하에 대한 일본인의 이 심정과, 인간으로서의 실력을 보살펴 키워 준다면, 신세계新世界에 봉사하기 위한 일본의 출발은 예상보다 강력하게 이루어질 것입니다."[9]

이 글은 가가와 개인의 의견으로만 머물지 않고 일본 기독교계의 많은 지도자의 목소리를 대변한 것이라고 할 수 있다. 《토착과 좌절》을 쓴 사지 다카쓰네佐治孝典는 이에 대해 다음과 같이 지적한다.

> "혜안慧眼이 있는 가가와는 머지않아 연합국이 제기할 전쟁 책임의 고발을 예상하여 점령군 최고사령관에게 천황의 전쟁 책임 면제를 끊임없이 호소하고 있다. …… 그리고 만일 천황에게 전쟁 책임을 묻게 된다면, 가가와를 포함한 당시 기독교계 지도자들도 자연히 책임을 면할 수 없었을 터다. 가가와는 천황의 이름으로 행해진 전쟁의 책임과 죄책을 따져 밝히고 그 전쟁의 화근을 자르는 데 생각이 미치지 않았고, 죄책의 근원에 해당된 천황을 옹호하는 데만 힘쓴 것이다."[10]

매우 예리한 지적이라 할 수 있다. 이러한 내부의 목소리와 모든 정세를 감안한 맥아더는 천황제를 유지하는 방향으로 기울어 그의 생각을 직속상관 드와이트 D. 아이젠하워Dwight D. Eisenhower, 1890~1969 참모장에게 타전打電했다.

> "그(천황)를 고발하면 틀림없이 일본 국민 사이에 커다란 동요가 일 것입니다. 그 반향을 과대평가하는 것이 아닙니다. 천황은 모든 일본인을 통

합하는 상징입니다. 그를 멸하는 것은 국가를 붕괴시키는 것입니다."[11]

그는 이같이 지적하며, 천황을 재판한다면 "100만 점령군을 언제까지고 머물게 하며" "몇십만 명의 외국인 문관도 도입"해야 할 것이라고 한다. 이런 이유를 들어 맥아더는 천황을 전쟁범죄자로 재판에 회부하는 것에 부정적인 견해를 강조하고 있다.

결국 쇼와 천황은 극동군사재판소에서도 전혀 전쟁 책임을 추궁받지 않았고, 퇴위하는 일도 없었다. 전쟁은 천황의 이름으로 시작되었고 일본군의 모든 전투 행위는 천황의 이름하에 천황을 위해 이루어졌다. 더욱이 대동아공영권에서 일본군의 침략 행위도 모두 천황의 이름하에 이루어졌다. 침략전쟁을 위한 군국주의의 정신적 지주야말로 천황제였다. 그러나 일본 국민은 이렇게 천황제를 근본적으로 재인식할 천재일우의 기회를 놓친 것이다.

2. 연합군과 기독교

GHQ의 종교정책은 미국식 정교분리를 원칙으로 하여 기독교에 대한 어떤 특별한 배려도 포함하지 않았다. 사실 GHQ의 기구 중에 종교 분야를 담당한 민간정보교육국Civil Information and Education Section, 이하 CIE로 약칭은 이 정교분리 원칙을 지키려 했다. 그럼에도 기독교는 GHQ 각 층으로부터 전폭적인 지지와 물질적 원조를 받았다.[12] 특히 GHQ 최고사령관으로서 패전 후 일본에 군림한 맥아더는 기독교 전도에 전면적인 호의를 보였다. 그의 《회상록》(1964)에 따르면, 그는 일본 국민에 대해 절대적 권력을 지니고 있었다.

> "나는 일본 국민에 대해 사실상 무제한의 권력이 있었다. 역사상 어떤 식민지 총독도, 정복자도, 총사령관도 일본 국민에 대해 나만큼의 권력을 가진 일은 없었다. 나의 권력은 지상至上의 것이었다."[13]

열렬한 미국 성공회 신자였던 그는 일본을 공산혁명으로부터 지키고 민주화시키려면 기독교화 외의 길은 있을 수 없다는 강한 신념이 있었다. 같은《회상록》에서 그는 이렇게 말했다.

"나는 일본을 방문하는 기독교 선교사들에게 선교사의 활동이 일본에 얼마나 필요한지 강조했다. 일본에 오는 선교사가 가능한 한 늘고, 일본에 있는 점령군은 가능한 한 주는 것이 바람직하다고 자주 말했다."14

이같이 맥아더는 자주 기자회견이나 신문발표, 서간을 통해 기독교 전도를 강력히 지지하며 추진했다. 단, 그 자신은 주일에도 직무를 수행하며 교회 예배에는 출석하지 않았다. 1946년 12월 14일자〈아사히신문〉에는 '정신혁명의 성취를 향하여'라는 제목으로 미국 침례교연맹 대표자에게 보낸 그의 편지가 실려 있다.

"일본인의 정신생활은 전쟁으로 공백이 되어 있기 때문에 기독교를 일본인에게 포교하는 것은 지금이 절호의 기회다. 만약 이 기회가 미국 기독교 지도자들에 의해 충분히 이용된다면, 지금까지 역사상 어떠한 경제적·정치적 혁명이 달성한 것보다도 문명의 진로에 훨씬 다행스러운 변화를 가져오는 것과 같은 정신혁명이 성취될 것이다."15

또한 그는 일본에서 전도하고 있던 한 여성 선교사에게 "당신은 제가 일본이 기독교화되리라는 희망과 신념이 있는 것을 알고 계시리라 생각합니다"라며, "가능한 일이라면, 일본에 있는 한 사람에 대해 1천 명의 선교사를 희망하고 싶습니다"라는 놀라운 말로 편지를 마쳤다.16

이와 같이 기독교에 이입된 맥아더의 생각은 예사롭지 않았다. CIE의 종교과 고문이던 윌리엄 P. 우드워드William P. Woodward, 1896~1973에 따르면, 맥아더는 매우 바쁜 집무 중에도 기독교를 비롯한 구미 종교단체 대표자와의 회견에는 얼마든지 응했다.[17] 그가 일본에서의 전도활동을 지원한 단체는 미국성서협회, 기드온협회, 포켓성서연맹Pocket Testament League 등 다수에 이른다. 특히 포켓성서연맹은 일본에서 활동하며 GHQ 당국의 많은 배려를 받았다. 또한 국제기독교대학이 1949년 설립 단계에 이르렀을 때 맥아더는 이 대학을 위한 모금위원회 명예위원장을 쾌히 승낙하고 협력했다. 이러한 맥아더의 기독교 지원 행동은 종교정책을 담당하는 CIE의 종교과를 완전히 무시한 채 행해진 것이며, 개인적 사명감에 기초한 것이었다. 그런 까닭에 정교분리 정책을 일관하려는 CIE 종교과는 이런 맥아더의 태도에 당혹해하며 저항을 보이게 된다. 특히 종교과 과장의 중책을 맡은 윌리엄 K. 번스William K. Bunce는 공평 중립의 종교정책을 위해 많은 노력을 기울였다. 이런 그의 입장은 미국의 전통이기도 했고, 일본 헌법에 명시된 정교분리의 대원칙을 지키려는 것이기도 했다. 전전戰前 일본 정부가 국가신도라는 특정 종교를 지원한 데서 빚어진 과오를 두 번 다시 반복해서는 안 된다는 생각도 있었다.

CIE 종교과의 이러한 압력은 기독교를 지원하고 있던 맥아더의 태도를 바꾸게 했다. 또한 우드워드에 따르면, 시간이 지남에 따라 맥아더는 기독교에 대한 자신의 발언이 반드시 적절한 것이 아님을 깨닫게 되었다. 일본인이 보내온 편지 등을 통하여, 국민 다수를 차지하는 불교 및 신도의 신자들로부터는 공적으로 지지받지 못한 것을 알아차리고 낙담했다. 기독교 지원에 대한 그의 언동은 점차 수그러들어 갔다. 그는 1949년 11월, 번스에게 "일본은 가까운 장래에 기독교화되는 일은 없을 것이다. 무엇보다도 민족의 자부심이 일본인의 기독교화를 가로막을 것이다"라고 말했다.[18]

그러나 적어도 점령 초기에는 일본인의 눈에 GHQ의 종교정책은 압도적으로 기독교에 호의적인 것으로 비친 것이다.

3. 일본인의 기독교관 변화: 기독교 대유행

일본 지배층은 맥아더로 대표되는 GHQ의 의향을 민감하게 알아채고 기독교에 대한 종래의 태도를 바꾸었다. 전전戰前에 백안시되고 탄압받으며 무대 뒤에 밀쳐져 있던 기독교회가 무대 전면으로 끌어 올려져 주역으로서 갑자기 화려한 조명을 받게 된 것이다. 기독교회의 힘 있는 지도자 가가와 도요히코가 히가시쿠니노미야 내각의 참여參與, advisor에 취임하거나 무교회無敎會 기독교인 난바라 시게루가 도쿄대학교 총장에 취임한 것도 이러한 전후의 변화를 상징하는 사건이다. 더욱이 1951년 난바라 시게루에 이어 도쿄대학교 총장에 취임한 야나이하라 다다오矢內原忠雄도 무교회 기독교인이며, 반전적反戰的 운동으로 도쿄제국대학에서 추방된 인물이다. 또한 패전 직후 문부대신이 된 마에다 다몬前田多門, 1884~1962은 그리스도 유카이友會, 퀘이커 기독교인이고, 1946년 천황인간선언의 조서를 준비하는 데 협력했다.

1947년에는 신헌법에 기초한 첫 중참의원衆參議院 총선거가 실시되어 적지 않은 기독교인이 의회에 진출했다. 이 선거 결과 사회당이 제1당이 되고, 사회당을 중심으로 한 연립내각이 성립되었다. 8개월의 단명으로 끝났다고는 하지만 이 연립내각의 총리대신으로 취임한 가타야마 데쓰片山哲, 1887~1978는 일본기독교단 후지미초교회에 소속된 기독교인이다. 같은 시기에 중의원 의장을 역임한 마쓰오카 고마키치松岡駒吉, 1888~1958도 후지미초교회의 기독교인이다. 당시 신문은 "가타야마 씨와 신新 중의원 의장 마쓰오카 씨가 평소 예배 참석을 위해 가는 후지미초교회에서는 오전 10시부터 성령강림절 예배에 이어 민주 일본의 담당자가 된 이 두 교도를 위해 엄숙한 감사의 기도 모임이 행해졌다"[19]라고 쓰고 있다.

맥아더는 가타야마의 수상 취임에 "일본이 역사 이래 처음으로 기독교도에 의해 지도받게 된 것에 특별한 의의를 인정하고, 이는 이제 일본인의 마음에 넓게 퍼진 완전한 종교적 관용과 전국에 퍼진 완전한 신앙의 자유를 반영하는 것이라고 생각한다"는 환영의 담화를 발표했다.[20] 더 나아가 맥아더는 일본의 가타야마 데쓰, 중국의 장제스蔣介石, 1887~1975, 필리핀의 마누엘 A. 로하스Manuel A. Roxas, 1892~1948라는 기독교인들이 극동 3대국의 지도자가 된 것을 높게 평가했다.

더욱이 황실이 기독교와 급속히 가까워진 것도 이 시기였다. 1946년 4월 30일, 일본 YWCA 회장 우에무라 다마키植村環, 1890~1982는 전후 민간인으로서 처음으로 미국에 갔다. 그 무렵 그녀는 천황과 황후를 배알하고 트루먼 대통령에게 보내는 베시시를 부탁받아 대통령을 만났다. 이듬해 귀국한 우에무라는 매주 황후에게 성서를 강의하게 되었다. 또한 천황 스스로가 황태자의 가정교사로 '훌륭한 기독교인 여성'을 희망했다. 미국에서 많은 여성이 지원했고, 퀘이커교도였던 엘리자베스 J. 바이닝Elizabeth J. G. Vining, 1902~1999이 뽑혔다. 그녀는 1946년부터 1950년 11월까지 4년간 황태자(2019년 퇴위한 아키히토 전 천황)에게 영어뿐 아니라 세계 정세에 대해 폭넓게 가르쳤다. 황태자의 질문에 응하여 퀘이커와 그 철학에 대해서도 가르쳤다.[21]

이 시대는 대중매체도 기독교에 매우 호의적 논조였다. 전전戰前에 반기독교적 논조를 높이던 〈요미우리신문〉은 1948년 3월 9일, '천황과 기독교'라는 제목으로 다음과 같이 논평했다.

> "재건 일본에 기독교 정신의 종교적 침투는 호불호好不好에 관계없이 하나의 중요한 과제이지 않으면 안 된다. 이 문제는 머지않아 국가의 상징이지만 인간천황이신 폐하의 신앙 문제로 부각될 것이다."[22]

그리고 히야네 안테이比屋根安定, 1892~1970(전 도쿄신학대학 교수 및 종교사학자)의 글이 소개되고 있다.

> "불교에는 불교의 사명이 있었지만, 그 사명은 이미 끝났다. 이제 기독교가 아니면 감당할 수 없는 시대가 왔다. …… 천황이 그리스도를 신앙하게 되는 것은 실로 바람직하다. 기독교 일본 전래 400년을 기념하기 1년

전 크리스마스에 일본 천황도 '왕의 왕, 주의 주'를 맞이하시기를 필자는 하나님께 기도하고 있다."[23]

참으로 큰 변화다. 실제 연합군 점령기에 천황을 개종시킴으로써 일본을 단번에 기독교 국가로 만들려 했던 선교사들도 있었다.

이런 가운데 기독교에 대한 일본 대중의 시각은 크게 달라져 많은 사람들이 기독교에 다가가는 이른바 '기독교 대유행'이 일어났다. 이는 당시 일본을 지배하던 GHQ의 의향에 따른 것이고, 게다가 만사가 미국을 예찬하는 풍조라는, 다분히 외면적 힘이 작용하고 있었다. 다음 회상문回想文은 당시의 이런 분위기를 잘 전한다.

"그 무렵, 맥아더 원수에게 초대되어 일본에 온 포켓성서연맹은 참으로 괴상한 전도 방식을 펴고 있었다. 어느 날, 후치다淵田 씨는 그들이 나고야의 순사교습소巡査教習所에서 개최한 전도 현장을 참관했다. 강연회 시작 전, 소장이 회장에 모인 500명 정도의 생도에게 훈시하고 있었다. '오늘은 성서연맹에서 나오신 분들이 고마운 말씀을 들려주실 것 같다. 말씀이 끝나면 이해한 사람은 손을 들라고 할 텐데, 이해 못해도 좋으니 반드시 모두 손을 들어 주도록. 전번 강연 때, 한 사람도 손을 들지 않아서 뒤에 GHQ로부터 질책당한 예가 있다. 가능한 한 선생 분들을 자극시켜 심기를 건드리지 않도록 힘써 주기 바란다. 이것도 일본을 위해서다.' 전도 강연은 시작되었다. 예상대로 마지막에 '그리스도를 믿는 사람은 손을 드세요'라고 하자, 청중은 일제히 손을 들었다. 목사들은 서로 어깨를 끌어안고 신앙부흥이 일어났다고 기뻐하며 희열이 충만해서 돌아갔다."[24]

GHQ의 권력을 배경으로 한 이와 같은 전도는 점령군 시대 일본 각지에서 볼 수 있던 것이다. 여기 나오는 '후치다 씨'는 진주만 공격 때 공격 대장이던 후치다 미쓰오淵田三津雄 중좌中佐*이며, 그는 전후戰後 회심하여 기독교인이 되었다.

그러나 기독교 대유행을 이러한 외면적 힘만으로는 설명할 수 없다. 패전으로 일본의 전통적 사상과 종교에 실망하고, 정신적으로 말하자면 '진공상태'에 빠져 있던 많은 일본인에게 기독교가 매우 신선한 것으로 비친 것이다. 그래서 많은 사람이 전후의 혼란한 상태에서 살아 갈 희망이나 지침을 기독교에서 구한 것이다.

종전 직후 일본에 진주進駐한 미군의 종군목사와 기독교인 군인들은 일본인의 구원을 위해 전도 집회를 열었다. '지 아이 가스펠 아우어G.I. Gospel Hour'로 불렸으며 최초로 요코하마, 다음으로 도쿄에서도 열렸다. 패전 후의 허탈감 속에 입추의 여지도 없을 만큼 몰려든 회중이 장중한 오르간 반주에 맞춰 소리 높여 찬양하는 모습에는 새로운 희망의 기운이 가득 흘러넘치고 있었다. 이 집회를 통해 신앙에 들어온 사람들, 그리고 그 가운데서 목사와 전도자가 된 사람들은 수없이 많다.

이 시대 기독교 대유행의 구체적 예로서 니가타시의 한 교회의 경우를 들어 보자. 일본기독교단 히가시나카도리東中通교회는 구 일본기독교회에 속하며 1886년 창립된 전통 있는 교회지만, 전시에는 집회 유지조차 어려웠다. 1945년 전반기 예배 출석자는 평균 열댓 명으로 교회 창립 이래 최저였다. 1945년 8월 12일 주일예배는, 원폭 투하 위협으로 시민들에게 퇴거명령이 발포되어 목사와 장로 두 명뿐이었다. 그로부터 1년 뒤인 8월 17일, 일본신학교 교장 구와타 히데노부桑田秀延의 '신일본 건설과 기독교'라는 제목의 강연을 열었을 때, 260명의 참석자가 있었다. 11월에는 게이센여학원惠泉女學園 원장 가와이 미치河井道, 1877~1953를 강사로 초청하여 니가타고등학교에서 강연회를 열었을 때, 약 600명이 모이는 대성황을 이뤘다. 이런 집회에서 신앙생활을 하기로 결심한 사람들 가운데 많은 수가 계속 교회에 출석했고, 교회는

* 한국군의 중령에 해당함.

'이상한 활기'를 띠기 시작했다. 그 가운데 많은 수가 청년 남녀였다.[25]

이러한 기독교 대유행은 연합군 점령기 동안 대체로 계속되었다. 어른들의 집회만이 아니라 교회학교는 어느 곳이나 아이들로 넘쳐나서 미처 받아들일 준비가 갖춰지지 못한 채 즐거운 비명을 지르는 모습이었다. 특히 이러한 기독교 대유행 가운데 가가와 도요히코의 활약은 주목할 만한 것이었다. 1946~1949년까지 3년이 채 안 되는 사이에 강연 횟수는 1,219회, 청중은 69만 1,461명, 신앙을 결심한 자는 18만 6,914명을 헤아렸다.[26]

1947년 7월 13일자 〈아사히신문〉은 '농촌으로 퍼지는 기독교, 전국의 신도 200만 명'이라는 제목으로 농촌 지역에서 기독교의 급성장을 보도한 후, 가가와 도요히코의 담화를 실었다.

> "작년 여름부터 전국을 순회하며 보건대, 종전 직후 기독교 신자는 40만 명이었으나 지금은 200만 명은 확실히 된다고 생각한다. 지금부터의 종교운동은 농촌을 주체로 하지 않으면 안 되며, 그만큼 오늘날 농촌의 종교운동은 참으로 믿음직스럽다."[27]

그러나 이 200만 명은 꽤 과장된 숫자다. 《기독교 연감》에 따르면, 이 무렵 일본의 기독교 신자는 약 33만 명으로 추산된다.[28] 목사들은 기독교 대유행의 시기에 신앙에 관심을 갖게 되었거나 신앙을 결심한 사람들이 세례를 받도록 인도하는 일에 몹시 곤혹스러워했다.

여하튼 연합군 점령기의 기독교 대유행 가운데 과거 어느 때보다 많은 일본인이 기독교에 기대를 걸고 성서를 읽으며 교회 문을 두드린 것은 틀림없는 사실이다. 그리고 많은 사람이 신앙을 받아들이고 신앙생활을 계속해 갔다. 또한 전전戰前 군국주의 풍조 가운데 존폐의 위협을 느끼던 미션 스쿨에 많은 학생들이 입학했다. 그러나 전체적으로 볼 때, 예수 그리스도의 씨 뿌리는 비유 가운데 "흙이 얕은 돌밭에 떨어진 씨"(막 4:5~6)와 같이 기독교 대유행이 사그라지고 역행 현상이 나타나기 시작하자 기독교에서 멀어져 간

사람들도 적지 않았다. 어쨌든 위정자들의 추천 등 외부적 요인으로 지탱되던 대유행은 정착된 선교와 교회 형성으로 이어지기 어려웠음을 보여 준다.

4. 일본기독교단과 전쟁 책임

1945년 8월 15일 일본의 패전은 전쟁에 협력하며 국가와 보조를 함께 했던 일본 교회, 즉 일본기독교단에게도 커다란 패배였다. 일본 교회는 이때 전쟁 중의 행보를 조용히 돌아보며, 신사참배를 하고 침략전쟁에 협력했던 죄를 회개하고 재출발해야 했다. 그러나 실제는 어떠했는가?

패전 직후 1945년 8월 28일, 일본기독교단 상무이사회가 열리고 다음과 같은 통달문通達文이 교단 통리 도미타 미쓰루의 이름으로 전국 교회에 보내졌다.

> "황공하게도 성스러운 결정을 내리시고 조서로 널리 알리셨다. 그리하여 우리 국민의 나아가야 할 길을 정하셨다. …… 먼저 우리는 일본이 패전에 이르게 된 것이 우리의 충성이 부족하고 보국의 힘이 충분하지 않았기 때문임을 심각하게 반성, 참회하고……"[29]

이 통달문을 보면, 교단 당국의 자세나 인식은 전쟁 중에 비해 기본적으로 변하지 않았다. "심각하게 반성, 참회하고"라는 것은, 교단이 신사참배와 침략전쟁에 협력한 죄를 반성하고 하나님께 회개하는 것이 아니다. 문맥으로 보면, 패전에 이른 것은 신민臣民인 자신들의 정성과 노력이 부족했기 때문이고, 그것을 천황에게 "심각하게 반성, 참회하고" 있다고 해석해야 할 것이다. 이는 패전 직후 성립된 히가시쿠니노미야 내각이 제창했던 '일억총참회'와 발상이 같은 것이다.

더욱이 같은 통달문에서 "시국의 격변에도 불구하고 교단 조직은 미동微動조차 하지 않을 것이다"라고 하며, 어쨌든 '일치단결'을 호소하고 있다. 패전 처리에 즈음하여 일본 정부가 천황제 국체國體를 보호하고 지지하는 것을 가장 중요하게 여기던 것과 같은 자세가 엿보인다. 이유를 막론하고 교단 당국자에게, 시국이 격변하는 가운데 전쟁 책임을 운운하기보다 교단 체제 유지야말로 최우선되어야 할 것이었다. 이후 교단의 일련의 활동 가운데 교단 자체나 간부의 전쟁 책임을 묻는 노력은 거의 없는 채, 밀어닥쳐 온 기독교 대유행의 물결에 휩쓸려 흐지부지되고 말았다.

1946년 6월 9일, 전국 기독교도 6,000명이 아오야마학원에 모여 '전국기독교대회'를 열었다. 때마침 그때의 기독교 대유행에 응하기 위해 300만 구령救靈을 목표로 한 '신일본건설 그리스도운동'을 하기로 했다. 그 선언문은 다음과 같다.

> "우리는 평화의 복음을 신봉하는 기독교인으로서 잿더미가 된 제국의 수도에 서서 새삼 스스로의 사명에 대한 불신과 태만의 죄를 통감하며 하나님과 사람들 앞에 깊은 참회를 표명한다. …… 우리는 30만 일본 기독교인을 대표하여 새로운 헌신과 결속을 다짐하며, 십자가를 기저基底로 하는 신일본을 건설함으로써 참된 도의道義에 기초한 세계질서의 실현에 공헌하고자 기약하고, 이에 3년 계획 신일본건설 그리스도운동을 전개하고자 한다."[30]

패전에 대한 기독교인의 책임과 반성과 회개가 언급되고 있지만 전쟁 중 교회의 모습이 구체적으로 다뤄지지 않고, 책임 표명은 막연한 것이었다. 오히려 이 선언문의 강조점은 후반의 3년 계획 신일본건설 그리스도운동을 호소한 것이라 할 수 있다. 이를테면, 일본 기독교회는 여기서도 전쟁 책임을 충분히 밝히지 않은 채, 기독교 대유행에 편승하는 모습으로 '300만 구령'을 제창하고 재출발을 도모한 것이다.

야마야 세이고山谷省吾, 1889~1982가 중심이 되어 집필한《일본기독교단사日本基督教團史》(1967)는 전후 교단에 대한 자기반성을 담아 이렇게 기록했다.

"교단은 이런 급변에 직면하여, 먼저 철저히 자기반성을 하며 회개해야 할 바를 충분히 회개하고 재출발해야 했다. 그것은 확실히 어느 정도는 이루어졌을 것이다. 그러나 유감스럽게도 충분히 이루어졌다고는 할 수 없다."

교단 통리 도미타 미쓰루는 전후戰後에 통리 직을 사임했지만, 그것은 전쟁 책임을 느껴서가 아니었다. 그는 전후 첫 상의원회常議員會에서 한 상의원으로부터 교단 통리 및 임직원은 전쟁 책임을 어떻게 생각해야 하는지 질문을 받고 "나는 특별히 전쟁 책임자라고는 생각하지 않는다"고 단언했다. 게다가 지금 사직하는 것은 별문제가 아니지만 중요한 책무가 산적된 오늘 즉시 사직하는 것은 무책임하다며 적당한 시기에 사임하겠다고 했다. 그는 1946년 6월 임시총회에서 통리를 사임했지만 그 후에도 상의원과 총합전도위원장으로서 교단을 지원했다. 다른 간부들도 마찬가지로 전후 일본기독교단 운영에 힘을 다했다.

전쟁 중 헌병대에 구류되어 전향하고 국책에 협력했던 가가와 도요히코는 전후戰後 자신의 전쟁 책임을 표명하지 않고, 공적으로 추궁되지도 않았으며, 주어진 무대 전면에서 마음껏 활약했다. 더욱이 가가와의 전향과 전후 행보에 대해서는 사지 다카쓰네佐治孝典가 쓴 《토착土着과 좌절》과 안도 하지메安藤肇가 쓴 《전쟁 협력으로 일본기독교단은 무엇을 잃었는가》에 자세히 언급되어 있다.[31]

이와 같이 전쟁 책임에 대한 태도가 애매모호한 일본 교회를 독일 교회와 비교해 보면 차이가 뚜렷하다. 같은 패전국인 독일의 고백교회는 1945년 10월에 '슈투트가르트 죄책선언'을 발표하고 이 전쟁에서 교회가 범한 죄를 고백했다.

"우리는 커다란 아픔을 느끼며 고백합니다. 우리는 많은 민족과 국가에 끊임없는 고통을 주었습니다. …… 우리는 폭력적 국가사회주의(나치)의 지배하에 공포스럽게 드러난 그 영에 대항하여 예수 그리스도의 이름으로 여러 해 동안 싸워 왔습니다. 그러나 더욱 용감하게 우리의 믿음을 위해 서지 않았고, 더욱 신실하게 기도하지 않았으며, 더욱 즐겁게 믿지 않았고, 더욱 뜨겁게 사랑하지 않은 것에 우리 자신을 자책합니다."[32]

나치 독일과 싸우며 순교자까지 배출한 교회이면서도 그들은 스스로 전쟁 책임을 통렬하게 묻고 그 죄를 솔직하게 회개하며 고백한 것이다.

왜 전쟁 책임에 관하여 일본 교회와 독일 교회는 이렇게 다른 것일까? 그 이유로 생각할 수 있는 것은, 아직 일본 교회가 스스로를 군국주의 체제의 피해자 입장에서 탈피할 수 없었다는 점이다. 그런 의식에서 스스로 전쟁 책임을 묻는 태도는 생겨나지 않는다. 더욱이 전후 일본을 지배한 GHQ는 일본 교회에 검사檢事 역할을 하려 하지 않은 채, 더없이 관대하고 호의적이었다. 일본의 모든 분야에서 볼 수 있던 GHQ에 의한 전쟁 지도자 공직 추방의 거센 바람도 기독교회에는 전혀 무관했다. 릿쿄학원의 일부 교직원이 공직에서 추방당했지만 이는 전전戰前 릿쿄학원에서 교편을 잡았던 선교사들에 의한 보복적인 것이며 지극히 예외적인 경우였다.[33] 즉, 스스로를 피해자로 여기고 있던 교단이 GHQ가 전면적으로 호의를 보인 것에서 자신의 의기를 다지며 전쟁 책임을 유보한 채 기독교 대유행에 편승하여 전후 재출발을 도모한 것이다.

1967년 출판된 《일본기독교단사》에서 야마야 세이고는 전쟁 책임에 대해 이렇게 언급했다.

"교단은 전쟁 중에 그만큼 국책에 협력했으므로, 패전과 동시에 조용히 자기검토를 한 뒤 전쟁이 끝나고 주어진 새로운 사명을 깊이 자각하고 굳게 결의하며 재출발해야 했다. 그러나 교단 내부에 '단절' 의식이 어느 정도 있었던 것일까. …… 결국 우리의 신앙이 대단히 이지러져 있었음을 고백해야 한다."[34]

이 책이 출판된 해에 일본기독교단은 '제2차 세계대전하의 일본기독교단의 책임에 관한 고백'을 발표했다. 전쟁이 끝나고 25년이 지나고 있었다.

제2장 전후 기독교회의 전개

1. 일본기독교단의 부흥

1945년 10월, 긴급히 일본에 온 미국 교회의 대표 사절단은 전쟁의 재난으로 곤궁에 처한 일본 교회를 빠짐없이 시찰하고, 귀국 후 구제를 위해 움직이기 시작했다. 이듬해 일본의 식량 사정이 더욱 악화되었을 때, 미국과 캐나다의 선교사 6명이 입국하여 교단 부흥을 위한 협력을 제안했다. 1947년 4월에 미국과 캐나다 개신교회는 일본 교회 부흥을 위해 강력한 지원 체제를 편성했다. 그때까지 일본 교회와 관계가 있던 8개 교파의 선교부는 일본기독교단을 일본 개신교회를 한데 묶은 것으로 높이 평가하고, 이를 지원하기 위한 연합위원회Interboard Committee for Christian Work in Japan: IBC로 약칭를 조직하고 뉴욕에 사무소를 두었다. 이에 호응하여 일본 측과 IBC 대표에 의해 '내외협력회Council of Cooperation'가 세워지고 지원 창구가 되었다.

IBC는 100여 곳 이상의 교회 재건, 교단 교육사업 및 사회사업, 미션 스쿨 재건에 적극적으로 지원하며 협력했다. 이 무렵 새롭게 건축된 예배당의 많은 수는 퀀셋 헛Quonset hut*이라는 반원형 막사였는데, 이를 받아들인 교회는 5만 엔을 내고 다른 비용은 내외협력회가 지불하는 식이었다. 1947년에는

* 아연도금이 된 물결 모양 강판으로 만든 간이 조립식 주택. 패전 직후 건축자재를 구하기 어려운 형편인 일본 교회에 미국 교회를 중심한 교회세계봉사단은 주로 병사용 막사로 쓰이던 퀀셋 헛을 많이 기증했다.

일본기독교단 진료소가 간다 오가와마치神田小川町에 개설되었다. 교회세계봉사단Church World Service이 기증한 퀀셋 헛을 세워 의료사업을 시작했다. 여기에도 미국 교회의 막대한 지원이 있었다. 1946년 일본에 온 6명의 선교사 가운데 한 사람인 캐나다연합교회의 조지 어니스트 봇George Ernest Bott, 1892~1952은 아시아구제연맹Licensed Agencies for Relief in Asia: LARA이 세계교회봉사단을 통해 보낸 식료품과 의류('라라LARA 물자'로 불림)로 극한의 곤궁에 처한 교역자와 그 가족을 도왔다.

전후 미국과 캐나다에서 기부된 헌금은 약 340만 달러에 이르고, 일본에서 조달한 약 114만 달러와 합하여 전쟁으로 재해를 입은 교회의 복구를 지원한 것이다. 여하튼 일본 교회 복구에 미국과 캐나다 교회의 지원은 대단한 것이었다.

교단은 1948년 10월 제5회 총회를 개최하여 고자키 미치오小崎道雄, 1888~1973를 총회 의장으로 선출했다. 그리고 앞서 행해져 온 '신일본건설 그리스도운동'의 연장으로 '5개년 전도계획'을 결정했다.

2. 교파들의 교단 이탈과 교파 재편성

지금까지 살펴 온 바대로, 일본기독교단의 성립은 종교단체법으로 대표되는 정부와 문부성의 압력이 결정적 요인이다. 일본의 패전 후, GHQ는 종교단체법과 치안유지법을 서둘러 폐지하고 1945년 12월에 새롭게 '종교법인령宗教法人令'을 발포했다. 1951년에는 신헌법의 신앙의 자유와 정교분리에 기초한 '종교법인법'이 시행되었다.

이러한 변화에 따라, 일본기독교단에 머무를 법적 필연성을 인정하지 않고 자기 교파의 선교부와 협력관계를 회복한 많은 교파는 속속 교단을 이탈하여 자신들의 교파를 재건했다.

먼저 1946년 9월, 일본구세군이 재건되었다. 그들은 교단을 이탈하여 런던에 있는 국제본영國際本營, International Headquarters과 관계를 회복하고 지원을 받으면서 본래의 활동을 시작했다. 1947년에 들어서자 침례와 회중 정치를 강조하는 일본 침례교 연맹이 이탈하여 미국 남침례교 선교부의 지원을 받아 재건되었다. 같은 해 말에는 가장 오래된 전통을 자랑하는 개신교회인 루터파 교회가 이탈해서 일본복음루터란교회를 창립했다.

1946년부터 1950년대 초기에 걸쳐 갓스이活水 기독교단, 복음전도교단, 일본나자렌교단, 일본동맹기독교단, 일본 어셈블리스 오브 갓Japan Assemblies of God 교단, 일본 얼라이언스교단Japan Alliance Church, 일본 하나님의 교회연맹Church of God in Japan, 일본 예수 기독교단, 일본 자유감리교단 등 복음주의파에 속하는 많은 교파가 교단을 이탈하여 각각 연계된 선교부의 지원을 받아 자기 교단을 재건했다.

또한 임마누엘종합전도단, 기독형제단, 일본기독개혁파교회, 시온 기독교단, 일본복음교단, 일본 선교회 등은 전전戰前에 뿌리를 두고 있지만 새로운 이념을 내걸고 창립된 교파다. 이러한 전후 복음주의파 교단의 재건이나 설립에 대해서는 나의 책《일본 복음주의파의 역사》제10장을 참고하기 바란다.

전시하에 관헌의 탄압을 받던 성결교회(세이교회聖教會 측)는 둘로 나뉘었다. 오바라 도사지小原十三司, 1890~1972를 중심으로 한 그룹은 일본기독교단에 머물면서 일본기독교단 성결교회 그룹을 결성해 교역자 양성기관으로 도쿄성서학교를 운영했다. 한편, 교단에 머물러 있는 채로는 성결교 신앙을 유지하기 어렵다고 생각한 사람들은 구루마다 아키지 등을 중심으로 하여 교단을 이탈했다. 그리고 동양선교회Oriental Missionary Society(지금의 One Mission Society)와 관계를 회복하고 1949년 일본 성결교단을 설립했다. 교역자 양성기관으로 도쿄성서학원이 있다.

일본기독교단을 설립할 무렵, 일본성공회는 분열되어 고난의 길을 걷게 되었다. 1945년 12월, 교단에 가입하지 않은 교회들에 의해 일본성공회재건 총회가 열렸다. 일찍이 교단에 가입해 있던 교회의 대부분도 복귀했다.

이같이 패전 직후부터 1950년대 초에 걸쳐 많은 교파들이 교단을 이탈하여 재건하기도 하고 새로운 교단을 설립하기도 하면서 전도활동을 했다.

3. 일본기독교회 설립

지금까지 언급한 교파들 가운데 많은 수는 독자적 교리와 전통, 교회 정치를 강조하기도 하고 외국 선교부와 관계가 깊은 그룹이다. 그러나 지금부터 다룰 일본기독교회(이하 '신일기新日基'로 약칭)의 설립은 교단의 중핵을 형성했던 그룹을 둘러싼 것이며, 거기서 제기된 문제는 교단의 근본 문제에 관련된 것이었다.

전후 구일본기독교회(이하 '구일기舊日基'로 약칭) 관계자는 '일본기독교협력전도회'를 결성하여 기관지를 발행하며 조직적인 교회협력활동을 하게 되었다. 이 단체의 목적은 "일본기독교단 내에서 복음적 신앙에 기초하여 전도에 협력하는 공동교회의 확립을 다짐한다"고 강조하였다. 그들은 이 목적을 위해서는 당분간 전쟁 전의 부제部制 같은 것을 부활시켜야 한다고 보고, 교단 내에 '회파會派'를 인정하도록 요구했다.

그러나 교단 집행부는 이 요구를 검토한 후, 교단 내에 교회성教會性을 지닌 회파의 존재를 공인하는 것은 '교회 안의 교회'를 만들게 되므로 인정하기 어렵다고 했다.[1] 끝까지 회파의 공인을 요구해 온 구일기의 관계자는 교단에 머문 채로는 더 이상 자신들의 주장이 관철되기 어렵다고 생각했다. 그리고 홋카이도와 규슈 등의 지역 차원에서 혹은 각개 교회 차원에서 잇따라 교단을 이탈했다. 이탈한 그룹의 39개 교회가 1951년 5월에 대회를 열고 신일기를 설립했다. 중심적인 지도자로는 오노무라 린조, 사바 와타루佐波亘, 1881~1958, 우에무라 다마키, 후지타 오사메藤田治芽, 1899~1994 등 우에무라 마사히사에게 크게 감화를 받은 사람들이 많았다.

신일기를 결성한 사람들의 주장을 정리하면 다음과 같다.

① 교단은 결성 당시 신앙고백을 갖지 않은 채 1948년에 이르러 사도신경으로 신앙고백을 삼았다. 그러나 그들의 견해에 따르면, 이는 개신교회의

신앙고백으로서는 불충분하다. 그러므로 단순한 신앙고백에만 의존하여 존립하는 교단의 교회성은 대단히 애매하다고 하지 않을 수 없다.

② 교단 전도활동에서 외국 선교부에 대한 의존성을 호되게 비판했다. 우에무라가 주장했듯이 그들은 일본 전도는 일본 교회가 해야 한다고 했다.

③ 그들은 구일기의 전통에 서서, 장로정치를 명확히 한 칼뱅주의Calvinism의 신앙을 기초로 교회 형성을 목표했다.[2]

오모리大森교회(주임목사: 사바 와타루)의 이탈성명서에서는 "구교파(구일기)의 신앙과 생활에 미련이 있다"고까지 하며, 구일기의 전통으로 돌아가기를 원했다.[3] 이런 주장을 기초로 그들은 신일기를 형성하고, 오늘에 이르기까지 이 주장 아래 교회 형성에 힘써 왔다.

이러한 신일기의 주장은 그 후 교단 행보에도 큰 영향을 끼쳤고, 1954년에 교단은 '일본기독교단 신앙고백'을 제정했다. 《도쿄교구사東京教區史》에는 그들의 교단 이탈과 신일기의 성립에 대해 이렇게 기록되어 있다.

> "이전에도 이탈은 해마다 계속되고 있었다. 그러나 그들은 주로 특수한 성격의 구세군이라든지, 전통이 좀 다른 성공회라든지, 특수한 경건주의를 중시하기 때문이라든지, 외국 모교회와의 일종의 관계 때문이라는 식의 이유에서였지만, 이번 일은 사정이 달랐다. 이를테면, 이전 것은 '합쳐져 하나가 된 것은 언젠가 다시 떨어질 때가 있다'는 말로도 볼 수 있지만, 이번 일은 살아 있는 나무를 찢는 듯한 아픔을 느끼게 하는 것이었다."[4]

이같이 구일기 관계자의 이탈과 뒤이은 신일기의 설립은 교단에 심각한 사건이 되었다. 그러나 신일기의 설립으로 일단 교단에서의 이탈도 일단락되고, 교단을 포함한 각각의 교파가 전후의 새로운 행보를 시작해 갔다.

4. 선교단체들의 입국과 새로운 교단 설립

패전 직후 1946년부터 1950년대에 걸쳐 실로 많은 구미 선교단체들이 새롭게 일본에 와서 활발한 전도를 시작했다. 이 시기에 일본에 입국한 선교단체가 전례 없이 늘어난 이유로, 당시 일본이 연합군의 점령하에 일시적으로 기독교가 대유행이었던 일이 있다. 이미 말했듯이, 맥아더는 기회 있을 때마다 선교사를 일본에 파견해 달라고 미국 교회에 요청했다. 1945년 12월에는 GHQ 최고사령관으로서 선교사의 입국을 허가하겠다는 전보를 워싱턴에 타전했다.

> "본관은 가능한 한 많은 선교사가 일본에 와서 사역하도록 허가할 방침이다. 전전戰前에 일본에서 봉직한 경험이 있는 선교사가 일본 입국을 신청할 경우, 이들 선교사의 소속단체가 그들에게 적당한 생활환경을 보증하고 점령군의 부담이 되지 않도록 각 선교사에게 필요한 생활비를 보증하는 한, 모든 신청을 수락할 것을 제안한다."[5]

맥아더는 일본에서 선교사를 맞을 태세를 속히 갖추도록 담당기관인 CIE 종교과에 지시했다. 이리하여 1946년 4월에는 일본에 부임해 오는 미국인 선교사들을 받아들일 태세가 갖춰졌다. 이전에 일본에서 봉사했던 선교사들뿐 아니라 새로 오는 사람이라도, 그리고 미국인이 아니라도 소속 교단이 보증하는 한, 선교사의 입국은 즉시 허가되게 되었다. 이리하여 1946년 8월까지 가톨릭교 64명, 개신교 46명의 선교사가 입국 수속을 마쳤다.

일본 측에서도 선교사 파견을 환영하는 취지의 의사표시가 있었다. 1945년 9월 2일 〈아사히신문〉은 기독교인인 마에다 다몬前田多門, 1884~1962 문부대신이 "피폐해진 사람들의 마음을 어루만지고 이해하는 선교사의 입국은 무엇보다 환영할 만한 일"이라고 한 말을 보도했다.[6] 그러나 마에다는 "걸핏하면 시비조로 덤비는 일본의 야만인을 교화하려고 위압적 태도를 취하는 사람"도 있지 않을까 하는 우려를 보였다. 일본 교회도 여러 기회를 통해 선교사 파견을 환영하는 뜻을 미국 교회에 전했다.

요컨대, 구미 선교사들에게 당시 일본은 가장 들어가기 쉽고 환영받는 선교지였다.

더 나아가 또 하나의 큰 요인으로 1949년 10월 중국 대륙에 중화인민공화국이 수립된 데 따른 영향을 간과할 수 없다. 이미 중국에는 제임스 허드슨 테일러James Hudson Taylor, 1832~1905가 시작한 중국내지선교회China Inland Mission의 사역을 시작으로 많은 구미 선교단체들이 활동하고 있었고, 혁명 때는 개신교 신자만 약 80만 명이 있었다고 알려져 왔다. 가톨릭의 역사는 더욱 오래되어 혁명 때는 300만 명이 넘는 신도가 있었다.

그러나 마오쩌둥毛澤東, 1893~1976을 수반으로 세워진 중화인민공화국 정부는 기독교나 외국 세력들과의 모든 관계를 단절하는 것을 기본 방침으로 삼고 1952년까지 모든 외국인 선교사를 추방했다. 이리하여 중국에서 전도의 문호가 닫힌 선교단체들은 일본이나 아시아의 다른 나라들로 활동무대를 옮겼다. 예를 들면, 홋카이도에서 선교활동을 시작한 국제복음선교단(OMF)은 중국내지선교회를 새롭게 단장하여 바꾼 것이다. 중국 전도를 목표하던 선교단체나 선교사들이 목표를 일본으로 바꾼 예도 있다.

1950년에는 한국전쟁이 발발하여 2,000여 명의 선교사가 급히 한국에서 철수해 와 긴급조치로 이들을 일본에서 받아들였다. 그들 대다수는 본국으로 귀국했지만, 일본에 머물며 선교한 사람들도 있다.

이같이 연합군 점령기에는 전례 없이 많은 선교사가 일본에 와서 활발한 활동을 했다. 그런 가운데 앞 장에서 거론한 정교분리에 관계된 미묘한 문제가 발생하기도 했다. 본래 선교사의 신분은 사적인 것으로, 점령군과 공적인 관계는 있을 리가 없다. 그러나 실제로 GHQ는 선교사에게 자주 GHQ의 시설이나 군용열차의 사용을 허락했다. 또한 일본 점령 초기에는 일본의 우편 사정이 열악하여 미국인 선교사들은 미국 군용우편 사용이 허락되었다. 더 나아가 선교사 자녀는 각 대도시와 GHQ 시설에 갖춰진 군인가족을 위한 학교에 다니도록 허락되는 등, 많은 혜택이 주어졌다. 더욱이 전전戰前 적성자산敵性資産으로 몰수되었던 미국 선교사와 관계된 자산의 반환에 관해서도 GHQ의 도움을 청하는 일이 많았다. 이같이 GHQ의 권력을 배경으로 한 일부 선교사들이 무리하게 일을 밀어붙이는 모습은 일본인들 사이에서 기독교의 인상을 실추시키는 계기가 되었다.

연합군 점령기에 일본에 온 선교단체와 그 활동 결과로 생겨난 교단의 이름을 나라별로 소개한다.

국가별 선교단체	해외 선교단체명	일본 신생 교단
미국계	극동복음십자군(Far Eastern Gospel Crusade, 현 SEND International, 1945년)	일본신약교단(현 일본복음그리스도교회연합) 예수복음교단
	일본복음교우회(Japan Gospel Fellowship, 1946년)	복음교우회(福音交友會)
	보수침례교해외선교회(Conservative Baptist Foreign Mission Society, 1947년)	보수침례교동맹
	성서장로교회(Bible Presbyterian Church, 1948년)	일본기독장로교회(현 일본장로교회, Presbyterian Church in Japan)
	미국루터교회-미주리 시노드(Lutheran Church-Missouri Synod, 1948년)	일본루터교단(Japan Lutheran Church)
	침례교총회(Baptist General Conference, 1948년)	일본침례교회연합
	국제침례교성서협회(Baptist Bible Fellowship International, 1949년)	일본침례교바이블펠로우십
	미국루터형제교회(Church of the Lutheran Brethren in America, 1949년)	일본루터동포교회(Japan Lutheran Brethren Church)
	미국복음자유교회(Evangelical Free Church of America, 1949년)	일본복음자유교회협의회
	미국커버넌트교회(Evangelical Covenant Church of America, 1949년)	일본세이케이(聖契)그리스도교단
	북미메노나이트형제교회(Mennonite Brethren Church of North America, 1950년)	일본메노나이트브레드런교단
	하나님의 교회(Church of God, 1951년)	처지 오브 갓(Japan Church of God)

	북미침례교총회 (North American Baptist Conference, 1951년)	일본침례교선교단
	이 외에도 이 시기 선교사의 활동으로 탄생된 교단으로 일본복음선교단, 일본 포스퀘어복음교단(Japan Foursquare Gospel Church), 일본오픈바이블교단(Japan Open Bible Church), 동양 농아(聾啞) 그리스도전도교회, 성서교회연맹, 루터복음그리스도교회 등이 있다.	
캐나다계	일본전도미션 (Japan Evangelical Mission, 1949년)	일본전도복음교단
	캐나다복음침례교회협의회(Fellowship of Evangelical Baptist Churches in Canada, 1952년)	복음침례교연맹
독일계	리벤젤러 미션(Liebenzeller Mission, 1951년 다시 일본입국, 전전에도 활동)	리벤젤러 기독교회연합(Japan Liebenzeller Church Association, 현 일본복음기독교회연합, Japan Evangelical Church Association)
	마르부르크 전도회(Marburg Mission, 1951년)	펠로우십 디콘리 복음교단 (Fellowship Deaconry Gospel Church)
	독일 알리안츠 선교회(Allianz-Mission, 1951년)	동맹복음기독교회
노르웨이계	노르웨이 루터선교회 (Norwegian Lutheran Mission, 1949년)	서일본복음루터교회 (West Japan Evangelical Lutheran Church)
	노르웨이 전도회(Norwegian Missionary Soceity), 노르웨이 루터자유교회(Evangelical Lutheran Free Church of Norway, 1951년)	긴키(近畿)복음루터교회 (Kinki Evangelical Lutheran Church)
	노르웨이 동양복음선교회 (Norwegian Evangelical Orient Mission, 1951년)	동양복음선교회(Evangelical Orient Mission, 현 일본동맹기독교단에 가입)
스웨덴계	스웨덴 선교커버넌트교회 (Swedish Mission Covenant Church, 1949년)	일본세이야쿠(聖約)기독교단 (Covenant Church of Japan)
	외레브로선교회 (Örebro Missionary Society, 1949년)	일본복음교회 (Japan Evangelical Churches)
	스웨덴 몽고·일본선교회 (Swedish Alliance Mission, 1950년)	일본성서복음교단 (현 일본동맹기독교단에 가입)
스웨덴계	스웨덴 성결연합 (Swedish Holiness Union, ~1950년)	일본그리스도선교단
	복음주의동아시아선교회 (Evangelical East Asia Mission, 1950년)	동양복음교단
국제적 선교단체	중국내지선교회(China Inland Mission, 1949년, the present OMF International)	홋카이도복음교회협의회 (Hokkaido Evangelical Church Association, 현 일본복음기독교회연합)
	세계복음전도단(Worldwide Evangelisation for Christ, WEC International, 1950년)	세계복음전도단(현 세계복음전도회)

이 도표에서 파악할 수 있듯이, 이 시기에 일본에 온 선교단체는 복음주의파가 압도적으로 많다. 이외에도 전후戰後 일본인 지도자에 의해 독자적으로 설립된 그룹으로 성서기독교회(1953년, 오야마 레이지尾山令仁), 단립기독교회연맹(현 일본복음기독교회연합), 이케루 그리스도 이치바쿠교회活けるキリスト一麥教會(1941년, 마쓰바라 가즈히토松原和人) 등이 있다. 이 장에서 다룬 복음주의파 교회들에 대한 자세한 내력은 나의 책《일본 복음주의파의 역사》 제10장을 참고하기 바란다.

5. 아카이와 사카에 문제: 공산주의와 기독교

1949년 1월 실시된 총선거에서 일본공산당은 중의원에서 35석을 차지하며 대약진을 했다. 전쟁 당시 군국주의와 투쟁을 계속했던 공산당에 대한 많은 국민의 신선한 기대 속에 공산당은 인기 상승세를 타고 있었다. 문화예술계의 저명한 지식인들이 잇따라 공산당에 입당한 것도 이 무렵이다.

그런 가운데 이 총선거가 한창일 때, 일본기독교단 우에하라上原교회의 아카이와 사카에赤岩榮, 1903~1966 목사는 공산당 후보를 응원하며 가두연설을 했다. 그리고 취재차 온 공산당 일간 기관지《아카하타赤旗》 기자에게 공산당에 입당할 뜻을 표명했다. 이것이《아카하타》 지면에 보도되어 안팎으로 큰 화제가 되었다.[7]

아카이와 사카에는 목사 가정에서 태어나 도쿄신학사東京神學社에서 공부하고, 다카쿠라 도쿠타로에게 강한 신학적 감화를 받았다. 더 나아가 카를 바르트의 신학까지 섭렵해 갔지만, 전쟁이 끝나자 전쟁 중에 자신을 포함한 기독교회가 취한 태도를 깊이 반성하고 사회실천의 필요를 통감하게 되었다.

사회민주주의 사상의 바탕에 선 그는 정권을 갓 장악한 사회당에 큰 기대를 걸었지만, 현실에 실망하여 공산당으로 마음이 기울었다. 그리고 이론적으로, 실천적으로 공산주의에 접근해 간 끝에 공산당 입당을 결의하게 되었다. 단, 기독교는 개인의 실존 문제로, 공산주의는 사회실천 문제로 양립할 수 있다고 생각하여 교단 목사의 신분으로 입당하는 것을 공표했다.

이러한 사태에 이르자 교단 간부들은 기독교와 공산주의는 도저히 양립할 수 없다며, 입당을 단념하도록 그에게 강력히 권유했다. 결국 자신이 목회하는 교회의 사정도 감안하여 현 단계에서는 보류하기로 하고, 외부에서 공산당에 협력하기로 했다. 그의 저서인《기독교와 공산주의》에도 언급되어 있듯이, 그의 입당 동기는 매우 실천적이었다. 오늘 예수의 사랑을 철저히 실천하려 한다면, 인민 편에 서는 정당을 택하여 지지하는 것이 옳다. 그의 관점에서는, 공산당은 인민의 생활을 지킬 수 있는 유일한 당이며, 인민의 생활을 위해 헌신적으로 활동하고 있는 당이다. 따라서 그 귀결로 공산당에 입당하게 되는 것이다.[8]

아카이와의 이런 주장과 행동에 교단 지도자들은 매우 유감스러워했고, 특별위원회를 만들어 해결책을 마련하게 했다. 교단 상의원회常議員會에서는 "신앙은 기독교, 실천은 공산주의라는 주장"은 결코 용인될 수 없다고 결의했고, 기독교와 공산주의는 이론적으로도 실제적으로도 양립할 수 없다는 성명聲明을〈그리스도신문〉에 발표했다.[9]

그 후 우에하라교회는 아카이와의 입장을 지지하는 쪽과 지지할 수 없는 쪽으로 분열되었다. 이때, 아카이와와 결별한 신자들 가운데 전후작가戰後作家로 등단했던 시이나 린조椎名麟三, 1911~1973가 있다. 아카이와 자신은 그 후 신학적으로 바르트와 결별하고 루돌프 K. 불트만Rudolf K. Bultmann, 1884~1976의 비신화화론非神話化論으로 나아가 인간 예수를 탐구하며 예수를 실천하는 것을 목표했다. 1966년, 죽음을 앞두고 저술한 그의 마지막 책이《기독교 탈출기》다. 그가 최후에 다다른 것은 기독교에서 탈출하는 것이며, "그리스도라는 신화를 벗어 버린 예수의 휴머니즘"이었다.[10]

결과적으로 아카이와 자신은 공산당에 입당하지 않았지만, 이 사건은 그리스도인과 정치의 관계, 신앙과 사회실천의 관계에 대한 커다란 문제를 제기했다고 할 수 있다. 이는 오늘에도 계속되는 문제다.

6. 1950년대의 전도: 선교 100년 기념운동을 중심으로

GHQ는 점령단계 초기에 일본의 비군사화와 민주화에 정책의 역점을 두었다. 그러나 1949년 10월 중화인민공화국이 탄생하고 공산주의 진영과 자유주의 진영의 대립이 본격화되어 가는 가운데 GHQ는 반공정책을 추진하며 직장에서 공산당원을 추방하는 이른바 적색분자 숙청red purge을 시작했다. 그리고 1950년 6월 한국전쟁 발발 후, 일본의 비무장 정책을 전환하여 경찰예비대를 설치하고 재군비의 길을 열었다. 즉, '역코스Reverse course'로 불리는 현상이 나타나 일본은 극동에서 반공의 방파제 역할을 맡게 되었다.

1952년 4월, 샌프란시스코강화조약이 발효되어 오키나와와 오가사와라小笠原를 제외하고 6년 8개월에 이른 연합군의 일본 점령 시대는 종언을 고했다. 그러나 동시에 미일안보조약이 체결되어 미국 군사력의 우산 아래 전후 일본은 미국의 충실한 동맹국으로서 역할을 떠맡은 것이다.

한국전쟁은 1950년부터 1953년까지 이어지고, 한국군과 미군 전사자 약 45만 명, 중국군과 북한군 전사자 150~200만 명으로 추산되는 엄청난 희생자가 나왔다. 그러나 일본 지도자층이 이 전쟁에 의한 특수特需를 '천우신조天佑神助'로 부를 정도로 전후 경제 부흥의 촉진제가 되었다. '이토헨케이키·긴헨케이키糸へん景氣^金へん景氣(한국전쟁 특수에 의한 섬유와 기계금속 공업의 활황을 의미함)'라고 불린 '종전終戰 이래 유례없는 활황活況'이 일본 경제에 주어졌다. 이런 영향으로 1956년 경제백서는 "이제는 전후戰後가 아니다"라고 소리 높여 선언했다.[11]

이러한 역행 현상과 거의 동시에 전후 기독교 대유행의 물결도 잦아들었다. 그런 가운데 일본기독교단을 비롯한 여러 교파들은 다시금 자각하고 새로운 방책으로 전도에 임해야 했다. 특히 일본기독교단은 신일본건설 그리스도운동(1946~1949)에 이어 5개년 전도(1949~1954)에 매진했지만, 많은 교파가 잇따라 이탈하고 기독교 대유행이 시들해지는 가운데 생각만큼의 성과를 거둘 수 없었다. 그런 가운데 교단은 1952년에 '전국선교회의'를 열고 과

거의 전도를 반성하며 이후의 전도 방책을 다각도로 검토했다. 그리고 종래 일본 기독교가 지식계급·중산계급에 기반을 둔 채 일반 대중과의 접촉면이 없던 것을 반성하며, 이후에는 대중, 특히 근로자와 농민에게 복음을 전하기 위한 방책의 적용을 강조했다.[12] 이러한 논의의 결과로 1955년에 '선교연구소'가 탄생했다.

이 무렵의 특기할 만한 일로, 미국의 대중전도자 빌리 그레이엄Billy Graham, 1918~2012의 일본 방문을 들 수 있다. 그는 1956년 2월 일본에 와 도쿄와 오사카에서 대전도집회를 열었다. 도쿄에서는 교역자 대상 집회에 2,500명, 일반인 대상의 전도집회에는 3만 명이 몰려들어 복음에 귀를 기울였다. 이어 오사카에서도 교역자대회에 2천 명, 전도집회에 2만 9,000명이 참여하여 일본 선교사상 좀처럼 볼 수 없는 대집회가 되었다. 이 기록적 성과는 빌리 그레이엄의 명성 때문이기도 하겠지만, 그 이상으로 일본 교회가 일치협력하여 3개월에 걸쳐 충분히 준비해 온 결과라 할 수 있을 것이다. 그레이엄은 일본에 머무는 동안 하토야마 이치로鳩山一郎, 1883~1959 총리대신을 방문해 간담회를 가졌다.[13]

1959년은 일본 본토의 개신교 선교 100주년을 기념하는 해여서 일찍부터 여러 단체가 계획을 세웠다. 특히 일본기독교연맹의 후신이라고도 할 일본기독교협의회를 중심으로 1952년 이래 기념사업 준비가 이루어져 왔다. 이 일본기독교협의회National Christian Council in Japan, NCC는 1948년 발족된 연락협의기관으로, 일본기독교단 등 6개 교파가 가입했으며, 일본성서협회 등 8개 단체가 가입했다.

이 '선교 100년 기념운동'은 선교, 기념, 생활의 세 부문으로 나뉘어 각각 구체적 성과를 남겼다. 먼저, 선교 부문에서는 가가와 도요히코, 로런스 러쿠어Lawrence L. Lacour, 1914~1999, 엘리 스탠리 존스Eli Stanley Jones, 1884~1973 등 국내외 강사를 중심으로 대규모 협력전도를 전개하고, 일본 개신교회에 커다란 성과를 남겼다.

로런스 러쿠어는 미국 연합감리교회 목사이며, 1950년 처음 일본에 왔다. 이때는 5개월간 트레일러를 타고 일본 각지를 순회하며 전도했다. 러쿠어 부부와 두 젊은 미국인 여성, 이들 4명의 야외음악전도에서 당시 보기 드문 마림바marimba와 해먼드 오르간hammond organ을 이용하여 청중에게 복음을 전했다. 이때 128개 마을을 돌면서 43만 명의 청중을 모았고, 3만 8,000명의 결신자가 나왔다. 러쿠어의 전도는 선교 100년 기념운동에 편입되어 1954년부터 6년간 매년 여름 전도활동을 했고, 그 결과 31개 교회가 탄생했다. 이 전도에 관한 기록으로《러쿠어 특별전도기념집》이 있다.[14]

스탠리 존스는 미국 감리교회가 파견한 선교사로, 오랜 세월 인도에서 선교하고 있었다. 그는 아쉬람Ashram운동*의 제창자로 알려져 있었다. 1949년 이래 2~3년마다 일본을 방문해 초교파 전도집회를 열었다. 열 번에 걸쳐 일본을 방문하여, 방문 전도와 아쉬람 운동을 소개하고 정착시키며 깊은 영적 감화를 주었다.

'선교 100년 기념운동'의 두 번째 사업인 기념사업 부문에서는《일본 기독교100년사》(에비사와 아키라)와《눈으로 보는 선교 100년사》(다카야 미치오高谷道男 편)가 출판되었다. 일본 개신교 사적 24곳을 선정하여 해설서를 냈고, 기념 전람회도 열었다.

끝으로 생활사업 부문에서는 사회복지사업을 강화하는 협의회와 노동조합 지도자의 협의회 등을 열고, 전도가 불충분한 영역에 복음을 침투시키려 했다. 그리고 사회도덕 개선, 가정생활 개선, 도시와 농촌교회의 상조相助 등에 힘을 기울여 운동을 진행했다.

선교 100년 기념대회는 1959년 11월 3일 일본기독교협의회 주최로 치러졌다. 1만여 명이 참가한 가운데 예배와 기념식이 거행되었다.

한편, 복음주의파의 여러 단체들도 협력하여 선교 100주년 기념 성서신앙운동을 전국적으로 전개했다. 이를 위해 중앙실행위원회가 결성되고,

* 아쉬람은 전통적으로 힌두교의 영성훈련 및 영성생활을 위한 수도원과 은둔자의 암자를 의미한다. 아쉬람의 존재가치를 알게 된 존스는 기독교 영성훈련을 위해 1930년에 기독교 아쉬람을 세웠고, 그 후 인도인들의 인정을 받으며 기독교 아쉬람 운동으로서의 양상을 띠게 되었다.

의장에 윌리엄 앤드류 매킬웨인William Andrew McIlwaine, 1893~1985(개혁파), 부의장에 구루마다 아키지(성결교)와 존 슈와브John Schwab(TEAM선교회)가 선출되었다. 1959년 10월에 도쿄와 오사카를 시작으로 전국 여섯 곳에서 기념 대회가 개최되었다. 구약성서학 권위자로 알려진 에드워드 조지프 영Edward Joseph Young, 1907~1968과 새로이 두각을 나타내던 성서학자 로저 니콜Roger Nicole, 1915~2010, 캐나다의 저명한 설교자 오즈월드 제프리 스미스Oswald Jeffrey Smith, 1889~1986가 강사로 왔다.

당초 선교 100년 기념 성서신앙운동은 마친 뒤 해산할 예정이었지만, 중앙위원회에서 후속 조직을 만들기로 결의되었다. 이에 기초해 1960년 결성된 것이 일본프로테스탄트성서신앙동맹Japan Protestant Conference, JPC이다. 성서신앙에 서서 교역자와 성도 간에 교제하고, 성서신앙을 계발하여 철저히 준수하며, 직면한 문제의 해결을 위해 일치하여 매진하는 것이 목적이었다.

제3장

1960~1970년대의 교회: 고도성장에서 혼미의 시대로

1. 1960년대의 기독교회

일본기독교회를 전체적으로 볼 때, 이 시기는 비교적 순조롭게 발전한 시기라 할 수 있다. 일본기독교단도 많은 교파의 이탈이 1950년대에 일단락되고, 라쿠어Lacour의 전도를 비롯한 여러 전도 활동의 성과도 나타나고 있었다. 덧붙여 교단의 교세를 보면, 1955년의 12만 6,906명에서 1965년에는 19만 4,826명으로 늘었다. 복음주의파 교회들도 순조롭게 성장하며 1970년대 비약의 토대를 다진 것도 이 시기다.

이 시기의 일반적 특색은 일본 경제의 이른바 고도성장기를 맞아 일본 기업이 아시아를 비롯하여 세계 각지로 진출해 간 것이다. 국민총생산GNP이 세계 2위가 되어 경제대국의 길을 걷기 시작한 1967년 무렵, 텔레비전에 '큰 것일수록 더 좋다'는 상업 광고가 흘러나오면서 유행어가 되었다. 1964년 아시아에서 처음으로 개최된 도쿄올림픽은 일본이 선진국에 진입한 것을 세계에 과시했다. 남자 체조와 여자 배구의 대활약으로 일본 전역이 떠들썩했다. 이 올림픽에 맞추어 도카이도東海道 신칸센이 개통되어 대량 고속 수송의 시대가 시작되었다.

이 무렵부터 도쿄를 중심으로 한 대도시 집중화 현상과, 그와 대조적으로 지방의 과소화過疎化 현상이 뚜렷해져 왔다. 진학과 취업을 위해 지방에서

도시로 많은 젊은 층이 떠나간 것은 이전부터 보인 도시 교회와 지방 교회의 격차가 더욱 벌어지는 요인이 되었다.

한편, 이 시기는 미일 안보체제가 강화되고 일본의 재군비가 추진되면서 소위 복고조復古調 경향이 두드러졌다. 1965년 문부성 중앙교육심의회는 '기대되는 인간상'의 초안草案을 발표했다. "조국 일본을 경애하는 것이 천황을 경애하는 것과 하나다"라고 하여 "사회질서를 중시하는 사람", "올바르게 일본을 사랑하는 사람"이 다음 세대를 이끌어 갈 청소년이 목표해야 할 인간상으로 제시되었다. 이에 대해 일본교직원조합, 사회당, 그리고 기독교계는 "국가주의적 색채가 강하다"며 강하게 반대했다.

또한 1966년에는 야당과 민주세력의 반대를 누르고 정부는 '건국기념일'을 2월 11일로 정했다. 기독교계는 군국주의의 상징 가운데 하나였던 기원절紀元節의 부활로 받아들이고 반대운동을 폈다. 또한 1960년대부터 군국주의와 함께 걸어온 야스쿠니 신사를 국가가 관리하도록 요구하는 움직임이 강해져 1969년에 야스쿠니 신사 법안이 국회에 상정되었다. 이에 대해서도 기독교계는 끈질긴 싸움을 전개해 갔다.

일본 교회와 크루세이드

이 시기 전도의 특색으로, 이런 도시화 현상을 배경으로 한 크루세이드crusade(대규모 전도 운동) 방식의 집회가 성행한 점을 들 수 있다. 먼저, 1959년 미국의 초교파 전도 단체인 월드비전World Vision의 후원으로 오사카 크루세이드가 열렸다. 9만 6,000명이 참가했고, 7,500명이 구도결심자求道決心者* 가 되었다. 1961년 5월에는, 마찬가지로 월드비전의 후원으로 도쿄 크루세이드가 열렸다. 월드비전은 도쿄 크루세이드를 기획하면서, 일본기독교협의회National Christian Council:NCC와 일본복음연맹Japan Evangelical Fellowship:JEF에 협력을 요

* '구도자'는 신앙에 관심을 갖고 교회에 나가겠다는 사람, '결심자'는 신앙을 받아들이겠다는 사람으로, 한국 교회에서의 '결신자'를 의미하며, 구도 결심자는 이 두 부류를 함께 일컫는 말이다.

청하고, 두 단체는 이를 받아들였다. 일본 측 실행위원장으로 무토 다케시武藤健, 1893~1974(NCC 의장), 부실행위원장으로 구루마다 아키지車田秋次(JEF 이사장)가 천거되고, 문자 그대로 초교파 대규모 전도 크루세이드가 되었다.

도쿄도 체육관에서 열린 도쿄 크루세이드에서는 강사로 월드비전의 로버트 피어스Robert Pierce, 1914~1978 총재가 1개월간 연일 메시지를 전했다. 전 기간에 22만 6,762명이 참여했고, 구도결심자는 8,941명으로 보고되었다. 그러나 주로 일본기독교단 내에서 이 집회의 참가를 둘러싸고 격렬한 논의가 벌어졌다. 반대자들은, 이러한 대규모 전도가 일본 교회의 자주적 전도 계획을 어지럽히고, 1960년 미일 안보 개정 문제로부터 주의를 돌리게 할 거라고 비판했다. 집회의 성과와 모든 과제는《위대한 기치旗幟 아래: 도쿄 크루세이드와 일본 전도의 제諸 문제》라는 책으로 정리되어 있다.[1]

1967년에는 미국의 저명한 대중전도자 빌리 그레이엄을 강사로 하는 '빌리 그레이엄 국제대회'가 도쿄에서 열렸다. 빌리 그레이엄 전도협회가 주최하고 수도권 복음주의파를 중심으로 많은 교회가 협력했다. 명예회장에 시마무라 기카쿠島村龜鶴, 1900~1993(일본기독교단 후지미초교회 목사)·구루마다 아키지(일본 성결교단 총리)·다카세 쓰네노리高瀨恒德(일본성공회 주교)가, 실행위원장에는 쓰타다 쓰기오蔦田二雄, 1906~1971(임마누엘종합전도단 총리)가 취임했다. 하토리 아키라羽鳥明, 1920~2017(태평양방송협회 이사장)가 총무국장 겸 통역자로 활약했다. 대회 장소는 일본 무도관武道館과 고라쿠엔後樂園 스타디움이 사용되었다. 참가자 약 20만 명, 구도결심자는 약 1만 5,000명으로 보고되었다. 위원회를 결성하여 기도, 상담원 양성, 성가대 편성과 연습, 대중매체 홍보와 호별 방문 등의 철저한 준비가 이루어졌다. 집회 당일은 대성가대의 합창, 독창, 신자의 간증, 단순 명쾌하고 솔직한 구원의 메시지, 그리고 결신에로의 부름으로 짜여졌다.

이러한 대중전도는 일본 교회사에 등장하는 20세기 대거전도나 전국협동전도에서 볼 수 있는 전도 방법의 하나다. 그러나 이 집회 무렵에도 베트남 전쟁에 대해 소극적이나마 지지하고 있던 빌리 그레이엄의 보수적 입장과 집회 협력 방식을 둘러싸고 주로 일본기독교단 안에서 반대운동이 일어났다. 이를테면, 미국이 베트남 침략전쟁을 하는 와중에 전도에 전념하는 것은 책임회피이며 전쟁에 가담하는 입장이 된다는 것이다.

지금까지 말한 두 대중 집회는 미국 전도단체가 주최하고 일본 교회가 협력 체제를 편성하는 식이었다. 한편, 이 시기에 혼다 고지本田弘慈, 1912~2002를 통하여 일본인에 의한 본격적인 크루세이드가 전개되어 갔다. 미국 전도단체의 대중 집회에 앞서, 일본 예수 그리스도 교단 고베중앙교회 목사였던 혼다 고지는 1956년 이 교회 목사직을 사임한 후 혼다 크루세이드를 설립하고 초교파 입장에서 대중전도에 나서고 있었다. 그리고 1964년 혼다 크루세이드와 수도권 교회가 협력하여 도쿄 복음 크루세이드를 분쿄文京 공회당에서 개최했다. 이 대회에는 약 2만 명이 참가하고 약 2,000명의 결신자가 있었다. 규모에서 이미 말한 두 대중집회에는 미치지 못했지만, 일본인에 의한 대중집회로는 획기적이었다. 이후 혼다 크루세이드는 혼다 고지를 주간主幹으로 하고 아리가 기이치有賀喜一 등을 협력전도자로 하여 '일본 복음 크루세이드'로 이름을 바꾸고 사무국을 갖추어 재출발했다. 일본 복음 크루세이드는 일본 각지의 교회와 협력하며 대중전도를 하는 한편 성회聖會, 연수회 등을 개최하고 있다.

이 시기의 복음주의파에서는 신개역新改譯 신약성서가 1965년에, 뒤이어 구약성서가 1970년에 발행되었다. 신개역성서의 출판과 보급은 복음주의파의 일치와 협력, 그리고 성서학의 발전에 크게 공헌했다. 또한 1968년에 일본 복음주의파를 대표하는 기관으로 일본복음동맹Japan Evangelical Association: JEA이 설립되어 복음주의파의 일치와 협력에 크게 공헌해 갔다. 1969년에는 '총동원전도위원회'가 발족되고, 기존 대중전도에 교육 프로그램을 보강했다. 1968~1969년에 걸쳐 시코쿠의 4개 현을 비롯하여 일본 전국에서 총동원전도가 전개되어 전도의 진전과 교회간 교류에 큰 성과를 거두었다.

일본기독교단의 전쟁 책임 고백

이 시기에 특필할 만한 것은 1967년 교단 집행부가 발표한 〈제2차 대전하에서의 일본기독교단의 책임에 대한 고백〉(이하 '전쟁책임고백'으로 약칭) 이다. 전쟁 직후 전쟁에 대한 반성과 참회가 발표된 일은 있지만, 매우 불충분한 것이었다. 한국전쟁 발발이 대표적 사례인 냉전 격화와 안보조약 체결에 따른 평화에 대한 위기감 속에 '그리스도인 평화의 회會'가 1951년에 결성되었다. 발족에 즈음하여 〈평화에 관한 호소〉 가운데 제2차 세계대전에서 일본 기독교인의 과오를 인정하고 "이를 깊이 회개하는 바"라고 했다. 이는 전후戰後 기독교인이 전쟁 책임을 인정한 첫 고백들 가운데 하나였다.[2]

교단 창립 25주년을 맞은 1966년, 하기夏期 목사강습회에서 젊은 교역자들을 중심으로 전시하 교단의 전쟁 책임 문제가 제기되고 논의되었다. 그리하여 스즈키 마사히사鈴木正久, 1912~1969와 오시오 세이노스케大塩清之助, 1926~2018 등이 기초起草위원이 되어 교단총회에 전쟁 책임에 관한 건의안을 제출했다. 총회 결의에 따라 상의원회에서 심의하여 1967년 3월 교단 총회 의장 스즈키 마사히사의 이름으로 발표된 것이 이 전쟁책임고백이다.

내용을 보면, 먼저 첫 부분에서 "저희는 교단 성립과 전쟁 중에 교단 이름으로 범한 과오를 다시금 자각하고, 주의 긍휼과 이웃의 용서를 빌고 구하는 바입니다"라며 사죄하고 있다.[3] 교단 성립에 관해서는 주로 정부의 종교통합이라는 국책의 요청에 따른 것으로 인식하고 있다. 또한 전쟁책임고백을 내는 것에 반대하는 사람들을 배려하여 이전부터 교회 합동을 원하던 "당시 교회 지도자들은 이 정부의 요청을 계기로 교회 합동을 결단하여, 이에 교단이 성립하였습니다"라 하고 있다.

그리고 "세상의 빛"이요, "땅의 소금"인 교회는 "저 전쟁에 동조해서는 안 되었습니다"라고 고백하고, "저희 조국이 죄를 범하였을 때, 저희 교회도 그 죄에 빠졌습니다"라고 고백한다. 하나님께서 맡겨 주신 "파수꾼"의 사명을 업신여긴 죄를 깊이 참회하고 있다. 이 죄의 고백은 세계, 특히 아시아 국가들과 그곳 교회들, 그리고 일본 동포를 향한 것이고, "마음으로부터 용서를 빌며" 두 번 다시 그런 과오를 범하지 않겠다는 결의를 안팎으로 선언하며 결론을 맺고 있다.

이 전쟁책임고백의 발표일이 '3월 26일 부활주일'인 것에는 의미가 있다. 과거에 교단은 1944년 부활절에 교단 통리 도미타 미쓰루의 이름으로 〈일본기독교단에서 대동아공영권에 있는 기독교도에게 보내는 서한〉을 발표했다. 이를 의식하고, 그것을 지우려는 생각이 담겨 있는 것이다.[4]

이러한 선언이 이 시기에 나오게 된 배경으로, 전쟁책임고백에 관여한 사람들 사이에서, 1950년대 한국 특수特需와 1960년대 베트남 특수로 대표되듯이, 전후 일본의 평화와 번영이 아시아 사람들의 희생 위에서 비롯했다는 인식이 깊어간 점을 들 수 있을 것이다. 더 직접적 요인으로는, 패전국 독일의 고백교회가 나치 독일에 투쟁한 자취가 연구되며 전시하 일본 교단의 행보와 비교된 점을 들 수 있다. 1965년 한일조약 체결 후 본격화된 한국 교회와의 교류 가운데 전시하 일본의 식민지 지배에 대한 조선 교회의 투쟁이 재인식된 것도 큰 요인이다.

전쟁책임고백은 교단 내에서 '내일의 교단'에 대한 사명과 방향성이 명확히 드러났다고 하여 젊은 세대 교역자와 신자들을 중심으로 적극적인 평가와 지지를 받았다. 반면, 이 전쟁책임고백을 부정적으로 인식하고 강하게 반발하며 비판하는 사람들도 적지 않았다. 그들의 의견은 정리되어 스즈키 마사히사 의장에게 요망서要望書로 전달되었다. 이 요망서에 따르면, 당시 교회가 직면한 심한 박해 상황을 감안할 때, 평화로운 현재에 살고 있는 사람들이 일방적으로 비난하는 것은 받아들일 수 없으며, 전시하에 조직된 일본기독교단의 존립마저 부정될 거라고 했다. 전쟁책임고백이 상의원회에서 만장일치가 아닌 다수결로 마무리된 방법상의 문제를 지적하는 한편, 스즈키 의장의 대외발언을 비난하기까지 했다.[5] 이 요망서에 연명連名한 사람들 가운데는 역대 교단총회 의장과 구교파 지도자들이 다수 포함되어 있다.

교단 내의 이런 의견대립을 조정하기 위해 상의원회가 선임한 5인위원회가 사태 수습을 꾀하였다.

한편, 전쟁책임고백은 한국·타이완·필리핀 등 아시아 교회들의 적극적 평가와 환영을 받았다. 1967년 9월, 스즈키 의장은 이 전쟁책임고백을 가지고 한국과 타이완의 교회를 방문했다. 그들 교회는 이 고백을 높이 평가하며 교단과의 본격적인 교류를 시작했다. 아시아 교회들뿐 아니라 세계 교회들로부터도 교단은 전쟁책임고백을 한 교회로 "세계 교회에 인지"되었다.[6]

교단 외의 일본 교회에서는 아직 인식과 평가가 충분치 않았고, 특히 복음주의파에서는 '자신들에게도 관련된 문제'라고 생각하지 않았다.

이 전쟁책임고백의 실천 방안으로 주로 원폭 피해자를 위한 특별양호노인 홈home을 교단 책임 아래 건설하기로 결의되었다. 이 결의에 기초하여 1971년 히로시마에 특별양호노인 홈 '세이레이엔清鈴園'이 세워졌다.

이 고백은 기독교는 물론 타 종교, 사상계, 언론계 등 모든 분야에서 처음으로 전쟁 책임을 고백한 것이었고, 그 후 각 교파와 종교단체들에게 선구적 역할을 했다.

2. 1970년대의 기독교회

1970년대 일본은 격동의 시대였다. 1960년대 말부터 전국의 대학에서 일어난 학생운동은 학원 변혁에 머물지 않고 사회 변혁을 요구하는 반체제 운동으로 발전하여 일본 사회를 크게 뒤흔들었다. '진보와 조화'를 주제로 1970년 오사카에서 개최된 만국박람회Japan World Exposition(이하 '만박萬博'으로 약칭)의 이면에 공해 등 고도성장에 따른 다양한 부작용이 드러난 시대였다. 1973년 전국교통안전운동 표어로 '비좁은 일본, 그렇게 서둘러 어디로 가는가'라는 말이 채택되었다. 이 표어는 고도성장 노선만을 질주해 온 일본 사회에 반성을 촉구하는 말로 널리 알려졌다.

1972년에는 고대하던 오키나와 반환이 이루어졌지만, 여전히 미군기지 대부분이 오키나와에 집중되어 있었고, 일본 전 지역에 비해 이곳은 경제적으로 계속 낙후되어 있었다. 1969년, 오키나와 기독교단은 일본기독교단과 합동했지만 합동 문제는 그 후에도 논의가 계속되었다.

1974년 이후, 정치자금 문제에 의한 다나카 가쿠에이田中角榮, 1918~1993 수상의 퇴진, 록히드Lockheed 뇌물 사건, 더글러스·그러먼Douglas·Grumman 뇌물 사건이 잇따라 일어나고, 정치헌금이라는 정계의 어두운 부분의 문제들이 파헤쳐졌다.

이 시기에 정부와 자민당에 의해 수차례에 걸쳐 야스쿠니 신사 법안*이 국회에 제출되었지만 야당과 기독교계를 포함한 민주 세력의 반대로 폐안廢案시킬 수 있었다. 그러나 1979년, 정부는 많은 반대를 무릅쓰고 강행하여 원호법元號法을 성립시켰다. 머지않아 맞이하게 될 천황의 세대교체에 대비한 것이었다.

1970년대 일본기독교단에서는 만박 문제로 비롯한 여러 문제가 교단을 크게 뒤흔들어 이른바 사회파와 교회파의 대립에 따른 혼미상태가 계속되었다. 이런 상황은 일본 침례교연맹 등 다른 NCCNational Christian Council(일본기독교협의회)계의 전통적 교파들에서도 정도의 차이는 있지만 볼 수 있었다.

한편, 복음주의파 교회들은 이와 같은 시대 문제가 문제시되긴 했지만 대체로 깊이 관여하지 않았고, 1974년 제1회 일본전도회의 개최에서 볼 수 있듯이 협력 태세를 갖추어 크게 비약했던 시대였다. 동시에, 야스쿠니 신사 문제나 로잔언약Lausanne Covenant† 의 발표에 응하여 사회 문제에도 관계를 갖게 되었다.

* 야스쿠니 신사를 종교법인에서 특수법인으로 바꾸어 정부의 관리 아래 두고, 정부가 추모 의식과 행사를 주관하며, 관리·인사에 관여하고 경비의 일부를 국고 부담하는 것을 규정한 법안. 야스쿠니 신사의 국영화 시도는 일본 내부 문제만이 아니라 한국인과 대만인 전몰자 합사(合祀) 문제와 일본의 전쟁 책임 문제, 즉 역사 인식 문제에 깊이 연관되어 있다.

† 1974년 7월 16~25일 스위스 로잔에서 개최된 '제1차 세계복음화국제대회의'에서 150개 국가에서 온 3천여 명의 복음주의 성향의 선교지도자들이 합의하고 서명해 발표한 문서. 특히 복음 전도와 사회참여를 균형 있게 제시한 복음주의 신앙고백서로 받아들여지고 있다.

만박 문제를 둘러싼 일본기독교단의 고뇌

만박 문제의 배경으로, 1960년대 말경부터 시작된 전국적인 학생운동에서 보이는 반체제운동이 고조된 점을 들 수 있다. 1968년 무렵부터 도쿄대 의학부 수련의 문제에서 발단한 학생운동은 순식간에 전국 대학으로 확산되어 갔다. 1968년부터 1972년까지 대학생활을 보내고 있던 나에게 이 시기의 학생운동은 역사적 사건에만 그치지 않은 개인적 체험이기도 하다.[7]

학생들이 내건 요구는 학내 개혁에서 베트남 문제, 미일 안보조약 개정 문제까지 광범위한 것이었다. 그때까지 대학을 관리하고 운영해 온 것은 대학 당국과 교수회의 자치라고 여겨 학생에 의한 자치를 요구했다. 학생들은 학문의 자유와 진리 위에 서야 할 대학이, 산학협동에서 볼 수 있듯이 자본주의 체제에 편입되어 미美제국주의에 종속된 일본 국가권력의 지배하에 있다고 보고 그와 같은 대학의 해체와 해방을 요구했다. 이 운동은 베트남 전쟁 반대, 미일 안보조약 파기, 오키나와 반환, 한국의 민주화투쟁 지원이라는 정치 문제와도 연결되었다.

학생들은 동맹 휴학을 하며 대학을 바리케이드로 봉쇄하고, 대학 당국과 대중단체교섭이 이루어지는 현장에서 이런 요구를 들이밀었다. 그때까지 대학의 자치회를 이끌고 있던 것은 일본공산당 청년조직인 민주청년동맹이 주도권을 장악한 전학련全學連(전일본학생자치회총연합)이었다. 그러나 이 무렵 학생운동에서는 신좌익新左翼이라 불리는 전공투全共鬪(전학공투회의全學共鬪會議)가 운동을 주도했으며, 헬멧과 각목(당시 '게바보ゲバ棒'로 불렸다)*이 학생운동의 상징이 되었다. 전공투도 혁마르파(가쿠마르하革マル派†와 중핵파中核派)‡ 등으로 나뉘고, 운동의 주도권을 다투는 내부 투쟁('우치게바內ゲバ'로 불렸다)에 의한 유혈 사건도 자주 발생했다.

이런 사태로 도쿄대학을 비롯한 많은 대학에서는 기동대를 투입해 바

* '게바'는 폭력과 권력을 의미하는 독일어 '게발트(Gewalt)'에 대한 일어 발음의 줄임말이고, 보(棒)는 막대기.
† 일본의 혁명적 공산주의자 동맹인 혁명적 마르크스주의파의 약칭.
‡ 혁명적 공산주의자동맹 전국위원회의 약칭.

리케이드를 철거하고 저항하는 이들을 체포했으며, 겉으로는 흔히 말하는 '정상화'에 가까스로 이르렀다.

이 학생운동은 도쿄신학대학, 도시샤대학, 국제기독교대학 등 대부분의 기독교계 대학들에서도 잇따라 전개되어, 아오야마학원대학 신학과와 간토關東학원대학 신학부를 폐지하는 사태에 이르렀다.

이런 가운데 미일 안보조약이 개정된 해인 1970년, 오사카의 센리큐료千里丘陵에서 만박萬博이 3월부터 9월까지 대규모로 개최되었다. 이 만박 협회의 초청에 응하여 일본기독교협의회NCC와 가톨릭사교司教 협의회가 협력해서 기독교관을 박람회에 설치하기로 했다. 그러나 만박이 다가옴에 따라 특히 일본기독교단 내부에서는 참가를 둘러싸고 강력한 반대운동이 전개되었다.

반대파의 주장을 정리하면 다음과 같다. "오사카 만박이란, 아시아 민중의 희생 위에 경이적인 고도성장을 이룬 일본의 경제력을 국내외에 과시하고, 과학기술에서 세계 대국이 된 일본의 국위를 선전하는 자리다. 게다가 1970년은 미일 안보조약을 개정한 해다. 국가권력 측은 이 해를 안보의 해가 아닌 만박의 해로 정하여 국민을 대량동원하며 대중의 의식을 조종하기 위해 만박을 최대한 이용하려 하고 있다. 그런 만박에 기독교회가 참가하는 것은 체제 측의 범죄적 행위에 가담하는 것과 다름없다." 이런 논리에 기초해 반反만박 그룹의 교역자·신학생·신도는 교단총회, 상의원회, 각 교구총회에서 자신들의 주장을 강하게 폈고, 만박 참가와 기독교관 설치를 저지하기 위해 잇따라 실력행사를 했다.

그와 대조적으로, 참가를 추진하는 사람들은 만박을 인류 문화와 기술 교류의 장으로 생각했다. 반대 측이 주장하는 문제점을 무시할 수 없다 하더라도, 그러한 인간의 행위를 넘어서 만박에도 임재하시는 그리스도를 증거할 수 있으며, "말씀을 전파하라 때를 얻든지 못 얻든지 항상 힘쓰라"(딤후 4:2)는 말씀에 기초해 많은 방문자에게 전도할 기회라고 생각했다. 개신교와 가톨릭의 첫 에큐메니컬Ecumenical(교회일치주의) 협력의 장으로서도 큰 의미가 있다고 주장했다. 이러한 양측의 주장은 만박이 다가오는 가운데 한층 대립을 심화시켰고, 서로 불신하는 가운데 반대파에 의한 폭력행위로까지 치달았다. 나는 만박은 현대판 '바벨탑'과 같은 것으로 생각하고 반대하여 만박에는 일절 참가하지 않았다.

그 후, 만박의 기독교관 설치는 예정대로 되어 8월 말에는 기독교관 방문객이 2백만 명을 돌파했다. 만박이 끝나자 교황은 니시무라 지로西村次郞 기독교관 관장에게 훈장을 수여했다. 한편으로, 실력 저지 행동에 나선 반만박 그룹의 다수가 관헌에 체포되어 그 후에도 재판 투쟁이 계속되었다.

교단에서는 만박 문제와 연관된 도쿄신학대학 문제와 교역자 검정 문제가 대두되었다. 도쿄신학대학 문제는 일본기독교단이 세운 이 대학에서 1969년에 벌어진 학생자치회 측과 대학 당국의 대립에서 시작되었다. 학생 측은 만박 저지, 야스쿠니 신사 법안 반대 등의 표어를 내걸고 공투회의共闘會議를 결성한 후 교수회 측과 토론집회 중에 만박 기독교관 설치에 관여한 교수를 학생이 구타한 사건이 있었다. 이 사건으로 태도가 강경해진 교수회는 성명을 내고 학생과 구타를 막지 않은 반만박파 목사들을 강하게 비난했다. 교섭 결과, 교수회와 대화가 곤란하다고 판단한 학생 측은 전공투 바리케이드 봉쇄(전학공투회의의 투쟁 방법의 하나)를 감행했다. 이러한 사태로 학교 당국이 동원한 경찰 기동대는 바리케이드 봉쇄를 뚫고 안에 있던 학생들을 체포했다. 결국 70명의 학생이 학교를 떠나고 3명이 기소되면서 도쿄신학대학 전공투는 해산했다.[8]

이 같은 사태에 대하여 교단의 많은 이들은 대학 당국의 조치에 비판적이었다. 그리고 도다 이스케戶田伊助, 1925~2020를 의장으로 한 교단총회는 '도쿄신학대학의 학생 고발 철회를 요구하는 결의'와 '도쿄신학대학 기동대 도입의 잘못을 인정하는 결의'를 가결하고, 대학 당국이 선처할 것과 협력해서 문제를 해결할 것을 요구했다. 그러나 대학 당국이 이를 거부하면서 양측의 불행한 관계는 계속되었다.

이 문제와 뗄 수 없는 것이 교역자 검정 문제다. 이 문제는 1969년의 보교사補教師(전도사) 검정시험에 즈음하여 간세이학원대학 신학부가 학생운동에 가담한 학생의 추천을 취소함에 따라 그 학생의 합격이 보류된 것에서 비롯했다. 그 후, 관계자들 사이에서 교섭이 진행되는 가운데 검정시험 기준인 교단의 신앙고백 문제, 신학교 인가 기준 문제, 정교사正教師(목사)와 보교사라는 2중 교직제 문제 등 여러 과제가 문제시되었다. 그 과정에서 도쿄신학대학 전공투와 도쿄신학대학의 조치에 비판적인 사람들의 요청으로 검정시험이 연기되고 검정위원이 전원 사임하는 사태도 벌어졌다. 이 문제의 심의는 난항을 겪었지만, 최종적으로 1975년에 "이후에는 제도적·내용적으로 다양한 입장을 무시하는 일이 없게 하는 방법"으로 시험을 실시하기로 하여 사태가 수습되는 방향으로 나아갔다.[9]

이런 문제들을 둘러싼 이른바 사회파와 교회파의 대립으로 도쿄, 오사카, 고베의 교구총회가 1970년대 전 기간에 걸쳐 개최되지 않는 심각한 사태가 지속되었다. 특히 1971년 5월에 열린 도쿄 교구총회는 결국 중지되었다. 도쿄 야마테山手교회에서 열릴 예정이던 총회가 만박 문제와 교단 체질을 토의하는 총회가 되도록 요구해 온 기독자반전회의基督者反戰會議 등의 그룹, 그리고 헬멧을 쓰고 각목을 든 청년들, 이들과 회의장 관계자들 사이에 난투극이 벌어져 유혈사태로 번지자 경찰 기동대가 투입되었다. 총회는 유회流會되고, 이후 1990년까지 도쿄 교구총회는 열리지 않았다.[10]

이러한 일련의 사태 가운데 문제시된 것은 '오늘날 전도란 무엇인가' 하는 문제였다. 도히 아키오는 "만박 참가 문제의 핵심은 선교론이었다"고 지적하지만, 이는 도쿄신학대학 문제와 교역자 검정 문제에도 해당한다고 할 수 있을 것이다.[11] 이를테면, 현재 일본에서의 선교라는 근본적인 문제 제기가 있었고, 신앙고백, 교회와 국가의 관계 문제, 그리고 합동교단으로서 교단의 존재가 문제시되었다고 할 수 있다.

1970년대 중반부터 도다 이스케 체제가 명확히 내세운 "모든 입장을 무시하지 않고"라는 대화노선에 의해 가까스로 교단총회를 열게 되며 혼란은 점차 수습되어 갔지만, 만박 문제에서 발단된 과제들은 그 후에도 계속 문제시되고 있다.

복음주의파의 대두 및 비약

1970년대 일본 개신교회의 행보를 살펴보면, 만박 문제 등으로 뒤흔들린 교단을 비롯한 전통적 교파(NCC계 혹은 에큐메니컬파라고도 할 수 있다)의 교세 부진과, 그와 대조적으로 복음주의 교파들의 눈부신 성장이 눈길을 끈다.

1978년 4월 발행된《신도의 벗》에 '일본 교회에서 보수적 교파의 대두'라는 제목의 글이 실렸다. 교단의 타우라田浦교회 목사 스즈키 다카히로鈴木崇巨가 쓴 이 글은 '머지않아 일본기독교회는 보수적·순복음적 교파 중심의 교회가 될 것이다!'라는 부제가 있다. 이 글에서 일본기독교단과 성공회, 루터교회 등 전통적 교파들의 정체와 복음주의파의 약진이 통계적으로 명확히 소개되고 있다. 저자는 이렇게 단언한다.

> "이제 일본 프로테스탄트를 대표하는 교파는 전통적 교파가 아니라 복음주의파로 옮겨가고 있습니다. …… 일본기독교단 신도들은, 자신들이 잠들어 있는 사이에 아기가 돌연 청년이 된 것과 같은 타 교파의 약진을 믿을 수 없을지도 모릅니다. 그러나 이는 엄연한 사실이며, 이 경향은 시간이 지날수록 더욱 뚜렷해지리라 예상됩니다. 일본 기독교는 전통적 프로테스탄티즘 교파가 아니라 부흥주의적revivalistic 복음주의파가 머지않아 역사의 중심축을 이루어 가게 될 것입니다."[12]

매우 솔직한 예측이다. 단, 복음주의파 가운데 원시복음原始福音*을 포함시킨 것은 저자의 인식 부족이라고 할 수 있다.

1970년대부터 1980년대 전반에 걸친 교세의 변화는 이 예측을 입증하는 것이다. 예를 들면, 일본기독교단은 1975년 신도 수 19만 4,600명으로 거의 변하지 않고 있다. 그에 비해 복음주의파의 성장은 현저하다. 그 가운데

* 기리스토노 마쿠야(キリストの 幕屋, Makuya of Christ). 1948년 데시마 이쿠로(手島郁朗)가 일본민족주의와 절충하여 창립한 기독교계 신종교. 예수 그리스도의 원시복음으로 돌아가야 한다는 구호로 인해 '원시복음(겐시후쿠인)'으로도 불린다.

서도 일본복음자유교회협의회를 비롯하여 전후戰後에 전도를 시작한 젊은 교단의 성장이 두드러진다. 예배 출석자로 보면, 1983년의 경우, 교단의 5만 5,000여 명에 비하여 복음주의파는 11만 7,000명으로 배가 넘는다. 스즈키의 논문이 지적하듯이 실제로는 복음주의파가 이미 주류가 되고 있다. 복음주의파의 이와 같은 약진의 이유로 다음 요인을 들 수 있다.

■ 적극적인 전도

먼저 들 수 있는 것은, 복음주의파 교회가 전도의 체질을 지니고 있고, 복음주의파에 속하는 많은 교파가 전후 설립된 젊은 교파들로 구성되어 있으며, 고정관념에 매이지 않고 적극적으로 전도했다는 점이다. 복음주의파에는 다종다양한 전도단체가 있는데, 그들이 교회의 전도에 관계하면서 전도전선의 확대와 교회 형성에 이바지해 갔다. 예를 들면, 이노치노고토바샤나 CLCChristian Literature Crusade 등의 문서전도단체, PBAPacific Broadcasting Association(태평양방송협회) 등의 방송전도단체, Hi-B. A.High School Born Againers(고교생성서전도협회), KGKKirisutosha Gakusei Kai(기독자학생회) 등의 학생전도단체, 총동원전도위원회, 일본 복음 크루세이드 등 다방면에 걸친다.

더욱이 주목할 만한 것은, 복음주의파 교회가 세계 선교에 전력을 다해 참여하고 있는 점이다. 1979년 통계에 따르면, 일본에서 91개 조직의 선교사들이 세계 각지에 파송되고 있으며, 그 과반수는 복음주의파에 속해 있다. 그러나 일본기독교단이 파견한 대부분의 선교사는 해외 일본인 교회 목사로 활동하고 있고, 다른 문화권에서 전도하고 있는 선교사의 많은 수는 복음주의파 소속이다.[13] 세계 선교를 통해 선교의 시야와 비전이 확대되고 전도에 대한 열정도 더해지며, 파송하는 교회에도 커다란 축복이 되고 있다.

■ 인재 양성과 세대교체

이 시기에 많은 복음주의 교파에서 지도자의 세대교체가 이루어졌다. 전전戰前에 세워진 교파에서는 메이지·다이쇼 시대에 출생한 전전 세대가 다이쇼·쇼와 시대에 출생한 새로운 세대 지도자들로 교체되었다. 전후 창설된 교파에서도 선교사들에게서 일본인에게 지도력의 교체가 이루어지고, 일본인 가운데서도 창설자들에서 제2세대로 교체되었다. 이 새로운 지도자들은 전반적으로 신학과 실천의 양립을 중시하며 초교파적 협력활동에도 적극적이었다. 이러한 복음주의파의 인재 육성에 커다란 역할을 한 것이 신학교였다. 도쿄성서학원, 간사이關西성서신학교, 교리쓰共立여자성서학원 등 전전戰前에 세워진 신학교와 도쿄기독교단기短期대학(현, 도쿄기독교대학), 세이쇼신학사聖書神學舍, 도쿄기독신학교 등 전후戰後에 출범한 신학교에서 많은 인재가 배출되었다. 복음주의파 신학교들의 학문적 수준 향상도 두드러진 면이 있었다.

■ 열매를 맺는 협력관계

1968년 설립된 일본복음동맹을 중심으로 한 협력관계가 열매를 맺어 왔다고 할 수 있을 것이다. 특히 1974년 교토에서 열린 제1회 일본전도회의는 복음주의파의 전도협력을 추진하는 데 획기적인 역할을 했다. 주제는 '일본을 그리스도에게: 종말과 세계선교'이며, 주제 강연과 분과 모임 등 다양한 프로그램을 통해 일본 및 세계 선교를 위한 비전과 방책이 검토되고 많은 성과를 얻었다.[14] 나아가 복음주의파 안에서 전국 규모와 지역 규모의 다양한 전도협력이 이루어지며 열매를 맺어 갔다.

또한 1970년에 복음주의파가 신학 분야에서 협력하여 '일본복음주의신학회'가 결성된 것도 간과할 수 없다. 이전부터 필요를 느끼고 있던 유지有志들이 결성한 이 학회는 차츰 회원이 늘면서 지부를 설립해 갔다. 그리고 회지《복음주의 신학》간행, 연구발표회와 연구회 개최 등을 통해 일본 복음주의파의 신학적 활동과 교류에 큰 공헌을 해왔다. 그러나 1970년대 후반부터 1980년대 전반에 걸쳐 성서론 논쟁이 일고, 성장한 복음주의파에게는 '복음주의란 무엇인가' 하는 물음이 새로이 제기되었다.

제4장

1980년대의 교회: 천황의 세대교체를 중심으로

1. 1980년대의 일본 사회

1980년대의 일본은 거품경제의 절정을 맞았다. 일본을 보고 배우라는 취지로 에즈라 보겔Ezra Vogel이 미국인을 대상으로 쓴《넘버원 일본*Japan As Number One*》이 1979년에 일본어로 번역되어 60만 부가 넘는 베스트셀러가 되었다. 1980년 일본의 자동차 생산 대수는 마침내 본가인 미국을 제치고 세계 1위가 되고, 고성능 일본차가 홍수처럼 미국에 수출되었다. 그 결과, 미·일 자동차 마찰 문제가 불거져 일본 측이 자율규제하는 것으로 매듭지어졌다. 나는 1980년부터 1982년까지 미국 시카고 외곽의 신학교에 유학 중이었는데, 디트로이트에 있는 자동차 제조업체 노동자들이 일본차를 해머로 쳐부수는 장면이 텔레비전에 방영되어 심기가 불편했다.

1982년 말, 전후정치戰後政治의 총결산을 호언하는 나카소네 야스히로中曾根康弘, 1918~2019 내각이 다나카파田中派*의 전면적 지원 아래 탄생했다. 다카파タカ派†로 알려진 나카소네 수상은 1983년 미국 방문 때 "일본열도를 불침항모不沈航母로 삼겠다"고 발언하여 야당과 민주세력의 거센 반발을 불러일으

* 자민당 내 정치적 파벌의 하나.

† 맹금류인 매(鷹, 다카)의 이미지를 딴 정치적 강경파.

켰다. 신국가주의를 부르짖은 그는 과거의 침략전쟁을 미화하며, 1985년 8월 15일에는 전후 수상으로서 처음으로 야스쿠니 신사를 공식 참배했다. A급 전범을 합사合祀한 야스쿠니 신사에 수상이 공식 참배한 일은 중국과 한국의 거센 반발을 불렀으며, 이후 참배는 자제됐다. 나카소네 시대에 방위비가 증가하여, 그때까지 상한上限 기준이던 국민총생산의 1퍼센트를 초과했다.

또한 이 시대는 거품경제 아래서 부동산 거래와 주식투자가 과열되고, 리크루트Recruit 뇌물 사건으로 대표되는 정치계 부정부패 사건이 잇따랐다. 후리타,* 과로사過勞死라는 말이 쓰이게 된 것도 이 시대다.

교육계에서는 (특히 중고등학생의) 등교 기피, 학내폭력, 집단 괴롭힘(이지메) 문제가 심각해져 갔다. 1983년 3월 졸업식에서는 전국 중고등학교에서 학생들이 미친 듯이 날뛰며 난투극을 벌이자 2,125개 학교에 경찰 기동대가 출동했다. 아이들의 비행과 가정 붕괴를 다룬 호즈미 다카노부穗積隆信의 다큐멘터리 소설 《장난감 집짓기 허물기積木くずし》가 베스트셀러가 되었다. 1989년 1월, 쇼와 천황의 사거死去와 함께 쇼와 시대는 종언을 맞는다.

2. 1980년대의 일본기독교단

이 시대의 교단은 만박 문제에서 시작된 혼란이 상당히 수습되어 가면서 안정된 회복세를 보이게 되었다. 가이노 노부오戒能信生가 《교세로 본 일본기독교단 50년》에서 분석한 바에 따르면, 1965년부터 10년간 감소 추세이던 교단의 교세는 1975년부터 점차 증가 추세로 돌아섰다. 1980년대에도 이 경향은 지속되었고, 1990년에는 신도 20만 4,000명, 평균 예배출석자 6만 800명이 되었다.[1]

그러나 한편으로, 1970년대의 만박 문제에서 파생한 문제가 아직 남아

* 자유로운 상태를 의미하는 영어 'free', 일을 의미하는 독일어 'arbeit', 영어와 독일어에서 행위자를 나타내는 어미 'er'를 조합한 일본어로, 학교 졸업 후 비정규직이나 파트타임으로 일하며 시간적 자유를 즐기는 직업인을 가리킨다.

있었다. 이런 문제들의 해결책을 찾아 도다 이스케戶田伊助 총회 의장은 모든 입장을 무시하지 않는다는 대화 노선으로 문제 수습에 임해 왔다. 그 뒤를 이어 10년간 총회 의장을 역임한 우시로쿠 도시오後宮俊夫도 그 노선을 이어받았다. 이에 대하여, 이런 다양한 입장을 인정하면 "예수는 그리스도가 아니다"라는 생각과 "성서 정전正典을 부정한다"는 입장도 받아들이게 될 거라며, 교단의 태도에 반대하는 그룹이 1977년 '복음주의교회연합'(이하, 교회연합)을 결성했다. 그들은 독자적으로 모임을 갖고 기관지를 발행하며 결속을 강화해 갔다.

1979년에 이 교회연합은 독자적으로 교역자 검정시험을 실시하여 합격자 6명에게 독자적으로 목사 안수와 전도사 승인을 했다. 이에 대하여 우시로쿠 의장은 교단 입장에서 인정하지 않는다는 담화를 발표하고, 상의원회도 그 발표를 지지했다. 나중에 열린 신앙직제위원회는 1983년에 이 안수의 유효성을 정식으로 부정했다.[2]

교회연합의 이런 모습에 대해 '교회 안에 교회를 만드는 것이며, 잠잠해지던 교단 분쟁에 새로운 불씨를 일으키는 것'으로 본 교단 주류파는 강한 비판을 퍼부었다. 교회연합은 이후 자체적으로 실시하는 교역자 검정시험을 보류했다. 여기 속해 있던 일부 교회는 교단을 이탈했다.

이 시대 교단의 행보를 보면, 선교 방책에 관한 회의가 수차례 열리고 선교 현상과 평가에 관한 협의가 이루어지고 있다. 이는 지금까지 교단 분쟁 가운데 확실히 드러난 교단의 체질을 변혁하려 한 것이며, 복음 이해를 새롭게 하기 위한 것이었다. 선교방책회의에서는 '성서 독법讀法의 비교 조사'와 '교구에서 직면한 일' 등이 토의되었다. 세계 선교 분야에서도, 1984년 발표된 '세계 선교에 관한 기본적 견해'는 전전戰前 일본 교회의 조선 전도에 대한 과오를 인정하고, 용서와 화해를 통한 새로운 협력관계를 세울 것을 표명했다.

또한 이 시대에 눈에 띄는 것은, 차별 문제에 대한 관심과 투쟁이다. 부락해방동맹이 교단 관계자의 글 곳곳에 부락을 차별하는 표현이 있다고 지적하자, 교단 집행부는 큰 충격을 받았다. 이에 교단은 이 문제를 위해 부락 차별 특별위원회를 설치했다. 1981년, 이 위원회는 항구적으로 부락 차별 문제를 다루기 위해 발전적으로 개편되어 부락해방센터가 되었다. 이 센터는 교단 내의 부락 차별 문제를 계몽하고 부락민을 차별하는 경향을 규탄하는 데 전념했다.[3]

1980~1982년에는 "교회의 사명은 복음선교이며, 부락 해방은 그 사명을 깊이 느끼는 사람들이 하면 좋겠다"고 한 어느 목사의 발언이 부락 차별 발언으로 받아들여져 그 발언을 지지한 지도층 목사들에 대한 규탄이 일었다. 1982년부터 1990년에 걸쳐 센터 관계자는 노골적으로 부락 차별이 드러난 가가와 도요히코의 《빈민심리의 연구》와 그 밖의 것들을 그대로 수록한 《가가와 도요히코 전집》을 간행한 그리스도신문사를 규탄했다. 결국 그리스도신문사는 가가와와 신문사 자신의 차별적 성향을 인정했다. 그리고 사내 토론을 거쳐 이 문제를 새롭게 되묻고, 차별 해소를 바라며 자료집 〈'가가와 도요히코 전집'과 부락 차별: '가가와 도요히코 전집 제8권'의 부록〉을 발간했다.[4]

교단 내에서도 가가와 문제가 거론되었다. 1984년 교단총회에서는 '가가와의 차별적 성향을 묻는다'는 건의안이 제출되었다. 그 한 항목에는 "가가와 도요히코의 경우와 같은 차별적 성향을 교단 내에 방치하고 조장해 온 것을 깊히 반성한다"는 말이 있다.[5] 부락 차별 문서에 보이는 차별적 성향이 가가와뿐 아니라 기독교인, 종교인들 사이에 두루 존재한다는 점이 지적되고 있다. 이 결의를 받아들인 교단은 이 문제를 철저히 검토하며 복음 이해를 새롭게 할 것과 부락해방운동을 위해 연대할 것을 확인했다.

다음으로 일어난 일은, 성차별 문제에 대한 관심과 투쟁이다. 전통적으로 일본 사회에서 보이는 여성 차별적 성향이 교회에도 남아 있는 것은 아닐까 하는 문제 제기를 받아들여 1988년 교단총회는 '성차별 문제 특별위원회'를 설치하기로 결의했다. 이 위원회는 교단의 예식문 가운데 결혼식의 예식문과 예식 절차에 남성우위의 사고방식이 있다고 보고 삭제와 개선을 요구했다. 또한 여기서 나아가 동성애자라는 성적 소수자에 대한 차별 발언이나 문장을 찾아 규명했다. 더욱이 장애인 차별 문제 소위원회를 설치하고 장애인 세례와 교역자직에 관한 문제를 검토했다. 또한 국가의 격리 행정에 가담해 온 과거에 대해 한센병 회복자들에게 사죄했다.

1970년대부터 계속 문제시되어 온 것으로 일본기독교단과 오키나와 기독교단의 합동에 대한 재인식 문제가 있었다.* 1980년 교단총회에 '일본기독교단과 오키나와 기독교단 합동의 재인식과 실질화 추진에 관한 건'이라는 의안이 제출되어 토의되었다. 1972년 오키나와가 본토로 복귀되기에 앞서 1969년에 일본기독교단과 오키나와 기독교단이 합동하고, 오키나와 기독교단은 일본기독교단 오키나와 지교구가 되었다.

다시 제기된 문제의 요점은, 이 합동이 '합동'이라는 이름을 빌리긴 했지만 오키나와 기독교단이 일본기독교단에 '흡수'되는 게 아니었나 하는 점이다. 그 같은 합동을 복귀로 보고 그대로 긍정하는 것은 독자적 역사와 문화로 살아오며 전후에도 미군 기지를 둘러싼 문제를 안고 많은 어려움을 짊어진 오키나와의 교회를 독립된 존재로 인정하지 않고 흡수하여 해체하려는 의도가 아닌가 하는 의구심이 담겨 있다. 그 후에도 교단 내에서 이 합동의 본질적 의미를 묻는 토의가 계속되고 있으며, 지금까지도 결말이 나지 않고 있다. 오키나와 기독교단에 대해서는 〈일본기독교단 자료집 제3권〉에서, 합동 문제에 대해서는 도히 아키오가 쓴 《역사의 증언》 제7장에서 상세히 다루었다.[6]

* 1969년 6월 24일 일본기독교단과 오키나와 기독교단이 합동하였지만, 두 교단은 이 합동의 의미를 충분히 인식하지 못했다는 점이 1978년 무렵부터 제기되었다. 오키나와 기독교단 측은 이 합동은 대등한 합병으로, 본토의 일본기독교단 측은 원래 하나였던 그룹이 다시 합류한 것으로 받아들이면서 지금까지도 양 교단의 인식 차이와 갈등은 해소되지 않은 상태다. 이 사태를 일본 기독교사에서는 '합동의 재인식(合同のとらえ直し)'이란 용어로 표현한다.

3. 1980년대의 복음주의파

이 시기의 복음주의파에는 1970년대의 급격한 성장에 대응하여 성서론과 성령론에 관한 복음주의파의 정체성을 근본적으로 묻는 논쟁과 마찰이 일었고, 재검토의 시간이 되었다.

빌리 그레이엄 국제대회

1980년 10월, 빌리 그레이엄 국제대회가 열렸다. 이번으로 세 번째 일본 방문이지만, 이전과 달리 전국 6개 도시에서 개최되고, 설교도 빌리 그레이엄과 레이턴 포드Leighton Ford 두 사람이 맡았다. 오키나와·오사카·도카이東海·히로시마·후쿠오카·도쿄에서 개최되었으며 총 참가자 33만 4,848명, 구도결심자 2만 6,038명이라는 커다란 성과를 올렸다. 일본의 복음 선교 역사상 대규모 협력전도로는 메이지기의 20세기 대거전도, 다이쇼기의 전국협동전도, 쇼와기의 하나님의 나라 운동을 들 수 있다. 그러나 이것들은 수년에 걸쳐 진행되었다. 이에 비하면 빌리 그레이엄 국제대회는, 복음주의파가 주체가 되어 전국 각 도시에서 집중적으로 치러진 점에서는 역사에 남는 대규모 집회였다. 이 대회를 통하여 1980년대 들어 다소 침체 기미를 보이던 일본 복음주의파는 커다란 자극과 축복을 받았다. 여기서 확대된 협력의 고리가 이로부터 2년 후 제2회 일본전도회의의 개최에도 좋은 영향을 끼쳤다고 할 수 있다.

제2회 일본전도회의

제1회와 마찬가지로 제2회 일본전도회의가 1982년 6월에 교토회관에서 열렸다. 주제도 동일하게 '일본을 그리스도에게: 종말과 선교'가 내걸렸다. 복음주의파에서 성서론이 문제시되던 때였기에, 주제 강연과 발제 강연 가운데 성서신앙이란 어떤 것인지가 다시 거론되고, 청중도 열심히 귀를 기울였다. 2,337명이 참가했는데 반수 이상이 처음 참가한 사람들이며,

20~40대의 젊은 세대가 많아서 복음주의파의 장래에 기대를 품게 했다. 마지막 날 '교토선언'이 발표되었는데, 로잔언약을 반영하여 사회적 책임에 대해서도 언급한 점은 복음주의파의 성숙된 모습을 보여 준다고 할 수 있을 것이다.[7]

성서론 논쟁

1970년대 끝 무렵부터 1980년대 전반에 걸쳐, 복음주의파 내에서 성서론을 둘러싼 논쟁이 일었다. 직접적으로는 미국에서 벌어진 성서론 논쟁이 일본에 영향을 미쳤는데, 일본 복음주의파가 급성장해 가는 가운데 '복음주의파란 무엇인가' 하는 질문이 제기되었다고 할 수 있다.

논점은, 성서는 역사와 과학을 포함한 모든 영역에서 오류가 없다(전적 무오성)고 생각하는가, 구원에서 오류는 없지만 역사나 과학의 영역에는 오류가 있을 수 있다(한정적 무오성)고 생각하는가 하는 것이었다. 양자 사이에 먼저 미국에서 격론이 벌어지고, 그것이 일본에도 영향을 미쳤다. 일본에서는 이노치노고토바샤에서 출판된 《신新 성서주해》 가운데 모세오경 서론緖論과 《비상飛翔하는 일본의 복음파》 가운데 소개된 신학논문이 화제가 되었다.[8] 성서비평학의 성과를 어디까지 인정할 것인지가 초점이 되었다. 논쟁은 주로 복음주의신학회, 일본 프로테스탄트 성서신앙동맹, 신학교 기관지 등을 통해 펼쳐졌는데, 이를 통해 '오류가 없다'는 것은 성서가 하나님의 말씀이며 모든 영역에서 충분한 권위를 지닌다는 전적 무오성의 입장이 복음주의파의 합의가 되었다.

일본복음동맹의 재편성

1968년 일본복음동맹(이하 JEA)이 결성되었을 때, 창립 회원은 일본복음연맹과 일본프로테스탄트성서신앙동맹, 일본복음주의선교사단宣教師團, 이 세 단체였다. JEA에 가입하려면 이들 중 어느 한 단체를 통해야 하는 구조였다. 그러나 이런 구조에서는 JEA가 성장·확대된 일본의 복음주의파를 대표하는

데 어려움이 따랐기에 재편성해야 한다는 주장이 제기되었다. 그러한 경위에서 협의가 거듭되고, 1986년 6월에 재편성된 새로운 JEA가 발족되었다.

이 시점에서 32개 교단과 교회가 회원이 되고, 17개 전도단체 등이 협력회원으로 가맹했다. 그 후 많은 복음주의파 교단, 교회, 전도단체가 가맹하여 오늘에 이른다. 1988년에는 그때까지 가맹이 보류되고 있던 일본 어셈블리 교단Japan Assemblies of God의 JEA 가맹이 승인되어 JEA는 한층 폭넓게 복음주의파를 대표하는 기관이 되었다.

1968년 JEA가 성립된 이래, 세계복음주의연맹WEA 가입은 수년에 걸친 현안이었다. 마침내 안팎으로 때가 무르익어 1987년 JEA 총회에서 WEA 정식 가맹을 결정했다. 동시에 아시아복음주의협의회Evangelical Fellowship of Asia: EFA에도 가입했다. 특히 EFA 가맹에 즈음해서는 과거의 전쟁 책임에 대한 사죄와 주 안에서의 교류에 대한 기대가 표명되어, EFA에 속한 교회들에 호의적으로 받아들여졌다.[9]

4. 쇼와 천황 사망과 천황의 세대교체

1989년 1월 7일, 쇼와 천황 히로히토裕仁는 89세에 선암腺癌으로 사망했다. 62여 년이라는 장기간의 재위였다. 쇼와 천황 사후, 곧 황태자 아키히토明仁가 후계 천황이 되어 원호元號도 헤이세이平成로 바뀌었다.

이에 앞서 정부와 자민당 측에서는 다가올 천황의 세대교체를 위해 1970년대부터 준비해 왔다. 먼저 1976년에 정부는 천황 재위 50년 기념식을 주최하고, 지방자치단체들을 비롯한 각계각층에서 같은 행사를 열도록 강하게 요청했다. 더욱이 그 이듬해, 문부성은 신학습지도요령 가운데 〈기미가요〉를 국가國歌로 삼아 학교에서 지도하고 각 행사 의식儀式 때 부르게 하는 것이 바람직하다고 전했다.

1979년에는 기독교계와 야당 등 각계의 반대가 잇따랐던 원호법元號法이 국회에서 제정되었다. 이는 그때까지 관습에 불과했던 원호의 사용을 법제화하는 것이며, 천황의 황위 계승에 따라 정해지는 해를 기준으로 생활할 것을 국민에게 강요하는 것이다. 1986년에는 천황 재위 60년 기념식이 성대하게 치러졌다.

행정부와 국회의 이러한 천황제 강화 움직임과 함께 사법계의 반동화 경향도 간과할 수 없다. 1977년, 쓰津 지진제地鎮祭 위헌 소송*에서 최고재판소는 "신도식 지진제는 습속習俗이지 종교 활동이 아니다"라고 했는데, 이는 정교분리 원칙에 역행하는 것으로 기독교계를 비롯하여 각계에 충격을 주었다. 이는 천황의 세대교체 의식, 특히 장례와 다이조사이大嘗祭†에 공적인 성격을 부여하기 위한 포석이었다.

1988년 9월 19일, 쇼와 천황은 많은 피를 토하며 하혈했고, 천황의 병세를 알리는 빅뉴스가 일본 열도로 퍼져나갔다. 9월 22일, 정부는 천황의 건강이 악화됨에 따라 황태자에게 천황의 모든 국사國事 행위를 위임하기로 했다. 천황의 병증은 연일 언론에 대대적으로 보도되었다. 황거皇居나 교토어소京都御所, 전국 지방자치단체 특설 기장소記帳所(문병객의 서명을 접수하는 임시처소)에서는 천황의 쾌유를 비는 문병객의 서명을 받았으며, 서명한 문병객은 600만 명이 넘었다. 또한 많은 지방의회에서 천황의 쾌유 결의안‡이 가결되었다. 이런 사태 가운데 자민당 기관지 《자유신보自由新報》는 "전전·전후를 통틀어 이만큼 천황과 국민이 일체화되고, 천황이 국민의 천황이 된 것은 전례 없는 일이다"라며 논설에서 칭송했다. 그런 가운데 자숙自肅하는 분위기가 고조되고, 축제·운동회·여행·각종 행사·웃음을 자아내는 방송 프로그램 등이 자숙하는 뜻에서 중지하기에 이르렀으며, 마치 전전戰前으로 돌아간 듯했다. 이

* 지진제는 토목공사나 건축 등을 시작하기 전에 그 토지를 사용하도록 허락을 빌며 공사의 안전을 기원하는 제사로, 불교식과 신도식 의례가 있다. 미에현 쓰(津)시의 시립체육관 건립에 즈음하여 신도식 제사를 올리고 신사에 공금을 지출한 일에 대한 소송.

† 천황이 매년 조상에게 바치는 수확제(收穫祭)를 니나메사이(新嘗祭)라 하며, 천황 즉위예식 후 첫 번째 니나메사이를 다이조사이라고 한다. 신인합일 의식이 강조된다.

‡ 쇼와 천황의 쾌유를 기원하기 위해 자치단체의 공금으로 자치구역 내에 주민기장소(記帳所)를 설치하려는 임시법안.

러한 일련의 행동에서 대세에 따르며 주변과 달리 행동하는 것을 두려워하는 자기방어본능을 엿볼 수 있으며, 천황제를 지탱하는 일본인의 정신구조가 여실히 드러났다.

1988년 12월, 가톨릭 신자이며 자민당원인 모토시마 히토시本島等 나가사키 시장은 나가사키 시의회에서 천황에게 전쟁 책임이 있음을 인정하는 답변을 했다.

> "전후 43년이 지나 그 전쟁이 무엇이었는가 하는 반성은 충분히 되었다고 생각합니다. 외국의 여러 가지 기록을 보더라도, 제가 실제로 군대생활을 하고 특히 군대의 교육에 관계하고 있었는데, 그런 면에서 천황의 전쟁 책임은 있다고 생각합니다."[10]

수장首長이 공적인 자리에서 천황의 전쟁 책임을 인정한 최초의 용기 있는 발언인데, 이는 "거짓말하지 말라"는 기독교 신앙에 기초한 것이었다.

이 발언이 언론을 통해 공개되자, 삽시간에 그에게 정치적 압력이 가해졌다. 자민당 나가사키현 지부연합회는 발언을 취소하도록 했지만 응하지 않자 지부연합회 고문직에서 그를 해임했다. 그리고 연일 우익단체로부터의 폭력적 위협과 거센 협박이 가해졌다. 이에 대하여, 모토시마 시장에 대한 비판과 압력을 차마 보고만 있을 수 없던 시민 유지들이 들고 일어나 '언론의 자유를 요구하는 나가사키 시민의 회'를 결성하고 지원과 격려의 서명운동을 전국에서 전개하여 서명자가 38만 명을 넘었다. 전국에서 모토시마에게 편지와 엽서가 도착했다. 항의하고 헐뜯는 내용도 있었지만, 시간이 흐름에 따라 지지와 격려가 늘고, 최종적으로 1만 통이 넘는 편지 가운데 90퍼센트는 지지를 표명했다. 그러나 모토시마는 이듬해 1월, 우익의 흉탄에 맞아 중상을 입었다. 이 나라에서 천황을 비판하는 공개적 발언이 얼마나 위험한 것인지를 생생하게 보여 주는 사건이다.

또한 이 해 4월에도 다이조사이를 반대하는 성명을 낸 유게 도루弓削達,

1924~2006 페리스여학원 원장의 자택이 총격을 당했다.

1989년 1월 7일 쇼와 천황이 사거했을 때, 오키나와 지방지 《오키나와 타임즈》와 《류큐신보琉球新報》를 제외한 일본의 모든 신문, 텔레비전 등의 보도기관은 '붕어崩御'라는 특별한 단어를 사용했다. '붕어'란 천황, 태황태후, 황태후, 황후의 죽음에만 사용되는 특별한 존경어다. 그리고 이틀간 모든 보도기관은 천황의 죽음을 애도하며 그의 온화한 인품과 역사적 역할을 칭송하는 보도 일색으로 도배하다시피 했다. 그러나 같은 기간에 일본 각지에서 비디오테이프 대여점이 북새통을 이루었는데, 이는 국민들의 냉담한 의식을 반영하는 단면이기도 했다.

1989년 2월 24일, 쇼와 천황의 장례가 100억 엔의 국비를 들여 치러졌다. 신도神道 행사인 소조덴葬場殿(천황의 장례식장에 설치하는 임시 궁전) 의식과, 국가 행사로서의 대상大喪 예식이 같은 장소에서 잇따라 치러졌다. 그 때문에 식 도중 막을 열었다 닫았다 하는가 하면, 오마사카키大眞榊*나 도리이鳥居†에 장식을 붙였다 뗐다 하는 등 어색했고, 이 두 의식은 거의 비슷했다.

1990년 1월 12일에는 신임 천황 즉위식이 행해졌다. 천황의 위격位格을 상징하는 왕좌는 과격파의 습격을 막기 위해 교토에 있는 황궁에서부터 자위대에 의해 비밀리에 공수되었다. 즉위의 예禮 가운데 정전正殿에서 행하는 의례에서 새 천황은 왕좌에 올라 삼권三權의 장長을 내려다보며 즉위를 선언했다. 대상大喪의 예에는 163개국, 즉위의 예에는 158개국 대표가 참례하여 세계 제2의 경제대국 일본의 국가적 자존심을 건 대단한 의전儀典이 되었다.

그해 11월 22~23일에 천황 신격화를 상징하는 다이조사이가 국가행사로서 81억 엔을 들여 치러졌다. 본래 다이조사이는 벼의 수확제에서 유래한 니나메사이新嘗祭에서 온 것이다. 특히 새 천황이 즉위 후 최초로 행하는 니나메사이를 '다이조사이'로 부르고, 예부터 '천황의 즉위의례'로 중요하게 지

* 신도의식에 사용하는 비쭈기나무로, 차나뭇과에 속한 상록수.

† 신사 입구에 세운 두 기둥의 문.

켜져 왔다. 다이조사이를 올릴 수 없었던 천황은 정식 천황이 아닌 '반제半帝'로 불렸다. 다이조사이는 메이지유신 이후 대대적인 국가 행사로 치러지게 되었다.

종교학자 무라카미 시게요시村上重良, 1928~1991가 "황조신皇祖神에게 햇곡식을 바치며 신과 천황이 함께 이것을 먹고, 천황이 아마테라스오미카미天照大神와 일체화되어, 제사하는 사람이면서 동시에 제사를 받는 신이 되는 마쓰리祭"라고 지적했듯이, 다이조사이는 천황 신격화를 의미하는 순수한 신도 행사다.[11] 그러나 정부는 다이조사이 거행에 즈음하여 "천황이 국가와 국민을 위해 안녕과 오곡풍작을 기원하는 의식이다"라고 발표하며 신격화를 부정했다. 그리고 다이조사이는 종교의식이기 때문에 국가 행사가 되지 않지만, 황위 계승 의식으로서 공적 성격을 띠므로 국비에서 경비를 지출한다는 궤변을 늘어놓았다. 결국 기독교인들을 포함한 많은 사람의 반대를 물리치고 거액의 국비를 들여 다이조사이를 치렀다. 시민 단체에 의한 즉위의 예와 다이조사이 국비 지출 위헌 소송에 1995년 오사카 고등재판소는 정교분리를 확정한 헌법을 위반한 의혹이 있다고 판결을 내렸다.

쇼와 천황의 죽음과 새 천황 즉위에 관해 일본 개신교회는 쇼와 천황을 미화하려는 움직임을 일제히 비판하고, 즉위의 예와 다이조사이가 국가행사로 치러진 것에 대해 정교분리를 확정한 헌법을 위반한 것으로 보고 거세게 항의했다. 또한 위헌 소송의 원고 측에 기독교인들이 참여했다.

가톨릭교회는 쇼와 천황의 죽음에 애도의 뜻을 나타내면서도 "쇼와의 과오를 속죄하는 마음으로 세계 평화를 위해 공헌하기 위한 결의를 새롭게 합시다"라고 호소했다. 그리고 세대교체를 위한 모든 행사에서 정교분리 원칙이 지켜지도록 정부에 요망서를 보냈다.[12]

재일대한기독교회 총회는 "쇼와 천황이 저지른 전쟁에 대한 죄책 고백도 없이, 재일한인韓人에 대한 사죄도 하지 않은 가운데 사거死去"한 것에 "심히 유감과 우려를 금할 수 없다"고 말했다. 그리고 "천황제 이데올로기를 민중 지배 강화에 이용하려는 모든 기도企圖에 맞서 싸워야 할 책임이 있음을

재확인"하고, 선구적 역할을 계속하겠다는 결의를 명확히 했다.[13]

이렇게 격동의 쇼와기는 막을 내렸다. 천황의 세대교체는 결국 이 나라에서 천황제와 그것을 지탱하는 국민의 정신구조가 얼마나 강고한 것인지를 명확히 보여 주었다. 그러나 기독교인들에게 개신교 주류파, 복음주의파, 가톨릭의 틀을 넘어서서 공통 과제에 대처하며 연대하는 귀중한 유산을 남겼다.

끝으로, 즉위의 예와 다이조사이 국비 지원 위헌소송에 참여한 한 원고原告가 오사카 지방법원에서 진술한 의견을 인용하며 이 장을 마무리하려 한다. 그는 중일전쟁에 종군하여 시베리아에 억류된 경험도 있고, 전후 고령이 되어 다시는 전쟁을 해서는 안 된다는 생각에 타올라 자신의 전쟁 체험을 일본 각지에서 이야기하는 사람이다.

> "혼다 류타로本多立太郎, 1914~2010, 1914년 홋카이도 오타루 태생입니다. 저는 이 소송 제기를 알고 곧바로 참여하기로 결심했습니다. 동기는 천황을 다시 신격화하지 말라는, 단지 그것뿐입니다.
> 제 가장 어린 손자는 세 살이 채 되지 않았지만, 그들이 성인이 될 무렵, 저희가 일찍이 경험한 것과 같은 천황이 신神인 시대의 불행을 절대로 겪게 하고 싶지 않습니다.
> 천황을 생각할 때면 으레 떠오르는 것이 전쟁입니다. 51년 전, 한 장의 아카가미赤紙(군대소집영장)가 가져다 준 저의 전쟁입니다. 중국, 북간도, 시베리아를 거친 7년에 걸친 전쟁 체험을 강요했던 아카가미는 1연대구連隊區 사령관 명의로 되어 있습니다만, 천황에 의해 발부된 것입니다. 고노에(중일 전쟁기의 수상 고노에 후미마로近衛文麿, 1891~1945)의 군대도 아니라면, 도조(중일 전쟁기의 수상이며 A급 전범으로 사형된 도조 히데키東條英機, 1884~1948)의 군대도 아닙니다. 모두 천황의 군대일 뿐입니다."[14]

그리고 그는 전쟁이란 사랑하는 사람과의 이별과 죽음 외에 어떤 것도 아니라고 진술했다.

"전쟁은 인재人災입니다. 인간이 시작한 것에는 그것을 시작한 사람이 져야 할 책임이 있습니다. 당연히 천황의 군대에는 천황의 책임이 있습니다. 50년이 지나 그는 평화주의자였다는 등으로 언급될지라도, 그것으로 그의 책임이 없어지는 것은 아닙니다. …… '천황'이란 조직의 지위이기 때문에 천황 개인의 생사에 관계없이 그 책임은 계승되어야 합니다. 그것을 계승하여 즉위하는 것은 동시에 전쟁 책임을 물려받는 것입니다. 천황제가 존재하는 한, 전쟁 책임도 존속하고 계속 문제시될 것입니다."[15]

그리고 그는 이번 즉위의 예와 다이조사이로 비판을 돌린다.

"저는 과거에 두 번, 신이었던 천황의 동일한 식전式典을 마주했습니다. 인간임이 당연한 천황의 이번 행사에서 그 형식이 약간 달라졌다 하더라도 내용은 완전히 동일한 것에 놀람과 두려움을 느낍니다. …… 누구의 이름으로도 명백한 강신제적降神際的 행사를, 그것도 공공연히 천황의 이름으로 행하는 것입니다. 그는 신으로 회귀했습니다. 그것을 이 일련의 행사와 의식을 통해 국민에게 보이려 하고 있다고 밖에 생각할 수 없습니다."[16]

그리고 천황의 군대에게 침략을 당한 이웃 여러 나라들이 이 의식을 지켜보며 느낄 우려와 위기감을 언급하며 이렇게 끝맺는다.

"이리하여 과거, 현재, 그리고 미래 세대에 한없이 무겁고 깊은 의미와 영향력을 지닌 천황신天皇神으로 회귀한 이번 사건에 대하여, 저희는 법에 따라 위법성을 묻기로 했습니다. 법치국가 국민으로서 당연한 수단입니다만, 당 법정이 법에 근거한 엄정한 판단을 내려 주시리라 믿어 의심치 않습니다. 마치겠습니다."[17]

이 원고의 의견 진술로, 법정에서 엄히 금지되어 있는 방청석의 박수소리가 그치지 않았다.

제5장

1990년대의 교회

1. 1990년대의 일본과 세계

이 시대는 세계에도 일본에도 격동의 시대였다. 1990년 8월에는 이라크의 쿠웨이트 침공으로 시작된 걸프전쟁이 일어나 1991년 2월에 미국을 중심으로 한 다국적군의 승리로 끝났다. 이 전쟁을 계기로 일본은 '국제공헌'을 강하게 요구받게 되어, 전쟁 종결 후 페르시아만의 기뢰 제거를 위해 최초의 자위대 해외 파견이 이루어졌다. 1992년 PKO(유엔 평화유지활동UN Peacekeeping Operations) 협력법의 제정에 따라 캄보디아로 PKO 제1진이 출발했다. 이후 2008년 12월 현재 20개소에 총인원 3만 명의 자위대원이 해외에 파견되었다.*

1990년 10월에는 베를린 장벽이 붕괴되고, 동독이 서독에 흡수되는 방식으로 동·서독이 통일되었다. 1991년 12월에는 69년간 지속된 소련이 사라지고 러시아연방공화국을 비롯한 14개 독립국가공동체가 되었다. 그 영향으로 동유럽 국가들은 잇따라 민주화되었다. 공산주의 체제의 붕괴는 그 체제 아래서 억압되어 있던 민족의식을 분출시키고, 체코슬로바키아, 유고

* 일본 방위성 자위대의 인터넷 홈페이지 공식 자료에 의하면, 2022년 현재까지 해외 파견 자위대원 총인원은 6만 명을 웃돌고 있다. 참고로 2024년 3월 31일 현재, 자위대 인력 구성에 대한 일본 방위백서에 따르면, 육상자위대원(13만 4,011명)·해상자위대원(4만 2,375명)·항공자위대원(4만 3,025명)·통합막료간부(4,100명)를 합하여 총 22만 3,511명이다.

슬라비아, 체첸 등 각지에서 민족분쟁을 초래했다. 그리고 한반도를 중심으로 한 극동아시아의 군사적 긴장은 일본 방위체제에도 큰 변화를 가져왔다. 1999년 새로운 미·일 방위협력을 위한 신가이드라인이 합의되었고, 그것에 관련된 주변사태법周邊事態法이 정해졌다. 이는 아시아·태평양 지역에서 분쟁이 일어날 경우, 미국의 군사활동에 대한 일본의 후방 지원활동이 가능하도록 법적 근거를 마련한 것이다.

1990년대에 들어 일본은 정치·경제·사회의 모든 분야에서 혼란과 교착 상태의 세기말적 현상을 보이기 시작했다. 1980년대에 절정에 달한 거품경제의 붕괴에 따른 장기침체로 일본장기신용은행, 홋카이도척식은행, 야마이치山一증권 등의 거대금융기관과 대기업이 파산하는 위기 상황이 닥쳐왔다.

1993년에는 자민당의 장기 지배를 축으로 한 자민당·사회당의 55년 양당 체제가 무너지고 수년간 불안정한 연립정부가 계속되면서 정치의 혼란과 불신을 초래했다. 1995년 1월에 있었던 한신·아와지 대지진(고베 대지진)은 6,000명이 넘는 많은 희생자와 막대한 피해를 내며, 근대 도시가 대재해에 얼마나 취약한지를 생생히 보여 주었다. 나라 안팎의 대지진이나 이상기후, 그리고 옴진리교의 지하철 사린sarin가스 사건과 고베의 소년소녀 살상 사건 등은 세기말의 불안을 고조시켰다.

이 시대는 젊은 세대를 중심으로 '다마고치',* '푸리쿠라'(스티커 사진), 그리고 휴대전화가 폭발적으로 확산되었는데, 인간관계가 엷어진 시대의 '관계에 대한 바람'이 이러한 대유행을 불렀다고도 지적된다. 1999년, 20세기 최후의 해를 맞아 사람들의 불안을 부추기듯 노스트라다무스의 대예언과 다양한 종교단체에 의한 종말 예언이 등장했다. 그러나 이렇다 할 대사건이나 혼란 없이 20세기를 끝내고, 일본과 세계는 새로운 천년기를 맞았다.

* 전자애완동물을 키우는 놀이 및 게임기로, 1997년 사회적 이슈가 됨.

2. 1990년대의 여러 교파

먼저, 1990년대 초두에 개혁파의 입장인 두 교파에서 전쟁 책임에 대한 고백과 그것에 기초한 한국 교회와의 교류가 이루어졌다. 1990년 10월, 일본기독개혁파교회대회는 대한예수교장로회(고신파)와 선교협력 규정을 채택하고, 죄책 고백과 사죄를 표명했다. 같은 달, 일본기독교회대회는 '한국·조선의 기독교회에 행한 신사참배에 대한 죄의 고백과 사죄'의 표명을 채택했다. 이듬해 9월에는 일본기독교회 대표 3명이 이 결의를 가지고 한국 교회를 방문하여 사죄했다. 이 방문을 계기로 1990년대부터 일본기독교회와 한국의 많은 교회, 재일대한기독교회와의 협력관계가 새롭게 형성된다.

이 시기에 일본성공회에서 성차별 문제가 거론되었다. 그때까지 일본성공회에서 여성 사제는 인정되지 않았다. 1990년 성공회 총회에서 '여성 사제를 생각하는 검토위원회' 설치가 승인되어, 위원회는 이 문제에 대한 공청회와 설문조사를 했다. 그리고 1998년 총회에서 마침내 여성 사제를 인정하기 위한 법규 개정이 이루어졌다. 이 총회 후, 3명의 여성 집사가 사제시험을 거쳐 사제로 안수를 받았다.[1] 미국성공회에서 1974년에 첫 여성 사제가 배출된 점도 고려되었다.

일본성공회는 전후 50년이 지나 비로소 '일본성공회의 전쟁 책임에 관한 선언'을 결의했다. 1996년 5월에 발표된 이 선언은, 과거의 침략전쟁과 그 전쟁에 협력한 것을 그리스도의 이름으로 인정하고 세상의 소금으로서 역할을 다하지 못한 것을 하나님과 아시아·태평양 지역 사람들에게 사죄했다. 그리고 전후에도 기도서와 예식서 가운데 천황과 그의 국가체제를 긍정하는 문장을 사용해 온 것을 반성했다. 더욱이 이러한 전쟁책임고백을 전국 성공회 교회가 공유하며, 일본이 침략한 나라들에게 사죄를 표명하기로 선언했다.[2]

일본기독교단은 1970년대의 만박 문제로 시작된 도쿄교구의 혼란이 비로소 수습되고, 1991년 3월, 22년 만에 교구총회가 열렸다. 이 무렵 총회 의장은 시즈오카 구사부카草深교회 목사 쓰지 노부미치辻宣道, 1930~1994였다. 그는 전전戰前 성결교회 지도자였던 나카다 주지의 외손자이며, 치안유지법 위반 혐의로 체포되어 옥사한 쓰지 게이조辻啓藏 목사의 둘째 아들이다. 그의 집행부 체제에서 전도활동, 오키나와 기독교단과의 합동에 대한 재검토, PKO 법안 반대활동이 진행되었다. 1996년에 교단의 홋카이도교구는 아이누 민족의 권리 회복 운동을 추진하기 위해 '아이누 민족 정보 센터'를 개설하여 교구 차원에서 이 문제에 적극 참여하게 되었다.

1995년 1월 17일 한신·아와지 대지진 참사가 벌어진 고베·한신 지구는 일본에서도 잘 알려진 교회밀집지대로, 많은 교회에서 피해자가 발생했다. 개신교와 가톨릭을 합하여 105명의 사망자와 73명의 부상자가 있었고, 교회 10곳이 전부 파괴되거나 불탔으며, 많은 예배당과 목사관이 피해를 입었다. 기독교 각 단체와 교단, 교회에서는 구조와 복구를 위해 많은 자원봉사자를 파견하기도 하고, 헌금과 구호물자를 전하기도 했다. 이런 활동은 일본 교회가 교파를 초월하여 연대하고 협력했음을 보여 주었다.

1995년은 전후戰後 50년이라는 특별한 해였다. 이 무렵 내각은 사회당의 무라야마 도미이치村山富市를 수상으로 하는 자민당·사회당·사키가케*의 연립내각이었고, 국회에서 '전후 50년 국회 결의'가 이루어졌다. 이 결의는 아시아·태평양 전쟁에서의 침략 행위와 식민지 지배를 반성하고 평화에 대한 새로운 결의를 강조한 것이다.

기독교계에서도 많은 단체와 교단이 전후 50년에 관한 성명을 발표했다. 주목할 만한 것은 이해 4월 일본기독교협의회, 가톨릭교회, 일본복음동맹, 일본우화회友和會 등 9개 단체가 '전후 50년을 맞는 일본 기독교인의 반성과 과제'라는 제목의 공동 성명을 발표한 것이다. 이 성명에서는 일본 교회가 전쟁 중에 행한 '천황 예배'가 십계명의 제1계명을 어기는 죄임을 인정했다. 그리고 "전쟁 책임을 담대하게 고백하고, 그 죄를 용서받고 진지하게 회

* 자민당 내 개혁그룹으로, 정계 정화를 표어로 1993년 성립되어 2022년에 해산한 신당.

개하며, 그리스도 안에서 평화를 실현하는 공통 과제를 함께 지고 가자"고 호소했다.[3] 야스쿠니 문제와 천황의 세대교체에서 행한 다이조사이에 대한 반대운동을 통해 일본 교회에서는 협력관계가 진척되어 왔다. NCC계, 복음주의파, 가톨릭교회가 협력하여 성명을 낼 수 있었던 것은 획기적이다.

같은 해, 일본 침례교연맹, 오키나와 침례교연맹, 일본기독교단, 일본복음기독교회연합, 컴벌랜드Cumberland 장로기독교회 일본중회 등 많은 교단이 성명을 발표하고 전후 50년에 즈음하여 전쟁 책임을 표명하며 평화에 대한 서약을 새롭게 했다. 그 가운데 주목할 만한 것은, 일본복음그리스도교회연합이 '제2차 세계대전에서 일본 교회의 죄책에 관한 우리의 책임'이라는 제목의 성명을 발표한 일이다. 복음주의파에서, 더욱이 전후 탄생한 교단이 전쟁 책임을 받아들여 발표한 것이다.

기독형제단과 일본성결교단, 즉 전시하에서 탄압받은 성결교회의 후신後身에 해당하는 교회에서도 전쟁 책임 성명을 발표했다. 기독형제단은 1996년 3월에 '과거의 죄에 대한 회개와 장래에 대한 결의'를 교역자 결의로 발표했다. 그 가운데 기독형제단의 전신前身인 기요메교회는 "당시 국수주의적 민족의식을 교회의 신앙 교리에 엮어 넣어 침략전쟁을 지지하고 동참한 죄를 인정하며 충심으로 회개합니다"라고 고백했다.[4]

또한 일본성결교단은 1997년 총회에서 '일본성결교단의 전쟁 책임에 관한 우리의 고백'을 발표했다. 그 가운데서, 그때까지 자신들의 역사 인식이 대단히 편협했고, "탄압의 피해자라는 의식이 강했던" 것을 솔직하게 인정했다. 그러나 역사를 돌아보면 자신들의 교회는 "일본 군국주의와 그것을 지탱하던 천황제는 비판하지 않고 오히려 지지"하며, "국책에 따라 신사참배를 행하고, 전쟁에서 승리를 기원하며 협력해온 것"을 고백했다. 그리고 전쟁 책임에 부응하여 다른 교회 사람들 및 아시아 사람들과 화해하고 자신들의 책임을 다해 가겠다는 결의를 표명했다.[5]

이 시기 복음주의파의 전도활동으로 1991년 6월에 열린 제3회 일본전도회의(일본복음동맹 주최)를 들 수 있다. 도치기현 나스那須의 시오바라塩原에서 열렸으며, 그때까지 교토에서 열린 두 차례의 전도회의와 달리 일본 각 지역에서 전도회의를 거듭하고 그것을 토대로 전국회의가 개최되었다. 주제는 '일본, 아시아, 그리고 세계로'이며, 마지막 날 '시오바라 선언'이 채택, 발표되었다. 아시아와 세계 교회의 연대, 세계 선교의 사명, 성서신앙 위에 선 교회의 공동성을 강조하고, 혼미한 세기말에 교회의 재생과 성장을 목표로 했다.[6]

또한 1993년에 고시엔甲子園 리바이벌 미션 대회가 한신 고시엔 야구장에서 사흘에 걸쳐 총인원 11만 7,000명이 참석한 가운데 치러졌다. 일본 리바이벌 크루세이드(주간主幹: 다키모토 아키라滝元明, 1929~2015)가 모체가 되어 추진하며 일본의 부흥을 목표하고 선교대회를 비롯해 많은 프로그램이 기획되어 안팎의 많은 강사가 봉사했다. 이 대회 후에도 일본 각지에서 리바이벌 미션이나 슈퍼 미션으로 부르는 선교대회가 열렸다.[7]

이듬해 1월에는 빌리 그레이엄 도쿄 국제대회가 도쿄돔에서 열렸다. 이 대회는 이전의 고시엔 리바이벌 미션과 성격이 달라서 교회가 모체였다. 나흘간 총인원 13만 명이 참석했고, 결신자는 약 1만 2,000명이었다. 집회 내용은 위성방송을 통해 주요 도시의 모든 회장會場으로 생중계되고, 화면을 통해 동시에 집회가 진행되었으며, 결신자 초청도 했다.

이 시기 기독교계의 경향으로, '성령의 제3의 물결'이나 '능력전도'로 불리는 성령은사charisma 운동이 활발히 진행되어 온 점을 들 수 있다. 이런 운동은 악령에서 해방되고 치유됨을 강조하고, 일본 선교에서의 영적 전쟁이라는 전략적인 방책이 영향력을 갖게 되었다. 1996년 5월, 이러한 입장인 교회들의 결집을 위해 첫 전국조직으로 '일본 리바이벌 동맹Nippon Revival Association, NRA'이 결성되었다. 창립총회에서는 "다가오는 일본의 부흥을 위해 공헌하는 것" 등을 목표로 하는 이념·조직·규칙 등이 승인되고, 초대 위원장으로 오쿠야마 미노루奥山實(선교사훈련센터 소장)가 선출되었다. 이 단체는 일본기독교협의회와 일본복음동맹에 버금가는 제3의 전국교회조직을 목표하고 있다.[8] 세계 부흥의 상황과 NRA의 신앙을 대변하는 매체로서 〈리바이벌신문〉

이 창간되었다.

한편, 이 시기에 대해 언급해 두고 싶은 것은, 일반 사회를 향해 호소력 있는 두 기독교인의 기념관이 개관된 일이다. 1991년 4월, 호시노 도미히로星野富弘 1946~2024* 미술관이 군마현 아즈마무라東村(현재 미도리시)에 세워졌다. 2005년에는 신관新館도 개관했고, 1991년 개관 이래 방문객이 500만 명을 넘었다. 그의 시화詩畵는 책, 잡지, 신문, 그림엽서, 달력을 통해 많은 사람들에게 삶의 희망을 주며 마음의 치유를 얻게 하고 있다. 1998년 6월에는 홋카이도 아사히카와시에 미우라 아야코三浦綾子, 1922~1999 기념문학관이 세워졌다. 《빙점》으로 등단한 미우라 아야코는 잇따르는 병과 싸우면서 남편 미쓰요光世의 헌신적인 도움으로 많은 훌륭한 작품을 남겼다. 미우라 문학의 본격적 연구나 평가는 지금부터일 것이다.

1999년에는 일본 정치의 우경화 움직임이 계속되었고, 기독교계를 비롯한 여러 단체들은 반대운동을 했다. 먼저 1999년 8월 9일, '국기·국가 법안'(정식 명칭은 '국기 및 국가에 관한 법률')이 국회에서 자민당에 의해 강행, 가결, 성립되었다. '히노마루'를 국기로 삼고 '기미가요'를 국가로 부르는 것은 종래에는 관습에 기초했지만, 이 법안에 의해 법령상 근거가 부여되었다. 이 법안에 대해 '기미가요'의 가사는 천황의 치세가 영원히 번영할 것을 기원하는 것으로 파악되어 주권재민主權在民의 헌법 이념과 양립할 수 없다는 의문과 반대의 목소리가 일었다.

이 해 7월 23일에는 '히노마루·기미가요 법제화 반대! 7·23 대집회'가 도쿄 히비야 야외음악당에서 6,500여 명이 모인 가운데 열렸다. 그리스도인을 비롯한 종교가, 교육자, 문화인, 시민단체가 두루 한데 뭉쳐 반대의 목소리를 높였다.[9]

* 일본과 해외에 널리 알려진 시인이자 화가. 대학 졸업 후 중학교 체육교사로 일하던 1970년 어느 날 학생들을 지도하다 목뼈가 부러져 전신마비장애로 약 9년간 절망 가운데 병원생활을 하던 중 1974년 복음을 듣고 병실에서 세례를 받았다. 여전히 전신마비장애가 있지만, 1972년부터 입에 붓을 물고 그림을 그리며 시를 쓰기 시작했다. 종교의 경계를 넘어 많은 사람에게 그의 삶과 시화는 깊은 감동과 영감을 주고 있다.

그러나 이에 대해 정부는, '기미가요'란 주권자인 전 국민의 의사意思에 기초하고, 천황을 상징으로 삼는 '우리나라'의 일이라고 강변했다. 정부는 이 법안 성립 과정에서, 국민에게 강제하는 것이 아니라고 했지만 법률 문구에는 그런 어구가 없었다. 그러나 이 법안이 성립된 후, 일본 각지의 교육 현장에 대한 정치적 압력이 점점 심해졌다. 이에 대해서는 다음 장에서 구체적으로 거론할 것이다.

'국기·국가 법안'이 성립된 직후인 8월 12일, '통신방수通信傍受 법안'(이른바 도청盜聽법안)을 포함한 조직적 범죄대책 3법안이 국회에서 강행, 가결되었다. 도청법은 통신의 자유라는 국민의 기본권을 침해하고, '조직적 범죄처벌·범죄수익규제법'은 시민의 조직을 규제하게 되며, 경찰에 의한 국민 감시 체제의 강화로 이어질 우려할 만한 사태이기에 일본기독교단을 포함한 많은 교단과 단체가 항의성명을 냈다.[10]

1999년 10월 말, 국립교토국제회관에서 '세계선교회의'가 열렸다. '제3세계선교단체협의회기구'가 주최했으며, 130개국이 넘는 국가에서 5일 동안 총인원 1만 명이 참가한 대규모 선교회의였다. 2001년 간행된《기독교 연감》은 이 회의를 "일본 기독교 사상 최대 규모의 '세계선교회의'"라고 평가했다.[11] 일본 기독교사를 돌아보면, 전도대회나 기념대회 등에서 수만 명에서 수십만 명에 이르는 참가자를 동원한 집회는 종종 있었다. 그러나 해외에서 이렇게 많은 참가자를 맞이해서 연 대규모 선교대회는 처음이라고 할 수 있다.

이 회의의 위원장은 일본 리바이벌 동맹의 초대 위원장이었던 오쿠야마 미노루였으며, 전체적으로 이 회의는 성령의 은사를 중시하는 교회들이 중심이 되었다는 인상이 짙었다. 마지막 날 '제3천년기의 세계 선교에 관한 교토선언'을 발표하고 막을 내렸다. 이 선언은 새로운 천년기의 선교가 다음과 같이 될 것을 강조하고 있다.

"정복의 선교에서 사랑과 희망의 선교로

식민지주의에서 평화와 화해의 선교로
문화적 이식에서 상황화로
교역자 중심에서 모든 전문직 배경이 있는 신도 중심으로
연구·조사 지향에서 성령의 능력에 기반을 둔 선교로"[12]

그리고 현재 직면한 세계의 여러 위기 상황이 근원적으로 영적 위기에서 비롯한 것임을 인식하며 성령의 능력에 의해 대선교명령을 성취하는 '팍스 크리스티Pax Christi(그리스도의 평화)'의 시대가 될 것을 예고하고 있다.

이 대회와 동시에 '그리스도 성탄 2000년 페스타'가 열려 그리스도의 오심을 기념했다. 대회가 끝난 다음날, 참가자들 가운데 1,200명이 '교토 국제 행진International March in Kyoto'이라는 이름을 내걸고 교토 시내 가두에서 찬송가를 부르며 사람들에게 전도지를 건네며 개인 전도를 했다.

1999년 12월 31일, 많은 사건이 있었던 20세기는 사람들 각자의 다양한 생각을 뒤로 한 채 막을 내리고 21세기를 맞았다.

제6장

21세기를 맞이한 세계와 교회: 2001~2008년

1. 21세기를 맞이한 일본과 세계

드디어 새로운 세기가 막을 열었다. 돌이켜보면 20세기는 '전쟁의 세기'이고, '침략'과 '가해', '피해'의 역사였다. 두 번의 세계대전, 한국전쟁, 베트남 전쟁, 걸프전 등으로 많은 병사와 민간인이 죽거나 부상을 입었다. 지역분쟁과 내전이 잇따랐고, 많은 난민이 비참한 생활을 강요받아 왔다. 핵무기의 등장은 인류 절멸의 위험을 가져왔다. 사람들은 '21세기'야말로 화해와 평화의 세기가 되기를 기대했다.

미국 내 동시다발 테러와 아프간·이라크전쟁

그러나 그러한 바람도 헛되이 2001년 9월 11일 미국에서 동시다발 테러로 3,000명에 가까운 사람들이 희생되었다. 미국 본토에 대한 이 정도의 대규모 공격은 역사상 처음이고, 미국인의 충격은 이루 헤아리기 어려웠다. 이 공격을 테러리스트에 의한 미국에의 도전으로 받아들인 부시 정부는 국민의 압도적 지지를 받아 테러리스트 세력과의 전면대결에 착수했다.

먼저 2001년 10월, 테러의 수모자首謀者로 지목된 오사마 빈 라덴Osama Bin Laden, 1957~2011이 이끄는 알카에다Al Quaeda 집단을 은닉하고 있는 것으로 파악하고, 아프가니스탄의 탈레반 정권에 대하여 영국과 미국의 군대는 '항구적 자유 작전Operation Enduring Freedom'을 개시하여 탈레반 정권을 붕괴시켰다. 2003년 3월에는 세계 평화와 안전을 위협하는 대량살상무기를 보유하고 있는 것으로 파악하고 이라크의 후세인 정권에 '이라크 자유 작전Operation Iraq Freedom'이라는 군사 작전을 개시했다. 영국과 미국 군대의 거센 폭격과 지상전에 의해 후세인 정권은 붕괴되고, 5월에 부시 대통령은 항공모함 에이브러햄 링컨호 함상에서 소리 높여 전투 종결을 선언했다. 그러나 전쟁 종결 후 철저히 수색했음에도 이라크 내에서 대량살상무기는 발견되지 않았다. 이윽고 대의명분이 없는 전쟁이었음이 명백히 드러나자 그 책임을 지고 미국 중앙정보국CIA 국장이 사임했다.

그 후 2008년 현재까지 아프가니스탄과 이라크에는 미군을 중심으로 한 많은 외국군이 주둔해 치안 유지를 맡고 있다.* 그러나 무장세력과의 충돌은 그치지 않고, 종파 대립과 민족대립도 심화되어 군인뿐 아니라 일반 시민의 사상자도 줄지 않고 있으며, 해결의 실마리는 전혀 보이지 않고 있다. 그사이 이라크전쟁에 대한 미국 국민의 의식도 크게 달라졌다. 전쟁을 시작할 때의 압도적 지지와 달리, 대량살상무기가 발견되지 않자 대의명분이 사라지고, 자국민 병사들의 희생과 전쟁 비용이 늘 뿐, 출구가 보이지 않는 전쟁에 많은 국민이 반대하는 분위기가 조성되어왔다. 2008년 대통령 선거에서 이라크전쟁에 반대한 민주당의 버락 오바마Barack Obama 후보가 베트남 전쟁의 영웅이었던 공화당의 존 매케인Joh n McCain 후보에게 압승한 것은 국민의 의식이 크게 변화한 것을 말해 준다.

일본의 정치 상황

일본에서는 2000년 4월 질병으로 사임한 오부치 게이조小渕惠三, 1937~2000 수상을 대신하여 강경파 성향이 강한 모리 요시로森喜朗가 수상에 취임했다. 그러나 그는 국민들에게 인기가 없고 낮은 지지율에 허덕이다 1년 뒤 퇴진했

* 미군은 2011년 12월 이라크에서 철수했으며, 2021년 8월 아프가니스탄에서 철수했다.

다. 그 후 등장한 고이즈미 준이치로小泉純一郎는 종래 자민당 수상들에게서 볼 수 없던 대담한 개혁 의향과 대중에게 호소력 있는 연설로 높은 지지율을 유지하며 지론인 우정민영화郵政民營化로 대표되는 구조개혁 노선을 추진했다. 그러나 사회·경제적 양극화 문제와 의료·복지 체제의 정체 현상은 이러한 개혁정책에도 불구하고 뚜렷한 돌파구를 찾지 못하고 고이즈미 정부는 뒤를 이은 민주당 정부에 여전한 부담을 남겼다.

고이즈미 수상은 부시 대통령과 맹우盟友 관계를 쌓고, 미국의 대對테러 전쟁을 전면적으로 지지하며 지원했다. 먼저 영국과 미국 군대의 아프가니스탄 침공에 대해 '테러대책특별조치법'을 가결시키고, 인도양에서 대테러 활동을 맡은 영국과 미국 군대가 중심이 된 함선에 자위대의 급유給油 활동을 개시했다. 이 특별조치법은 2008년에 '신新테러대책 특별조치법'(급유특조법)으로 갱신되어 오늘에 이른다.

또한 고이즈미 정부는 영국과 미국 군대를 중심으로 한 이라크 공격에 대해 다른 나라들보다 앞장서서 지지를 표명했다. 독일과 프랑스, 러시아가 반대하고, 코피 아난Kofi Annan 유엔 사무총장이 유감의 뜻을 표명한 것과 대조적이다. 그리고 이라크 부흥 지원 특별조치법을 가결시키고 이라크에 자위대를 파견했다. 국회에서는 이 법안 심의 과정에서 전투지역과 비전투지역의 구별을 둘러싸고 야당이 집요하게 추궁했다. 이에 대해 고이즈미 수상은 "자위대가 파견되는 장소는 비전투지역"이라고 강변하며 여당의 다수결로 강행했다. 이 법안에 기초하여 육상자위대는 이라크 남부 사마와Samawah에서 2004년부터 2006년까지 부흥지원활동을 했다. 또한 항공자위대는 2004년부터 2008년 12월까지 항공수송활동을 계속했다. 2008년 4월, 나고야 고등법원은 "다국적군 병사를 바그다드에 수송하는 행위는 타국의 무력행사에 동조 및 참여하는 것으로서 헌법 위반"이라는 판결을 내렸다. 그러나 정부는 이 판결 후에도 자위대의 활동을 지속시켰다.

아프간·이라크 정세에다 북한 핵개발과 미사일 발사, 공작선工作船 문제 등으로 극동아시아를 에워싼 군사적 긴장이 고조되어 왔다. 이러한 정세에 대응하여 2003년 6월, 여야 5당은 '무력공격사태법', '개정자위대법', '개정안전보장회의설치법' 등 비상사태와 관련한 세 가지 법안을 가결했다. 반대한 것은 사민당社民黨과 공산당뿐이었다.

이 법안은 그때까지 규정에 없던, 타국에 의한 무력공격 등 유사시의 정부와 자위대의 활동을 규정한 것이다. 주목할 만한 것은, 이 법안과 관련한 특별위원회의 질의응답 가운데 당시 후쿠다 야스오 관방장관官房長官이 일본이 무력공격을 받았을 경우 국민의 권리 제한에 관한 정부의 견해를 보인 점이다. 이는 유사시에는 "사상과 신앙을 이유로 자위대에 협력을 거부하는 것이 인정되지 않을 경우가 있을 수 있다"는 것이었다. 더욱이 '개정자위대법'에 따라 자위대의 작전행동 중에 "교회, 신사, 사찰의 수용은 있을 수 있다"는 견해도 표명했다.[1] 당연히 이런 정부의 견해에 기독교계를 포함한 종교계와 민주 단체는 강하게 항의했다.

한편, 이 시기에는 사상·교육 분야에서 우경화가 현저하게 진행되어왔다. 2000년 5월, 모리 요시로森喜朗 수상은 신도神道 정치연맹 의원간담회에서 "일본은 천황을 중심으로 한 신의 나라라는 것을 나라의 여러분이 확실히 알고 계신다"고 발언했다.[2] 이 '신의 나라' 발언은 기독교의 모든 단체와 교단으로부터 거센 항의를 불러일으켰다. 그러나 이러한 발언은 자민당 지도자들로부터 종종 나오고 있으며, 근래에 갑자기 시작된 것이 아니었다. 그리고 고이즈미 수상 집권기에 야스쿠니 신사 참배와 이세 신궁 참배가 반복되면서 중국 및 한국과의 관계는 냉각되었다.

교육의 우경화도 뚜렷해져 왔다. '전후戰後 정치체제에서의 탈각脫却'을 내건 아베 신조安倍晋三, 1954~2022 정부(2006~2007)는 '교육기본법 개정'을 최우선 과제로 하고 2006년 12월에 '개정 교육기본법'을 가결시켰다. '교육기본법'은 전전戰前 군국주의 교육에 대한 반성을 토대로 제정되어 신헌법의 교육이념을 구체화한 것이다. 그 전면개정은 일본의 교육이념을 근본부터 바꾸는 것을 의미했다. '개정 교육기본법'에는 '전문前文'에서 "공공의 정신을 존중하고", "전통을 계승하는" 것이 추가되었다.[3] 그리고 제1조의 '교육의 목적' 에서는 "진리와 정의를 사랑하고", "개인의 가치를 존중하며", "자주적 정신으로 충만하고"라는 문장이 삭제되었다. 제2장의 '교육의 목표' 에서는 "전통과 문화를 존중하고 그것들을 보호하고 발전시켜 온 우리나라와 향토를 사랑한다"는 것이 더해졌다. 전체적으로 공공 정신과 애국심을 길러야 할 것이 강조되어 있다.[4]

이 교육기본법 개정에 따라 도카이 기사부로渡海紀三朗 문부과학상은 2008년 3월, 소·중학교의 새로운 학습지도요령을 고시했다. 이 학습지도요령은 교육현장에서는 법적 구속력이 있다. '총칙' 중에 도덕교육의 목표로 "우리나라와 향토를 사랑하고"라는 문장이 더해졌다. 소학교 음악에는, 이전에는 단순히 기미가요를 "지도한다"로 되어 있던 것을 "노래할 수 있도록 지도한다"고 특별히 기록했다. 소학교 국어에는, "옛날이야기와 신화·전승 등의 책이나 글을 읽어 주는 것을 듣기도 하고 서로 발표하기도 할 것"이 새롭게 추가되었다. 또한 중학교 사회에서는, 조몬縄文·야요이弥生 시대 "사람들의 신앙"에 대해 배우게 하고, "종교에 관한 교육을 실시한다"는 내용도 추가했다.[5] 이와 같이 새로운 학습지도요령은 교육기본법 개정에 따라 애국심 교육을 한층 강조했다.

이러한 교육행정의 변화는, 교육현장에서 국기 게양과 국가國歌 제창을 강요하고 소·중학교의 총합학습總合學習에서 사용되는 '마음의 노트'를 통해 국가에 의한 교육 관리가 한 단계 강화되어 온 것을 나타낸다. 국기·국가 문제와 그리스도인의 관계에 대해서는 다음 항목에서 다시 거론할 것이다.

한편, 아베 정부 아래서 2007년 5월, '국민투표법안'이 자민당과 공명당 대다수의 찬성으로 가결되었다. 이는 헌법 개정 절차로서 중요한 것인데, 개헌 원안原案 제출 및 심사는 3년간 동결되는 한편, 다음 국회에서 헌법심사회가 설치되게 됨으로써 국회에서도 개헌을 눈앞에 두고 논전論戰을 시작하게 되었다. 자민당은 이미 헌법 제9조의 폐안廢案을 담은 헌법 초안을 발표했으며, 이 국민투표법안의 성립은 개헌의 중요한 포석이 되었다. 이러한 움직임에 대해 사민당, 공산당, 기독교계, 호헌단체는 반대활동을 강화했다.

2007년 8월 참의원선거에서 자민당은 대패했다. 연금 문제가 주된 원인이었다. 중의원은 여당인 자민당과 공명당이 3분의 2이상의 다수를 장악하고, 참의원은 야당이 과반수를 차지하는 '네지레 국회' *가 되었다. 그런 까닭에 여당의 정권 운영은 곤경에 빠지고, 아베 정부에서 후쿠다 정부에 이어 2008년 9월에는 아소 다로麻生太郎 정부가 들어서는 등 단기간에 어지러울 정도로 내각이 교체되는데, 여기서 자민당 정권의 말기적 증상을 엿볼 수 있다. 서브프라임 모기지subprime mortgage(비우량주택 담보대출) 사태로 시작해서 2008년 9월 중순의 리먼브라더스Lehman Brothers 증권사의 파탄으로 본격화한 미국발 금융위기는 순식간에 일본을 비롯하여 세계로 확산되었다. '백 년에 한 번'이라고도 하는 미증유의 경제공황은 세계적으로 많은 기업의 도산과 경영 악화, 실업자 급증과 소비 감소라는 심각한 상황을 초래했다.

그런 가운데 방위성 최고위 관료의 논문 문제가 불거졌다. 항공자위대 최고지휘관인 항공막료장 다모가미 도시오田母神俊雄가 발표한 〈일본은 침략 국가였는가〉라는 논문이 문제가 되어 2008년 10월 31일, 정부는 그를 경질했다. 이 논문의 취지는 "일본이 침략 국가였다는 식으로 말하는 것은 확실히 억울한 누명"이고, 일본은 "오랜 역사와 우수한 전통을 지닌 훌륭한 나라"이며, "일본인으로서 우리 역사에 자부심을 가져야 한다"는 것이다. 이 논문은 일본의 식민지 지배는 모두 조약에 기초해 합법적으로 이루어져 왔고, "일본은 장제스에 의해 중·일 전쟁에 말려든 피해자"였으며, 미·일 전쟁도 "루즈벨트가 쳐 놓은 올가미에 걸려들어 진주만 공격을 결행했다"고 주장한다.[6]

이러한 견해는, 아시아·태평양 전쟁이 일본의 침략전쟁이었음을 반성하며 아시아 국가들에게 사죄했던 무라야마 담화†를 답습하는 정부의 공식 견해를 부정하는, 자위대 최고위 관료의 역사관으로는 어울리지 않는 것이

* 양원제인 일본에서 의사결정을 위해서는 기본적으로 양원의 합의가 전제되는데, 중의원에서 여당이 과반수를, 참의원에서 야당이 과반수를 차지하는 경우에는 의사결정이 원활히 이루어지기 힘든 상황이 벌어진다. 이런 상황을 저널리즘에서는 흔히 '네지레 국회'라고 부르는데, '네지레'는 '뒤틀림', '꼬임'이란 뜻이다.

† 무라야마 도미이치(村山富市, 1924~) 총리가 1995년 8월 전후 50년 기념일에 발표한 담화.

라 하여 항공막료장은 해임되었다. 그는 대중 언론에서도 일제히 비판받고 국회에서도 추궁되었다. 그러나 소위 '도쿄재판사관東京裁判史觀'을 자학自虐 사관으로 비판해 온 사람들은 용기 있는 발언이라며 환영하고 지지하는 가운데 지금도 논쟁이 계속되고 있다. 민간인 신분이 된 그가 그의 지론을 엮어서 출판하자마자 순식간에 10만 부 이상이 팔리면서 그러한 역사관을 지지하는 사람들이 적지 않다는 것을 보여 주었다.

마지막으로 거론하고 싶은 것은, 이 시대에 크게 관심을 끌게 된 환경파괴 문제다. 선진국은 물론 인도, 중국 등 신흥국新興國도 산업 활동을 확대·발전시키면서 이산화탄소 배출이 늘어남에 따라 지구온난화가 급속히 진행되고 있다. 북극과 남극의 얼음과 히말라야의 빙하, 시베리아 영구 동토층이 녹아 해수면을 상승시켰고, 태평양의 섬나라들은 사라질 위기에 빠졌다. 그리고 지구온난화는 동식물 생태계에도 중대한 변화를 초래하며 멸종의 급증과 인간의 생식환경의 악화를 초래하고 있다. 이를 둘러싸고 교토의정서를 채택하는 등 각국이 노력을 기울이고 있지만, 서로의 이해利害가 얽혀 있어 충분한 효과를 거두지 못하고 있다. 확실히 피조물 전체가 '고통의 신음' 소리를 높이고 있는 것이다(롬 8:22).

21세기는 전 인류가 지구의 존망이 걸린 환경파괴와의 싸움을 공유해야 할 세기다.

2. 21세기를 맞이한 일본 교회

새로운 밀레니엄을 맞이하여

2000년이라는 새로운 천년기의 시작을 맞아 일본 기독교계는 다양하고 활발한 전도활동을 펼쳤다.

먼저, 2000년 4월 23일 부활절에 도쿄 아오야마학원 강당에서 '그리스도 탄생 2000년 축제 음악예배'가 열렸다. 매년 열리는 '도쿄 부활절 집회'를 모체로 2000년을 획기적인 증거의 해로 삼고자 기획된 것이다.

6월 10일에는 '마치 포 지저스March for Jesus('예수행진'으로도 알려짐)'가 일본 11개 대도시에서 열려 많은 사람들이 거리에 나가 "예수 그리스도는 사람들을 사랑한다"고 전하면서 찬송하며 행진했다. 이 해의 주제는 '밀레니엄 차일드Millenium Child'였고, 기아·빈곤·학대 등의 위기에 직면한 어린이들의 구원과 보호를 위해 기도했다. 전 세계 180개국에서 총 2천만 명 이상이 참가했다.

6월 22일~7월 10일, 세계 선교에 전념하고 있는 OM선교회Operation Mobilization의 선교선宣教船 둘로스호Doulos가 나고야, 니가타, 요코하마의 세 항구에 기항했다. 이 배에는 40개국 이상에서 온 약 350명의 기독교인 자원봉사자가 직원으로 승선하여 공동생활을 통해 훈련받으며 선교 활동에 종사하고 있다. 기항하는 동안 선상서점, 선내 여행, 청년·여성 실업가 대회, 가족 축제 등 많은 행사가 열려 일반인들이 참여했다. 또한 해당 지역 교회들과 협력하여 전도활동이나 각종 자원봉사활동, 시내의 큰 홀에서 인터내셔널 나이트 등을 진행했다. 나는 니가타의 기항실행위원장으로 섬겼는데, 지역 언론에도 활동이 소개되어 일반인이 복음을 접하는 기회가 되었다. 둘로스호는 2007년 5~6월에 일본을 재방문하고 하카타, 가나자와, 니가타에서 이전과 같은 활동을 했다. 둘로스호를 포함한 OM 선교회의 역사와 사역에 대해서는 나의 책《세계선교의 역사》를 참고하기 바란다.[7]

2000년 6월 27~30일에는 일본복음동맹이 주최한 제4회 일본전도회의가 오키나와 기노완宜野湾시의 오키나와 컨벤션센터에서 열려 약 2,300명의 많은 인원이 참석했다. '21세기를 짊어진 교회의 전도: 화해의 복음과 함께 산다'라는 주제로 주제 강연과 9개의 심포지엄, 36개의 분과회, 여성대회, 7개의 특별 세미나가 열렸다. 마지막 날에는 '오키나와 선언'이 채택되었다. 내용은 "하나님과의 화해"를 토대로 "사람과 사람의 화해", "만물의 화해"를 목표하는 것이었다. 그리고 21세기에 이 화해의 복음을, 함께 생활하는 장소로서 가정에서 교회, 지역사회, 그리고 일본에서 세계로 확대해 가는 것이었다.[8]

이 전도회의 가운데 오키나와의 아픔을 알자는 뜻에서 전쟁유적지 방문이 기획되어 많은 사람이 참여했다. '오키나와에게 듣는다'라는 주제의 강연회에서는 오키나와의 치열했던 지상전과 '강제집단사强制集團死'의 실태가 생존자에 의해 생생하게 증언되자 충격에 휩싸인 나머지 강연장은 숙연해졌다. 그러한 본토의 전쟁 책임 문제와 여태까지 미군기지 문제로 고통받는 오키나와의 아픔을, 본토 교회가 얼마만큼 자신들의 것으로 공감할 수 있을까 하는 무거운 질문이 던져졌다.

21세기의 여명에 열린 이 전도회의의 주제가 '화해의 복음'이었던 것은 시의적절했다. 전쟁으로 점철된 20세기라는 과거를 돌아보며 21세기의 전도는 '화해'를 지향하게 되리라는 선교의 관점을 명확히 할 수 있었다. 이 주제를 내건 전도회의를 오키나와에서 열 수 있었던 것도 획기적인 일이다. 기독교와 외래문화가 일본에 전래될 때마다 오키나와는 늘 선구적 역할을 해왔다. 그러나 역사적으로는 일본 본토의 가혹한 지배와 차별을 받아 왔으며, 여태껏 본토를 대신하여 미군기지 문제를 짊어지고 있다. 오키나와의 희생 위에 일본 전후戰後의 번영이 축조된 것이다. 과거에도 현재에도 본토 교회는 오키나와 교회에 빚지고 있다. 오키나와에서의 전도회의는 그러한 본토 교회의 전쟁 책임을 되묻고, 일본 교회의 이후의 역할을 생각하는 소중한 기회가 되었다. 이 전도회의에서의 문제제기가 얼마나 계승되어 왔는가 하는 것이 2009년 삿포로에서 열린 제5회 일본전도회의에서 질문되었다.

이 해의 기독교 활동을 마무리한 것이 11월 2~19일 열린 '그리스도 탄생 2000년 도쿄 대성서전大聖書展'으로, 해당 실행위원회와 일본성서협회, 아사히신문사가 주최했다. 신주쿠 오페라시티에서 열린 이 성서전은 총 관람객 5만 5,324명으로 지금까지 열린 성서전 가운데 가장 성황을 이루었으며, 성서에 대한 관심도가 드러났다.[9] 이 기간에 참가한 도쿄도내都內 가톨릭과 개신교의 자원봉사자는 총인원 2,400명이 넘었다. 릿쿄대학 교수이며 이 성서전 기획에 관여한 스즈키 노리히사鈴木範久는 성서전의 모습을 이렇게 말했다.

"회장會場에는 줄을 서야 입장할 수 있었고, 장내에는 열기가 가득했다. 이 성서전에 준비 단계부터 다소 관여했던 나조차 '이게 무슨 일이야!' 하며 내심 놀랐다. '도쿄 대성서전'이 성황을 이룬 한 가지 요인으로 일본 기독교계가 교파의 차이를 뛰어넘어 협력한 것을 들 수 있다."[10]

이같은 성서전은 이듬해 5월 9~14일 고베에서도 열렸다. '성서가 여는 신세기: 치유와 희망'이라는 주제로 고베 산노미야三宮의 소고Sogo 백화점에서 열린 이 성서전은 6일간 2만 명이 넘는 관람객으로 성황을 이루었다.

가스펠 음악의 대유행과 교회

한편, 이 무렵 일본에서는 가스펠(특히 블랙 가스펠) 음악이 크게 유행했다. 이미 1990년대 말부터 이런 현상이 가시화되고 있었다. 컬처 스쿨culture school의 '가스펠 교실'은 어디서나 대성황이었으며 NHK 교양프로그램에서도 방송되었다. 이 유행의 계기가 된 것은 영화와 텔레비전에서 인기를 끈 '천사에게 러브송을'(우피 골드버그 주연 영화 〈시스터 액트Sister Act〉의 일본어 제목)에서 불려진 '오 해피 데이Oh Happy Day'다. 일본에서의 특색은, 이 대유행이 교회가 아닌 비기독교인의 주도에 의해서였다는 것이다.[11]

2000년 11월에는 나카노 선플라자에서 '가스펠 콰이어 콘테스트 그랑프리 대회'가 열리고, 예선을 통과한 7개 팀이 참가하여 경합을 벌였다. 비기독교인이 결성한 콰이어choir도 다수 참가해서 가스펠 팬 층의 두터움을 보였다. 이러한 가스펠 대유행에 부응하여 2004년 10월에는 '천사에게 러브송을 2(〈시스터 액트 2〉)'의 모델로 알려진 아프리카계 미국인 합창단 '크렌쇼 엘리트 콰이어Crenshaw Elite Choir'가 일본을 방문하여 각지에서 콘서트를 개최했다.

이러한 가스펠 대유행의 배경에는, 가스펠에는 생활에 지친 사람들의 마음을 치유하며 스트레스를 해소시켜 주는 힘이 있다는 생각이 있다. 그러나 블랙 가스펠에 매료된 젊은이들이 교회에 갔을 때 (자신들이 알고 있는 가스펠의 이미지와) 너무 다른 데 당황한 나머지, 두 번 다시 교회에 가지 않거나 블랙 가스펠로 찬양하는 교회에만 나가는 예가 많다고 한다. 이러한 양상은 조금 수그러들고 있지만, 일본 교회가 이러한 대유행에 어떻게 탄력적으로 대응할 수 있을지에 대한 시험대가 되었다고 할 수 있다.

월드컵과 교회

2002년은 한일 월드컵의 해였다. 올림픽보다도 대규모의 스포츠 제전으로 여겨지는 월드컵이 아시아에서 처음, 게다가 한일 공동개최로 열렸다. 두 나라 교회는 이를 선교의 좋은 기회로 받아들여 실행위원회를 발족하고 다양한 전도활동과 교류활동을 했다. 일본에서는 '골 2002'(위원장: 미네노 다쓰히로峰野龍弘)가 2001년 7월에 결성되어 월드컵이 개최된 일본 10개 도시의 지역교회들과 협력하며 활동을 전개했다. '골 2002'는 전국에서 130개가 넘는 행사를 열었으며, 총 참가자는 10만여 명에 이르렀다. 이를 위해 해외 선교단체에서 약 500명, 국내에서도 약 600명이 자원봉사자로 협력하여 행사를 기획, 운영했다. 이를 위해 제작된 비디오, CD, 전도용 팸플릿 등이 각 축구장 입구 부근에서 배포되었다. 이 시기에 한국의 기독교인 프로축구팀이 일본을 방문하여 각지에서 친선 경기를 하며 축구를 통해 한일 교류를 도모했다.[12]

영화와 기독교회

일본에서는 이전부터 〈벤허〉, 〈십계〉, 〈시오카리토게塩狩峠〉* 등 기독교 관련 영화가 상영되고 (전도를 위해) 사용되어 왔다. 이 시기의 특색으로는 매년 기독교와 직·간접적으로 관련된 영화가 상영되면서 사람들의 마음에 (복음을 간접적으로) 이야기해 왔다는 점이다. 먼저 2001년에, 야쿠자였던 사람들의 회심을 극적으로 묘사해 낸 〈오야붕은 예수님〉이 전국 80개 영화관에서 상영되었다. 2004년에는 예수 그리스도의 수난을 사실적으로 묘사

* 미우라 아야코의 소설을 영화화한 작품.

한 〈패션 오브 더 크라이스트The Passion of the Christ〉가 전국에서 상영되었다. 그리고 2005년에는 오카야마 고아원 설립자 이시이 주지石井十次, 1865~1914의 생애를 묘사한 〈이시이 아버지, 고마워요〉가 순회 상영되었다. 2007년에는 야마다 히사코山田火砂子 감독이 제작한 〈후데코·그 사랑: 천사의 피아노〉가 일반에 공개되었다. 이 작품은 장애아동 교육에 일생을 바친 이시이 후데코石井筆子, 1861~1944의 활동을 묘사한 것이다. 2006년과 2008년에는 영문학자 C.S. 루이스Clive S. Lewis, 1898~1963 원작 판타지 〈나니아 연대기 1: 사자, 마녀, 그리고 옷장〉, 〈나니아 연대기 2: 캐스피언 왕자〉가 전국에서 상영되었다.

'9조회'와 기독교회

이 시기에는 일본 평화헌법 제9조를 중심으로 헌법 개정의 움직임이 강화되어 왔기 때문에 그에 대응하는 움직임이 기독교계 안팎에서 있었다. 2004년 7월 노벨문학상 수상 작가 오에 겐자부로大江健三郎, 1935~2023, 전 베헤이렌('베트남에 평화를! 시민연합'의 약칭) 활동가이자 작가인 오다 마코토小田實, 1932~2007, 작가 이노우에 히사시井上ひさし, 1934~2010, 사와치 히사에澤地久枝, 평론가 가토 슈이치加藤周一, 1919~2008 등 지식인 9인의 호소로 '9조회九條會'가 발족되었다.[13] 구성원들은 "일본과 세계의 평화로운 미래를 위해 일본국 헌법을 지키자"고 호소했고, 발족 기념 강연회에는 1,000명이 넘는 청중이 모였다. 이 호소에는 스즈키 레이코鈴木伶子, 1938~2021(NCC 의장), 야마키타 노부히사山北宣久(일본기독교단 총회 의장), 시라야나기 세이이치白柳誠一, 1928~2009(가톨릭 추기경) 등 많은 기독교인이 찬동자로 서명했다.[14]

이듬해에는 '9조회'에 찬동한 기독교계 24명, 불교계 27명의 지도자들의 호소로 '종교자 9조의 화宗教者九條の和'가 결성되었다. 자민당이 9조를 폐기한 헌법 개정 초안을 발표하고 아베 내각이 개헌 의지를 강화하는 가운데 9조회는 전국적인 확산을 보였다. 학교와 직장, 학군學群과 시정촌市町村 그리고 기독교를 비롯한 종교계와 사회 각계각층에서 '평화헌법 9조를 지키자'는 표어 아래 풀뿌리 시민운동으로 계속 확산되고 있다. 2008년 12월 현재 전국에서 7,300개가 넘는 9조회가 활동하고 있다.* 나도 현재 살고 있는 지역의 9조회에 참여하고 있는데, 많은 9조회에서 강연회, 시위, 서명운동 등을 활발히 하고 있다.

국기·국가 문제와 기독교인

이 시기에 큰 문제가 된 것이 교육 현장의 국기·국가國歌 문제였다. 1999년 '국기·국가법안'이 제정됨으로써 교육 현장에서 교직원에 대한 국기·국가의 강요와 압박이 강화되어 왔다. 구체적으로는, '신앙의 자유'나 '사상의 자유'를 지키기 위해 입학식이나 졸업식에서 〈기미가요〉의 반주를 거부한 공립학교 음악교사들이 처분되는 사건이 잇따랐다. 이런 조치를 납득할 수 없던 히노日野시립소학교의 음악 교사는 도쿄도 교육위원회를 상대로 계고戒告 처분 취소를 요구하며 소송했다. 기독교인과 기독교 단체도 이 재판을 사상 및 양심의 자유를 지키는 싸움으로 인정하며 지지했다. 그러나 2007년 2월 27일, 최고재판소는 "반주 명령은 사상·양심의 자유를 침해하지 않는다"고 하여 원고 패소 판결을 내렸다.[15] 이 판결을 부당한 것으로 받아들여 NCC를 비롯한 기독교 단체와 교단들이 항의성명을 냈다.

국기 게양과 〈기미가요〉 제창은 이시하라 신타로石原愼太郎, 1932~2022가 도지사로 있는 도쿄도에서 엄격하게 실시되어왔다. 2003년 10월, 도쿄도 교육위원회는 "입학식과 졸업식 등에서 국기 게양 및 국가 제창의 실시에 대하여"라는 제목의 교육지침서를 내놓았다. 이 지침서에는 교직원은 "회장會場의 지정된 자리에서 국기를 향해 기립하여 국가를 제창한다"고 명시되고, 직무명령에 따르지 않을 경우에는 "처분한다"는 경고가 있었다.[16] 이듬해 도내 공립학교 졸업식 후, 약 200명에 이르는 교직원이 계고 처분을 받았다. 국가를 제창할 때 대부분 기립하지 않고 앉아 있었다는 것이 이유였다. 이 문제는 기독교인 교직원이나 사상과 양심의 자유를 지키려는 교직원에게 실로

* 2024년 11월 현재 전국에서 활발히 활동하고 있는 9조회는 약 7,500여 개에 이른다.

현대판 '후미에'가 되고 있다. '히노마루·기미가요'의 강요에 반대하는 기독교인 교사·학생·시민의 네트워크'(간사: 이지마 마코토飯島信)가 적극적으로 항의 및 지원 활동을 하고 있다.

이러한 문제를 생각하는 시민집회에서 고모리 요이치小森陽一 도쿄대 교수는 다음과 같이 문제를 파악했다. 1990년 이후 "학교를 일본적 상징천황형象徵天皇型 공동체와 동일한 구조인 규율훈련형 조직으로 만들어 버리자는 움직임이 뚜렷해지고 있다"는 것이다. 그러한 흐름이 '교육기본법 개악改惡'의 움직임이 되고, 더욱이 "유사법제有事法制에 의한 전쟁 만들기 체제와도 연동"하고 있다. 그리고 교육 현장에서 '히노마루·기미가요'를 강요하고, 직무명령에 따르지 않는 교사를 "애국심이 없다"고 하여 "집단적으로 괴롭히는 성향"으로 연결되고 있다는 지적이다.[17] 확실히 이러한 흐름이 계속되고 있으며, 신앙·사상·양심의 자유를 지키려는 싸움은 앞으로도 계속 될 것이다. 이를 위하여 많은 교회들의 지원과 광범위한 시민운동의 연대가 반드시 필요하다.

일본기독교단의 동향

일본 최대의 개신교 교단인 일본기독교단에서는 2002년에 야마키타 노부히사山北宣久가 총회 의장에 선출되고, 2008년 가을에 네 번 연속 선출되어 현재에 이르고 있다. 그는 총회 의장에 선출되기 전에 부의장을 6년간 역임하며 '전도 노선'을 추진해 온 인물로 알려져 있다. 그를 선출한 교단총회에서 '야스쿠니·천황제 문제 정보센터'는 누적되는 적자 때문에 폐지되고, 교단 명칭 변경 의안議案 및 오키나와 교단과의 '합동 재인식' 관련 의안은 심의 미필로 폐기되었다. 그리고 야마키타 의장이 재선된 총회에서 '성차별특별문제위원회 재설치 건'이 부결되었다. 이들 현안은 1990년대에 시간을 들여 논의해 온 문제임을 생각할 때, 집행부의 노선이 변화되어왔다고 할 수 있을 것이다.

합동 문제 재인식 관련 의안에 대한 집행부의 대응에 오키나와 교구는 반발하고, 교단 집행부에서 보낸 문안사問安使 영접을 거부하며, 교단총회에 오키나와 교구가 선출한 대의원을 보내지 않았다. 이러한 오키나와 교구의 태도에 대해 교토 교구를 시작으로 몇몇 교구가 동조하며, 합동에 대한 재인식을 둘러싸고 집행부와의 골이 메워지지 못한 채 지금까지 갈등이 지속되고 있다.

오늘의 교단 상황을 생각해 보면, 1970년대의 만박 문제 이래 선교 방식을 둘러싼 노선 대립이 여전히 저류에 흐르고 있다고 할 수 있을 것이다. 2006년 교단총회에서 야마키타 의장은 1970년대 이후 교단분쟁 시대를 "광야 40년"으로 평가하며, "복음에 확고히 서서 나온 것이 아니라 일종의 이데올로기에 의해 이루어져 있었다"고 부정적으로 평가했다.[18] 이에 대해 회의장에서 "역사 인식에 의문을 갖는다"는 등의 반론과 질문이 잇따르며 의장 불신임 동의가 제기되기에 이르렀다. 야마키타 의장은 과반수의 지지로 3선選 했지만, 이미 교단분쟁 시대의 노선 대립이 충분히 해소되지 않은 점을 드러냈다.

또한 이 시기에는 성찬식을 둘러싼 견해의 대립이 표면화되었다. 종래에는 성찬에 참여할 수 있는 사람은 세례받은 신자로 제한한다는 입장이 대세였다. 그러나 세례받았는지 여부로 구별하지 않고 그 장소에 회중으로 있는 사람들에게 성찬을 인정하는, 소위 '개방성찬Open Communion'(교회에 따라 칭호가 다양하다)의 입장인 교회도 있었다. 〈그리스도신문〉은 2007년 1월에 두 차례에 걸쳐 이 문제를 거론했다. 개방성찬에 찬성하는 작가 고나카 요타로小中陽太郎와 반대하는 하가 쓰토무芳賀力 도쿄신학대학 교수가 두 차례에 걸쳐 각각 의견을 말했다.[19] 이 문제에 관한 몇몇 책도 출판되었다. 찬반 양측에 각각 신학적·목회적 근거가 있어서 대립은 계속되고 있다. 야마키타 집행부는 개방성찬을 인정하지 않기 때문에, 찬성파의 비판을 받고 있다. 또한 교단 분쟁 중에 대화 노선에 반대하여 결성된 복음주의교회연합도 여전히 그룹으로 활동하고 있다.

이처럼 교단에서는 집행부가 한 가지 방향을 제시하면 그에 반대하는 세력이 있어 한목소리를 내는 데 어려움이 있다. 합동교단의 태생적 한계가 아닐 수 없다. 그러나 대체로 지방 차원에서는 전도와 교회 형성에 충실하게 힘쓰고 있으며, 지역의 복음주의파나 가톨릭교회와도 좋은 협력관계를 유지하고 있다. 미션 스쿨, 유치원, 복지시설 운영에 협력하며 지역에 깊숙이 다가가는 교회도 적지 않다.

미국과 일본의 교회(특히 복음주의파)

이라크전쟁 중에 나타난 미국과 미국 교회에 보인 일본 교회, 특히 복음주의파의 대응에 관해 살펴보려 한다. 2000년 부시가 대통령에 당선될 때와 2004년 재선에서 미국 복음주의파가 그를 강력하게 지지하며 승리에 공헌한 것은 잘 알려져 있다.[20] 그리고 부시 정권이 이라크 공격을 개시했을 때, 미국 복음주의협회National Association of Evangelicals, NAE는 이라크전쟁을 찬성하는 성명을 냈다. 한편, 일본복음동맹JEA, 아시아복음주의협의회EFA는 이라크전쟁 반대 성명을 냈다. 같은 복음주의파에서도 미국과 일본과 아시아에서 정반대의 대응을 한 것이다.

한편, 건국 이래 미국 역사를 돌아보면, 미국은 '자유와 민주주의를 세계에 널리 보급하기 위해 신에게 선택된 국가'라는 강한 자부심과 사명감을 지녀 왔다. 미국의 전쟁 역사를 볼 때, 그 사명을 이루기 위해서는 최후 수단으로 무력 공격도 '신의 정의를 지키는 싸움'으로 용인된다는 생각을 엿볼 수 있다.[21]

미국·스페인 전쟁은 낙후된 봉건국가 스페인으로부터 필리핀을 해방하여 민주화하려는 싸움이었고, 20세기의 세계대전과 베트남 전쟁은 파시스트 국가와 공산주의로부터 자유와 민주주의를 지키려는 싸움이었다. 그리고 21세기의 아프간전쟁과 이라크전쟁은 세계 평화와 안전을 위협하는 테러리스트와 압제국가에 대한 '정의의 싸움'이라는 것이 미국, 특히 부시 정부가 내거는 대의명분이다.

이러한 부시 정부의 미국 중심주의는 유엔과의 협력을 배제하고, 일국-國 행동주의로 기울기 쉽다. 이 정책에는 네오콘Neoconservatism(신보수주의)으로 불리는 그룹과 기독교 원리주의로 불리는 사람들이 정의냐 악이냐 하는 이원론적 입장에 서서, 대립하는 상대에게 악마라고 낙인찍고 자신들을 정의와 신의 편에 서는 자라고 보는 입장이 반영되어 있다.[22]

일본 복음주의파 교회는 이와 같은 극단적 사고방식에 확실히 반대의 목소리를 높이고, 미국 복음주의파 교회에 자신의 입장을 전할 필요가 있다. 미국은 공화당 부시 정부에서 민주당의 오바마 정부로 바뀌었다. 미국이 다시금 참된 의미의 자유와 민주주의를 널리 전하며 세계로부터 좋은 평판을 되찾는 나라가 되기를 기대한다.

요약

앞의 항에서 다루었듯이, 최근 십수 년의 추이를 보면 일본의 정치와 경제는 혼란을 거듭하면서도 '전쟁 가능한 보통국가'를 겨냥하여 서서히, 그러나 확실하게 나아가고 있다고 할 수 있다.

과거 일본 교회는 일본이 경제공황의 탈출구를 식민지 확장에서 찾으며 침략전쟁을 진행해 갔을 때, 그 위험성을 간과하고 예언자와 파수꾼의 역할을 다하지 않았다. 지금 일본 교회는 그 역사를 반성하며 하나님께 위탁받은 '땅의 소금', '세상의 빛'의 역할을 다하도록 요구받고 있다. 본토의 개신교 선교가 시작된 이래 150년의 세월이 흘렀다. 근래 우리가 보아 왔듯이 다양한 전도가 행해져 일본 역사에 나름의 영향을 끼쳐 왔다. 그러나 아직도 일본 교회는 인구 대비 1퍼센트의 벽을 허물지 못하는 소수다. 현재 상황을 보면, 상징 천황제는 국민의 80퍼센트가 지지하며, 교회 안에서도 "전도가 진척되지 않는 것은 교회가 천황제에 반대하기 때문이다"라는 목소리마저 나오고 있다.[23]

지금까지 살펴온 바와 같이 그런 일본의 정신 풍토와 시대 흐름 속에서 '하나님 제일'의 신앙에 서서 사상 및 양심의 자유를 소중히 하며 살고자 할 때, 다수결 민주주의 사회에서 사는 것이 불편한 현실이 되고 있다. 그러나 과거 일본 기독교 역사를 돌이켜볼 때, 선배들은 그와 같은 상황 가운데서, 아니 더욱 혹독한 상황 가운데서 전도하고 복음을 증언해 갔다.

일본을 대표하는 기독교인인 우치무라 간조의 말로 이 장을 맺고자 한다. 일본 교회의 많은 사람이 찬성한 러일전쟁에 대하여 비전론非戰論을 주장한 그의 〈사어死魚의 유類〉라는 글이다.

> "옛말에 이르기를, '살아 있는 물고기는 물길을 거슬러 헤엄치고, 죽은 물고기는 물길과 함께 떠내려간다.' 일찍이 한 번도 세상을 거스른 적 없이 늘 그 조류에 따라 오가는 오늘날 일본 기독교인은 죽은 물고기가 아니고 무엇인가."[24]

오늘의 상황에서는, 세상의 대세에 맞서 나아가는 것이 기독교인에게 많은 경우 '땅의 소금, 세상의 빛'으로 '사는' 것이 아니겠는가. 일본 본토의 프로테스탄트 선교 150주년을 맞아 어지럽게 변하는 시대 가운데서 변하지 않는 예수 그리스도의 인격과 말씀을 흔들리지 않는 토대로 삼고 새로운 역사를 새기며 나아가고 싶다.

제7장 과거의 선교 기념과 전에 없던 재해: 2009~2018년

1. 일본 프로테스탄트 선교 150주년 기념과 제5회 일본전도회의: 2009년

2009년은 일본에 프로테스탄트의 복음이 전해진 지 150주년을 기념하는 해였다. 일본 프로테스탄트 교회에서는 초교파 연합으로 혹은 각 교파 자체로 다양한 기념행사가 치러졌다.

일본 프로테스탄트 선교 150주년 기념대회

특히 요코하마 국제평화회의장Pacific Convention Plaza Yokohama에서 세 교파, 즉 에큐메니컬파(일본그리스도교협의회, NCC에 소속된 교회들)와 복음주의파(일본복음동맹, JEA에 소속된 교회들)와 성령파(일본리바이바루동맹, NRA에 소속된 교회들)가 공동으로 일본 프로테스탄트 선교 150주년 기념대회를 치른 것은 주목할 만하다. 이 대회는 '그리스도 안에서 하나: 주 예수의 증인으로서'라는 주제로 2009년 7월 8~9일에 열렸고, 총인원 1만 6,000명이 참가해 프로테스탄트 선교 150주년을 경축했다. 50년 전인 1959년에는 에큐메니컬파와 복음주의파가 제각기 프로테스탄트 선교 100주년 기념집회를 열었지만, 이때(2009년)는 일본 개신교회를 대표하는 세 교파 공동의 기념대회였다. 7월 8일 개회 예배는 미국인 목사 리처드 두에인 릭 워렌Richard Duane "Rick" Warren의 영상 편지, 한국인 목사 하용조河用祚, 1946~2011의 설교, 스웨덴인 베언트 보흐만Berndt

Bohman의 첼로 연주, 싱어송라이터 고사카 주小坂忠의 특별찬양 등의 순서로 진행되었다.[1]

대회 둘째 날, 가토 쓰네아키加藤常昭, 1929~2024*와 미나토 아키코湊晶子, 1932~ †가 기조 강연자로 섰다. 각각 '하나님의 말씀으로 생동하는 그리스도의 몸: 교회'와 '일본 프로테스탄트 선교 150주년을 맞이하여: 현대 기독교 학교교육과 가정교육에 바라는 것'이라는 주제로 강연했다. 같은 날 기념식전에서 발표한 선언문을 통해 대회 측은 기독교가 금지된 상황에서 일본에 입국하여 복음 선교를 수행하며 사회 각 분야에 커다란 영향을 끼친 선교사들의 노고와 헌신에 대하여 칭송과 감사의 뜻을 표했다. 또한 교세 감소와 목회자 부족 등의 문제에 직면하고 있는 오늘의 일본 교회 상황에서 150주년을 기회로 복음 선교를 위해 교파를 초월하여 한마음으로 협력할 것을 다짐했다.[2]

이 대회를 준비하기 위해 세 교파는 각각 실행위원장을 세웠다. 에큐메니컬파는 야마키타 노부히사山北宣久(일본기독교단 총회의장)를, 복음주의파는 미네노 다쓰히로峯野龍弘(일본복음동맹 이사장)를, 성령파는 오카와 쓰구미치大川從道(일본리바이바루동맹 이사장)를 선임했다.

삿포로에서 열린 제5회 일본전도회의

같은 해 9월 21~24일 일본복음동맹 주관으로 삿포로 컨벤션센터에서 제5회 일본전도회의가 개최되었다. 회의 주제는 '위기 시대의 선교협력: 더욱 넓게 더욱 깊게'였다.

회의 마지막날 발표된 '삿포로 선언'은 주목할 만하다. 제2장 '위기 시대의 우리 사명'과 제3장 '선교협력 실현'은 세계, 일본, 교회의 위기를 다루고 있다. 먼저 세계의 위기에 대하여 다음과 같이 거론한다.

* 일본기독교단 목사로 가나자와(金沢) 및 도쿄를 비롯한 여러 도시에서 목회하며 23년간 도쿄신학대학교 실천신학 교수로 재직했다. 특히 설교학과 전도학 분야에 공헌했고 명설교가로 인정받고 있다.

† 도쿄여자대학 학장 및 히로시마 여학원 학장으로 활동한 기독교 교육자.

> "2001년 9·11테러September 11 Attacks로 인해 세계 각지에서 보복과 증오가 악순환되고 있다. 또한 식량 위기와 2008년 금융위기 등으로 빈부 격차가 확대되고 환경 문제도 심각화되고 있다. 국제화 시대의 다양한 위기는 전 세계로 퍼지며, 이에 일본도 이런 위기 속으로 빨려들기 일보 직전이다. …… 인류가 지구 환경에 입힌 상처는 이미 회복할 수 없을 것이라고 생각할 정도다. 일반적으로 환경 문제의 원인은 이윤 추구, 인구 증가, 그리고 패권 다툼이라 여긴다. …… 그러나 환경 문제의 근본 원인은 인간이 짓는 탐욕의 죄이다. 이를 해결하기 위해 인류가 세계를 돌봐야 할 청지기stewards임을 깨닫고 문제에 대처하도록 우리는 다양한 실천 활동을 제안하고 추진할 것이다."[3]

이 선언은 지구 환경이 파괴 되어 온 근본 원인이 "인간이 짓는 탐욕의 죄"라고 지적한다. 그러나 이후에도 세계가 맞닥뜨린 위기는 여전히 진행 중이다.

다음으로 선언문은 일본 사회의 위기로서 사회의 토대가 되어야 할 가정 붕괴에 대해 다루며, 구체적인 현상의 예로서 가정 내의 학대 증가, 은둔형 외톨이 증가, 저출산 고령화의 가속화를 들고 있다. 또한 약물 남용 및 이상동기異常動機 범죄*의 잦은 발생에 대해서도 언급되고 있다. 이러한 사회 위기의 근본 원인은 가정 붕괴라 할 수 있다. 이에 가정을 재건하는 일이 급하고 중요하며, 이를 위해 교회와 신앙인 가정의 역할이 더없이 중요함을 강조한다.[4]

세 번째는 교회의 위기이다. 일본에서 저출산·고령화 현상이 심각하게 진행됨에 따라 그 영향은 교회에도 고스란히 밀려오고 있다. 주일학교 어린이 수가 줄고 있으며, 신앙을 계승하여 다음 세대를 이어야 할 청소년 수가

* 뚜렷하지 않거나 일반적이지 않은 동기를 가지고 불특정 다수를 향해 벌이는 폭력적 범죄. 흔히 일본에서는 '무차별적 살상사범', 한국에서는 '묻지마 범죄'로 표현되어 왔지만, 2022년 1월 대한민국 경찰은 '이상동기 범죄'로 명칭을 정했다.

감소함에 따라 신학생의 수 또한 줄고 있다. 지금까지 교직자와 평신도 지도자로서 교회 활동을 이끌며 펼쳐 온 '단카이 세대' *와 그 앞뒤 세대는 고령화하여 일선에서 물러나고 있다. 그리고 안타까운 일이지만, 세속화의 물결이 교회에도 가차없이 밀려들고 있으며, 교직자와 일반 신도 지도자들의 성희롱, 위계에 의한 괴롭힘 등의 스캔들이 여러 교회들을 뒤흔들고 있다.[5]

일본 사회에서 기독교인은 한때 높은 도덕성으로 주위 사람들에게 존경과 신뢰를 받아 왔다. 사회의 다양한 분야에서 '세상의 소금과 세상의 빛'의 역할을 다해 왔다. 그러나 지금 이런 역할이 크게 흔들리고 있다. 이에 전체적으로 교회는 영적·선교적인 능력이 약해지고, 외부를 향한 선교보다 내부에 관심과 힘을 쏟으며 교회 자체의 안전과 현상 유지를 지향하는 경향을 띤다.

'삿포로 선언'이 지적한 위기들과 이에 대응하여 제시한 과제들은 좀처럼 해결되지 못한 양상이며, 지금도 여전히 극복해야 할 과제로 남아 있다.

2. 민주당 정권의 탄생과 몰락

1998년 몇몇 정당이 합당하여 민주당이 결성되었다. 민주당은 행정 개혁, 지방 분권, 정권 교체를 표어로 내걸고 양당제兩黨制, Two-party system의 시대를 여는 것을 목표했다.

2009년 7월, 자민당自由民主黨 소속 아소 다로麻生太郎 총리가 중의원을 해산하고 총선거 계획을 발표했다. 민주당 대표 하토야마 유키오鳩山由紀夫는 이 총선거를 '정권 교체 선거'라 칭하고, 연립 정권에 뜻을 둔 사회민주당과 국민신당과 더불어 과반수 의석 확보를 노렸다. 그 결과, 민주당은 과반수를 훨씬 웃도는 308석을 확보하고 창당 이래 꿈꾸어 왔던 정권 교체를 실현했다. 중

* 일본 사회에서 세대를 구분하는 용어의 하나인 '단카이세대(團塊世代)'는 제2차 세계대전 직후 제1차 베이비 붐 세대로서 1947~1949년에 태어난 사람들을 가리킨다.

의원 의석 480석 가운데 단일 정당이 획득한 의석수 308석은 역대 최다였다.

이렇게 국민의 압도적인 지지와 기대를 받으며 출범한 하토야마 유키오 내각은 초기에 세금 오남용을 막기 위해 감사를 실시하는 등 이전의 자민당 정권과 다르게 새로운 모습을 보이며 높은 지지율을 얻고 있었다. 그러나 그 후, 정권 간부들의 '정치 자금' 문제를 둘러싼 스캔들과 당내 주도권 다툼으로 혼란이 계속되어 정책의 일관성을 잃고, (민주당 정권은) 간 나오토菅直人 내각과 노다 요시히코野田佳彦 내각과 더불어 단기 내각이 잇달았다. 특히 2011년 3월 11일에 일어난 동일본 대진재에 대한 대응도 불충분했다. 이에 이듬해 12월 총선거에서 대패大敗를 당하고 자민당의 제2차 아베 정권을 탄생시켰다. 다시 야당이 된 민주당은 낮은 지지율이 계속되어 민진民進, 민신당을 거쳐 그 주류파는 입헌민주당으로, 일부는 국민민주당으로 계승된다.

이렇게 단명短命으로 끝난 민주당 정권은 그 후의 자민당·공명당 연립 정권*이 지금까지 존속하는 데에 기여했다고 평가할 수 있을 것이다.

3. 동일본 대진재와 원자력 발전소 사고

동일본 대진재와 그 후

2011년 3월 11일 오후 2시 46분, 미야기현 앞바다가 진원震源이 되어 규모 9.0, 진도 7의 동일본 대진재가 발생했다. 지진 규모는 관측사상 세계에서 네 번째로 컸다. 그 후 도호쿠東北 지방의 태평양 연안 각지†에 거대한 지진 해일(쓰나미)이 밀어닥쳐 많은 피해를 일으켰다. 이 지진에 의한 사망자가 1만 5,899명, 행방불명자가 2,528명, 그 후 재해관련사망자가 3,775명으로 알려지고 있다. 이 대지진에 의한 주택 피해는 완전히 부서진 주택이 12만 1,996채, 반쯤 부서진 주택이 28만 2,941채로 집계되었다.

* 보통 '자·공 연립 정권'이라 불리는 자민당과 공명당(公明黨, 고메이토)의 연립 정권을 가리키며, 1999년 10월부터 2009년 9월까지, 2012년 12월부터 현재까지 일본의 정권을 쥐고 있다.

† 도호쿠 지방, 특히 아오모리현(青森県), 이와테현(岩手県), 미야기현(宮城県)에 걸친 일대 지역.

그리고 이 지진과 뒤따르는 거대한 지진 해일로 도쿄 전력 후쿠시마 제1원자력 발전소 1~5호기에서 모든 전원이 끊겼다. 그 후, 1호·3호·4호기에서 수소 폭발이 일어났고, 방사성 물질이 누출되었으며, 노심용융爐心鎔融, nuclear meltdown(핵연료가 녹아내리는 현상)이라는 대참사가 발생했다. 후쿠시마 원전 사고의 직접 원인은 대지진이라는 피할 수 없는 천재天災의 결과라고 할 수 있을지 모르지만, 사고 후에 정부가 조직한 사고조사 검증위원회는 대재해에 대비한 안전 대책과 계획에서 (도쿄)전력회사의 불충분함이 있고, 이게 사고에 심각성을 더했다는 점에서 '인재人災'라고 단정했다.

이 원전 사고는 국제 원자력 사고 등급에서 최악 수준인 7등급이 되어 1986년 우크라이나 체르노빌 원전 사고를 웃도는 심각한 것이었다. 원전 주변(반경 20~30킬로 안)의 후타바정双葉町, 오쿠마정大熊町, 미나미소마시南相馬市 등을 중심으로 피난을 떠난 사람들은 45만 명을 넘었다.

2023년으로 대진재 후 13년을 맞았지만, 부흥은 아직도 진행 중이고, 피난 등에 따른 보상을 둘러싸고 아직도 많은 재판이 진행 중인 현실이다. 그리고 후쿠시마현민 건강조사에서 보고되고 있는 어린이 갑상선암의 잦은 발생도 간과되어서는 안 될 일이다.[6]

후쿠시마 제1원전 사고가 일어나기까지 일본은 (국내) 전력의 30퍼센트 이상을 원자력에 의존하고 있었다. 이뿐 아니라 2030년까지 14기의 원자로를 증설하여 총발전량을 50% 이상 올릴 계획이 책정되어 있었다. 원자력 이용을 국책으로 내세우면서도 안전성을 우려하는 목소리에 귀기울이지 않은 채 '안전 신화safety myths'를 만들어 내며 추진해 갔다. 지진 활동이 가장 활발한 지역에 있는 일본에서 세계의 원자로의 10분의 1과 엇비슷한 54기가 건조되어 있었다.

그러나 동일본 대진재로 후쿠시마 제1원전의 원자로 3기에서 노심용융이 일어난 이후 14개월 후인 2012년 5월에 전국의 모든 원전은 가동을 중지했다. 수개월 후 서일본의 오이大飯 원자력 발전소가 재가동되기까지 일본은 반세기만에 원전 가동 제로zero의 나라가 되었다.

그리고 (원전) 사고 후, 일반 시민들의 입장은 반원전·탈원전 정책 쪽으로 급격히 기울었다. 후쿠시마뿐 아니라 일본 각지에서 원전을 반대하는 시위운동을 펼쳤다. 시위에 참여한 사람들을 자극하고 있던 것은 방사능에 대한 공포뿐 아니라 원전 사고의 피해를 키운 전력 사업자의 거만하고 무책임한 태도에 대한 거센 분노이기도 했다. 또한 기독교인의 탈원전 활동 가운데 노나카 히로키野中宏樹·기무라 고이치木村公一가 쓴 《이제 원전에서 손뗍시다》는 (탈원전에 대한) 소중한 제언提言을 담고 있다.[7]

기독교회의 대응과 그 후

이 대재해에서 이와테, 미야기, 후쿠시마 각 현의 교회들은 직간접적으로 큰 피해를 입었다. 인적 피해에 더하여 교회당과 목사관 그리고 신자들의 주택이 파손되고, 피난길에 오른 신자들이 현 밖으로 옮겨갔다. 후쿠시마현에서는 원전의 방사능 유출로 많은 사람들이 각지로 피난했다.

이런 가운데 수많은 기독교 교파, 초교파 단체, 개인을 비롯해 여러 종교와 관련 단체들이 복구에 힘을 다했다. 국내뿐 아니라 해외에서도 많은 구호와 부흥 지원이 있었다. 피해지에서는 각 현과 지구마다 교파를 초월하고 네트워크를 형성하여 지원을 위해 협력했다. 특히 후쿠시마현에서는 후쿠시마현 기독교연락회Fukushima Christian Conference, FCC가 결성되고 부흥에 큰 역할을 했다. 이 연락회가 중심이 되어 시작된 어린이 보양保養 프로젝트는 '후쿠시마 호프 프로젝트Fukushima Hope Project'로 불리며 2012년 7월부터 활동을 시작하여 (방사능 유출에 따른) 건강 피해를 염려하는 부모와 아이들을 위해 지원 활동을 했다. 또한 '도호쿠 헬프Touhoku Help'와 '센다이 그리스도교연합 피해지원 네트워크Sendai Christian Alliance Disaster Relief Network'의 활동도 부흥에 크게 공헌했다.

2013년 11월 18~19일, 후쿠시마현 고리야마시福島縣郡山市에서 'JEA 선교 포럼·후쿠시마: 후쿠시마와 더불어 사는 선교'가 열렸다. 이 포럼에서 현지 관계자뿐 아니라 후쿠시마현 밖에서도 많은 참가자가 모여 아직 어려운 현 상황에 대한 보고와 향후의 과제 및 방책을 둘러싼 활발한 패널 토론과 강연

이 이뤄졌다.8

피해지인 도호쿠 지방은 이전부터 과소화(인구와 산업 등이 빠져나가는 상황)되어 가고 있었는데 진재震災, 지진 재해 후, 오랫동안 해 오던 선교 활동을 끝내고 문을 닫은 교회들도 있다. 한편 새로 개척된 교회들도 있지만 진재의 상처는 지금도 남아 있다.

십이 년 이상이 지나고 진재를 경험하지 않은 아이들도 늘고 있다. 곳곳에서 생겨난 교회 네트워크 회원들 가운데도 진재를 경험한 사람의 수가 줄고, 진재 후에 후쿠시마현 등으로 부임하거나 옮겨온 교직자와 신자의 수도 늘고 있다.

피난 지시가 해제된 지역에는 새로운 시설들이 잇달아 세워지고 피해지의 모습도 바뀌고 있다. 방사능 오염 문제도 2020년부터 시작된 코로나19 확산으로 사람들의 뇌리에서 잊혀져 가고 있다. 그러나 원전에서 흘러나오는 삼중수소tritium를 함유한 오염수(일본 정부와 전력 회사는 '처리수'로 부름) 대량 방출 문제를 둘러싸고 (피해지의) 부흥에 미치는 파문波紋과 관심이 다시 한번 확산되기 시작했다. 2021년 정부는 (오염수의) 농도를 희석하여 태평양에 방출하는 방책을 결정했고, 2023년 8월 실행에 옮겼다. 그러나 이 일은 "사전에 어업 관계자들의 이해를 얻은 후에 진행하겠다"던 정부가 약속을 휴지화한 것이어서 지역민을 시작으로 반대 목소리가 거셌고, 더욱이 중국과 한국 등 여러 이웃 나라들에서도 비판하고 있다.

정부의 원전 폐로 계획은 '그림의 떡'이고, 현재 뚜렷한 해결책을 담고 있지 않아 예측할 수 없는 상태다.

그리고 '원자력 긴급사태선언'*도 여전히 발령된 채로 있다. 이로써, 사고 전까지 일반인은 연간 피폭선량 1밀리시버트Sievert 이하로 알려져 있었

* 1999년 9월 30일 일본 원자력 사업 사상 첫 임계 사고로 기록된 '도카이촌 JCO임계사고'가 일어났다. 이바라키현 나카군 도카이촌(茨城県那珂郡東海村)에 있는 핵연료 재처리 회사인 주식회사 JCO에서 방사능 유출로 49명이 피폭된 이 사고를 계기로 1999년 12월에 제정된 '원자력재해대책특별조치법'에 따라 2011년 3월 11일 선포되었다.

으나 (사고 이후) 지금까지도 20밀리시버트가 되고 있음을 알 수 있다. 이에 시민들의 건강 피해를 우려해 경고의 목소리를 내는 전문가도 적지 않다.

4. 제2차·제3차 아베 정권의 정치 우경화

2012년, 자민당 총재로 복귀한 아베 신조安倍晋三, 1954~2022는 '일본을 되돌린다日本を取り戻す'라는 표어를 내걸고 중의원 의원선거에서 승리하고 다시 수상*의 자리에 앉았다. 그리고 제1차 아베 정권(2006년 9월 26일~2007년 8월 27일)에서 이룰 수 없었던 정책 과제를 잇달아 실현해 갔다.

먼저 미국의 강력한 요청을 받아들여 2013년 11월에 국가안전보장회의National Security Council를 설치한다. 이것은 미국의 강한 요청에 의한 것으로 수상, 관방장관, 외무대신, 방위대신의 '4대신 모임'과 사무국(국가안전보장국)에 중요 정보 및 안전보장에 관한 판단을 집중시키는 체제를 만들기 위한 것이었다.

이어서 12월에 '특정비밀보호법'을 강행, 채택하여 성립시켰다. 이것은 운용 방식에 따라 공포스러운 법률이 될 가능성이 있다. 무엇이 국가 기밀인지 명확하게 공표하고 있지 않고 있기에 국가 기밀이 무엇인지 알지 못한 채 특정비밀보호법 위반자로 적발되는 경우가 있기 때문이다. 체포에 이르지 않더라도 사람들을 위축시키는 효과를 일으킨다는 것은 부정할 수 없다. 이 특정비밀보호법을 대하는 기독교계는 전전戰前의 치안유지법에 의한 종교탄압을 떠올리고 "특정비밀보호법은 현대의 치안유지법"이라며 경종을 울리고 반대운동을 펼쳤다.[9] 또한 '특정비밀보호법에 반대하는 목사들의 회會'†도 결성되었다.

* 정식 명칭은 '내각총리대신'이며, 보통 총리대신으로 불리며, '수상', '총리' 등의 약칭도 쓰인다.

† 아사오카 마사루(朝岡勝, 현재 후추시 다마교회 목사)와 아쓰미 가즈노부(安海和宣, 현재 도쿄 비사이드교회 목사) 등이 중심이 되어 이 법안 반대에 뜻을 같이하는 교직자들이 2013년 12월 6일에 이 모임을 결성해 시민사회와 연대해 기자 회견, 긴급 집회, 항의방문, 항의서 보내기 등 다양한 방식으로 항의 운동을 이어가고 있다.

2022년 12월 해상자위대의 일등해좌一等海佐(대령급 장교)가 '특정비밀보호법'과 '자위대법' 위반 혐의로 서류 송검書類送檢(피의자 없이 조서와 증거 물품만 검사에게 넘기는 일)되고 징계 면직되었다. 그러나 2023년 3월 요코하마 지검은 이 사건에 대해 증거불충분으로 불기소 처분했다. 그럼에도 이 사건은 관계자들에게 강한 위축 효과chilling effect를 일으켰다.

2015년 9월 아베 정권은 집단적 자위권 행사를 가능하게 하도록 국회에서 안전보장관련법*을 강행, 가결시켰다. 열 개 법안으로 구성된 이 법의 실상은 일본 정부가 이제껏 인정해 오지 않았던 집단적 자위권 행사에 대한 허용을 전제로 자위대를 해외에 파병할 수 있는 체제 만들기이며, 야당과 시민 단체가 주장하듯이 '전쟁법안'이라고도 불려야 할 것이다. 이 법안 성립으로 이제 "일본과 밀접한 관계에 있는 국가에 무력 공격 사태가 벌어져서 일본이 위협을 받고 국민의 권리가 뿌리째 뒤엎일 명백한 위험이 있을 때"(일본은) 집단적 자위권 행사를 할 수 있고 자위대가 그 상대 국가를 공격할 수 있게 된다. 진작부터 자위대와 공동으로 군사 작전 수행을 바라 왔던 미국은 안전보장관련법 성립을 반겼지만, 한국과 중국은 우려와 경계를 강화하고 있다.

야당과 '9조회'를 비롯한 여러 시민단체와 기독교계는 이 법안 성립에 대해 거센 반대활동을 펼쳤다. 이때 '실즈'라고 불린 학생 정치단체가 결성되었다. 이 실즈SEALDs(자유와 민주주의를 위한 학생 긴급 행동 〈Students Emergency Action for Liberal Democracy〉의 약칭)는 2015년 5월 3일, 아베 수상의 정권 운영과 헌법관憲法觀에 강한 위기감을 느낀 각지의 학생들이 발족시켰다. 특히 같은 해에 성립된 안보법에 반대하며 국회 앞에서 항의 시위를 벌였다. 이듬해 여름(8월 15일) 이 단체는 영상 메시지("또 시작합시다. 시작은 당신이 하는 것입니다.

* 공식 명칭은 '평화안전법제'인데, 10개 법률(자위대법, UN-PKO협력법, 중요영향사태안전확보법, 선박검사활동법, 무력공격사태대처법, 미군행동관련조치법, 특정공공시설이용법, 해상수송규제법, 포로취급법, 국가안전보장회의설치법) 개정과 새로운 법률인 국제평화지원법 제정에 대한 총칭이다. 흔히 대중매체에서 안전보장관련법안, 안보법안, 안전보장관련법, 안보법 등으로 불리며, 이 법에 비판적인 야당과 재야에서는 전쟁법으로 불리기도 한다.

몇 번이든 반복합시다.")를 남기고 해산했다.

2017년 6월 아베 정권은 야당의 반대를 누르고 '테러등조직범죄처벌법안'*을 강행, 가결시켰다. 이것은 '공모죄법'이라고도 불린다. 정부의 주장은, 2000년 유엔에서 채택된 '유엔 초국가적 조직범죄 방지협약United Nations Convention Against Transnational Organized Crime'을 일본이 비준하기 위해서는 국내법 정비가 필요하다는 것이었다. 이런 이유를 내세우며 과거 세 차례에 걸쳐 동일 법안을 국회에 상정했으나 야당과 법조계를 비롯한 시민들의 반대로 폐기되어 있었다.

종래의 형법 대원칙에서는 처벌 대상이 어디까지나 행위이고 겉으로 표현하지 않은 사상과 감정을 처벌해서는 안 된다고 되어 있다. (라틴어 법 격언)"의심스러운 때는 피고인에게 이익으로in dubio pro reo"†라는 말 그대로다. 그런데 이 법률(테러등조직범죄처벌법)에 따르면, 범죄를 공모(계획)하는 단계에서 처벌 대상이 되기에 '사람의 의사意思'를 처벌하는 것이 된다. 이에 법률가들은 특정비밀보호법과 도청법 그리고 공모죄법의 세 법률이 함께 작동하게 될 때 민주주의와 시민사회를 붕괴시킬 것이라고 경종을 울리고 있다.[10]

이러한 시대 흐름 가운데 여러 유명한 뉴스 진행자들이 교체되는 사태가 잇달았다. 특히 NHK(일본방송협회)의 장기 뉴스 프로그램 '클로즈업 현대Today's Close-up'를 진행하고 있던 구니야 히로코國谷裕子, 1957~‡가 2016년 프로그램 재편성에 의해 하는 수 없이 진행자의 자리에서 내려오게 되었다. 그 이듬해 그녀는《뉴스 진행자라는 일》을 이와나미신서岩波新書로 발표하여 근년에 고조되어 온 '동조 압력peer pressure'을 비판하고 있다.[11]

* 1999년 8월에 성립된 '조직적 범죄 처벌 및 범죄수익규제법'(보통 '조직적범죄처벌법'으로 불림)의 일부 개정과 이른바 '공모죄'로 불리는 '테러 등 준비죄' 신설을 담은 법안을 일컫는다.

† 이것은 '무죄 추정의 원칙'과 같은 개념이고, 이는 일본과 한국에서도 헌법상 원칙이며 기본권이다. 일본 헌법 31조 이하 및 형사소송법 336조에 규정되어 있다. 대한민국 헌법 제27조 제4항, 형사소송법 제307조 및 제325조 등도 이를 요구하고 있다.

‡ 구니야는 1993년 4월부터 시작한 이 뉴스 및 보도 다큐멘터리 프로그램을 첫 방송부터 2016년 3월까지 23년 동안 높은 시청률을 유지하며 진행해 왔다.

신문과 텔레비전 등 주요 대중 매체가 그 어느 때보다도 권력에 대한 감시와 비판 정신을 잃고 '촌탁忖度' *이라는 말에서 드러나듯이 시류에 따라 영합하는 것에 주의하지 않으면 안 된다.

5. 제6회 일본전도회의

2016년 9월 27~30일에 걸쳐 고베 컨벤션센터에서 제6회 일본전도회의가 열렸다. 주제는 '재생에의 Re-VISION: 복음·세계·가능성' 이었고, 주강사는 구약성서학자이며 세계 복음주의 지도자로 활약하고 있는 크리스토퍼 J.H. 라이트Christopher J. H. Wright 박사였다. 전국에서 주로 복음주의파 교직자·신학생·신자들이 모였고, 나흘간 참가자는 총 2,100명을 웃돌았다.

이 회의는 동일본 대진재로부터 5년, 한신·아와지 대진재†로부터 20년, 전후戰後 70년, 그리고 이듬해에 프로테스탄트 종교개혁 500주년을 맞이할 것을 의식하고 있었다. 여기에는 이런 시대 인식을 토대로 성서적 신앙에 뿌리내린 사람으로서 자기 모습과 향후의 가능성을 새롭게 하려는 뜻이 담겨 있었다.

라이트 박사는 구약성서의 이스라엘 백성의 삶이 현대 그리스도인의 삶의 방식을 나타내고 있다고 말했다. 그리고 크리스천은 그리스도를 통해 출애굽을 경험한 구속救贖된 백성이고, 크리스천이 제사장으로서 하나님과 세계 사이에 서서 하나님의 말씀을 말하며 다른 백성과는 다른 거룩한 백성

* 촌탁(일어 발음은 '손타쿠')이란 말은 시경(詩經) 교언(巧言) 편에 나오는 말로 '타인이 가진 마음을 내가 헤아린다(他人有心予忖度之)' 라는 긍정적인 뜻이다. 그러나 1997년 여름 이후 정치 및 방송계를 겨냥한 아사히신문의 칼럼에서 '상급자의 의향을 헤아려 받든다' 라는 의미로 사용되기 시작했다. 2017년 봄, 아베 총리의 부인이 명예교장으로 있던 오사카 모리토모 학원 용지 매각과 아베 총리의 친구가 이사장으로 있던 가케학원의 수의대 신설 인허가 과정에서 '총리의 의향' 이 고려되었다는 언론 보도를 시작으로 거센 비판이 일면서 '촌탁' 이라는 말이 유행하게 되었고, 그해 12월 '신조어 및 유행어 대상(大賞)' 에 선정되었다. 따라서 이 말은 '윗사람이 구체적으로 지시하지 않았으나 눈치껏 알아서 그 사람이 원하는 대로 행동하는 것', 즉 속된 말로 '윗사람에게 알아서 긴다' 라는 뜻을 더욱 강하게 띠게 되었다.

† 1995년 1월 17일 효고현 아와지섬 북부 아카시 해협이 진원지가 되어 일어나 M7.3 강도의 대지진으로 인한 재해.

이 되는 것을 하나님께서 바라고 계신다고 강조했다.[12]

라이트 박사는 2010년에 남아프리카 케이프타운에서 열린 제3차 로잔 대회 신학위원회 위원장이었는데,* 메시지에도 그리고 전도회의 내용에도 케이프타운 서약이 반영되어 있었다.[13] 또한 강연 후에 첫 시도로서 '코이노니아'라 불리는 소그룹에서 토론과 기도를 통해 교제가 깊어지도록 했다. '코이노니아'는 '교회 개척', '청년 선교', '디아스포라 선교협력' 등 열다섯 가지 주제로 나뉜 각 프로젝트(과제 활동)에서 여덟 명으로 구성된 각 그룹이 나흘 동안 같은 구성원과 함께 교제를 깊이 나눴다.

프로젝트 가운데 특히 재해에 대한 교회의 대응이 커다란 과제로 다뤄졌다. '프로젝트 5: 재해대응을 통해 섬기는 교회'에서는, 한신·아와지 대진재, 동일본 대진재, 구마모토 지진(2016년) 등 커다란 지진이 일본 각지를 덮친 가운데 교회가 피해 지원을 사랑의 봉사로 인식하며 섬기기 위해 무엇이 요구되고 있는지에 대해 다뤘다.

'프로젝트 10: 아픔을 함께 담당하는 교회'에서는 동일본 대진재를 통하여 직면한 이미 일본의 지방교회가 안고 있으며 앞으로도 더욱더 생각해 가지 않으면 안 되는 문제를 다뤘다. 즉 취약한 경제 기반, 빠르게 진행되는 고령화·과소화過疎化 현상, 이교異教 세계와의 대치 등의 문제에 대처하며 고투하는 지방 교회의 현실이다. 또한 이 프로젝트에서는, 직접 피해를 입은 후쿠시마현과 도호쿠 지방의 교회뿐 아니라 현 밖과 해외에서도 교단·교파를 초월한 지원의 손길이 뻗쳐 와 고통당하는 현장에서 함께 일하는 믿음의 교제가 큰 격려가 되었다는 보고가 있었다.[14]

* 라이트 박사는 제3차 로잔대회에서 발표된 '케이프타운 서약 – 신앙고백과 행동(Cape Town Commitmet - A Confession of Faith and a Call to Action)을 집필하는 과정에 중심적 역할을 했다.

6. 프로테스탄트 종교개혁 500주년 기념사업: 2017년

2017년은 마르틴 루터Martin Luther, 1483~1546에 의해 시작된 프로테스탄트 종교개혁 500주년 기념의 해였다. 이에 개신교회 모든 교파에서 기념행사가 치러졌다.

일본 프로테스탄트 교회에서 최대 교파인 일본기독교단은 '성서의 복음에 서서 함께 나아가자'라는 표어 아래 기념사업을 추진했다. 먼저, 6월 22일에 후지미초교회*에서 종교개혁 500주년 기념예배가 드려졌다. 여름에는 일본 크리스천 청년들이 독일 비텐베르크에서 열린 국제청년캠프에 참가하여 교류를 돈독히 했다. 10월 29일(일)에는 각 교회에서 종교개혁 기념예배가 드려졌다.

루터의 종교 개혁의 직류直流(직접 계승하고 있는 유파)라고 할 만한 일본 루터교회는 협력하여 기념행사를 치렀다. 2017년 11월 4일 일본복음루터교회와 일본루터교단 간토지구가 합동 행사를 행했다. 오전에는 루터학원대학에서 '종교개혁을 즐거워하라!'는 주제를 걸고 어린이와 청년을 대상으로 행사를 열었고, 오후에는 국제기독교대학 예배당에서 합동 성찬 예배를 거행했다. 여기에 참석한 730명은 500년 전의 종교 개혁과 그 의미를 생각하며 함께 말씀의 은혜를 나눴다.

복음주의파의 모든 교회에서도 종교개혁 기념행사가 열리고 관련 서적이 출판되었다. 또한 〈크리스천신문〉에서도 종교개혁 기념 특집호가 발간되었다.[15]

이 해에 특필할 만한 것은 신일본성서간행회에서 《성서 신개역 2017》이 출간된 일이다. 일본의 복음주의 교파가 온 힘을 모아 종교개혁 기념일인 2017년 10월 31일에 출판되었다. 이것은 1970년에 펴낸 《성서 신개역(제1판)》

* 후지미초(富士見町)교회는 일본 개신교 초기 지도자로서 '일본 프로테스탄트 교황'이라 불리는' 우에무라 마사히사(植村正久, 1858~1925)가 1887년 3월에 도쿄에 설립한 일본 개신교회의 대표적인 교회.

의 대폭적인 개정판이었다. 지난 50년 동안 축적된 성서 본문연구를 비롯한 성서학의 성과를 토대로 하고 일본어의 변화를 고려하여 총 3만여 절 가운데 90퍼센트 이상에 어느 정도의 개정이 이뤄졌다. 특히 읽고 이해하기 쉽도록 배려한 것에 더해 높아진 인권 의식에 적합하게 사람을 차별하고 혐오감을 유발하는 단어와 표현들도 수정했다. 그 전형적인 한 예로《성서 신개역》제3판에 이어 히브리어 '짜라아트tzaraath' 및 헬라어 '레프라lepra'가 (동일하게 히브리어 짜라아트를 음차하여) '짜라아트ツァラアト'로 음역되었다.* 이 성서는 복음주의파의 교회에서 애용되고 있다.

이듬해인 2018년 12월 일본성서협회에서《성서 성서협회공동역》이 출판되었다. 이것은 1987년 발행된《성서 신공동역》과 마찬가지로 일본 가톨릭교회와 프로테스탄트교회(특히 에큐메니컬파)의 협력에 의한 새로운 번역 성서였다.《성서 신공동역》이 간행된 지 20년 가까이 흘렀기에 일본어의 완성도를 더욱 높이고 그동안 쌓인 학문적 성과를 반영하여 다음 세대를 위한 새로운 번역 성서의 필요성이 논의되어 왔다.《성서 신공동역》이 공동역성서 실행위원회의 책임 아래 번역된 같은 공동역이지만, 이번에는《성서 성서협회공동역》이라는 서명書名이 되었다.

이 번역에서는 교회 예배용을 주목표로 예배에서 낭독하기에 적합하고 격조 높은 일본어 번역을 지향하고 있다. 게다가 신구약 성서의 모든 인명·지명을 원어 발음을 그대로 음차하여 표기하는 새로운 방식을 취한 것은 눈여겨볼 만하다. 또한 이 성서에서 '짜라아트'는 '규정의 병規正の病'†으로 번역되어 있다. 가톨릭교회와 함께 공동 출판되었기에 66권 신구약 성서와 여기에〈구약성서 속편〉을 더하여 두 종류의 성서가 간행되고 있다.

* '짜라아트'와 '레프라'는 한글 개역개정판에서 각각 '나병'으로 번역되어 있다.

† 《성서 신공동역》은 '짜라아트'를 '중(重)한 피부병'이라 옮기고 있는데 비해, 새로운 번역 성서는 '구약 성서의 율법에 의해 규정되어 있는 병'이라는 뜻으로 '규정의 병'이라 옮기고 있다.

제8장

천황의 세대교체, 코로나19, 우크라이나 전쟁: 2019~2023년

1. 코로나19와 우리들

코로나19 발생과 현재 상황

2019년 12월 중국 우한武漢에서 원인 모를 감염증인 코로나19가 검출되었고, 2020년 3월 세계보건기구WHO는 코로나19 팬데믹(세계적 대유행)을 선언했다.

인류 역사에서 페스트, 콜레라, 티푸스 등 많은 감염증이 유행하여 셀 수 없이 많은 사망자를 내 왔다. 그런데 이때까지의 감염증이 일으킨 위기와 이번 코로나19가 다른 것은, 한 국가와 지역 혹은 특정 민족에게 국한된 게 아니라 세계 전역으로 빠르게 퍼졌다는 점이다. 국제화 시대가 되어 국경을 넘는 통상, 인적 교류, 인구 증가, 그리고 비행기로 대표되는 교통망 발달로 현시점에서 감염원으로 추정되는 중국 무한에서부터 순식간에 전 세계로 퍼져나갔다.

일본에서는 2020년 1월 중국에서 귀국한 일본인의 감염이 첫 사례였다고 한다. 그 후 점차 각지로 퍼져 2월에는 홋카이도에서 독자적인 긴급사태 선언이 발령되었다. 감염이 더욱 확산되자 당시의 아베 정권은 4월 7일부터 5월 31일까지 7개 도도부현都道府縣*을 대상으로 제1회 긴급사태선언을 발령했다.

2023년 3월 10일 시점時點으로 전 세계 감염자가 6억 7천657만여 명, 사망자는 688만 명이 넘었다. 세계에서 감염자 수가 가장 많은 미국은 감염자가 1억 380만여 명, 사망자는 112만 3,000명이 넘었다. 이 사망자 수는 제1·2차 세계대전과 베트남 전쟁의 전사자를 합한 수를 웃돌았다. 백신 접종이 각국에서 이미 실시되었고, 일본에서도 많은 사람들이 접종받았다. 고비는 지났다고 하지만 변이變異 바이러스가 잇달아 출현하고 있고 아직 감염은 완전히 수습되지 않고 있다. 백신과 의료 서비스 보급으로 자국에서 감염이 종식된 것처럼 생각할 수 있으나 타국에서 감염이 계속되고 있다면, 안전하다고는 할 수 없다.

백여 년 전 스페인 독감은 1918년부터 1920년까지 햇수로 3년 동안 두 차례의 재감염이 있었고 5억여 명이 감염되었고, 4,000~5,000만 명이라는 사망자를 냈다. 일본에서도 2,300만여 명이 감염되었고 38만 5,000여 명이 사망했다.[1] 이번 코로나19와 관련해서는 2023년 5월 9일 시점에 일본의 감염자가 3,380만 3,572명, 사망자가 7만 4,694명으로 보고되고 있다. 코로나19 발생 후 3년 이상이 지나고 백신이 보급되어 감염자 수가 줄었기에 정부는 2023년 5월 8일 감염법(감염증 예방 및 감염증 환자에 대한 의료 법률)에 따라 코로나19를 계절성 독감과 같은 '5등급'으로 분류했다. 그리고 평상시의 경제 및 모든 활동을 회복시키기 위해 다양하게 대응했다.

이 감염증에 대응하기 위해 무엇보다도 협력과 연대가 절실한데 현실적으로는 차별, 중상, 비난bashing, 현대의 무라하치분村八分(집단 따돌림)*이라 할 수 있는 상황이 곳곳에서 벌어졌다. 이런 사회적 양상 가운데 가장 필요한 것은 관용하는 마음과 약자에 대한 연민이다. 최초로 감염이 발생된 것으로 알려진 무한에서 봉쇄 기간의 일상을 일기로 써서 공개한 중국인 여성 작가

* 일본의 행정 구역을 통치하는 지방정부인 광역지방공공단체, 즉 지방자치체를 일컫는다. 흔히 '1도(都) 1도(道) 2부(府) 43현(縣)'으로 자치체의 수를 나타낸다.

* 에도 시대에 촌락 공동체의 규칙과 관습을 어긴 촌민에 대해 지역 주민이 결속하여 가하는 제재행위로 흔히 절교, 배척, 따돌림을 상징하는 말로 쓰인다.

팡팡方方, 1955~ 이 있다. 그녀가 쓴《무한일기武漢日記》* 에 따르면, "한 국가의 문명 수준을 가늠하는 유일한 기준은 약자에 대하여 국가가 취하는 태도"라고 말하고 있다.[2] 그러나 유감스럽게도 코로나19 대응을 둘러싸고 전 세계에서 벌어진 상황은 이와는 상당히 거리가 멀었다.

일본의 교회에 미친 영향

2020년부터 시작된 전에 없던 코로나19 위기 상황으로 일본기독교회도 큰 영향과 타격을 받았다. 수도권과 간사이권關西圈에서 시작하여 곧 전국의 교회 대부분은 예배를 온라인 방식으로 바꾸어 갔다. 많은 행사와 집회가 중지되거나 연기되면서 비대면 원격 모임으로 대체되었다. 신학교와 미션 스쿨에도 영향이 컸다. 많은 학교에서 수업, 입학식, 졸업식을 비롯해 세미나와 수양회 등이 일시 중지되고 온라인 방식으로 전환되었다.

이러한 양상은 초교파 기독교 단체들에도 영향을 미쳤다. 기독교회와 관련 단체들이 운영하는 시설과 캠프장이 폐쇄되거나 기독교 서점이 폐점되기도 했다. 또한 출입국이 일제히 금지되어 해외선교단체의 활동에도 심각한 영향이 계속되었다. 모든 선교단체의 파송 선교사들이 선교지로 이동할 수 없게 되었고, 귀국하더라도 선교 보고와 모금 활동을 거의 할 수 없는 상황이었다. 이때 온라인 방식이 큰 도움이 되었다.

이때까지 활용해 오던 방식의 전도 활동도 어쩔 수 없이 삼가게 되자 세례를 받는 사람이 줄어들었다. 그리스도신문사新聞社가 2023년에 발간한《그리스도교 연감》에 따르면, 일본 기독교 인구 추이는 다음과 같다.[3]

* 무한 봉쇄 이틀 후인 2020년 1월 25일부터 3월 25일까지 시나 웨이보(新浪微博) 블로그에 쓴 온라인 일기이다. 같은 해 6월, 이 일기의 영문 번역판이 하퍼콜린스(HarperCollins) 출판사에서 출간되면서 세계적인 관심을 받자 수많은 중국인들은 팡팡에게 비애국적이라는 비난을 퍼부었다.

교파 \ 연도	2020년 신자수	2021~2022 신자수
프로테스탄트	552,740	536,857
가톨릭	434,111	428,582
동방교회	11,200	11,261
신자수 합계	998,051	976,700
교직자수 합계	11,001	10,921
총수	1,009,052	987,621
인구 비율	0.801%	0.789%

이 통계에 의하면, 프로테스탄트교회와 가톨릭교회의 교세가 함께 감소하고 있음을 알 수 있다.

코로나19 상황에 대한 새로운 제언

이러한 양상에 대한 대응에 관하여 몇 가지 제안을 소개하고 싶다.

니시하라 렌타西原廉太(릿쿄대학교 총장)는《일본의 신학 60》(일본기독교학회, 2021년)에 실은〈코로나19 세계적 범유행을 경험한 시대의 신학이란 무엇인가?〉라는 논문에서 다음과 같이 말한다.

> "본래 교회의 가장 중요한 요소, 즉 신도信徒가 예배당에서 만나 함께 주님을 찬송하고 타인을 위해 기도하는 행위가 허용되지 않는 것에 대한 충격은 다 헤아릴 수 없다.
> 강단·설교를 예배의 중심으로 삼는 많은 프로테스탄트교회와는 달리, 가톨릭교회, 성공회, 정교회 등은 '말씀'의 요소에 더하여 '성찬Eucharist', 즉 '성찬 나눔'은 어떤 의미에서 생명선生命線과 같은 것이며 문자 그대로 '살아 있는 양식'이다. 이 '살아 있는 양식'의 나눔을 중단할 수밖에 없는 것은 말로도 표현할 수 없을 만큼 괴로운 일이다."[4]

그 후 대안으로 선택된 온라인 방식 활용의 이점에 대해서도 다음과 같이 지적한다.

"지금까지 기본적으로 예배란 한 교회에 소속한 신자들만이 예배 시간과 공간을 공유하는 것이었다. 달리 말하면, 특정한 요일, 시간대, 특정한 장소에 모일 수 있는 게 조건이 되어 있었다. 그러나 온라인화된 예배는 몸과 마음의 사정, 그리고 거리 문제 등으로 교회에 갈 수 없는 사람들도 말씀을 듣는 것을 가능하게 했다."[5]

그리고 니시하라는 늘 있는 예배뿐 아니라 사람들(전도 대상자들)을 간단히 초대할 수 있는 장점도 말한다.

"또한 지금까지는 전도 집회, 강연회, 음악회 등 여러 행사도 열면서 어떻게 사람들을 교회당 공간에 불러들일까 온통 마음을 써 왔지만, 온라인은 아주 간단하게 그러한 교회의 벽을 허물었다."[6]

이처럼 코로나19 확산에 대한 대응책으로 예배를 비롯해 많은 모임이 온라인 방식이 되었지만, 거기에서 생겨난 이점과 적극적인 효과에 대하여 소개하고 있다. 확실히 이런 좋은 면도 있지만 이에 따른 과제도 무시할 수 없다. 온라인 기기를 소유하고 이에 접근할 수 있는 사람과, 기기를 가지고 있지 않아 접근할 수 없는 사람 사이에 격차감格差感이 생겨날 수 있다는 점이다. 새로운 기기와 시스템을 도입하는 일에는 늘 빛과 그림자, 장점과 단점이 공존하고 있다. 그리고 온라인 활동과 범위가 커질 때에 신자들의 교회 소속감이 줄어들어 간다는 점도 지적되고 있다. 주일예배 실시간 방송 혹은 녹화 방송 사이트를 옮겨다니는 걸로 만족한 채 자기가 속한 주님의 백성과 교제하는 가운데 기도하고 기도를 받으며 격려받고 살아가는 행복을 잊고서 '부평초(네나시구사根無し草, 떠돌이)' 처럼 되어버리는 일이 있다고 지적된다.[7]

그런 가운데 일본복음동맹* 신학위원회는 다음과 같이 제언하고 있다.

"대면과 온라인은 서로 대립 관계라고 여길 필요는 없다고 말해 왔다. 새로운 기술과 환경은 늘 주의 깊은 분별과 교육을 필요로 하는 것인데, 은총의 하나님께서 허락하고 계신 좋은 것을 분별하여 하나님의 목적을 위해 현명하게 관리하고 사용하는 청지기가 되자."[8]

실제로 대면 방식과 온라인 방식을 함께 활용하는 방식이 예배를 비롯해 여러 모임에서 정착하게 되었다.

코로나19 확산에 따른 종교적 구도심求道心

이런 전에 없던 위기 가운데 '참된 행복이란 무엇인가', '인간의 삶과 죽음은 어떻게 결정되는가', '인생의 의미는 무엇인가'라는 인간의 내면에 대한 관심이 깊어진 면도 있다. 도시샤대학교 신학부에서 공부하고 여러 분야에서 평론가로 활약하고 있는 사토 마사루佐藤優는 직접 지은 책《신세기 '코로나 후'를 생존한다》에서 다음과 같이 말하고 있다.

"외출과 다른 사람과의 접촉을 삼가도록 요구받은 결과, 인간의 관심은 외부를 향하는 게 물리적으로 제한되어 필연적으로 내면을 향하고 있다." 그리고 이제부터 "넓은 의미에서 종교의 시대가 도래할 것"이라 말하고 있다.[9]

이를 입증하듯이 요 몇 년 사이 주요 신문 제1면 책 광고란에《탄이초歎異抄》†가 자주 소개되고 있다. 절대적인 타력 신앙을 가르치는 이 책과 이 책

* 1968년, 일본 복음주의 교회들의 교류·협력을 위해 창설된 연합체로서 아시아 복음주의연맹과 세계복음주의연맹 회원 기관이다.

† 대부분의 불교학자에 따르면, 이 책은 13세기 말에 신란(親鸞, 1173~1263)의 직제자인 유이엔(唯円, 1222~1289)

의 해설서가 많이 읽히고 있다는 건 사람들이 마음 둘 곳을 찾고 있다는 방증이라 할 수 있다. 광고란에는 "무인도에 한 권만 가져간다면, 탄이초다"라고 강조되고 있다. 특히《탄이초를 펼치다歎異抄をひらく》(다카모리 겐테쓰高森顕徹 지음)는 65만 부를 돌파해 많은 독자를 얻고 있다. 이 책에서 "《탄이초》는 일본 사람들에게 살아갈 용기와 마음의 치유를 제공해 온 고전이다. 풍부한 표현이 가득한 명문名文 속에 감춰진 매력을 알기 쉬운 의역과 해설로 펼쳐 간다", "선한 사람조차도 극락왕생(아미타불이 살고 있는 극락정토에서 다시 태어남)을 할 수 있다고 하면, 악한 사람이 극락왕생을 할 수 있다는 것은 말할 필요도 없는 일이다. 선한 사람조차도 구원받는다고 한다면, 악한 사람이야말로 구원받는 것은 당연한 일이다.* 스스로의 힘으로 구원받는 게 아니라, 오직 아미타불의 자비에 의지함으로써 구원받는 것이다"라고 주장되고 있다.[10]

이런 경향을 나타내고 있듯이 최근 일반인을 대상으로 기독교 목사들의 간증서가 일반 출판사에서 출판되어 베스트셀러가 되었으며 많은 비기독교인들에게 읽히고 있다. 그 대표적인 책이 2020년 11월에 출판된《74세, 없는 건 돈뿐. 나머지는 전부 갖추어져 있네》(스바루샤スバル舎)다. 한 여성 목사가 설교 형식을 벗어나 자신의 마음을 꾸밈없이 써 주어진 모든 것에 소박하게 감사하며 살아가는 모습을 읽을 수 있다. 이런 삶의 태도가 코로나19 위기 상황 가운데서 고독과 불안, 그리고 살아가기 어려움을 느끼고 있는 사람들의 마음에 와닿았을 것이다.[11]

이 스승의 가르침을 정리하여 이설(異說)과 이단(異端)을 비판한 책이다. 참고로, 신란은 일본 정토종의 종조(宗祖)로 추앙되는 호넨(法然, 1133~1212)에게서 '나무아미타불'이라는 칭명염불(稱名念佛) 중심의 정토왕생(淨土往生) 사상을 이어받고, 이에서 한 걸음 더 나아가 칭명염불과 정토왕생 사상에 대한 새로운 해석, 즉 자력(自力)이 아닌 아미타불의 절대적인 공덕과 이에 대한 믿음(信)으로 정토왕생이 가능함을 설파했다.

* 신란의 가르침에 토대한 정토진종의 구원론적 역설, 즉 살아 있는 모든 중생(해탈에 이르지 못한 모든 존재)을 깨우치고 구원의 길로 인도하는 아미타불에 대한 신앙에 기초한 역설적 표현이다. 참고로, 불교학자들 가운데 신란을 중심으로 한 정토진종의 구원관을 기독교 신학, 특히 은총론과 구원론을 비교 분석하는 이들이 적지 않다.

가톨릭교회의 제언

개신교회뿐 아니라 가톨릭교회에서도 많은 제언이 나왔다. 다음에 소개하는 책은 그리스도신문사에서 나온《희망하는 힘: 코로나 시대를 살아가는 그대에게》라는 두 젊은 신부의 대담과 강연을 엮은 책인데 적극적으로 의견을 제시하고 있다.

> "지금은 시련의 때이지만, 하나님은 어떻게든 소중한 것에 눈뜨도록 하고 계시지 않을까. 지금까지 세계는 '보다 많이, 보다 빠르게, 보다 쾌적하게, 효율적으로' 라고 (강조해 왔고), 문득 정신을 차리면, 교회 안까지 그런 정서가 되어 있는 현실에 대해 (하나님이) '정신 좀 차려' 라고 말씀하신 듯한 느낌(이다)." 12

'사회적 거리두기Social distancing'*라는 말이 자주 사용되었는데 이에 관련하여 이렇게 말하고 있다.

> "참된 거리두기는 불필요한 것과 집착으로부터 거리를 두고 마음(정신적·영적)의 일치를 만들어내어 모든 것과의 교제에 연결되는 것이다. 우리의 생활을 새롭게 고치는 기회가 될 것이다. 최근 한 만화에 하나님과 사탄의 대화 장면이 있었다. 하나님을 향해 사탄은 '코로나바이러스를 사용해 당신의 교회를 폐쇄했다' 라며 자랑스레 말한다. 그러자 하나님은 '나는 코로나 위기 상황으로 모든 가정에 교회와 기도의 장場을 열었다' 고 대답한다." 13

다음과 같은 말도 쓰여 있다.

* 코로나19 발생 초기에 세계보건기구(WHO)가 공식적으로 사용한 용어였지만, 이 용어가 사람들의 사회적 상호 작용을 부정한다는 문제 제기를 수용하여 2020년 3월 20일에 'Physical distancing(물리적 거리두기)' 라는 용어로 변경했다.

"지금 여기저기에서 '텔레워크telework'*로 바뀌어 가는 추세가 화제가 되고 있는데, 궁극적인 텔레워크는 기도라는 것이다. 밖에 나가지 않고서도 기도함으로써 남을 위해서 뭔가 해 줄 수 있는 것이다. 우리가 드리는 기도라는 건 누군가를 향해 드려진 사랑이기에 하나님이 그 사랑을 확실히 받아 하나님의 사랑과 하나가 된 우리의 사랑이 이 세계를 감싸 간다. 그리고 세계를 점점 변화시켜 간다. 지금이 바로 이 역동적인 변화가 일어나고 있는 때라고 나는 생각한다."[14]

이처럼 개신교회와 가톨릭교회에서 일반 독자들을 향해 발언되고 있다.

2. 아베 정권에서 스가 정권, 그리고 기시다 정권으로: 진행 중인 대규모 군비 확장에의 길

장기간 이어진 아베 정권의 종언과 평가

2018년 9월 20일, 아베 신조는 자민당 총재선거에서 경쟁자인 이시바 시게루石破茂†를 누르고 3연임에 성공했다. 그리고 2012년 12월 26일부터 2020년 9월 퇴임하기까지 7년 9개월 동안 제2차 아베 내각은 집권을 지속했다. 지난 2019년 천황의 세대 교체가 이뤄지고 원호元號는 '헤이세이平成'에서 '레이와令和'로 바뀌었다. 그리고 2020년 초부터 코로나19 확산에 직면하여 아베 정권은 이에 대한 대응에 쫓겼고, 같은 해 8월 28일 아베 총리는 지병(궤양성 대장염) 악화를 이유로 사임을 표명했다.

장기 정권의 최대 요인으로는 임기 중에 치른 6차례의 중의원·참의원 양원의원선거에서 모두 대승했다는 점을 들 수 있다. 선거 승리 배경에는 단명으로 끝난 구舊민주당 정권이 국민들에게 실망을 안겼다는 점이 있다. 아

* 각종 정보 통신 기술의 활용과 지원에 의해 장소에 구애받지 않고 업무를 수행하는 다양한 작업 형태.
† 2024년 9월 27일 자유민주당 총재로 선출된 후 곧이어 10월 1일 제102대 내각총리대신에 취임했다.

베 총리는 선거 유세에서 매번 "저 악몽 같았던 민주당 정권으로 되돌아가도 좋은가?"라며 과거 민주당 정권을 비판하며 안정된 정권을 선택해 달라고 호소했다. 그 뒤에도 혼란과 난립이 지속되며 약체화된 야당의 상황이 크게 도움이 되었다고 할 수 있다.

아베 총리는 '전후 레짐(정치체제)으로부터의 탈각'과 '아베노믹스'라는 표어를 내걸고 경제 활성화를 강조하며 '지구의地球儀를 부감俯瞰하는 외교'*를 강조했다. 특히 대對러시아 외교에서 블라디미르 푸틴Vladimir Vladimirovich Putin 대통령과 회담을 거듭하며 친밀한 관계를 쌓고 있음을 알렸다. 2018년 (11월) 싱가포르에서 러시아와 수뇌회담을 열고 북방영토의 네 개의 섬†을 모두 돌려받겠다는 종래의 원칙에서 물러나 하보마이 군도와 시코탄섬 둘을 먼저 돌려받는 쪽으로 방향을 돌렸다. 그런데 2022년 러시아가 우크라이나를 침공한 후, 기시다 후미오岸田文雄 정권하의 일본은 G7Group of Seven 회원국으로서 대러시아 제재 정책으로 전환해 러·일 양국은 심한 대립 관계에 빠졌다.

아베 총리는 장기 집권 가운데 선거에서 승리했기 때문에 정책 모두가 승인되었다는 듯이 자신의 정책을 억지스럽게 추진했다. 그는 특정비밀보호법, 집단적 자위권을 인정한 안보법, 공모죄법 등을 야당과 헌법학자와 국민들 사이에서 반대가 강경했음에도 불구하고 여당의 수적 힘을 동원해 밀어붙여 통과시켰다. 게다가 선거전選擧戰의 가두연설에서 (자기의 정책에) 반대하는 시민에 대해 "이런 사람들에게 지면 안 된다!"라고 목소리를 높이며 적군과 아군을 나누는 수법으로 국민들 사이에서 편가르기를 부추겼다.

정권이 장기화됨에 따라 이면의 정치 부패도 드러나게 되었다. '모리

* 2013년 1월 28일, 제183회 국회에서 아베 총리가 '소신표명연설' 중에 말한 외교 기본 방침이다. 문자상 의미는 '지구 모형을 전체적으로 내려다보는 외교'라는 뜻인데, 이는 주변 국가들과 각각 양국 관계뿐 아니라, 세계 전체 상황을 고려하며 자유·민주주의·기본적 인권·법에 의한 통치 등과 같은 기본적 가치에 토대한 전략적 외교를 전개하겠다는 표명으로 요약된다.

† 이투루프섬(Iturup), 쿠나시르섬(Kunashir), 시코탄섬(Shikotan), 하보마이 군도(Habomai Islands)를 가리킨다. 제2차 세계대전 이후 쿠릴 열도 남부의 네 개 섬을 둘러싸고 러시아와 일본 사이에 영토 분쟁과 협상이 이어져 오고 있다. 일본 측에서는 '북방영토 문제'라는 용어를 사용하고 있다.

토모·가케학원森友·加計學園' 문제*와 '벚꽃을 보는 모임桜をみる会' 문제†가 표면화되어 야당과 언론으로부터 비판과 질문을 받으면서도 정부는 이에 대하여 정정당당하고 성실하게 반응하지 않고 같은 대답만 반복했다. 권력의 사유화라는 비판을 받는 가운데 국가 공무원들이 총리와 정권의 비위를 맞추는 '촌탁忖度 정치'‡가 판치게 되었다. 이런 모습은 특히 집단적 자위권 행사를 용인한 안보법의 성립 과정에서 여실히 드러났다.

아베 총리는 미일 동맹 강화책으로 집단적 자위권 행사가 용인될 필요가 있다고 생각하고 있었는데, 이는 헌법 제9조에 대한 위반이라며 내각 법제국法制局이 반대했다. 2013년 아베 총리는 야마모토 쓰네유키山本庸幸 내각 법제국장관을 경질하고 주프랑스 대사 고마쓰 이치로小松一郎, 1951~2014를 기용했다. 고마쓰는 외무성 국제법국장으로 재직할 때부터 집단적 자위권 행사를 용인하는 것에 대해 긍정적인 생각을 표명하고 있었다. 이에 아베 총리는 헌법 해석 변경과 관련 법안 정비를 위해 이례적인 인사를 단행했다. 그리고 안보법이 성립되자 집단적 자위권 행사의 가능성을 가정한 자위대와 미군의 공동 훈련이 거듭되고 미국과 일본의 군사적 유대가 강화되었다.

정권 말기에는 코로나19 대응이 늦고 미온적이었고 지지율도 떨어지자 제1차 정권 때처럼 아베 총리는 지병 악화로 사임하기에 이르렀다. 사임 후

* 두 가지 정치 비리 사건을 아울러 부르는 말인데 '모리·가케 문제'로도 불린다. 앞의 사건은 2017년 2월, 아사히신문 보도를 통해 알려지기 시작했는데, 사립학교 법인 모리토모 학원(森友學園)이 운영하는 쓰카모토(塚本) 유치원의 정치적 극우성향에 치우친 교육방침과 내용, 그리고 이 학원의 초등학교 설립에 대한 인가와 국유지 헐값 매매 과정을 둘러싼 정치 비리 문제였고, 뒤의 사건은 2017년 3월에 국회에서 의혹이 제기되면서 알려졌는데, 학교 법인 가케학원(加計學園)의 오카야마 이과대학 수의대 신설 계획을 둘러싸고 내각부가 문부과학성에 영향력을 행사했다는 정치 비리 문제였다.

† '벚꽃을 보는 모임은' 국제 교류 및 친선을 목적으로 1883년부터 1938년까지 황실의 주관으로 열려 왔던 '간오카이(觀櫻會: 벚꽃놀이)'를 계승하여 국가와 사회 발전을 위해 기여한 각계각층의 사람들을 초대하여 공로를 치하하며 위로하는 것을 목적으로 1952년부터 내각총리대신이 주최하여 신주쿠 교엔(新宿御苑)에서 여는 공적인 행사이다. 2019년 4월 13일에 열린 이 행사에 쓰인 비용이 예산안의 세 배였다는 사실이 발견되면서 문제시되어 그동안 아베 정권이 이 행사를 정권 이익을 위해 사적으로 이용해 온 점들이 적나라하게 지적되었고, 공직선거법, 정치자금 규정법, 공문서관리법 등을 어긴 정치 비리 사건으로 비화되었다.

‡ 촌탁(일어 발음은 '손타쿠')이란 말은 시경(詩經) 교언(巧言) 편에 나오는 말로 '타인이 가진 마음을 내가 헤아린다(他人有心予忖度之)'라는 긍정적인 뜻이다. 그러나 여러 정치 비리 사건들의 전개 과정과 내용이 드러나면서 이 말은 '윗사람이 구체적으로 지시하지 않았으나 눈치껏 알아서 그 사람이 원하는 대로 행동하는 것', 즉 속된 말로 '윗사람에게 알아서 기다'라는 부정적인 의미를 띠게 되었다.

에도 자민당 내의 최대 파벌의 우두머리로서 영향력을 유지했지만, 2022년 7월 8일 나라奈良현 나라시에서 가두연설 중에 총격을 받아 사망했다. 같은 해 9월 기시다岸田 정권 아래 국장이 치러졌지만 이에 대해서도 국민들 사이에 의견이 나뉘었다.

스가 정권

아베 총리가 물러난 뒤, 그때까지 관방장관으로서 아베 정권을 도와 온 스가 요시히데菅義偉가 2020년 9월 16일 제99대 총리대신에 취임했다. 그는 '국민을 위해 일하는 내각'을 내걸고 발 빠르게 실행에 옮기겠다는 것을 전면에 내세우며 여론 조사에서 지지율이 60퍼센트가 넘는 좋은 조건에서 출발했다. 휴대전화 요금 인하와 디지털청 설치를 빠르게 실행했다. 또한 탈탄소 사회 실현을 향해 '2050년까지 온실가스 배출량을 영(0)으로 하겠다'라고 표명했다.

이처럼 순조로운 출발이라 생각되었지만, 확산되어 가는 코로나19 대응에 처음부터 끝까지 쫓기는 형편이 되었다. '긴급사태선언' 대상 지역을 확대하고 기간 연장을 반복했다.

이에 개최일이 1년 연기된 '도쿄하계올림픽·패럴림픽'은 긴급사태선언 아래 대부분 관중이 없는 상황에서 치러졌다. 그 후 국정 선거(중·참의원 선거)와 지방 선거에서 여당은 고전苦戰을 면치 못했고, 내각 지지율은 계속해서 떨어졌으며, 그해 8월 여론 조사에서 지지율이 30퍼센트를 밑돌게 되자 스가 총리는 사임했다.

이 스가 정권하에서 일본학술회의* 회원 임명 거부 문제가 벌어졌다. 새 회원 후보자로 추천된 후보자 105명 가운데 스가 총리가 6명을 임명하지 않

* 1949년, 인문·사회·과학을 비롯해 각 학문 분야에 공이 있는 학자들로 구성된 내각부 산하의 특별 기관으로 발족되어 학내 학술 진흥과 국가 정책 자문 및 국제 학술 교류 등을 담당하고 있으며, 회원 선발은 학자들에 의해 직접 선출 방식에서 1983년 법개정을 통해 학술회의가 추천한 후보자를 내각총리대신이 임명하는 방식으로 바뀌었다.

았던 것이다. 이 6명에게는 안전보장관련법 및 특정비밀보호법, 후텐마普天間 기지 이전 문제* 등에서 정부 방침과 다른 견해를 제시해 왔다는 공통점이 있다. 그러나 스가 총리는 임명 거부 이유를 일체 밝히지 않았고 그 거부 결정에 따른 결과는 계속되고 있다.

기시다 정권

2022년 10월 4일 스가의 뒤를 이어 기시다 후미오가 총리에 취임했다. 기시다 총리는 자민당 내에서 자유주의파로 알려진 고치카이宏池會† 출신이고, 군사·외교 정책에서는 하토파ハト派‡로 여겨지고 있었다. 그러나 정권 운영에서는 우크라이나 전쟁, 타이완을 둘러싼 미국과 중국의 대립, 북한의 미사일 발사 등의 정세에 대응하여 전후戰後 최대의 군비 확장 노선에 섰다.

기시다 총리는 자민당 총재선거에서 '경청하는 힘'을 강조하고 '성장과 분배를 중시하는 새로운 자본주의'를 내걸었다. 그러나 그 구체적인 정책이 제시되었다고 하기는 매우 어렵다. 계속되는 코로나19 위기 상황과 우크라이나 전쟁의 영향으로 인한 경제 정체, 개인번호카드Individual Number Card 도입§을 둘러싼 혼란, 관료와 정무삼역政務三役(대신·부대신·정무관을 함께 일컫는

* 오키나와현 기노완시에 있는 주일 미국 해병대 군용비행장이다. 1995년 주일 미군 병사가 소학교 여학생을 납치해 집단 성폭행한 사건이 일어나자, 오키나와 지역민들은 오키나와 미군 기지 폐쇄 및 후텐마 기지 반환 등을 요구하며 시위운동을 시작했다. 이에 대해 오키나와현과 일본 정부 사이에 찬반 의견이 팽팽하게 대립하며 기나긴 법정 다툼을 일으켰고, 2024년 2월 현재, 일본 최고재판소(대법원에 해당)는 미군 기지 이전이 아닌 폐쇄를 요구해 온 오키나와현의 입장에 대해 패소 판결을 확정했다. 이에 정부안에 따라 후텐마 기지는 오키나와현 북부 나고시(名護市) 헤노고(辺野古) 지역으로 이전될 예정이다.

† 당내에서 가장 크고 오래된 파벌로 1957년 6월에 이케다 하야토(池田勇人, 1899~1965)를 중심으로 결성되었으며, 자유보수주의 성향이 강하고 미일안전보장조약에 따른 군비 축소, 경제 우선, 사회보장제 확대 등을 중시해 왔다. 지금까지 총리 다섯 명을 배출했으나 2023년 정치자금 비리 논란으로 2024년 1월 23일에 공식 해산되었다.

‡ 온건파(穩健派) 혹은 신중파(愼重派)라고도 불리며, 외교·안전보장 정책에서 평화주의적 입장을 취하여 군사력으로 타국을 견제하거나 무력행사로 분쟁을 해결하는 방식에 대해 부정적이다.

§ 2015년 10월 5일부터 일본 정부는 사회보장·세금·재해 대책 분야에서 개인 신분 증명과 효율적인 정보 관리를 위해 국내에 주민표를 가진 일본인과 외국인 주민들에게 흔히 '마이넘버'로 불리는 개인번호 12자리 숫자를 부여하고 2016년 1월부터 행정절차에서 개인번호 사용 및 '개인번호카드(마이넘버카드)' 발급을 시작했다. 내국인들 사이에서 개인정보 통합 및 일원화 제도를 둘러싸고 사생활 침해에 대한 우려로 인한 논란이 이어지면서 이 제도의 정착 과정이 순탄하지 않았다. 2024년 8월 현재, 전체 인구 가운데 74.8퍼센트가 카드를 발급받은 상태이다.

말)의 비위와 비리 사건으로 인한 잇따른 사임 등도 일어났다. 2023년 11월에는 아베파安倍派를 중심으로 한 만찬회 참석권 금전 비리*로 대표되는 '정치와 돈'의 심각한 문제가 표면화되어 내각 지지율이 20퍼센트 밑으로 떨어지게 되었다.

3. 러시아·우크라이나 전쟁과 일본의 군비 확장

러시아의 우크라이나 전면 침공 발발

2022년 2월 24일, 러시아의 푸틴 정권의 우크라이나 침략전쟁이 시작되었다. 푸틴 정권은 '우크라이나의 비非나치화·우크라이나 내의 러시아인 보호'를 명목으로 '특별군사작전'이라며 우크라이나를 침공했다. 짧은 기간에 우크라이나를 완전 제압할 수 있으리라 예측하며 감행했지만, 전격전電擊戰에 의한 제압은 무참히 실패로 끝났다. 그 후 러시아군과 우크라이나군의 전투는 장기화되고 희생자는 늘어만 가는 형세이다. 이 침략 전쟁으로 우크라이나에서는 군인뿐 아니라 어린이와 여성 등 많은 사상자가 나오고, 우크라이나 안팎에서 1,000만 명이 넘는 피난민이 생겼으며, 제2차 세계대전 이후 최대 최악의 위기가 계속되고 있다. 구미를 비롯하여 일본 등 많은 나라들의 잇따른 경제 제재로 러시아 경제는 큰 타격을 받고 있는데, 그 영향은 러시아에만 그치지 않고 일본을 포함해 전 세계에 미치고 있다.

러시아의 우크라이나 침략 전쟁은 정전停戰의 방향으로 향하기는커녕 서로 수많은 사상자를 내며 해결의 실마리조차 찾지 못하고 있다. 유엔 난민 고등판무관 사무소(UNHCR, 유엔난민기구로도 불림)에 따르면, 2023년 12월 시점에 우크라이나인 해외 난민은 약 630만 명, 국내 실향민은 약 590만 명,

* 자유민주당 파벌 정치자금 파티(party, 만찬회) 사건으로 알려진 비리 문제를 가리킨다. 자유민주당 안의 최대 파벌인 세이와(清和) 정책연구회로 알려진 아베파가 2018년부터 2022년 사이에 파티 참석권을 판매해 기준액을 넘긴 이익금을 정치자금 수입·지출 보고서에서 누락·축소한 채 전현직 국회의원들에게 기부금 명목으로 배분해 온 사실이 밝혀지면서, 정치자금규정법을 위반한 비자금 논란으로 확산되었다. 이 영향으로 2024년 2월 세이와 정책연구회는 공식 해산했다.

즉 인구의 약 25퍼센트가 생활의 근거지를 잃었다. 그리고 민간인 사망자가 1만 명을, 군인 전사자는 7만 명을 넘어선 것으로 추산된다. 한편, 러시아 측 군인 전사자는 27만 7,000명을 넘어섰다.

국제 연합(UN)은 러시아의 우크라이나 침공이 유엔 헌장 위반이라며 네 차례에 걸쳐 비판하고, 우크라이나에서 즉시 철수하도록 요구하는 결의를 140여 국가의 동의로 채택했다. 그러나 이 결의는 전쟁을 종식시키도록 연결되지 못하고 있다.

전쟁의 요인

《이야기: 우크라이나의 역사》(구로카와 유지黒川祐次, 中央公論社, 2002년)는 이 전쟁의 요인을 아는 데 유익한 책이다. 주우크라이나 대사였던 저자는 이 책에서 고대에서 현대에 걸친 우크라이나 통사通史를 기술하고 있다. 우크라이나 전쟁에 대해 다음의 세 가지 가정적인 질문을 제기하고 이 책에서 그 해답의 실마리를 찾아보려 한다.[15]

① 왜 러시아의 푸틴 정권은 중국 등 일부 국가들을 제외하고 대부분의 세계를 적으로 돌리며 고립되면서도 우크라이나를 자기 지배하에 놓으려 하는가?
② 왜 우크라이나는 이렇게 희생자를 내면서도 러시아에 철저히 대항하여 싸움을 계속하는가?
③ 왜 구미를 중심으로 한 동맹국(일본도 포함)은 이 정도까지 우크라이나를 지원하며 러시아에 제재를 가할까?

①에 관해서는, 러시아인과 우크라이나인은 같은 민족이기에 두 나라는 뗄 수 없는 형제 국가라는 것이 푸틴 정권의 지론이다. 본래 하나의 국가였음에도 불구하고 소비에트 연방Soviet Union(소련)의 붕괴로 우크라이나가 독립해 버렸다. 그리고 현재 친서방 노선을 견지하고 있는 볼로디미르 젤렌스

키Volodymyr Zelenskyy 정권이 러시아와 적대 관계에 있는 나토NATO에 가입하려는 것은 결코 허용하기 어렵기에 어떤 희생을 치러서라도 하나의 국가로 되돌린다는 것이 (러시아의) 목표이다. 크림반도 및 우크라이나 동부와 서부를 자국에 편입한 것은 이를 위한 준비 작업이었고, 최종 목표는 우크라이나 전체를 러시아의 지배 아래에 두는 것이다. 비록 전쟁 상황의 변화로 인해 일시적으로 휴전하더라도 푸틴 정권의 최종적인 야망은 변하지 않을 것이다.

②에 관해서는, 20세기 초반(1917~1921)에 잠시나마 우크라이나는 독립했다. 지금의 파랑·노랑 2색 국기와 〈우크라이나의 영광과 자유는 아직 사라지지 않았도다〉라는 국가國歌는 그때 만들어진 것인데 그대로 받아들여져 사용되고 있다. 우크라이나는 여러 강대국과 민족에게 지배되어 왔고 근년(1921~1991)에는 소련에 종속되어 있었다. 그렇지만 독립 국가로서의 역사와 독자적인 문화와 언어를 가진 민족이라는 의식을 줄곧 품어 왔다. 그리고 소련의 붕괴로 본격적인 독립을 쟁취하여 지금에 이르고 있다. 일찍이 독립 국가였으며, 지금도 독립한 나라이자 민족이라는 생각은 우크라이나 사람들에게 큰 자긍심과 버팀목이 되고 있다.[16] 이에 다시금 러시아의 종속 아래에 놓이는 것은 절대 받아들일 수 없는 노릇이다. 이것이 그렇게 많은 희생을 치르면서도 러시아에 굴복하지 않는 이유라 할 수 있다.

③《이야기: 우크라이나의 역사》에 따르면, 우크라이나는 역사·지리적으로 서구 세계와 러시아 및 아시아를 잇는 중요한 통로다. 구로카와 유지는 "우크라이나가 어떻게 되느냐에 따라 동서東西의 세력 균형이 바뀐다"라고 쓰고 있다.[17] 유럽에서 우크라이나는 면적이 러시아에 버금가는 큰 나라이며 곡창 지대이다. 세계의 구도를 전제주의 국가와 민주주의 국가의 대립으로 보는 미국과 그 동맹국이 우크라이나를 강력히 지원하고 있는 원동력은 (현재 러시아·우크라이나 전쟁이) 러시아라는 전제주의 국가에 맞서 함께 뭉쳐 진영의 승패를 가르는 싸움이라는 인식에 있다. 일본은 미국의 강고한 동맹국으로 일관되게 우크라이나를 물심양면으로 지원하고 있다.

전쟁의 종교적 배경

우크라이나 전쟁 시작부터 일본의 대중매체는 대체로 유럽과 미국의 전면적인 지원을 받으며 싸우는 우크라이나 편에서 전쟁 진행 상황을 보도하고 있다. 그렇지만 이 전쟁을 이해하기 위해서는 종교적 배경에도 주목할 필요가 있다. 러시아정교회와 우크라이나정교회 등으로 구성된 동방정교회는 일본 사람들에게 조금 생소한 종교이다.

현재 러시아인의 약 60퍼센트가 러시아정교회 신자이고, 푸틴 대통령도 러시아정교회에서 유아 세례를 받았다. 러시아는 헌법상 세속 국가이지만, 러시아 정치에 정통한 시모토마이 노부오下斗米伸夫, 1948~ (정치학자)는 "동방정교의 세계에서 권력과 종교는 서로 조화되어 붙지도 떨어지지도 않는 관계에 있다"고 지적하고 있다.[18]

푸틴 정권이 내세우는 내셔널리즘과 보수주의는 실제로 러시아정교회와 연결되어 있다. 푸틴 대통령은 러시아정교회로 국민을 통합하는 것을 목표하고 대국민 연설에서도 성서를 인용하는 일이 드물지 않다.

러시아정교회 수장인 모스크바 총대주교 키릴*은 '푸틴의 맹우盟友'로 알려져 있으며, 우크라이나 침공 이후 푸틴 정권의 군사 작전을 강력히 지지하고 있다. 침공 시작 후인 2022년 3월 설교에서 그는 "러시아인과 우크라이나인은 역사적인 운명으로 맺어진 하나의 '나로드Narod(인민, 민중)'다"라며 푸틴 정권에 대한 지지를 명확히 했다. 푸틴에게 키릴 총대주교는 정신적 조언자라고 해도 좋을 것이다.[19]

이런 러시아 측의 입장에 대해 지금까지 러시아정교회 산하에 있던 우크라이나정교회는 2022년 5월 말에 군사 침공을 둘러싼 키릴 총대주교의 입장에 동의할 수 없다며 '완전한 자주와 독립'을 결의하고 러시아정교회에서 떨어져 나왔다. 이 두 교회의 대립 관계는 이제 전쟁 이전의 상태로 되돌릴

* 2009년 2월 1일, 키릴(Kirill, 1946~)은 제17대 모스크바 및 전 루스 총대주교(Patriarch)와 러시아정교회 수좌주교(首座主教, Primate)로 선출되었다. 그의 원래 이름은 블라디미르 미하일로비치 군댜예프(Vladimir Mikhailovich Gundyayev)이다.

수 없는 지점에 와 있다. 이처럼 러시아·우크라이나 전쟁은 각자의 정신적 버팀목이라 할 만한 러시아정교회와 우크라이나정교회의 결별·대립과 뗄 수 없이 맞물려 있다. 2023년 우크라이나정교회는 그때까지 러시아정교회와 마찬가지로 매년 1월 7일에 지켜 오던 크리스마스를 프로테스탄트교회와 가톨릭교회와 같이 12월 25일로 바꾸어 기념했다.

가톨릭교회와의 관계는 어떨까.

가톨릭교회와 러시아정교회와 우크라이나정교회를 비롯한 동방정교회의 차이점은 주로 성령론과 마리아론에서 볼 수 있는데, 그 외의 교리는 거의 다르지 않다. 동성애 금지와 인공 임신 중절 금지 등에 관해서는 같다. 단, 러시아정교회와 우크라이나정교회에서는 예전禮典이 중시되는 데 비해 가톨릭교회에서는 교황을 정점으로 하는 조직hiearchy(성직계급제도)에 귀속하는 것이 중시된다.

가톨릭교회는 러시아정교회와 우크라이나정교회가 주류인 우크라이나에서는 소수파이다. 러시아의 우크라이나 침공은 가톨릭교회가 존재감을 보일 기회가 되었다. 교황 프란치스코Papa Francesco(재위: 2013년 3월 13일~2025년 4월 21일)는 사건이 있을 때마다 〈우크라이나에 평화를!〉이라는 성명을 발표하고 신중한 표현 방식으로 우크라이나에 대한 지지 입장을 내보이고 있다.

G7 히로시마 정상 회의와 우크라이나 전쟁

2023년 5월 19~21일, G7 히로시마 정상 회의가 열렸다. 역사상 처음으로 원자폭탄이 시민들 위로 투하된 히로시마에 세계 주요 선진국이라 자인하는 국가 정상들이 모였다. 게다가 우크라이나의 젤렌스키 대통령이 (특별 초청을 받아) 참석하여 크게 이목을 끌었다. 개최국으로서 의장 역을 맡은 기시다 총리는 히로시마 지역구에서 선출된 의원이다. 이 정상 회의에서 우크라이나 문제를 비롯한 여러 문제들이 의제가 되었다. 핵 군축·핵 비확산도 주요 의제 가운데 하나가 되었다.

여기서 정리된 '우크라이나를 위한 지원 강화와 러시아에 대한 경제 제재 강화'(이를 토대로 〈우크라이나에 관한 G7 정상 성명〉이 발표됨)는 러시아를 자극하여 우크라이나 공격을 심화시키게 되었다. 애당초 G7을 구성하는 미국·영국·프랑스는 핵보유국이고, 캐나다·독일·이탈리아·일본은 미국의 핵우산 아래 있는 나라들이다. 이 7개국은 모두 '핵억지력', 즉 핵무기 사용을 전제한 안전보장 정책을 내걸고 있다.

① 세계의 대립·분단을 부추기는 G7 정상 회의

히로시마 정상 회의에서는 우크라이나 침략전쟁을 계속하는 러시아에 대한 대항책 강화뿐 아니라 중국에 대한 대항책도 제시했다. 정상 공동 성명(G7 Hiroshima Leaders' Communiqué)에서 "법 지배에 토대한 (자유롭고 개방적인 국제 질서를 강화하고 유지하며) 자유롭고 개방적인 인도·태평양 지역 유지(를 위해 뒷받침한다)"가 강조되었는데, 이는 이 지역에 영향력을 강화하고 있는 중국에 대한 압력을 강조한 것이다.

② NATO의 동진 정책에 대하여

G7 회원국 가운데 일본을 제외한 6개국은 모두 나토(북대서양조약기구〈North Atlantic Treaty Organization: NATO〉)의 주요국이자 영국과 미국을 중심으로 우크라이나에 군사를 지원하고 있는 나라들이다. 나토는 제2차 세계대전 후에 소련과 동유럽 공산국가들에 대항하기 위해 생겨난 군사동맹이다.

2024년, 나토의 연락사무소를 도쿄에 설치하는 방안이 검토되고, 우크라이나 지원에 관련해 일본은 이미 나토의 준회원국이라 해도 좋을 만한 역할을 하고 있다. 그리고 인도·태평양 지역에서 패권주의적 행동을 강화하고 있는 중국에 대한 우려로 기시다 총리는 "우크라이나는 내일의 동아시아일 수 있다"라며 지리적으로 거리가 있는 유럽과 인도·태평양 지역을 잇자고 했다.

전前 주중 일본 대사 니와 우이치로丹羽宇一郎는 자신의 책 《일본을 어떤 나라로 만들까》에서 이렇게 주장한다.

"앞으로 세계는 겉보기와 달리 미국 대 중국이라는 모습으로 양분될 가능성이 있다. 그 가운데서 일본은 어떻게 살아갈 것인가. 현재 일본은 미국을 추종하고 있지만, 세계는 매우 큰 전환점에 다다르고 있다. …… 전후戰後 일본은 미국과 긴밀한 관계에 있지만, 중국과는 가까운 나라로서 오랜 교류의 역사가 있다. 어느 한쪽 나라를 추종하거나 밀착하는 것이 일본에 정말로 좋은 일일까. 이런 때에는 역시 일본의 국시國是(국민의 합의에 의한 국정의 근본 방침)로 되돌아가 생각해야 한다."[20]

'일본의 국시'란, 일본국 헌법, 특히 제9조에서 강조되고 있는 평화의 이념이다.

기시다 정권의 적敵기지 공격론(반격 능력)에 관하여

우크라이나 정세의 영향으로 일본에서 적기지 공격론(반격 능력)이 그 어느 때보다도 힘을 받으며 실행에 옮겨지려 하고 있다. 정부는 임시 국회가 끝난 뒤인 2022년 12월 16일 내각 회의에서 방위력 강화에 초점을 둔 '국가안전보장전략' 등 안보 관련 3문서*를 결정했다. 이 (문서) 가운데 안보 환경이 '전후戰後 가장 심각하다'라며 상대의 영역을 직접 공격하는 '적기지 공격 능력'을 '반격反擊 능력'이라는 명칭으로 보유한다는 것을 분명히 밝혀 적었다. 그리고 2023년도부터 5년간 방위비를 현행계획의 1.5배 이상이 되는 43조 엔으로 증액하는 것 등을 담았다. 헌법에 토대를 두고 전수 방위專守防衛 정책†에 철저를 기하며 군사 대국이 되지 않겠다고 한 그때까지의 전후 일본의 방위 정책은 커다란 전환점을 맞이하게 되었다.

군사 평론가인 다오카 슌지田岡俊次, 1941~는 다음과 같이 말한다.

* 중국과 북한의 군사적 위협과 러시아·우크라이나 전쟁 상황에 대처하기 위해 제정된 국방 정책에 관한 법률로 '국가안전 보장 전략', '국가 방위 전략', 그리고 '방위력 정비 계획'으로 구성된 세 문서를 가리킨다.

† 방어를 위주로 하는 일본의 군사 정책을 일컫는 용어이다. 방어를 위한 최소한의 방위력 보유, 그리고 상대로부터 무력 공격을 받았을 때 방어에 필요한 최소한의 방위력 행사를 기본으로 하고 있다.

"한 나라가 군사력을 증강하면, 이 나라와 대항 관계에 있는 타국도 (군사력을) 증강해 군비 경쟁이 되기 쉽다. 상대방도 (군사력이) 강해지면 돈은 들지만, 안전성은 전혀 높아지지 않고 서로의 파괴력이 늘어나기 때문에 오히려 위험해질 수도 있다. ……
일본에는 안전보장과 방위를 동의어처럼 생각하는 사람이 많지만, 안전보장의 핵심은 가능한 한 적을 적게 만드는 데에 있다. 적이 될 것 같은 나라들과도 되도록 관계 개선을 꾀하고, 우호국과는 더욱 친밀한 관계를 만드는 것이 나라의 안전에 중요하다."[21]

또한 니와 우이치로는《전쟁의 대大문제》에서 다음과 같이 지적한다.

"일본에서는 안전보장을 의론議論(여러 사안에 대해 각자 의견을 제기함)할 때, 일본이 다른 나라로부터 공격받았을 때 군사적으로 맞싸울 수 있는가를 중심으로 문제를 제기하는 사람이 많다. 많은 일본인은 안전보장이란 군사 문제라고 생각하고 있다. 그러나 본래 안전보장이란 군사보다도 외교와 국제 정치의 문제다."[22]

이런 정세에 대하여 전 내각 법제국장관을 역임한 변호사 사카타 마사히로阪田雅裕, 1943~ 는〈헌법 9조의 죽음憲法九条の死〉이라고 제목을 달아 다음과 같이 엄중하게 지적하고 있다(《세계》, 2023년 2월 호).

"이것은 '방위 정책의 대전환'에 그치는 게 아니다. 대부분의 국민이 알아차리지 못하는 사이에 75년간 일본이 지켜 온 평화주의를 폐기하는 것이다. …… 헌법 9조가 내건 '평화주의'는 2015년 성립한 이른바 안전보장법제로 이미 위험 상태에 빠져 있었으나 이번 국가안전보장전략의 개정으로 끝내 최후를 맞기에 이르렀다. 탄생부터 75년, 인간이라면 후기 고령자가 되는 헌법 9조가 그 역사적 사명을 끝내고 이제 그 모습을 감추려 하고 있다.”23

4. 통일교*와 정치 문제: 정치와 종교의 문제에 대하여

아베 전 총리의 총격 사건

2022년 7월 8일(금) 오전 11시 반쯤 아베 신조 전 총리는 나라시 긴테쓰近鐵 야마토사이다이지역大和西大寺驛 앞에서 참의원 선거 지원 유세를 하던 중 총격을 당하고 그 후 이송된 병원에서 사망 소식이 발표되었다. 나라현 경찰은 전직 해상자위대원이었던 용의자 Y†를 현행범으로 체포했다. Y는 모친이 특정 종교단체의 신자가 되어 많은 돈을 헌금하면서 가정이 파탄되자 그 종교단체와 관계를 갖고 있던 아베 전 총리에게 증오심을 품고 총격하기에 이르렀다고 보도되었다. 그 후 이 특정 종교단체는 ‘세계평화통일 가정연합(통일교)’이라고 밝혀졌다.

그 후 대중 매체에서 용의자 Y가 이 사건에 이르게 된 경위와 동기가 열띠게 보도되고 통일교의 반사회적인 종교 활동과 정치가(특히 자민당)와의 유착 관계가 밝히 드러났다. 기시다 총리는 재빠르게 아베 전 총리의 국장國葬을 치르겠다고 밝혔다. 그리고 9월 27일에 도쿄 일본무도관武道館에서 국장을 치르기로 7월 22일 내각회의에서 결정한다. 이에 야당과 국민은 (정부가) 장례를 정치적으로 이용한다며 다양한 비판의 목소리를 냈다.

* 통일교는 1954년에 ‘세계 기독교 통일 신령 협회’라는 이름으로 창립되었으나 1997년 4월에 현재의 명칭인 ‘세계평화통일가정연합’으로 바뀌었다. 일본에서 옛 명칭은 ‘구(舊)통일협회’ 또는 ‘구(舊)통일교회’로, 현재의 명칭은 ‘가정연합’으로 줄여서 불린다. 이 책에서는 통칭으로 ‘통일교’로, 문맥에 따라서는 ‘통일협회’, ‘가정연합’을 번역어로 쓸 것이다.

† 사건 발생 이튿날, 나라현 경찰은 용의자 이름을 야마가미 데쓰야(山上徹也, 1980~)로 밝혔다. 그는 사건 발생 현장에서 살인미수 혐의로 체포되었으나 이후 아베가 사망함에 따라 살인 혐의 등으로 기소되어 2024년 10월 현재까지 조사가 이어지고 있으며 국민 참여 재판으로 진행될 첫 공판은 연말 이후에 열릴 것이라 예상되고 있다.

통일교와 정치가(특히 자민당)의 관계에 대하여

통일교는 교주 문선명文鮮明, 1920~2012이 1954년에 한국에서 설립한 기독교계 이단이다. 일본에서는 1958년부터 포교가 시작되고 1964년에 종교 법인 인가를 받아 종교 활동이 본격화되었다. 초대 회장에는 입정교성회立正佼成會*의 청년부장이었던 구보키 오사미久保木修己, 1931~1998가 취임했다.

통일교는 1960년대 후반부터 1970년대에 걸쳐 대학생을 중심으로 젊은층에 포교하며 가정에서 나와 (교회 시설 홈에서) 집단생활을 하게 하였다. '전국대학원리연구회'라는 겉만 다른 단체를 만들어 각지의 대학에서 활발하게 포교 활동을 펼쳤다.

통일교는 공산주의를 인류 공동의 적으로 삼고 철저히 비판했다. 1968년 1월 13일 대한민국 중앙정보부KCIA에 의해 문선명을 지도자로 한 '국제승공연합'이 한국에서 설립되었다. 같은 해 4월 1일 일본에서도 '국제승공연합'이 설립되고 사사카와 료이치笹川良一, 1899~1995가 명예회장, 통일협회 회장인 구보키 오사미가 초대 회장으로 취임했다. 기시 노부스케岸信介, 1896~1987 †가 발기인으로 이름을 올렸다. 통일협회를 모체로 한 국제승공연합은 처음부터 자민당 소속 정치가들 및 우익 단체들과 결탁해 열띤 반공 활동을 했다.

일본의 통일협회는 금전적으로도 인적으로도 세계 통일협회의 아주 큰 공급원이 되어 있었고, 1980년대 이후에는 대리석 항아리와 다보탑 등을 높은 가격에 강제로 떠맡겨 파는 '영감상법靈感商法' ‡을 전개해 피해자가 잇달아 생겨나 커다란 사회 문제가 되어 줄소송이 제기되었다.

* 불교계인 일련종(니치렌슈, 日蓮宗) 및 법화종(홋케슈, 法華宗)에서 파생되어 1938년에 창립된 신종교.

† 패전 후 기시는 1945년 9월 A급 전범 용의자로 체포되었으나 1948년 12월 불기소로 풀려난 후 제56·57대 내각총리대신으로 활동했다. 기시의 큰딸 요코(洋子)가 아베 신조 전 총리의 모친, 다시 말해 기시는 아베의 외조부다.

‡ 영적인 인식 능력이 있는 것처럼 가장하여 어려움에 처한 사람들에게 접근해 그 원인이 조상의 영을 비롯한 영적 존재들로 인한 해코지에 있다며 불안을 부추기고, 신령한 힘이 깃들여 있는 물건인 양하며 항아리, 다보탑, 염주, 수정 등의 상품을 높은 가격에 판매하거나 헌금을 강요하는 행위를 일컫는 일본어 용어다.

1997년 통일협회는 문화청에 '세계평화통일가정연합'으로 명칭을 바꾸겠다며 승인을 신청했다. 그런데 영감상법 등이 사회문제화되고 있었기에 당시 문화청 종무과장 마에카와 기헤이前川喜平는 "실태가 바뀌지 않는데 이름을 바꾸는 건 불가능하다"라며 거부했다. 그 뒤에도 명칭 변경은 오랫동안 실현되고 있지 않았는데, 자민당 소속 중의원 의원 시모무라 하쿠분下村博文이 문부과학 대신이었던 2015년에 통일교에서 신청이 들어오자, 변경이 실현되었다. 그 후 이때의 경위에 대해 야당과 언론 매체가 매섭게 추궁하고 나섰지만 명확한 해명 없이 흐지부지 끝났다.

아베 전 총리 살해 사건이 실마리가 되어 지금까지 감춰져 있던 통일교와 정치가, 특히 자민당 의원들과의 유착 관계가 언론 매체와 인터넷 정보를 통해 분명하게 드러났다. 정치가와의 유착 관계는 자민당뿐 아니라 야당에도 미치고 있었다.

문부과학성의 질문권 행사에 대하여

종교 법인법에서는 종교 법인에 대해 법령 위반 등의 의혹을 가질 경우 문부과학성이 운영 실태 보고를 요구하거나 질문할 수 있다. 이를 근거로 2022년 11월 22일부터 일곱 차례에 걸쳐 문부과학성은 통일협회에 질문권을 행사하고 협회 측의 대답이 불충분하다고 판단했다. 이에 2023년 10월 13일 문부과학성은 통일협회에 대한 해산 명령을 도쿄 지방재판소에 청구했다. 단, 해산 명령이 확정될 경우 종교법인의 법인격法人格을 상실하고 세제稅制에 따른 혜택을 받을 수 없게 되는데, 종교 행위는 금지되지 않는다.

통일협회에 대한 해산 명령이 청구되자 피해자* 측 변호단과 정당 관계자 사이에서 통일협회가 재산을 한국으로 빼돌리거나 은닉할 수 있다는 불안감이 높아지고 있었다. 이에 국회에서 재산 관리와 보전保全에 대한 법안이 심의되었다. 2023년 12월 5일 재산관리특례법안 수정안이 중의원 본회

* 통일협회의 영감상법에 의한 물품 강매와 헌금 강요로 막대한 재산 피해를 입고 소송을 제기한 사람들.

의에서 레이와 신센구미れいわ新選組*를 제외한 모든 회파會派(한국의 원내교섭단체에 해당)의 찬성으로 가결되었다. 이 수정안은 해산 명령이 청구된 종교 법인의 재산 처분에 대한 감시 강화가 핵심이고, 부동산을 처분할 때 국가기관에 알리는 것을 의무화하고 있다. 또한 일본 사법지원센터를 통한 민사 소송 지원 체제를 강화하고 개별 재산 보전을 돕는 규정도 담고 있다. 그리고 12월 13일 참의원 본회의에서 다수의 찬성으로 성립되었다.

그러나 이 법안에 대해 피해자 구제에 나선 변호사들과 전前 통일교 신자 2세들은 "실효성이 작아 유감스럽다"라며 혹평하고 있다. 통일교의 문제성과 정계, 특히 자민당과의 관계는 반드시 따져 밝혀야 할 큰 문제이다.

5. 일본 프로테스탄트 교회의 상황

현상황과 과제

일본기독교단은 전국에 교회 1,699개, 신자 16만 7,000여 명(《그리스도교 연감 2023년 판》)을 이끄는 일본 최대의 프로테스탄트 교단이다. 많은 교파가 합동해 성립되었기에 교리 이해와 교회·교단 운영에서 다양성이 있고, 이는 혼란의 원인도 되어 왔다. 2010년대 전후에 생겨난 큰 과제는 이른바 성찬식에서 누구에게 성찬을 나누어줄 것인지에 대한 문제†가 있었다. 그때까지는 성찬에 참여할 수 있는 자격을 세례 교인으로 제한한다는 입장이 대세였다. 그러나 세례를 받았는지 여부로 구별하지 않고 그 장소에 회중으로 있는 사

* 2019년 4월 1일 탤런트·영화배우 출신으로 당시 참의원 의원이었던 야마모토 다로(山本太郎, 1963~)를 중심으로 창당된 진보주의 정당이다.

† 이 책의 원서에는 '배찬(配餐) 문제'라고 표현하고 있다. 참고로, 일본 기독교에서 성찬과 관련해 흔히 사용하는 용어에 '배찬(하이산: 配餐)', '분찬(분산: 分餐)', '배찬(바이산: 陪餐)', '수찬(주산: 受餐)', '배령(하이료: 拜領)' 등의 명사 단어가 있다. 교파에 따라 주로 쓰이는 용어에 차이는 있지만, 배찬(配餐)과 분찬(分餐)은 '성찬식에서 그리스도의 몸과 피를 상징하는 빵과 포도주를 나누어 주는 행위'를 일컫고, 배찬(陪餐)과 수찬(受餐)과 배령(拜領)은 '성찬식에서 그리스도의 몸과 피를 상징하는 빵과 포도주를 받아먹고 마시는 행위'를 일컬으며 동시에 성찬에 '참여하다', 성찬을 '받는다' 등의 여러 가지 동사 표현도 사용된다. 성찬식과 관련해 한국 기독교 내에서 사용되는 용어의 정립과 이에 따른 표준국어대사전 등재도 필요하다.

람들에게 성찬을 인정한다는, 이른바 '자유성찬Free communion'*이나 '개방성찬Open communion'의 입장에 선 교회도 눈에 띄게 늘어 났다. 당시 일본기독교단 총회의장이었던 야마키타 노부히사山北宣久는 종래의 성찬론 입장에 서 있었다.

이런 의견대립 가운데 자유성찬의 입장에서 (성찬을) 집례해 온 고요자카紅葉坂교회† 목사인 기타무라 지로北村慈郎가 2010년 1월 일본기독교단 역사상 처음으로 교회의 권징Church discipline에 의해 '면직' 처분되었다. 한 언론 인터뷰에서 기타무라는 일본기독교단의 전쟁 책임을 강조해 온 까닭에 표적이 되어 내침을 당했다고 대답했다. 그리고 이듬해에 목사 지위 회복을 구하며 도쿄 지방재판소에 소송을 제기했다. 2013년 일심 판결은 기타무라 목사의 소송은 "법률상 소송 가치가 없다"는 이유로 각하되었다. 이에 그는 항소했지만 일심과 같이 각하 처분되었고, 2014년 상고도 기각되어 패소했다. 그러나 일본기독교단 안에서 그의 재판 투쟁을 지원한 사람들도 있었다.[24]

또한 LGBTQ+‡ 문제에 대해서도 종래와는 다른 견해가 널리 퍼져 왔다. 교회마다 차이는 있지만, 자신의 성적 지향을 공개적으로 밝히고 교회생활을 하는 신자도 있다. 성직자들 가운데는 성전환 수술 후에 정식으로 안수를 받은 목사, 동성 동반자를 두고 LGBTQ+를 가까이서 지원하며 생활하

* 성찬식에서 그리스도의 몸을 상징하는 빵과 포도주를 누구에게 나누어줄 것인지에 대한 입장에 따라 주로 세 가지로 나뉘어 설명된다. ① 폐쇄성찬(Closed communion): 기본적으로 성찬식을 거행하는 교회의 세례 교인에게만, 혹은 교회가 소속한 교파 내의 세례 교인들에게만 빵과 포도주를 먹고 마시는 것을 인정한다. ② 개방성찬(Open communion): 기본적으로 성찬식에 참석한 사람이 세례 교인이라면, 소속 교단과 종파를 묻지 않고 빵과 포도주를 먹고 마시는 것을 인정한다. ③ 자유성찬(Free communion): 이 입장은 '개방성찬'의 범주에서 설명되기도 하는데, 교회에 따라 성찬식 참석자에게 세례 교인 여부를 묻지 않고 학습 교인을 비롯한 모든 신자에게 성찬을 먹고 마시는 것을 인정하는 예도 적지 않다. 게다가 아직 입교(入教)도 신앙 고백도 하지 않은 사람에게까지 성찬을 허용하는 교회들도 있다. 엄밀히 말해 이는 개방성찬의 범위를 벗어난 '자유성찬'의 범위에 넣어야 한다.

† 1893년 가나가와현 요코하마시 니시구(神奈川県横浜市西区)에 창립되었다.

‡ 이른바 '성 소수자(Sexual minority)'라는 말이 갖는 사회적 차별과 부정적인 이미지를 거부하고, 성 정체성과 성적 지향이 서로 다른 다양한 그룹을 아우르는 두문자어(initialism)이다. 이 용어는 LGBT, LGBT+, LGBTQIA+ 등과 같이 두문자가 늘어나는 다양한 모습을 하고 있다. 플러스(+) 표시는 각 두 문자어에 다 담지 못한 추가적인 성 정체성과 성적 지향을 나타낸다. 참고로, LGBTQIA+의 각 두 문자는 다음의 그룹을 나타낸다: Lesbian 레즈비언, Gay 게이, Bisexual 양성애자, Transgender 트랜스젠더, Queer 퀴어 and questioning 성 정체성이나 사회적 성과 성적 지향을 결정하지 않은 사람, Intersex 간성, Asexual 무성애자+.

는 목사, LGBTQ+ 신자들의 교류회를 기획하여 여는 목사도 있다. 그러나 이런 양상과 달리 종래의 전통적인 입장을 견지하는 성직자와 신도도 적잖이 있다.

2010년대 후반에는 같은 (일본기독)교단에서 '2030년 문제'로 불리는 주제가 논의되었다. 이것은 급격한 저출산·고령화로 인해 근년에 눈에 띄게 줄어드는 교세에 따라 2030년을 경계로 지방의 작은 교회를 중심으로 꽤 많은 수의 교회가 사라져 없어지지 않을까라는 우려에서였다.

2019년 7월 다카사고高砂교회*에서 열린 교직자 연수회의 주제가 '교단의 급격한 쇠퇴에 어떻게 대처할까?: 교단 2030년 문제에 대비하며'였다.

이러한 위기감에 대해 일본기독교단 상의원회는 '교단 전도 추진 기본방침: 함께 기도하자, 함께 전하자, 함께 헌신하자'라는 대책안을 결의했다. 그 일부를 다음에 소개한다.

> "교단은 전국에 1,685개 교회를 가지고 있다. 이만큼 많은 교회를 가지고 있다는 것은 교단의 강점이라 할 수 있다. 그러나 저출산·고령화가 진행되면서 개중에는 소멸의 위기에 있는 소규모 교회가 있다는 것을 잊어서는 안 된다. 소규모 교회는 주님의 몸인 교회를 지탱하며 생동감 있는 예배를 드리고 있다. 이로부터 교단의 모든 교회에 활기가 순환하고 교구의 전도가 추진되며 교단의 전도에 활력이 늘어갈 것이다. 한 사람 한 사람이 전도에 열심을 갖게 되어 주님께 위임받은 국내 전도를 추진해 가지 않으면 안 된다."

그리고 함께 기도하는 데서 시작하고, 매달 셋째 주일을 '일본 전도를 추진하기 위해 기도하는 날'로 삼으며, 예배 출석자 스무 명 이하의 교회를 기억해 기도할 것을 기본 방침으로 권하고 있다.[25] 이같은 과제는 일본기독

* 1900년에 효고현 다카사고시(兵庫県高砂市)에 설립되었다.

교단뿐만 아니라 국내 모든 교단의 절실한 과제이다.

제7회 일본전도회의

2023년 9월 19일(화)~22일(금)에 걸쳐 기후현 기후시 나가라가와岐阜県岐阜市長良川 국제회의장에서 제7회 일본전도회의가 열렸다. 1,200여 명의 복음주의파 목사, 선교사, 신학생, 신도들이 모였고, 동시에 많은 사람이 온라인을 통해 참가했다. 주제는 '마지막으로부터 시작하는 선교협력'이었고, 국제 정세가 세상의 종말과 그리스도의 재림의 징조를 짙게 보이고 있다는 인식이 있었다. 이 회의를 위해 주최 측인 일본복음동맹의 실행위원회와 개최지인 도카이東海 지구*의 교회가 협력했다. 사전에 전국 각지에서 패널 토론Panel discussion을 거듭하며 본회의를 맞이했다.

전 기간에 네 차례의 전체 예배, 패널 토론, 다양한 주제로 나뉜 여섯 차례에 걸친 분과회가 진행되었다. 지금까지 치른 여섯 차례의 전도 회의들하고 크게 다른 점은 젊은 세대가 중심이 되어 진행했다는 점이다.† 이 회의에는 복음주의파를 중심으로 한 일본 교회의 현상황과 과제가 잘 제시되어 있었다. 특히 지방에서 심각한 저출산·고령화에 따른 겸목兼牧(동시에 여러 교회를 맡아보는 목회 상황)·무목無牧(목회자가 없는 상황) 교회의 증가, 코로나19 위기 상황 대응책으로 진행된 온라인화의 영향과 이에 대한 대책, 파와하라パワハラ(힘에 의한 괴롭힘)‡·세쿠하라セクハラ(성희롱)§ 문제와 교회의 컬트화 문

* 혼슈의 주부(中部) 지방 남쪽과 긴키(近畿) 지방 남서쪽에 위치하고 태평양을 면한 지방으로 아이치현 나고야시(愛知縣名古屋市)가 중심을 이룬다.

† 다음 세대 지도력을 위해 회의의 모든 프로그램을 진행하는 운영진은 모두 50세 이하로 제한했으며, 50세 이상의 중진들은 배후에서의 협력자와 조언자로 머물렀다.

‡ 영어 'Power harassment'에서 전용된 신조어로 '권력이나 지위를 이용해 약자를 괴롭히는 행위'를 뜻하며, 주로 조직에서 윗사람이 직무 권한을 이용해 직무상의 적정 범위를 넘어 유형무형으로 아랫사람에게 압력을 가하며 고통을 주는 행위를 일컫는 말이다.

§ 영어 'Sexual harassment'에서 전용된 신조어로 '상대방의 의지를 거스르는 성적 언동으로 불쾌감을 주거나 또는 성적 언동을 거부할 때 불이익을 주며 일터를 포함한 일상 환경에서 자유를 침해하며 악영향을 일으키는 행위'라 할 수 있다.

제,* 늘어나는 재일 외국인newcomers 전도 등의 주제가 채택되어 전체 집회 및 분과회에서 상세하게 토론되었다.

참가 신청부터 모임 운영 및 발표에 이르기까지 디지털 기술과 기기를 활용하여 회의가 진행되었다. 일본복음동맹은 《선교 가이드 2023》(이노치노고토바社 발매)을 출판했는데, 거기에는 코로나19 위기 상황에서 어떻게 예배와 모든 활동을 해 왔고 현재는 어떻게 하고 있는지, 지방 선교의 과제, 다음 세대 육성 등 매우 현실적인 정보가 정리되어 있다. 이 책의 끝부분에 전도회의 마지막 날 (사회자와 모든 참가자가) 서로 화답하며 제창한 '일본전도회의 도카이선언'이 기도문 형식으로 실려 있다. '마지막에서부터 시작하는 우리의 기도'라는 제목을 붙인 이 선언은 엄중한 현상황을 명확히 인식하면서 희망을 가지고 기도하며 협력할 것을 강조하고 있다. 이 기도문의 첫 부분을 소개한다.

> "지금, 우리는 '마지막' 시간에 서 있습니다. 민족은 민족에게, 나라는 나라에 적대해 일어나 평화가 위협받고 있습니다. 큰 지진이 있고 심각한 기아와 미지未知의 역병이 일어나고 있습니다.
>
> 환경 파괴가 매우 빠르게 진행되고, 재해가 매우 커지고 있습니다. 세계 각지에서 일어나고 있는 박해와 분쟁도 심각합니다. 온갖 분열이 세계를 뒤덮고, 양극화 심화, 빈곤, 윤리의 혼미스러움으로 전 세계가 고통받으며 신음하고 있습니다.
>
> 교회가 직면하고 있는 어려움도 다양하고 심각합니다. 많은 교회에서 고령화가 진행되고 헌신자†가 눈에 띄게 줄어 있습니다. 겸목 교회와 무

* 일본의 정통 교회는 왜곡된 지배 구조, 즉 지도자를 우상화하며 사람을 조종·통제·착취하는 비인권적·반사회적 해악을 끼치는 이단 및 사이비 종교를 '컬트(Cult)'라고 표현하며, 정통 교회 안에서도 컬트가 갖는 특성에 대해 스스로 물들지 않기 위해 경계한다. 기독교인 인구가 적은 일본 사회에서 정통 교회는 컬트 문제에 대해 종교와 교리 문제보다 인권 문제 차원에서 법적·사회적·경제적으로 다루며 일반 시민들의 공감을 얻는 편이다.

† 일본 개신교회에서 '헌신자'라는 말은 주로 성직자로서의 소명을 받아 공개적으로 헌신을 표명하고 신학교에 들어가 공부하는 신학생, 혹은 성직자 지망생을 일컫는다.

목 교회가 늘고, 교회들이 합병되거나 폐쇄되며, 봉사자들이 탈진하는 일이 그치지 않습니다. 코로나19가 빚은 인간관계 문제와 경제적인 곤란도 있습니다. 게다가 기독교에서 생겨난 이단·컬트로 인해 가정이 붕괴되고 마음에도 몸에도 상처를 입고 있는 사람들이 많습니다."[26]

전 회중은 이 기도에 화답해 "우리가 보냄을 받은 이 시대의 현실을 외면하지 않고, …… 마지막 날의 환상을 응시하며 희망을 가지고" 주님을 섬길 것을 선언하고 있다.[27]

6. 이스라엘·하마스 전쟁과 일본 교회

2023년 10월 7일 이슬람 무장조직 하마스의 이스라엘인 공격이 일어나 약 1,200명의 이스라엘인이 죽임을 당하고 240여 명이 인질이 되었다. 이에 이스라엘 정부는 즉시 보복하기 위해 군을 동원해 가자 지구에 연일 공습空襲했고, 10월 27일부터 지상전을 벌였다. 그 후 인질을 교환하기 위해 일시적으로 전투가 중지되었으나 군사력에서 압도적으로 우세한 이스라엘의 가차 없는 가자 지구 공격으로 2024년 1월 현재 2만 수천여 명의 가자 시민이 사망했다. 이스라엘군의 공격은 하마스의 군사 거점에 그치지 않고 민간주택, 학교, 병원, 난민 캠프 등에까지 광범위하게 미치고, 가자 인구 230만 명 가운데 약 200만 명이 난민이 되었다. 그리고 식료, 식수, 난방 등이 부족해 인도人道상 극심한 위기 상황이 이어지고 있다.

이 전쟁 배경에는 제2차 세계대전 후에 형성된 이스라엘인과 팔레스타인인 사이의 뿌리깊은 대립과 보복이 있다. 오랫동안 유대인은 세계에서 차별과 박해를 받아 왔다. 그 상징적인 사건이 러시아 제국에서 일어난 포그롬Pogrom†과 나치 독일에 의한 홀로코스트Holocaust(대학살)였고, 나치에 의해 약

† '대박해'를 의미하는데, 넓은 의미로 말하자면, 인종·종교·정치·경제 등 다양한 이유로 소수 민족을 조직

600만 명의 유대인이 죽임을 당했다.

이처럼 박해받고 세계 각지로 뿔뿔이 흩어진 유대인들 사이에서 (성서와 유대교 역사에 근거하여) 팔레스타인(시온산)이야말로 하나님께서 자신들에게 약속하신 땅이라는 (주장을 토대로 그 지방에 유대 민족 국가를 건설하는 것을 목표로 한 민족주의 운동인) '시온 운동Zionism'이 19세기 후반에 일어났다. 그리고 제2차 세계대전 후인 1947년 국제 연합UN이 팔레스타인 분할 결의안을 채택, 통과시켰다.* 1948년 5월 유대인들은 기다리고 바라던 이스라엘 공화국 건국을 선언했다. 그 결과 제1차 중동 전쟁†이 벌어졌으며, 이에 (70만여 명의) 팔레스타인 원주민은 쫓겨나 터전을 잃고 난민이 되었다. 이 비극적 사건은 '나크바The Nakba, the catastrophe(대참사)'로 불리며 그들의 기억 속에 새겨졌다.

이후 세 차례에 걸쳐 이스라엘과 주변의 아랍 국가들 사이에 중동 전쟁이 일어났다. 1987년 가자 지구에서 일어난 이스라엘군의 팔레스타인 공격을 계기로 인티파다Intifada라고 불리는 팔레스타인인의 저항 운동이 일어났다. 이때 이슬람 저항 운동 조직인 '하마스Hamas'‡가 탄생했다.

1993년 미국의 중재로 두 국가 해법Two-state solution을 명확히 내세운 오슬로 협정Oslo Accords이 이스라엘과 팔레스타인해방기구PLO 사이에서 체결되었다.§ 그러나 그 후 체결 당시의 이스라엘 총리였던 이츠하크 라빈Yitzhak Rabin,

적으로 탄압하고 학살하는 모든 폭동을 가리킨다. 좁은 의미로 말하면, 19세기에서 20세기 초에 러시아 제국에서 일어난 유대인에 대한 탄압과 학살 사건을 일컫는다.

* 1947년 11월 29일 제2차 유엔 총회는 팔레스타인 지역을 유대인 지구, 아랍인 지구, 베들레헴과 예루살렘을 포함한 유엔 관할 지구로 분할하는 결의안을 33개국의 찬성으로 통과시켰다.

† 1948년 아랍-이스라엘 전쟁' 또는 '1948년 팔레스타인 전쟁'으로도 불리며, 유엔의 결의와 이스라엘 독립 선언에 반발해 이집트, 요르단, 시리아 등이 결성한 아랍 연합군이 1948년 5월 15일에 유대인 정착지와 이스라엘군을 공격하면서 전면전으로 확대되었고, 이듬해 3월에 체결된 일련의 휴전 협정으로 잠정 종결되었다.

‡ 제1차 인티파다가 일어난 1987년 12월에 창당된 팔레스타인의 수니파 이슬람주의 및 민족주의 정당이자 준군사조직으로 이스라엘에 대한 팔레스타인 무장 투쟁을 주도하고 있다. 2007년 6월 팔레스타인 최대 정당 중 하나로 팔레스타인 해방 기구(PLO)를 주도하고 있는 파타(Fatah)와의 권력 분쟁으로 일어난 가자 내전(Gaza civil war) 끝에 파타는 서안 지구, 하마스는 가자 지구에서 집권하게 되었다.

§ '2국가 해법'에 토대한 평화 프로세스 정착을 위한 협정으로 공식 명칭은 '임시 자치 협약에 관한 원칙 선언 (Declaration of Principles on Interim Self-Government Arrangements)'이다. 이 협정은 이스라엘과 팔레스타인 양측이 서로 합법적인 존재임을 인정하고, 이스라엘은 팔레스타인해방기구(PLO)를 팔레스타인을 대표하는 공식 기구임을 인정하며, PLO는 이스라엘에 대한 무장투쟁을 중단하기로 약속하고 이스라엘의 평화로

1922~1995이 암살되고 합의는 곧 파탄되었다. 그 후 이스라엘에서 우파 정권이 권력을 잡으면서 가자 침략이 계속되고 요르단강 서안 지구의 유대인 정착촌은 계속 확대되어 갔다.

2007년 하마스가 가자 지구를 제압하고 통치했다. 이에 대해 이스라엘군은 수차례 가자를 공격했다. 가자 지구는 외부와 차단되고 주민 출입이 엄격히 제한되어 '천장 없는 감옥'이라 불리며 가자 시민들은 매우 열악한 생활을 강요받았다.

이처럼 오랫동안 이어져 온 팔레스타인 사람들에 대한 이스라엘의 억압을 배경으로 2023년 10월 7일 하마스의 이스라엘 습격사건이 벌어졌다. 그에 대해 압도적인 군사력을 가진 이스라엘군의 가차 없는 보복 공격이 계속되고 있다. 2023년 12월 말 이스라엘군의 공격으로 가자 지구 사망자는 2만 3,000명이 넘는데 그 가운데 70퍼센트가 어린이와 여성이다. 또한 이 전쟁으로 가자 지구 전역은 파멸적인 피해를 입고 비인도적이고 비참한 상황이 계속되고 있다.

2023년 10월 말 유엔 사무총장(안토니우 마누엘 드 올리베이라 구테흐스António Manuel de Oliveira Guterres)는 유엔안전보장이사회에서 "하마스의 공격은 이유도 없이 일어난 게 아님을 인식하는 것도 중요하다. …… 팔레스타인 사람들은 56년간 숨막힐 듯한 점령하에 놓여 왔다"고 발언했다. 이에 대해 이스라엘 측은 거세게 반발하며 사무총장의 사임을 요구했다.

일본 정부는 하마스의 테러 공격을 비판하고 즉시 인질을 석방하도록 요구하는 한편 이스라엘의 가자 공격에 대해서는 심각한 우려를 표명하는 데에 그치고 국제인도법International humanitarian law 위반이라는 명확한 인식을 보이지 않았다. 그러나 세계 각지에서 이스라엘의 거센 군사 공격에 대한 비난

운 생존권을 인정했다. 또한 양측은 5년 이내에 팔레스타인을 통치할 팔레스타인 자치정부(Palestine National Authority) 설립 등에 합의했다. 이에 따라 1994년 7월에 팔레스타인 자치정부가 수립되었다. 그리고 1995년 9월 28일 제2차 오슬로 협정-'서안 지구와 가자 지구에 관한 잠정 협정(Interim Agreement on the West Bank and the Gaza Strip)'-을 체결하고, 최종적인 평화 협정을 위해 노력했다.

의 목소리가 높아지고 있다.

일본그리스도교협의회NCC는 2023년 10월 13일 '팔레스타인과 이스라엘의 평화를 바라는 성명문'을 발표했다. 이 성명은 팔레스타인 자치구 가자를 실효 지배하는 이슬람 조직 '하마스'가 10월 7일 이스라엘에 대해 대규모 공격을 가하고 많은 사람을 인질로 삼은 것을 "폭거"라고 비판하고, "세계인들과 함께 항의"한다고 밝혔다. 한편 철저한 항전을 선언하고 가자 지구에 대규모 군사를 투입하는 방침을 보인 이스라엘의 대응에 대해서는 "사태를 더한층 절망적인 방향으로 이끈다"라며 "우려와 의문을 금할 수 없다"는 입장을 보였다.[28]

2023년 12월 30일 일본복음동맹JEA은 '이스라엘과 하마스의 분쟁에 관한 성명'을 발표했다. 그에 따르면 분쟁의 발단이 된 하마스의 10월 7일 대규모 기습 공격은 "(가자 지구의) 일상적인 봉쇄와 공격에 대한 인내의 한계이며, 이스라엘과 사우디아라비아의 역사적인 화평 합의(수교 협상)에 대한 반발이다"고 말했다. 그럼에도 "하마스의 잔학한 행위는 결코 용인될 수 없다"라며 비판했다. 또한 "하마스가 다수의 인질을 살해한 것도 용서될 수 없다"고 말하며 많은 시민과 외국인을 포함한 약 1,200명을 살해하고 240명 이상을 인질로 납치한 하마스의 행위를 규탄했다. 한편, 하마스의 기습 공격을 받고 이스라엘이 가자 지구에 대해 벌이고 있는 보복 공격에 관해서는 "'자위(권)'의 범위를 명백히 벗어난 것이다"라고 지적하고, "일상적으로 주민의 자유와 인간의 존엄성을 빼앗는 점령은 무기를 사용하는 폭력과는 모양도 질도 다르지만 폭력이라 할 수 있다. 또한 병원 등을 공습하는 것은 국제인도법 위반이자 만행이라 하지 않을 수 없다"고 엄중히 비판했다.[29]

또한 일본 기독교인들 가운데는 교리적 입장에서 이스라엘을 강력히 지지하는 이들도 있는데, 이번 전쟁과 관련해서도 이스라엘을 옹호하는 입장을 드러내어 밝히고 있다.

제5부

재포교 후의 가톨릭교회사와 하리스토스정교회 약사略史

제1장 재포교 후의 가톨릭교회사

막부 시대 말기부터는 개신교 복음 선교의 역사만을 거론해 왔다. 여기서는 재포교 후의 가톨릭교회의 행보와 하리스토스정교회*의 일본 선교를 정리하고자 한다.

1. 가톨릭교회의 재포교

에도 시대의 철저한 기리시탄 금제책으로 잠복 기리시탄들은 숨죽이듯 지내며 신앙을 지켜 나아갔다. 1708년, 조반니 바티스타 시도티Giovanni Battista Sidotti, 1668~1714의 입국을 끝으로 선교사가 일본 땅을 밟는 일은 없었다. 그러나 일본 사교구司教區 및 일본 예수회 관구 본부가 대표를 마카오에 두고 명목적이라도 일본 교회를 유지하고 있던 것에서 알 수 있듯이, 가톨릭교회는 늘 일본 교회를 재건할 기회를 엿보고 있었다.

일본에서의 재포교에 중요한 역할을 한 것은 예수회가 아니라 이 무렵 동양 선교에 성과를 올리고 있던 프랑스계의 파리외방전교회Paris Foreign Missions Society였다. 이 전교회는 1844년 4월에 사제 테오도르 오귀스탱 포르카드Theodore A. Forcade, 1816~1885와 중국인 유학생을 나하로 파송했다. 그들은 류큐 왕국

* 일본정교회(Orthodox Church in Japan)는 현재 러시아정교회 산하에 있는 자치 교회이며 일본에서는 '일본 하리스토스정교회'로 표기하는데, 하리스토스는 '그리스도'에 해당하는 러시아어를 일본식으로 음차(音借)한 표기다.

의 관리가 완강히 거절함에도 입항을 강행했다. 그리고 도마리무라泊村의 아메쿠세이겐지天久聖現寺에 연금되면서도 선교의 기회를 엿보고 있었다. 포르카드의 나하에서의 생활과 활동에 대해서는 에비사와 아리미치의 《유신변혁기와 기독교》 제3장의 '덴보天保 15년 류큐 프랑스 교섭 일본 사료'에 자세히 소개되어 있다.[1] 포르카드가 사교司教로 서품받기 위해 1846년 홍콩으로 돌아간 후, 나하에는 두 명의 선교사가 파견되었다. 또한 1855년에 프뤼당스 세라판 바텔레미 지라르Prudence Seraphin-Barthelemy Girard, 1821~1867 등 네 명이 합류하여 일본어를 배우면서 개국의 때를 기다렸다.

1858년 프·일수호통상조약 체결 후 지라르가 4대째 일본교구장으로 에도에 가면서 본격적인 재포교가 시작되었다. 또한 선교사 메르메 드 카숑Mermet de Cachon, 1828~1889이 하코다테로 건너가 선교했다. 이 책 제2부 제4장에서 다루었듯이, 파리외방전교회에서 파견된 사제 프티장은 1865년 나가사키의 오우라 천주당에서 잠복 기리시탄의 자손들과 극적으로 재회했다. 그러나 그 기쁨도 잠깐, 도쿠가와 막부의 기리시탄 금제책을 이어받은 메이지 정부는 우라카미 지역 신도들을 혹독하게 탄압하고 각 번藩으로 유배를 보냈다. 그러나 구미 각국의 거센 항의에 따라 1873년에야 비로소 메이지 정부는 기리시탄 금제의 고찰을 철거하고, 각지에 유배되어 있던 우라카미 지역 신도들의 석방을 승인했다.

2. 메이지기의 가톨릭교회

기리시탄 금제의 고찰을 철거한 후에는 일본에 오는 선교사도 늘고 신자도 급증했다. 그에 따라 1876년 일본 교회는 남위대목구南緯代牧區(긴키 지방 이서의 남일본)와 북위대목구北緯代牧區(주부 지방 이북의 북일본)로 나뉘었다. 재건된 가톨릭교회의 일본 선교는 초기 무렵에는 파리외방전교회에 독점적으로 맡겨져 있었다. 가톨릭교회에 불행했던 일은, 막부 말기의 정치적 격변기에 프랑스 정부가 도쿠가와 막부 측을 원조했기 때문에 메이지 신정부하에서

프랑스와 가톨릭교회의 입지가 약화되고 만 것이다.[2]

'문명개화', '부국강병'을 표어로 근대국가를 겨냥한 메이지 시대의 일본 사회에서, 같은 기독교임에도 개신교와 가톨릭은 선교 자세가 매우 달랐다. 개신교 선교사는 대부분 미국인이며, 그들의 많은 수가 교사, 의사, 기술자 등의 자격도 있었다. 그들은 구미 근대문명을 배우고자 향학열에 불타는 일본 청년들을 가르치며 기독교를 전파했다. 이에 비해 가톨릭 선교사들은 사제 교육을 받기는 했지만, 영미 문화에 큰 관심을 둔 가운데 메이지 사회가 요구하는 학문이나 기술을 갖추고 있지 못했다. 게다가 그들은 독신이어서 특별한 사람으로 보였고, 일반인과 거리가 있는 생활을 하고 있었다. 모리 가즈히로森一弘에 따르면, "초기 가톨릭교회는 메이지 사회의 흐름 밖에 서고 말았다."[3]

가톨릭 선교사들은 도시를 중심으로 선교활동을 한 개신교 선교사와 달리, 일본 각지로 뻗어 나가 작은 교회를 계속 세워 갔다. 도카이도東海道* 연안 지역을 비롯하여 센다이, 모리오카의 동북지방, 니가타에서 야마가타현 북서부 지방에 걸쳐 활동 범위를 넓혔다. 규슈에서는 나가사키의 옛 신자들의 공동체를 기초로 그 범위를 넓혔다. 1890년, 나가사키의 오우라 천주당에서 일본 최초의 가톨릭교회 회의가 열려 향후 일본에서 종교 활동의 구체적 방침과 교회법규가 결정되었다. 전체적 분위기는 그 결의문에서 볼 수 있듯이 근대 문명의 진보·발전에 비판적이었다.[4]

이미 언급했듯이, 초기 일본 선교는 오로지 파리외방전교회에 맡겨져 있었다. 그러나 교회가 발전함에 따라 다른 수도회도 일본에 입국하게 되고, 로마 교황청은 다른 수도회와 선교회에도 차츰 선교 임무를 맡기기로 했다. 1904년 신설된 시코쿠 교구를 필리핀계 도미니크회에 위탁한 것을 시작으로 그 후 점차 많은 교구를 주로 독일계 수도회에 맡겼다.

개신교의 선교에서는 영미계 미션 스쿨의 활동이 대단히 큰 역할을 하

* 이바라키현과 긴키지방(近畿地方: 나라·교토·오사카·고베 등)을 잇는, 태평양 연안으로 난 길.

고 있었다. 이 점에서도 가톨릭교회는 뒤떨어져 있었지만, 1878년에 하코다테 시라유리白百合학원을 설립하고부터 각지에 교육기관을 만들어 갔다. 가톨릭의 경우, 각지의 시라유리학원이나 1908년 설립된 세이신여자학원聖心女子學院(현재의 세이신여자대학)에서 볼 수 있듯이 여성 교육이 주류였다. 그런 가운데, 1887년 일본에 온 프랑스계의 마리아회는 교세이曉星, 가이세이海星를 시작으로 남자중학교를 설립하여 프랑스어 교육으로 알려지게 되었다. 한편, 예수회가 다시 일본에 온 것은 1908년이며, 1912년에 조치학원上智學院(현 조치대학교)을 설립했다.

이 시기 가톨릭의 선교 가운데 간과해서는 안 될 것은, 맨 먼저 진료소와 고아원을 설립하고 한센병 환자를 위한 사업 등의 자선활동에 힘을 기울인 일이다. 특히 한센병 환자 구제사업으로 1887년 시즈오카현 고텐바御殿場 외곽에 설립된 고야마후쿠세이神山復生 병원이 알려져 있다. 이곳은 한센병 환자를 위한 일본 최초의 시설이다.

또한 이 무렵, 마크 마리 드 로Marc Marie de Rotz, 1840~1914 신부와 같이 선교 활동과 아울러 지역사회의 생활 개선이나 복지사업을 위해 일한 인물도 나타났다. 드 로는 파리외방전교회 선교사로, 1868년 일본에 와서 1914년에 세상을 떠나기까지 한 번도 귀국하지 않고 일생을 선교와 사회개량활동에 바쳤다. 나가사키 소토메초外海町에 살면서 전도와 사목활동 외에 주변의 필요를 돌아보며 계속 활동했다. 그의 활동은 인쇄 및 출판, 직업훈련시설과 보육원, 진료소와 고아원 설립, 농업기술 지도 등 실로 광범위했다. 그는 '소토메의 성인'으로 불리며, 지금도 지역 사람들의 기억에 깊이 각인되어 있다.[5]

3. 다이쇼-쇼와 전기: 전전戰前의 가톨릭교회

메이지기에 개신교회에 크게 뒤진 가톨릭교회는, 다이쇼기大正期부터 쇼와 전기에 걸쳐 착실하고 안정된 발전을 이루어 갔다고 할 수 있다. 메이지기 후반부터 다이쇼·쇼와기에 걸쳐 실로 많은 수도회가 일본에 와서 각기 특색과 전통을 살리며 활동했다. 이들 수도원은 개신교회의 교파와 달리 로마 교황청의 지도 아래 선교활동을 분담해 갔다. 다이쇼기에는 1912년에 니가타 교구가 독일 신언회神言會, Society of the Divine Word에, 1915년에는 삿포로 교구가 독일 프란치스코회에 맡겨졌다. 1923년에는 히로시마 교구가 독일 예수회에 맡겨졌다. 한편, 신언회는 1932년 나고야에 난잔南山학원을 설립하여, 이 학원이 전후에 난잔대학이 되었다.

가톨릭교회의 활동에서 특징적인 것은, 모든 수도회가 각기 수도원을 운영하고 있다는 것이다. 특히 다이쇼기 일본인에게 잘 알려진 것은, 1896년 일본에 온 엄률嚴律 시토회Cistercian Order of the Strict of Observance가 설립한 홋카이도의 '트라피스트Trappist 수도회'다. 수도사들은 홋카이도의 황무지를 개척하고 낙농업을 보급시킨 점에서 큰 공적을 남겼다. 1913년에 시인 미키 로후三木露風, 1889~1964가 이 수도원의 문학 강사가 되어 여기서 지냈다. 그는 여기 머무는 동안 부인과 함께 세례를 받았다. 그리고《수도원 시집》과 동요집 등을 출판했다. 그의 후임으로 트라피스트 수도원에 부임한 와다 조후和田潮風는《수도원 생활과 그 사상》을 출판했다. 이 책들이 다이쇼기 종교문학이 크게 유행하는 가운데 열심히 읽히면서 트라피스트 수도원의 이름이 전국적으로 알려지게 되었다. 같은 수도회가 경영하는 트라피스티누Trappistine여자수도원도 알려져 있다. 지금도 하코다테의 관광 명소이며, 고품질의 버터 캔디, 쿠키 제조회사로도 유명하다.

가톨릭의 일본 선교에서 획기적인 것은, 1927년에 나가사키 교구를 처음으로 자국인自國人 교구로 독립시키고 일본인 사교단司敎團에 위임한 일이다. 이어 1937년에는 도쿄 대사교구大司敎區가 자국인 대사교구가 되었다. 이와 함께 가톨릭 교역자 양성을 위한 신학교도 충실히 준비해 온 까닭에 대大신학교로 성프란치스코사베리오 신학교가 도쿄에 설립되었다. 그러나 같은 시기의 개신교에 비하면, 자립을 생각하기에는 아직 미비하여 외국에 의존하려는 성향이 강했다.

또한 사상적 측면에서 보더라도, 일본 정신사와의 교섭이나 대결을 거의 볼 수 없는 것도 불만족스러운 점이다. 1893년부터 1914년까지 도쿄제국대학에서 철학을 가르치며 많은 학생에게 깊은 감화를 준 라파엘 폰 쾨베르Raphael von Koeber, 1848~1923의 존재 정도가 알려져 있다. 그는 일본에 머물며 1899년에 그리스정교회에서 가톨릭으로 개종하여 세례를 받았다. 그의 제자로는 이와시타 소이치岩下壯一, 1889~1940가 널리 알려져 있다.

이와시타는 쾨베르 밑에서 철학을 공부한 후, 유럽에서 유학하고 사제로 서품되었다. 1930년에 고야마후쿠세이 병원 원장으로 취임하여 한센병 환자들에게 존경을 받았다. 그는 〈가톨릭신문〉 편집장으로도 일했다. 그의 저서《가톨릭의 신앙》과《신앙의 유산》은 전전戰前 가톨릭 신학의 최고 수준을 보여준 것이라 할 수 있다.

또한 이와시타에게 사사한 가톨릭 철학자로 요시미쓰 요시히코吉滿義彦, 1904~1945가 있다. 그는 프랑스에서 유학하며 자크 마리탱Jacques Maritain, 1882~1973에게 배웠고, 문학에도 조예가 깊었다.

쇼와기에 들어 군국주의 체제가 강화되어 갔다. 1931년 만주사변 이후 점점 더 그러한 체제가 본격화되는 가운데 1932년에 조치대학교 사건이 일어났다. 이는 조치대학교 예과豫科의 몇몇 학생들이 야스쿠니 신사 참배를 거부한 것에서 발단했다. 이에 대응하여 육군성陸軍省은 조치대학교를 국가에 해로운 대학으로 문부성에 보고하고, 그해 연말에 조치대학교와 교세이曉星중학교에서 배속장교配屬將校(학교에 배속된 육군 현역 장교로 군사예비훈련을 담당함)의 철수를 단행했다. 〈아사히신문〉, 〈요미우리신문〉 등도 이 사건을 대서특필했다. 배속장교의 철수는 졸업생이 간부후보생이 되는 특권을 상실함을 의미하여, 입학생이 격감될 처지에 놓인 학교는 큰 타격을 받았다. 사태를 우려한 학교 당국이 필사적으로 교섭하여 이듬해 다시 배속장교가 임명되면서 1년 넘게 사회문제로 주목받은 이 사건은 일단락되었다.

이 사건 수습에 대해 가톨릭 관계자는 "학교 당국이 사태 해결을 위해 진력한 결과"라는가 하면, 신사참배는 종교행위가 아니라는 문부성의 공식 견해를 받아들여 "신사참배는 가톨릭의 가르침에 모순되지 않는다"며 "군부와 마찰을 피했다"라고 했다.[6] 이에 대하여 구보 요시조久保義三는《쇼와 교육사: 천황제와 사적史的 전개》상권에서 군부, 문부성, 조치대학교의 1차 자료를 면밀히 다루며 실태를 기록하고 있다.[7] 이 책에 따르면, 이 사건에 대응하여 조치대학교에서는 헤르만 호프만Hermann Hoffmann, 1864~1937 학장 이하 전원이 매일 아침 규조요하이를 했다고 한다.

그리고 국체사관國體史觀에 기초하여 교육과정을 전면적으로 재편하고 국가주의 사상의 중심인물을 강사로 맞았다. 또한 신문에 "본 대학은 …… 종교학교가 아닙니다"라는 공고를 게재했다. 기독교 주의에 기초한 교육방침을 포기했음을 알린 것이다. 이같이 군부와 전면적으로 타협하여 가까스로 배속장교를 다시 맞아들일 수 있었던 것이다.[8]

가톨릭교회에 대한 더욱 철저한 탄압의 예로, 아마미오시마奄美大島 사건을 들 수 있다. 규슈 남부에 있는 이들 섬에서는 1891년 이후 파리외방전교회의 선교가 진행되어 1917년 선교 개시 25주년 축제 당시까지 세례자가 5,000명에 이르렀으며, 많은 지역 주민이 교인이 되어 있었다. 아마미오시마에 복음이 전해진 것에 대해서는 안자이 신安齋伸이 쓴《남도南島의 기독교 수용》에 자세히 거론되어 있다.[9] 가톨릭교회는 지역 주민의 요청에 응하여 오시마고등여학교, 진료소, 보육원 등을 설립, 운영했다.

그런데 이 섬과 오키나와를 요새화하려던 군부는 이 고장의 단체들을 동원하여 가톨릭교회를 철저하게 탄압했다. 특히 1933~1934년에 걸쳐 국가신도를 강제하고 군국주의 교육을 철저히 강화하며, 교회 파괴, 여학교 강제 이전, 선교사 퇴거 등의 압박을 자행했다. 신자들에게는 신앙을 버릴 것과 신사참배를 강제했다. 이로 인해 순교자도 생겨났고, 어쩔 수 없이 마을을 떠난 신자들도 많았다. 아마미의 신자들은 패전까지 12년간 에도 시대의 잠복 기리시탄처럼 혹독한 생활을 감내해야 했다. 수천 명의 가톨릭 신도가 강제로 개종당했다고 하는 이 대탄압 사건에 대해서는 미야시타 마사아키宮下正昭가 쓴《성당의 히노마루: 아마미 가톨릭 박해와 천황교》에 자세히 기록되

어 있다.[10]

그런 가운데 1935년에 개최된 가톨릭 전국사교회의司教會議는 '일본주의 전향轉向 성명서'를 발표하고 일본 국체에 순응할 것을 밝혔다. 이에 따라 주교들과 교구장들도 잇따라 일본인으로 대체되어 갔다. 이러한 가톨릭교회의 대응의 변화로 이후 가톨릭교회에 대한 조직적 탄압은 거의 사라졌다. 1941년에는 일본 천주공교公教 교단으로 문부성의 인가를 받고, 초대통리자로 도이 다쓰오土井辰雄, 1892~1970가 선출되었다.

일본이 패전하기 직전인 1945년 8월 9일, 미군에 의해 나가사키에 원폭이 투하되어 많은 희생자를 내고 우라카미 천주당은 붕괴되었다. 이때 피폭된 가톨릭 신자로 나가이 다카시永井隆, 1908~1951가 있다. 그는 나가사키 의과대학 학생 시절 가톨릭교회에서 세례를 받았다. 만성 골수성백혈병으로 3년밖에 살지 못할 것으로 진단받은 지 3개월 후 피폭되었고, 그렇게 중병을 앓고 있으면서도 의사로서 구조활동을 벌였다. 그리고 방사선전문의의 입장에서 원폭증原爆症에 관해 적은 귀중한 보고서를 작성했다. 투병 생활 가운데 문필활동을 하고, 두 권의 베스트셀러 《나가사키의 종鐘》과 《이 아이를 남겨두고この子を残して》를 비롯한 많은 저서를 남겼다. 그는 "원폭 피폭은 나가사키로 끝"이라며 핵무기를 없앨 것을 호소하고 "제 몸과 같이 사람을 사랑하라"고 전쟁 반대를 설파하며 가톨릭 신앙에 기초한 평화를 계속 요구했다.[11]

4. 전후戰後의 가톨릭교회

가톨릭교회는 일본이 패전한 직후인 1945년 10월 전국임시교구장회의를 열고 전시하의 천주공교교단을 대신하여 천주공교교구연맹을 조직하고 재건에 착수했다. 1952년에 발표된 종교법인법에 의해 천주공교교구연맹은 종교법인 가톨릭중앙협의회가 되었다. 또한 로마 교황청과 일본 정부의 정식 외교 관계가 수립되었다.

전후 가톨릭교회의 활동은 놀랄 만큼 진척되어 외국 선교사의 입국은 한때 개신교회를 크게 웃돌았다. 가톨릭교회는 보통의 선교활동뿐 아니라 교육, 의료, 사회복지, 출판 등 여러 분야에서 조직을 재편하고 활발하게 활동해 갔다. 예를 들면, 패전 시 가톨릭의 아동 양호시설과 유아원은 20여 곳이었지만, 이듬해 10개 이상의 시설이 각지에 세워졌다. 그 후 1950년까지 16개의 아동복지시설이 추가 개설되었으며, 병원과 진료소도 전국에 설립되었다.

연합군 점령기에 볼 수 있었던 기독교 대유행은 개신교뿐 아니라 가톨릭에도 영향을 미쳤고, 이 시기에 가톨릭 신자로 영세받은 자는 전례 없이 늘었다. 전후 개신교회가 일본기독교단에서 이탈과 재편再編 문제로 흔들리는 사이 가톨릭교회는 착실히 선교를 진척시켜, 1946년에 10만 8,324명이던 신자가 1956년에는 22만 7,500여 명이 되어 10년 사이에 갑절로 증가하는 추세였다. 그 후 1967년에는 33만 3,000여 명까지 늘었지만 이 무렵부터 교세의 성장은 완만해지고 1995년의 통계로는 42만 명을 조금 넘었다.

종래 가톨릭교회의 체질은 자기 완결적 성격이 강해서 사회에 대해서도 폐쇄적이었다. 그러나 1962~1965년에 열린 제2차 바티칸공의회를 계기로 가톨릭교회는 '세계에 열린 교회'를 기치로 많은 분야에서 괄목할 만한 변화를 이루어 갔다. 이러한 세계적 경향은 일본기독교회에도 영향을 미쳤다. 이를테면, 그때까지 라틴어로 행해지던 미사가 일본어로 바뀐 일은 신자들에게 커다란 변화였다. 그때까지 소원疏遠했던 개신교와의 관계도 큰 변화를 보였다. 1970년 오사카에서 열린 만국박람회에서는 가톨릭과 NCC가 기독교관을 공동 설치했다. 또한 가톨릭과 개신교(복음주의파는 참가하지 않음)는 공동으로 성서번역사업을 시작하여 1978년에《신공동역성서新共同譯聖書》를 출판했다. 이는 일본어 성서 번역 역사상 획기적인 일이지만, 구약 성서의 외경外經이 '속편續編'으로 실린 것은 정경성正經性에 관한 문제를 남겼다.

전후 일본 사회에 미친 영향으로는, 1957년과 1966년에 프랑스의 가톨릭 실존철학자 가브리엘 마르셀Gabriel Marcel, 1889~1973이 일본을 방문하여 각지에서 강연을 한 일을 들 수 있다. 1960년대 이후, 프랑스의 가톨릭 여성 사상가 시몬 베유Simone Weil, 1909~1943가 소개되었다. 나치 독일에 저항하여 레지스탕스 운동에 참여했던 그녀의 주요 저작인 《억압과 자유*Oppression et Liberté*》, 《하나님을 기다리며*Attente de Dieu*》 등이 잇따라 번역되었다. 또한 같은 무렵, 프랑스의 예수회 사제이자 고생물학자인 피에르 테야르 드 샤르댕Pierre Teilhard de Chardin, 1881~1955이 소개되었다. 진화론으로 대표되는 근대 자연과학의 세계관과 기독교적 세계관의 종합을 목표한 것으로써 일부 지식인들에게 주목받은 《인간현상*Le Phénomène Humain*》 등을 담은 《테야르 드 샤르댕 저작집》 전 10권(1968~1975년)이 미스즈 서방書房에서 출판되었다.

일본 사회에서 널리 주목받은 것은, 노벨평화상을 받은 마더 테레사의 일본 방문이다. 오랜 세월 동안 인도 캘커타에서 가난한 사람들의 구제에 전념해 온 그녀의 활동은 노벨평화상 수상으로 세상에 널리 알려지게 되었다. 그녀는 1981년, 1982년과 1984년에 일본을 방문하여 가톨릭 관계뿐 아니라 폭넓게 강연 활동을 하며 하나님의 사랑에 기초하여 살아갈 것을 호소했다.

1981년에는 교황 요한 바오로 2세가 일본을 방문했다. 세계 평화를 위해 세계를 순방하고 있던 교황의 일본 방문은 가톨릭 관계자뿐 아니라 전 국민의 주목을 끌었다. 그는 짧은 일정 가운데 피폭지 히로시마와 나가사키를 방문하고, 히로시마에서는 일본어로 시작하여 9개 국어로 평화를 호소하는 '히로시마 호소Appeal for World Peace'를 발표했다.[12]

요한 바오로 2세의 방문은 그때까지 교구 중심으로 활동해 온 일본 가톨릭 신자들에게 '일본의 교회'라는 의식을 갖게 하는 계기가 되었다. 이러한 영향으로 사교협의회는 1984년, '일본 교회의 기본 방침과 우선과제'를 발표했다. 이는 일본 가톨릭교회가 일본 선교의 사명을 다하기 위해 교구의 벽을 넘어 성직자와 신도가 협력하는 태세를 갖추기 위한 것이다.[13] 이에 따라 1987년에는 '사회에 열린 교회 만들기'를 주제로 '복음선교 추진 전국회의National Incentive Convention for Evangelization, NICE'를 설치했다. 여기서, 일본 가톨릭교회가 지금까지 "신앙과 생활의 유리遊離", " 교회와 사회의 유리"를 보인 것을 인정하고 커다란 과제로 인식하며 그것을 극복하기 위해 매달리기 시작했다. NICE는《21세기의 도전에 응답하는 교회》등 시대와 함께 걷기 위한 선집選集을 잇따라 출판하며 계몽 활동에 힘쓰고 있다.[14] NICE를 통한 활동의 축적은 한신·아와지 대지진 때 가톨릭 청년들을 중심으로 민첩한 구조 활동을 펴는 원동력이 되었다.

1989년, 천황의 세대교체 무렵부터 가톨릭교회는 사회에 목소리를 높이게 되었다. 먼저, 쇼와 천황의 죽음에 즈음하여 가톨릭 사교단司敎團은 '가톨릭 신자 모두에게'라는 제목의 성명을 발표했다. 쇼와 천황의 서거에 애도의 뜻을 나타낸 후, "쇼와 시대의 과오에 대해 속죄하는 마음으로 세계 평화에 공헌하는 결의를 새롭게 합시다"라고 호소했다. 그리고 장례와 즉위의 모든 행사에서 인간을 신격화하지 않고, 정교분리와 신앙 자유의 원칙이 엄격하게 지켜지도록 정부에 청원서를 제출하겠다고 명확히 기록하고 있다.[15]

이미 언급했듯이, 1995년 전후 50년을 맞았을 때, 가톨릭교회는 NCC, JEA 등 개신교 단체들과 '전후 50년을 맞는 일본 그리스도인의 반성과 과제'라는 제목의 공동 성명을 발표했다. 이처럼 대對사회 문제로 개신교회와 적극적으로 협력 체제를 구축해 오고 있다.

한편, 가톨릭교회는 2000년을 '대성년大聖年'으로 정하여 특별히 준비해 왔다. 전 세계 가톨릭교회가 1997년은 '그리스도의 해', 1998년은 '성령의 해' 그리고 1999년은 '성부의 해'로 각각 정하여 강조하면서 다가올 2000년을 준비했다. 또한 1999년은 일본 가톨릭 선교의 시작인 '하비에르 도래渡來 450년제祭'의 해로 성대하게 기념했다. 2006년에는 하비에르 탄생 500년을 축하하며 하비에르의 일본 선교의 의의를 재확인했다.

최근 경향으로, 저명한 가톨릭 작가들이 잇따라 등장하여 많은 독자들에게 넓고 깊은 영향을 주고 있다. 엔도 슈사쿠遠藤周作, 1923~1996, 아리요시 사와코有吉佐和子, 1931~1984, 미우라 슈몬三浦朱門, 1926~2017, 소노 아야코曾野綾子, 1931~, 이노우에 히사시井上ひさし, 1934~2010, 가가 오토히코加賀乙彦, 1929~2023, 시마오 도시오島尾

敏雄, 1917~1986, 오가와 구니오小川國夫, 1927~2008, 다나카 스미에田中澄江, 1908~2000, 쓰시마 유코津島佑子, 1947~2016 등 상당수에 이른다. 특히 엔도 슈사쿠는 《백인白人》, 《바다와 독약》, 《침묵》, 《사해死海의 언저리》 등 중요한 작품을 남겼다. 엔도 슈사쿠 문학의 본격적인 평가는 지금부터일 것이다. 1985년에 미우라 슈몬이 문화청 장관에 취임한 것도 간과할 수 없는 일이다.

전전·전후를 통하여 볼 수 있는 가톨릭 선교의 특색은, 개신교가 주로 대도시권을 중심으로 한 도회지의 중산지식층을 중심으로 하는 것에 비해 가톨릭교회는 거의 전국적으로 활동하고 있다는 것이다. 신자의 계층도 세이신聖心여자대학 등에서 볼 수 있듯이 여성 교육을 통하여 비교적 상류층에도 진출하고 있으며, 병원이나 복지시설을 통해 광범위하게 사회에 공헌하며 서민층에도 침투하고 있다는 것이다.

제2차 바티칸공의회 이후의 큰 변화에도 불구하고 간과해서는 안 될 것이 있다. 2000년 9월 5일 로마 교황청 교리성은 〈주님이신 예수Dominus Jesus〉라는 교리성 선언을 발표했다. 이 선언은 다원주의와 상대주의적 경향이 강화되어 가는 가운데 예수 그리스도와 교회의 유일성과 구원의 보편성에 대해 가톨릭의 원칙적 입장을 확인한 것이다. 주목할 만한 것은 그 4번째 장 '교회의 유일성과 일치'다.

> "예수 그리스도에 의해 세워진 교회의 유일성은 가톨릭교회의 신앙이 가진 진리로서 확고히 믿지 않으면 안 된다. 가톨릭 신자는 그리스도에 의해 세워진 교회와 가톨릭교회 사이에 역사적 연속성이 있음을 고백해야 한다."[16]

이를테면, 오늘의 가톨릭교회만이 그리스도께서 세우신 교회를 계승하고 있다는 것이다. 그리고 "여전히 가톨릭교회와 완전한 일치에 이르지 못한 모든 교회들" 가운데 있는 "수많은 성화聖化와 진리의 요소들"은 가톨릭교회에 위임된 은혜와 진리의 완전성에 의존하고 있다는 것이다.[17]

가톨릭교회는 제2차 바티칸공의회 이후 눈부시게 변화하며 타 교회와 적극적으로 협력관계를 구축해 왔다. 그러나 여전히 근본적인 부분에서 키프리아누스Thascius Caecilius Cyprianus, 200~258 이래의 '(가톨릭)교회 밖에는 구원이 없다Outside of the [Catholic] Church there is no salvation'라는 기준선을 무너뜨리지 않고 있다고 할 수 있다.

제2장 # 일본 하리스토스정교회 약사略史

지금까지 개신교회와 로마 가톨릭교회의 일본 선교를 다루었다. 여기서는 동방교회의 하나인 러시아정교회(일본에서는 하리스토스정교회로 불린다)의 일본 선교에 대해 살펴보려 한다.

1. 니콜라이 주교 이전

러시아정교회의 본원本源이 되는 그리스정교회는, 로마 교황의 지상권至上權을 인정하지 않고 연옥의 가르침과 마리아의 원죄 없는 잉태를 부정했다. 이들 교회에서는 이콘Icon(성화상)이 눈에 보이는 성서로서 교회의 의식 및 가정에서 중요한 역할을 한다.[1] 9세기 중엽 러시아에 전래된 그리스정교회는 13세기 이후 모스크바를 중심으로 러시아에서 발전했다. 러시아정교회는 19세기에 시베리아 등 러시아 주변 지역에 적극적으로 선교의 손길을 뻗었다. 1858년 러·일 통상조약이 체결됨으로써 이듬해 하코다테에 러시아 영사관이 설치되는데, 그에 따라 러시아정교회 사제 2명이 부임했지만 약 1년 후 귀국했다.

2. 니콜라이 주교 시대(1861~1912)

1861년 니콜라이 카사트킨Nikolai [Nicholas] Kasatkin, 1836~1912 사제가 입국하여 본격적인 일본 선교가 시작되었다. 그는 먼저 하코다테에서 7년간 일본어와 일본 연구에 전념하며 다가올 기독교의 해금解禁에 대비했다. 이때 그에게 일본어를 가르친 청년들 가운데 한 사람이 곧 미국에 건너가게 될 니지마 조였다.[2] 1868년에 니콜라이를 통하여 사와베 다쿠마澤辺琢磨, 1834~1913 등 세 일본인 청년이 러시아 영사관에서 세례를 받았다. 사와베는 궁사宮司(신사의 우두머리 신관)를 하고 있으면서 니콜라이를 죽일 생각으로 그를 면회했다. 그러나 니콜라이의 설명으로 정교회의 가르침에 감화되어 세례를 받기에 이른 것이다. 그는 후에 정교회 신학교에서 공부하고 일본인 최초의 사제가 되어 센다이를 시작으로 도호쿠東北 지방과 도쿄에서 전도했다.

니콜라이는 1872년 도쿄의 간다스루가다이神田駿河台로 선교단 본부를 옮겼다. 여기에 어학교와 신학교를 설립하고 선교활동을 본격화했다. 그해 2월 센다이에서, 3월에는 하코다테에서 일본인 정교회 신자가 붙잡혀 투옥되었다. 그러나 이듬해 메이지 정부는 기독교를 금지하는 고찰을 철거하고 신자들을 석방했다. 기독교 해금 후, 도호쿠 지방을 비롯한 일본 각지에서 신자가 늘어 났다.

1876년에 '정교신학교'가 스루가다이에 설립되어 일본인 사제와 전도자를 배출했다. 이 학교의 수업 연한은 7년이며, 러시아어로 성서·교회사·설교학 등 필요한 수업을 했다. 학생이 많을 때는 연간 30명까지도 늘었고, 졸업생 가운데 노보리 쇼무昇曙夢, 1878~1958 같은 러시아 문학자가 탄생했다.[3] 이 학교 졸업생 가운데 러시아의 신학대학에서 유학하는 사람도 나왔다.

1880년대부터 90년대에 걸쳐 교육기관도 한층 충실해지고 출판 체제도 갖추어져 갔다. 1891년에는 도쿄의 명소 가운데 하나가 된 간다神田의 니콜라이 성당(정식 명칭은 도쿄 부활대성당)이 완성되고, 매월 3, 4천 명의 참배객이 방문했다. 이 시기 교회의 선교활동은 전국으로 확대되었다. 한 예로 일본 하리스토스정교회의 1907년 《공회 의사록》에 따르면, 니가타현에는 교회가 5개, 교인 수가 149명이었다.[4] 지방에서도 적극적으로 전도가 이루어지고 있었음을 알 수 있다.

그러나 러일전쟁(1904~1905년)이 일어남에 따라 하리스토스정교회는 큰 위기를 맞는다. 당시 교회의 신도는 전국에서 2만 명을 넘어서고 있었지만, 경제적으로는 아직 러시아 교회에 의존하고 있었다. 전쟁으로 러시아인에 대한 국민감정이 악화되고 러시아의 모교회로부터 송금이 중단되는 이중 위기에 직면했다. 그러나 이런 어려움 가운데 니콜라이는 일본에 남아 버티며 신자들을 잘 지켰다. 2007년 번역 출판된《선교사 니콜라이의 전일기全日記 제8권(1904~1908년)》(전 9권)에는 그가 고투한 행적이 기록되어 있다.

러일전쟁으로 러시아 공사관 직원은 모두 러시아로 철수했지만 니콜라이는 홀로 도쿄에 머물렀다. 그는 자신의 결단에 대해 도쿄 주재 전 교역자들 앞에서 이렇게 말했다.

> "정직하게 말하자면, 조국에 돌아가는 편이 나는 기쁩니다. 23년 동안이나 돌아가지 않고 있습니다. 하지만 오늘 아침 기도하고 있을 때, 너무도 어린 이 교회와 감독을 방치하고 말자는 은밀한 요구가 있다는 것에 양심이 괴로웠습니다. 그래서 나는 단호하게, 그리고 기쁘게 머무를 결심을 했습니다."[5]

이처럼 니콜라이는 개인 감정을 극복하고 하나님께서 맡기신 교회를 지키겠다는 사명감을 제일로 삼아 반反러 감정이 강한 일본에 머문 것이다. 러일전쟁 동안 일본의 정교회 신자들은 '러시아 기독교의 신자'라는 이유로 일본 각지에서 비난에 노출되고 박해를 받았다.[6] 니콜라이는 그러한 고난 가운데 있는 일본 신자들을 격려하며 도쿄의 본부에서 지휘했던 것이다. 전쟁터에서 일본으로 보내져 오는 러시아인 포로(최종적으로 약 8만 명에 달했다)의 영적 지도와 위안을 위해 전국을 분주하게 돌아다니기도 했다.

그런 한편, 조국 러시아의 잇따른 패퇴 소식으로 그는 슬픔에 잠겼다.

> "나의 슬픔은 복잡하다. …… 사랑하는 일본인들은 승리를 축하하고 있다. 그러나 아무리 내가 그들을 사랑한다고 하더라도 지금은 그들과 함

께 될 수 없다. 조국이 사랑스럽고 소중하다."[7]

이처럼 그는 조국 러시아와 하나님이 주신 사명의 땅 일본, 이 양쪽을 사랑하기에 깊이 괴로워하며 슬퍼했다. 이러한 니콜라이의 희생적인 활동을 통하여 일본정교회는 지켜졌다. 그리고 8만 명에 가까운 러시아인 포로를 위해 니콜라이와 하리스토스정교회는 온 힘을 기울여 '신앙 위문'을 진행하고 그들을 지원했다. 일본에서 선교의 토대를 다지며 발전으로 이끈 니콜라이는 1906년 대주교에 임명되었다. 1911년에는 니콜라이 일본 입국 50주년 기념 축하회가 성대하게 치러졌다. 그는 이듬해에 심장병이 악화되어 75세로 세상을 떠났다. 도쿄 부활대성당에서 많은 사람들이 참례한 가운데 성대한 장례식이 거행되었다.

3. 세르기 주교 시대(1912~1945)

니콜라스의 후계자로 세워진 세르기 티호미로프Sergi [Sergius] Tikhomirov, 1871~1945 주교는 다른 지도자들의 협력으로 더한층 일본 선교를 추진했다. 일본 각지에 성당이 세워지고, 신학 철학 잡지《정교사조正教思潮》가 출판되었다.

1917년 러시아혁명과 소련의 성립은 일본의 하리스토스정교회에 큰 타격이었다. 본국의 지원은 중단되고, 신학교를 비롯하여 모든 활동이 중지 국면으로 내몰렸다. 더욱 어려움이 가중되어 1923년 간토 대지진으로 도쿄 부활대성당을 비롯한 여러 시설들이 소실되었다. 세르기 주교는 복구에 온 힘을 쏟아 1929년에 부활대성당을 재건한다.

그러나 쇼와기에 들어 일본 군국주의 체제가 강화되어 가는 가운데, 교회 안팎의 활동이 점점 더 곤란한 상황에 처했다. 1939년 종교단체법이 제정되어 교회에 대한 문부성의 간섭이 강화되고 자국인 주교 선출 문제가 대두되었다. 그때까지 일본 정교회를 지도해 온 세르기 주교는 1940년 7월에 은퇴한다. 그를 대신하여 이와사와 헤이키치岩澤丙吉, 1863~1943가 일본 정교회 대표자('총리'로 불림)가 되었지만 그는 성직자가 아니기 때문에 속히 자국인 주교를 선출하도록 압력이 가해졌다.

그런 가운데 군부의 의향과 지원을 받아들이는 식으로 재외 러시아정교회 주교들에 의하여 하얼빈에서 오노 기이치小野歸一, 1871~1955가 일본 정교회 주교로 임명되었다. 그러나 이미 일본에서 주교대리가 되어 있던 후지히라 신타로藤平新太郎를 지지하는 사람들과 정교회는 둘로 갈라져 대립했다. 이런 상황에서 시국은 악화일로를 걷고, 교회 활동은 갈피를 잡지 못했다. 전국적인 전쟁 체제 가운데 정교회도 군사 체제에 협력했다.[8] 1945년 4월, 은퇴해 있던 세르기 부주교府主教(관구장주교metropolitan)는 헌병대에 구류되어 40일을 보냈다. 패전을 5일 앞두고 그는 하늘의 부름을 받아 도쿄 부활대성당에서 장례식이 거행되었다.

4. 전후戰後

연합군 점령기에 미국의 러시아정교회에서 미국인 주교가 잇따라 일본에 파견되었다. 그들은 전전戰前의 오노 주교와 화해하고 일본 하리스토스정교회를 재건했다. 1945년에는 신학교를 재건하고, 출판활동도 하며 교세를 회복시켰다. 1970년 일본 하리스토스정교회는 모교회인 러시아정교회와 화해하고 자치독립교회가 되었으며, 1972년에는 수좌주교首座司教, primate에 일본인을 선출했다. 에큐메니컬 운동에도 적극적이었으며, 1973년에는 세계교회협의회WCC에 정식 가입했다.

그러나 끝까지 러시아 모교회와의 관계를 중시하는 사람들은 1957년 러시아정교회 모스크바 총주교청 주일駐日 포드보리에подворье[Podvorie]라는 별개의 교회를 조직하여 오늘에 이르고 있다.

(개정증보판) 나가는 말

이 책은 15년 전에 출판한《일본 기독교 선교의 역사: 하비에르 이전부터 현재까지》의 개정증보판이다. 지난 몇 년 사이 이 책이 품절되어 재판을 요구하는 목소리가 들려왔다. 이에 응하여 이노치노고토바사의 이해와 협력으로 이번에 개정증보판을 출판하게 되어 진심으로 감사드리는 바이다.

그간에 많은 역사적 사건이 일어나며 세상이 어지럽게 움직여 왔다. 그런 가운데 나는 2016년《흔들리는 시대의 그리스도인의 사명: 일본은 어디로 가며 우리는 어디에 서는가?》(이노치노고토바사)를 출판했다. 이 책에서는 특히 2015년 성립된 안보법의 위험성에 대해 전전戰前의 역사를 돌아보며 논했다. 그리고 2018년에는《분단과 배제의 시대를 산다: 공모죄 성립 후의 일본, 트럼프 정권과 미국 복음주의》(이노치노고토바사)를 출판했다. 이처럼 때마다 발생한 시사時事 문제에 관해 기독교회와의 관계에서 논해 왔다. 이번 개정증보판에는 그와 같은 내용도 포함되어 있다.

나는 이전의 책 마지막 부분에 '요약'으로 다음과 같이 적었다.

> "앞의 항에서 다루었듯이, 최근 수십 년의 추이를 보면 일본의 정치와 경제는 혼란을 거듭하면서도 '전쟁 가능한 보통국가'를 겨냥하여 서서히, 그러나 확실하게 나아가고 있다고 할 수 있다. 과거 일본 교회는 일본이 경제공황의 탈출구를 식민지 확장에서 찾으며 침략전쟁을 진행해 갔

을 때, 그 위험성을 간과하고 예언자와 파수꾼의 역할을 다하지 않았다. 지금 일본 교회는 그 역사를 반성하며 하나님께 위탁받은 '땅의 소금', '세상의 빛'의 역할을 다하도록 요구받고 있다."

그때로부터 15년이 지났는데, 나 자신을 포함해 일본 기독교회는 그 '땅의 소금', '세상의 빛'의 역할을 얼마나 다해 왔는가, 추궁받는 기분이다.

이번 집필에서도 이전의 책과 마찬가지로 니가타성서학원을 비롯한 몇몇 신학교에서 강의가 토대가 되어 있다. 또한 코로나19 위기 상황에서 온라인도 활용하면서 여러 교회와 초교파 강연회에서 나눈 내용도 크게 도움이 되었다. 이번에 개정증보판을 위해 수강, 기도, 지원해 주신 분들에게 마음 깊이 감사드린다. 그리고 언제나처럼 이노치노고토바사의 담당자분들, 특히 나가사와 도시오長澤俊夫 씨의 다대한 협력으로 이 책이 세상에 나올 수 있었다. 이 자리를 빌려 진심으로 감사드린다.

이전의 책을 내던 때, 나는 꼭 예순 살, 회갑을 맞았다. 그 무렵은 4대로 이루어진 8인 가족 안에서 활기 있게 생활하고 있었다. 그로부터 15년이 지나는 동안 나는 아내와 단둘이 지내다가 6년간 위탁 부모가 되어 실로 귀중한 경험을 할 수 있었다. 이 경험을 통해 일본의 가정 붕괴라고 하는 심각한 현실을 피부로 느낄 수 있었다.

현재는 손녀와 우리 부부 3인이 즐겁게 생활하고 있다. 내년 우리 부부는 결혼 50주년, 금혼식을 맞이하게 된다. 오늘까지 나의 생활과 활동을 격려하고 도우며 함께 걸어 온 아내는 곧 일흔 살 고희古稀, 나도 올가을 일흔다섯 살이라는 후기 고령자 그룹에 드는 나이가 된다. 그렇지만 아직도 해야 할 역할이 있음을 생각하고, 이후로도 배우기를 계속하며 배운 바를 나누며 살고 싶다는 바람이다.

2024년 1월 31일

나카무라 사토시中村敏

옮긴이의 말

영국 선교사 생활 후, 미처 일본어를 익히지도 못한 채 2009년 여름에 일본오픈바이블교단 오사카 그리스도에이코교회 협력선교사로 일본에 왔다. 일본 교회 현장에서 활동하며 일어를 익히기 시작한 지 3년이 지나던 무렵, 선교지 일본을 더욱 통시적으로 이해하고 글을 쓰고자 일반 역사와 교회사 자료를 모아 읽는 가운데 이 책《일본 기독교 선교의 역사》를 처음 만났다. 이에 어설픈 열심과 지식으로 만용을 부리기보다 고대부터 현재까지의 일본 기독교 역사를 통사로 균형 있게 다루어 한 권에 담은 일본 교회사 학자의 글을 번역, 소개하는 편이 옳다고 판단했다. 이 책은 고대부터 2008년까지의 일본 기독교 역사를 다루고 있으며, 많은 신학교에서 일본 교회사 교재로 자리매김하고 있다.

이 책이 한국어로 번역되어 첫 출판의 빛을 본 후 어느덧 11년이 지났다. 그동안 이 책은 일본 선교와 일본 기독교 역사에 관심을 가진 독자분들에게 소중히 읽혀 왔다. 그리고 절판 후 이 책을 찾는 분들의 목소리가 이어졌다. 때마침 2024년 4월에 이 책의 개정증보판이 일본에서 출간되었다. 이 증보판에서 저자는 제4부에 두 장을 덧붙여 2009년부터 2023년 사이 일본 안팎에서 전개된 굵직한 사건들을 다루고, 각주와 연표를 보완했다. 이에 나는 증보 부분 번역과 함께 이전 번역 원고를 원서와 꼼꼼히 대조해 살피며 수정하고 옮긴이의 각주도 좀더 보완했다.

이 책은 5부로 구성되어 있다.

제1부에서는 가톨릭 예수회 신부 프란체스코 하비에르가 선교사로서 일본에 들어온 1549년을 기점으로부터 기원 4세기경까지 거슬러 올라가 일본 고대 역사 속에 기독교가 유입된 흔적을 논하는 입장들을 정리하며 비판했다.

제2부에서는 전국戰國시대에 입국한 선교사 하비에르와 더불어 시작된 로마 가톨릭교회의 선교, 그리고 이에 대응하여 결국 기리시탄 박해와 금교 조치를 내리고 쇄국기에 들어간 무사 정권, 즉 기독교 역사와 일반 역사가 한데 얽힌 시대의 이야기를 풀어 갔다.

제3부에서는 일본 개신교 선교의 선구자들이 활동했던 일본의 개국開國. 1854년 이전부터 대동아 전쟁으로 알려진 태평양 전쟁에서 패전하기까지를 다루었는데, 탈아입구脫亞入歐를 목표로 부국강병을 꾀하며 천황제를 중심으로 군국주의를 내걸어 한국을 포함한 아시아 여러 나라들에 식민 지배를 펴나가던 정치 환경 속에서 일본 개신교회가 어떻게 일본 사회 속에 존립해 나가게 되는지-대립과 박해, 타협과 야합 등-를 자기 비판적 시각으로 풀어갔다.

제4부에서는 패전 후 자기 역사 체험을 통하여 아시아 교회들 앞에 자기 과오를 고백하며 새롭게 거듭나는 모습으로 세계 교회와 연대하며, 여전히 패전 이전의 군국화를 꿈꾸는 일본 정권에 대립각을 세우며 빛과 소금으로서 자기 정체성을 세워나가는 일본 개신교의 모습을, 그리고 동일본 대진재 및 코로나19 등 사회 문제, 러시아·우크라이나 전쟁 및 이스라엘·하마스 전쟁 등에 대한 일본 개신교의 대응과 오늘의 상황을 진지하게 다루었다.

끝으로 제5부에서는 1858년 프랑스와 수호통상조약을 체결하면서 본격적으로 재개된 가톨릭교회의 일본 선교와, 1861년 니콜라이 주교가 일본에 입국하면서 본격화된 정교회의 일본 선교로부터 이 두 교회가 현재까지 일본 사회에서 존립해 온 역사적 과정을 정리했다.

이 책의 저자 나카무라 사토시 목사님은 일본에서 잘 알려진 복음주의 교회사 학자로서 오랫동안 니가타성서학원 원장으로 봉직하며 다수의 신학교에서 강의해 왔다. 2020년 4월 퇴임한 후에도 한국과 일본 사이에 놓인 과거사 반성을 비롯해 일본이 진정한 민주주의의 국가로 거듭나기를 바라며 집필, 강연, 평화헌법 수호를 위한 9조회 운동 등으로 활발하게 활동하고 있다. 나는 저자의 소개로 2014년 초봄에 간사이 지방을 떠나 니가타성서학원으로 옮겨 전임 교원으로 일하며 저자의 학문과 삶과 영성을 접하며 많은 것을 배우고 있다.

내게 선교와 선교사의 이미지는 '가교bridge'라는 상징으로 짙게 아로새겨져 있다. 우리 주 예수님께서 하나님과 인간과 창조세계 사이에서 구원과 질서와 정의와 평화를 중재하시듯이 선교사로 세워 주신 나의 삶 자리에서 복음 선교와 평화 교류를 실천하는 작은 가교로 살겠다고 다짐했다.

이렇게 살아가도록 늘 격려와 지원을 아끼지 않으며, 또한 신학교 강의, 순회 설교, 번역과 집필 활동을 이어 가도록 물심양면 지원해 주시는 한국과 일본의 교회들과 지인들과 친구들께 이 지면을 통해 깊이 감사드린다. 그리고 이번 《일본 기독교 선교의 역사》의 개정증보판 번역서를 출판하는 과정에 도움을 주신 나의 은사恩師 이신건 교수님, 최성규 목사님(서산은혜로), 박청민 선교사님(니시후쿠오카), 김효종 목사님(군산행복한), 주님을 사랑하는 '마리아들'인 낙성대 부인들, 일본 생활을 충실히 마치신 주님의 제자 박성윤·안순희 집사님, 늘 따뜻한 시선으로 용기와 힘을 주시는 김양태 목사님, 그리고 가족들과 조카들, 주님께 삶을 드린 동료 이준석 선교사님과 니가타성서학원 공동체(… 목록이 끝이 없다) 앞에 빚진 마음과 감사를 표한다. 또한 편집과 출판을 위해 수고해 주신 '신앙과지성사'의 모든 분께 감사드린다.

끝으로, 이 책이 한국과 일본 두 나라의 그리스도인들 사이에 이해와 평화와 연대, 선교 교류를 두텁게 하고 하나님을 높이며 교회들에 덕을 끼치는 유용한 도구가 되기를 간절히 바란다.

2026년 새해, 니가타성서학원에서

박창수朴昌洙

주

제1부

1. 〈新撰姓氏録〉,《神道大系 古典編 六》神道大系編纂会, 1981년, 645쪽, 763쪽.
2. 《佐伯好郎遺稿並伝 下》法本義弘 編, 大空社, 1996년, 1705~1717쪽.
3. 《秦氏の研究》大和岩雄, 大和書房, 1993년.
4. 《上宮聖徳太子伝補闕記》. 이 책에서는 〈聖徳太子の研究〉,《久米邦武著作集 第一巻》, 吉川弘文館, 1988년, 17쪽에서 인용.
5. 〈日本書紀+ 二〉,《新編日本古典文學全集 三》小學館, 1996년, 532~533쪽.
6. 《日本精神史とキリスト教》関根文之助, 創元社, 1962년, 18~20쪽. 久米邦武도 이렇게 생각하고 있다.
7. 《景教の研究》佐伯好郎, 名著普及會, 1935년(1978년 復刻), 258쪽.
8. *From Jerusalem to Irian Jaya*, Ruth Tucker, Zondervan, 1983, 54쪽.
9. 《景教—シルクロードを東に向かったキリスト教》川口一彦 編著, イーグレープ, 2002년.
10. 《續日本記 2》直木孝次郎 외 역주, 平凡社, 1988년, 40쪽.
11. 《空海の風景 上巻》司馬遼太郎, 中央公論社, 2005년, 新裝改版, 327~328쪽.
12. 《曼陀羅の人—空海求法伝 中巻》陳舜臣, 毎日新聞社, 1994년, 129~137쪽.
13. 〈景教の東方伝道〉吉田寅,《アジア・キリスト教の歴史》日本基督教団出版局, 1991년, 45쪽.
14. 《空海全集 第一巻》弘法大師空海全集編集委員会, 筑摩書房, 1973년, 546쪽,《空海全集 第二巻》58쪽, 224쪽.
15. 《支那基督教の研究 1》佐伯好郎, 名著普及研究會, 1943년(1979년 復刻), 144쪽.
16. 《佐伯好郎遺稿並伝 下》1622~1623쪽.
17. 〈クリスチャン新聞〉2004년 5월 2일자.
18. 〈キリスト新聞〉2004년 4월 24일자,〈クリスチャン新聞〉2004년 5월 2일자.
19. 《日本及日本国民之起源》小谷部全一郎, 厚生閣, 1932년, 169~393쪽.
20. 《中田重治全集 第二巻》米田勇 編, 中田重治全集刊行會, 1975년, 68~75쪽.
21. 《日本における福音派の歴史》中村敏, いのちのことば社, 2000년, 127~130쪽.
22. 《隠れた十字架の国・日本》ケン・ジョセフ, 徳間書店, 2000년.
23. 〈声石 第四二号〉小石豊, シャローム宣教会, 2000년 6월 1일호.
24. 《英宣教医ベテルハイム—琉球伝道の九年間》照屋善彦, 人文書院, 2004년, 212쪽.

제2부

[제1장]

1.《東方見聞録》マルコ ポーロ, 愛宕松男 訳注, 東洋文庫 183, 平凡社, 1971년, 130쪽.
2.《霊操》イグナチオ・デ・ロヨラ, 門脇佳吉 訳, 岩波書店, 1995년.
3.《イエズス会–世界宣教の旅》フィリップ・レクリバン, 鈴木宣明 監修, 創元社, 1996년, 47쪽.
4.《イエズス会の世界戦略》高橋裕史, 講談社, 2006년, 118~119쪽.
5.《聖フランシスコ・ザビエル全書簡》河野純徳 訳, 平凡社, 1985년, 273쪽.
6. 같은 책, 273~274쪽.
7.《聖フランシスコ・ザビエル全生涯》河野純徳, 平凡社, 1988년, 156~160쪽.
8.《日本史 六》ルイス・フロイス, 中央公論社, 1978년, 47쪽.
9.《聖フランシスコ・ザビエル全書簡》471쪽.
10. 같은 책, 471~472쪽.
11.《日本史 三》ルイス・フロイス, 中央公論社, 1978년, 19~20쪽.
12.《聖フランシスコ・ザビエル全生涯》252쪽.
13.《聖フランシスコ・ザビエル全書簡》538쪽.
14. 같은 책, 554쪽.
15. 같은 책, 622쪽.
16. 같은 책, 540쪽.
17. 같은 책, 516~517쪽.

[제2장]

1.《日本キリスト教史》五野井隆史, 吉川弘文館, 1990년, 49쪽.
2.《日本巡察記》アレッサンドロ・ヴァリニャーノ, 松田毅一 외 訳, 平凡社, 1973년, 289쪽.
3. 같은 책, 304~305쪽.
4. 같은 책, 294쪽.
5. 같은 책, 296~297쪽.
6. 같은 책, 299~300쪽.
7. 같은 책, 5쪽, 14쪽.
8. 같은 책, 94쪽.
9.《イエズス会の世界戦略》高橋裕史, 講談社, 2006년, 120~124쪽.
10.《日本キリシタン史》海老沢有道, 塙書房, 1966년, 88쪽.
11.《日本キリスト教史》海老沢有道・大内三郎, 日本基督教団出版局, 1970년, 19쪽.
12.《切支丹史の研究》海老沢有道, 畝傍書房, 1942년, 3~24쪽.
13.《日本キリスト教史物語》鈴木範久, 教文館, 2001년, 25쪽.
14.《日本キリスト教史》五野井隆史, 17쪽.

[제3장]

1.《キリシタン時代の文化と諸相》高瀬弘一郎, 八木書店, 2001년, 10~11쪽.

2.《日本史 四》ルイス·フロイス, 中央公論社, 1978년, 103쪽.
3.《日本史 五》133쪽.
4. 같은 책, 133~134쪽.
5.《日本史 一》204쪽.
6. 같은 책, 318~320쪽.
7.《キリシタンの弾圧と抵抗》海老沢有道, 雄山閣, 1981년, 25쪽.
8.《日本史 二》331~332쪽.
9.《韓国キリスト教会史》閔庚培·金忠一 訳, 新教出版社, 1981년, 47~48쪽.
10.《秀吉·耳塚·四百年》金洪圭 編著, 雄山閣, 1998년, 74쪽.
11.《韓国キリスト教会史》52쪽.
12.《日本史 六》304~312쪽.
13.《日本史 十》9~14쪽.
14.《日本史 六》160~161쪽.
15.《日本史 七》141~142쪽.
16.《日本史 一》338쪽.
17.《日本キリシタン史》海老沢有道, 塙書房, 1966년, 22쪽.

[제4장]

1.《図説 人口で見る日本史》鬼頭宏, PHP研究所, 2007년, 76~77쪽.
2.《ドチリナ·キリシタン》H·チースリク, 土井忠生·大塚光信 校注, 岩波書店, 1970년, 72~73쪽.
3.《キリシタンの弾圧と抵抗》海老沢有道, 雄山閣, 1981년, 167~168쪽.
4.《沈黙》遠藤周作, 新潮社, 1967년.
5.《西洋紀聞》新井白石, 平凡社, 1976년.
6.《キリシタン民衆史の研究》大橋幸泰, 東京堂出版, 2001년, 213~217쪽.
7.《蘇るマリヤ観音》藤田公道, 国書刊行会, 1972년, 18~29쪽.
8.《日本の聖書-聖書和訳の歴史》海老沢有道, 日本基督教団出版局, 1981년, 48쪽.
9.《キリシタン研究 第七輯》吉川弘文館, 1962년.
10.《日本渡航記》セーリス, 村川堅固 訳, 十一組出版部, 1944년.
11.《浦上切支丹史》浦川和三郎, 全国書房, 1934년, 51쪽.
12.《奇跡の村-隠れキリシタンの里·今村》佐藤早苗, 河出書房新社, 2002년.

제3부

[제1장]

1. *A History of the Expansion of Christianity*, K. S. Latourette, Zondervan, 1970, Vols. 4~6.
2.《世界宣教の歴史-エルサレムから地の果てまで》中村敏, いのちのことば社, 2006년.
3. 같은 책, 102~106쪽.

4.《約翰福音之傳·約翰上中下書》ギュツラフ訳, 秋山憲兄 解說, 新教出版社, 1976년.
5.《聖書の日本語》鈴木範久, 岩波書店, 2006년, 64~65쪽.
6.〈海嶺〉,《三浦綾子全集 第十巻》三浦綾子, 主婦の友社, 1992년.
7.〈アジアと欧米世界〉,《世界の歴史 二五》加藤祐三·川北稔 共著, 中央公論社, 1998년.
8.《英宣教医ベッテルハイム-琉球伝道の九年間》照屋善彦, 人文書院, 2004년, 203~205쪽.
9.《ペルリ提督 日本遠征記 二》土屋喬雄·玉城肇 訳, 岩波書店, 1948년, 170쪽.
10.《日本の聖書聖書和訳の歴史》海老沢有道, 日本基督教団出版局, 1981년, 130쪽.
11.《ペルリ提督 日本遠征記 二》204쪽.
12.《日本滞在記 下》T. ハリス, 岩波書店, 1954년, 66~67쪽.
13. 같은 책, 218~219쪽.
14.《宣教師ウィリアムズの伝道と生涯幕末·明治米国聖公会の軌跡》大江満, 刀水書房, 2000년.
15.《ヘボンの手紙》高谷道男 編訳, 有隣堂, 1976년, 34쪽.
16. 같은 책, 175쪽.
17.《ヘボン》W. E. グリフィス, 佐々木晃 訳, 教文館, 1991년, 10쪽.
18.《S·R·ブラウン書簡集》高谷道男 編訳, 日本基督教団出版局, 1965년, 96쪽.
19. 같은 책, 12쪽.
20. 같은 책, 12~13쪽.
21.《われに百の命あらば》W. E. グリフィス, 渡辺省三 訳, キリスト新聞社, 1985년, 217~218쪽.
22.《S·R·ブラウン書簡集》167쪽.
23.《フルベッキ書簡集》高谷道男 編訳, 新教出版社, 1978년, 125쪽.
24. 같은 책, 170쪽.
25.〈ブリーフ·スケッチ〉G. F. フルベッキ,《日本近代思想体系一 開国》岩波書店, 1991년, 354~380쪽.
26.《植村正久と其の時代 第一巻》佐波亘 編著, 教文館, 1937년, 278쪽.
27.《日本基督教会史》山本秀煌, 日本基督教会事務所, 1929년, 39~40쪽.
28.《ヘボン書簡集》高谷道男 編訳, 岩波書店, 1959년, 61쪽.
29.《福翁自傳》福沢諭吉,《福沢諭吉全集 第七巻》岩波書店, 1959년, 80~81쪽.
30.《日本キリスト教史物語》鈴木範久, 教文館, 2001년, 86~88쪽.

[제2장]

1.《日本プロテスタント史研究》小沢三郎, 東海大学出版会, 1964년, 84~85쪽.
2.〈日本初期プロテスタンティズムに及ぼした福音同盟会の影響〉中村敏,《キリスト教史学》第三八集, 1984년, 3쪽. 옥스퍼드 운동은 19세기에 일어난 영국교회 안의 예전(禮典)운동으로, 옥스퍼드대학이 거점이었기에 이 명칭이 붙었다.
3.《日本プロテスタント伝道史—明治初期諸教派の歩み 上》G. F. フルベッキ, 日本基督教会歴史編纂委員会, 1984년, 64쪽.
4.《日本キリスト教歴史大事典》日本キリスト教歴史大事典編集委員会, 教文館, 1988년,

783쪽.
5.《植村正久と其の時代 第一巻》佐波亘 編, 教文館, 1937년, 456~457쪽.
6.《日本のキリスト教と神学》佐藤敏夫, 日本基督教団出版局, 1968년, 30~31쪽.
7.《基督教評論 》山路愛山, 岩波書店, 1966년, 24~25쪽.
8. 같은 책, 25쪽.
9.《日本に於ける基督教の現在及将来》小崎弘道, 大空社, 1992년 復刻, 429~430쪽.
10.《世界宣教の歴史》中村敏, いのちのことば社, 2006년, 156쪽.
11.《特命全権大使米欧回覧実記》全五巻, 久米邦武 編, 博聞社, 1878년.
12.〈日本初期プロテスタンティズムに及ぼした福音同盟会の影響〉中村敏, 앞의 책, 19쪽.
13. 같은 책, 19~20쪽.
14.《日本プロテスタント史研究 》46~48쪽.

[제3장]

1.《植村正久と其の時代 第一巻》佐波亘 編, 教文館, 1938년, 351쪽.
2.《横浜バンド史話》高谷道男, 太田愛人, 築地書館, 1981년, 116쪽.
3. 같은 책, 123쪽.
4.《植村正久著作集 第一巻》新教出版社, 1966년, 368쪽.
5.《植村正久–生涯と思想》大内三郎, 日本基督教団出版局, 2002년, 13쪽.
6.《熊本バンド研究–日本プロテスタンティズムの一源流と展開》同志社大学人文科学研究所 編, みすず書房, 1965년.
7. 같은 책, 3쪽.
8.《植村正久と其の時代 第一巻》541쪽.
9.《近代日本の青年群像–熊本バンド物語》三井久 著, 竹中正夫 編, 日本YMCA同盟出版部, 1980년, 217쪽.
10.《海老名弾正先生》渡瀬常吉, 竜吟社, 1938년, 96쪽.
11.《クラーク先生とその弟子たち》大島正健, 宝文館, 1958년, 91~92쪽.
12.《クラークの一年》太田雄三, 昭和堂, 1979년, 118쪽.
13.《クラーク先生とその弟子たち》95~96쪽.
14. 같은 책, 110~111쪽.
15. 같은 책, 75~76쪽.
16.〈余は如何にして基督信徒となりし乎〉,《内村鑑三著作集 第一巻》鈴木俊郎 訳, 岩波書店, 1953년, 26~29쪽.

[제4장]

1.《聖書の日本語–飜譯の歴史》鈴木範久, 岩波書店, 2006년, 88~89쪽.
2. 같은 책, 99쪽.
3.《細心精緻の学風》上田敏,《定本上田敏全集 第三巻》上田敏全集刊行會教育出版センター, 1981년, 77쪽.
4.〈日本の賛美歌·聖歌と唱歌をめぐって〉手代木俊一,《日本 キリスト教総覧》新人物往来社,

1995년, 72~77쪽.
5.《植村正久と其の時代 第二巻》佐波亘 編, 教文館, 1938년, 518~522쪽.
6.〈余は如何にして基督信徒となりし乎〉,《内村鑑三著作集 第一巻》鈴木俊郎 訳, 岩波書店, 1953년, 82~84쪽.
7. "Evangelical Christendom," Evangelical Alliance (July, 1883), 220~221쪽.
8.《植村正久と其の時代 第二巻》558쪽.
9.《植村正久と其の時代 第五巻》23~24쪽.
10.《植村正久と其の時代 第二巻》565쪽.
11.《七十年の回顧》小崎弘道, 大空社, 1992년, 76쪽.
12.《信仰三十年基督者列伝》警醒社 編, 大空社復刻板, 1996년.
13.《明治期のキリスト教》工藤英一, 教文館, 1979년, 18~19쪽.
14.《明治キリスト教の研究》杉井六郎, 同朋社, 1984년, 13쪽.
15.《日本キリスト教史物語》鈴木範久, 教文館, 2001년, 100~103쪽.
16.《信仰三十年基督者列伝》235~236쪽.

[제5장]
1.《基督教評論》山路愛山, 岩波書店, 1966년, 110쪽.
2.《日本国憲法》小学館, 1982년, 114~116쪽.
3.《内村鑑三日記書簡全集 五》山本泰次郎 編, 教文館, 1964년, 222~223쪽.
4.〈基督信徒の慰〉内村鑑三,《内村鑑三 全集 第一巻》岩波書店, 1932년.
5.〈教育と宗教の衝突〉井上哲次郎,《明治文学全集 第八十巻》筑摩書房, 1974년, 124~147쪽.
6.《柏木義円集 第一巻》柏木義円, 伊谷隆一 編, 未來社, 1970년, 22~48쪽.
7.《現代日本教会史論》山路愛山, 108쪽.
8.《内村鑑三不敬事件》小沢三郎, 新教出版社, 1961년, 216쪽.
9.《新潟県キリスト教史 上巻》新潟県プロテスタント史研究会 編, 新潟日報事業社, 1993년, 298~307쪽.
10.《現代日本教会史論》89쪽.
11.〈基督教の本質〉小崎弘道,《小崎弘道全集 第一巻》警醒社, 1938년, 13쪽.
12.《日本現今之基督教並に将来之基督教》金森通倫, 警醒社, 1891년.
13.《日本キリスト教史》海老澤有道・大内三郎, 日本基督教教団出版局, 1970년, 333~335쪽.

[제6장]
1.《信仰五十年史》田村直臣, 大空社(復刻板), 1992년, 271~272쪽.
2.《日本社会とプロテスタント伝道》工藤英一, 日本基督教教団出版局, 1959년, 231~232쪽.
3.《植村正久と其の時代 第二巻》佐波亘 編, 教文館, 1938년, 626쪽.
4.《植村正久著作集 第六巻》新教出版社, 1967년, 399~404쪽.
5.〈再び吾が党の使命を想ふ〉海老名弾正,《新人》1902년 6월호.
6.《植村正久と其の時代 第五巻》246쪽.
7.《植村正久著作集 第四巻》新教出版社. 1966년, 327~351쪽.

8.《植村正久と其の時代 第五巻》423쪽.
9.《植村正久全集 第四巻》植村全集刊行会, 1932년, 163쪽.
10.《植村正久と其の時代 第二巻》719~720쪽.
11. 같은 책, 722~723쪽.
12.《柏木義円集 第一巻》柏木義円, 伊谷隆一 編, 未來社, 1970년, 285~288쪽.

[제7장]
1.〈福音的基督教〉高倉徳太郎,《高倉徳太郎著作集 第二巻》新教出版社, 1964년.
2.《高倉徳太郎著作集 第一巻》新教出版社, 1964년, 18쪽.
3. 같은 책, 120쪽.
4.《高倉徳太郎とその時代》佐藤敏夫, 新教出版社, 1983년, 219~237쪽.
5.《日本プロテスタント諸教派史の研究》同志社大学人文科学研究所 編, 教文館, 1997년, 88~89쪽.
6. 같은 책, 136~137쪽.
7.《日本人による海外宣教の歩み》中村敏, 関西ミッション・リサーチ・センター, 1992년.
8.《日本プロテスタント諸教派史の研究》141~142쪽.
9.《日本プロテスタント・キリスト教史》土肥昭夫, 新教出版社, 1980년, 293쪽.
10. *From Jerusalem To Irian Jaya–A Biographical Hisotry of Christian Missions*, R. Tucker, Zondervan, 1983, p.286.
11.《信仰の報酬》B. F. バックストン, 小島伊助 訳, パックストン記念霊交会, 1958년.
12.《日本における福音派の歴史》中村敏, いのちのことば社, 2000년, 72~81쪽.
13.《日本キリスト教史》海老沢有道・大内三郎, 日本基督教団出版局, 1970년, 452쪽.
14.《日本プロテスタント史研究》小澤三郎, 東海大学出版会, 36~37쪽.
15.《死線を越えて》賀川豊彦, 改造社,《現代日本文学全集 第五九巻》1931년.
16.〈貧民心理の研究〉賀川豊彦,《賀川豊彦全集 第八巻》キリスト新聞社.
17.〈石の枕を立てて〉賀川豊彦,《賀川豊彦全集 第十九巻》335쪽.
18.《平民の福音》山室軍平, 救世軍出版供給部 1899년, 1쪽.
19.《山室軍平》高道基, 日本基督教団出版局, 1973년, 137쪽.
20.《西洋の没落》O. シュペングラー, 村松正俊 訳, 五月書房, 1975년.
21.〈信仰と実行〉内村鑑三,《内村鑑三全集 第二四巻》岩波書店, 1981년, 355쪽.
22.《耶蘇は来る》W. E. ブラックストン, 中田重治 訳, 東洋宣教会ホーリネス教会出版部, 1917년.
23.《植村正久と其の時代第一巻》佐波亘 編, 教文館, 1938년, 528~529쪽.

[제8장]
1.〈神と社会運動〉賀川豊彦,《基督教社会問題講演集》1929년, 14~15쪽.
2.《日本キリスト教百年史》海老沢亮, 日本基督教団出版局, 1959년, 214~218쪽.
3. 같은 책, 212~213쪽.
4.《日本YMCA史》奈良常五郎, 日本YMCA同盟, 1959년, 283쪽.

5. 같은 책, 279쪽.
6. 《ホーリネス・バンドの軌跡》 ホーリネス・バンド弾圧史刊行会 編, 新教出版社, 1983년, 27~28쪽.
7. 《中田重治全集 第二巻》 米田勇 編, 中田重治全集刊行会, 1975년, 43, 70, 97, 131, 167~169쪽.
8. 《中田重治全集 第四巻》 475쪽.
9. 《ホーリネス・バンドの軌跡》 106쪽.
10. 《日本ホーリネス教団史》 山崎鷲夫·千代崎秀雄, 日本ホーリネス教団, 1970년, 85쪽.
11. 〈みくに〉 今泉源吉, 第三巻 一号, 1937년, 7쪽.
12. 《聖書より見たる日本》 藤井武, 岩波書店, 1929년, 150~187쪽.
13. 〈名ごりの夢々〉 今泉源吉, 〈クリスチャン新聞〉 1968년 6월 16일자.
14. 《日本神学の提唱》 渡瀬常吉, ほざな社, 1934년, 15쪽.
15. 《日本基督教の精神的伝統》 魚木忠一, 基督教思想叢書刊行会, 1941년.
16. 《日本キリスト教歴史大事典》 教文館, 1988년, 257쪽, 《歌集·論文–尾島真治神学論文集 第三集》 山下育夫 編, 尾島真治神学論文集刊行会, 1985년, 175~181쪽.
17. 《日本基督教団史資料集 第一巻》 日本基督教団宣教研究所教団資料編纂室, 日本基督教団出版局, 1997년, 398~405쪽.
18. 《日本における福音派の歴史》 中村敏, いのちのことば社, 2000년, 138~140쪽.
19. 《日本基督教団史資料集 第一巻》 276쪽.
20. 《日本キリスト教合同史稿》 都田恒太郎, 教文館, 1967년, 215~218쪽.
21. 〈教団時報〉 제213호, 日本基督教団, 1942(昭和17)년 1월 15일.
22. 《日本キリスト教百年史》 232쪽.
23. 같은 책, 239~240쪽.
24. 《日本キリスト教合同史稿》 4쪽.
25. 같은 책, 249쪽.
26. 같은 책, 245~247쪽.
27. 《日本プロテスタント教会の成立と展開》 土肥昭夫, 日本基督教団出版局, 1975년, 227쪽.
28. 같은 책, 244~245쪽.
29. 《日本プロテスタント·キリスト教史》 土肥昭夫, 新教出版社, 1980년, 357쪽.
30. 《日本プロテスタント教会史 下》 小野静雄, 聖恵授産所出版部, 1986년, 116쪽.
31. 같은 책, 121쪽.
32. 《日本キリスト教史論》 石原謙, 新教出版社, 1967년, 204~206쪽.
33. 같은 책, 219쪽.
34. 같은 책, 335쪽.
35. 《日本基督教団史》 日本基督教団史編纂委員会, 日本基督教団出版局, 1967년, 96쪽.
36. 같은 책, 97쪽.

[제9장]

1. 《日本における福音派の歴史》 中村敏, いのちのことば社, 2000년, 147~152쪽.
2. 《日本基督教団史資料集 第一巻》 日本基督教団宣教研究所教団資料編纂室, 日本基督教団出

版局, 1997년. 여기에 〈자료 104: 치안유지법개정법률〉 전문이 실려 있다.
3. 《涙の谷を過ぎるとも-小山宗祐牧師補の自殺》 坂本幸四郎, 河出書房新社, 1985년.
4. 《ホーリネス・バンドの軌跡—リバイバルとキリスト教弾圧》 ホーリネス・バンド昭和キリスト教弾圧史刊行会 編, 新教出版社, 1983년, 457쪽.
5. 같은 책, 479쪽.
6. 이 재판에서 피고인이 된 사람들이 기록한 것으로는 다음 기록물이 있다. 《ホーリネス・バンドの軌跡》, 《昭和の宗教弾圧-戦時ホーリネス受難記》 米田豊・高山慶喜, いのちのことば社, 1946년. 《殉教-菅野鋭牧師訊問調書》 尾花晃・土屋和彦 編, HANA出版, 1996년. 《車田秋次全集 第5, 6巻》 車田秋次, いのちのことば社, 1985년.
7. 《戦時下のキリスト教運動 2》 同志社大学人文科学研究所・キリスト教社会問題研究会 編, 新教出版社, 1972년, 409~414쪽.
8. 《宗教弾圧を語る》 小池健治・西川重則・村上重良 編, 岩波書店, 1978년, 173~174쪽.
9. 같은 책, 175쪽.
10. 《日本基督教団史資料集 第二巻》 日本基督教団宣教研究所教団史資料編集室 編, 日本基督教団出版局, 1998년, 125~126쪽.
11. 《ホーリネス・バンドの軌跡》 662~663쪽.
12. 같은 책, 663쪽.
13. 같은 책, 544~545쪽.
14. 〈神学とともに五十年〉 桑田秀延, 《桑田秀延全集 第五巻》 キリスト新聞社, 1974년, 115쪽.
15. 《ホーリネス・バンドの軌跡》 546~547쪽.
16. 《日本基督教団史資料集 第二巻》 131쪽.
17. 《ホーリネス・バンドの軌跡》 635~706쪽.
18. 〈キリスト新聞〉 1986년 11월 29일자.
19. 《小十字架》 浅見仙 作, 待晨親書, 1981년.
20. 《戦時下のキリスト教運動》 全三巻.
21. 〈教団時報〉 日本基督教団, 昭和17年(1942년) 10월 15일, 제222호.
22. 〈日本占領下フィリピンのプロテスタント教会〉 寺田勇文, 《キリスト教と歴史》 新教出版社, 1997년, 245쪽.
23. 《日本基督教団史資料集 第二巻》 295쪽.
24. 《インドネシア教会の宣教と神学》 木村公一, 新教出版社, 2004년, 173~174쪽.
25. 《アジア・キリスト教史 二》 教文館, 1985년, 100쪽.
26. 《日本基督教団史資料集 第一巻》 217쪽.
27. 《韓国キリスト教会史》 閔庚培, 金忠一 訳, 新教出版社, 1981년, 401쪽.
28. 〈神社参拝問題と朱基徹の説教〉 井田泉, 《キリスト教と歴史》 217쪽.
29. 《日本基督教団史資料集 第二巻》 316~326쪽.
30. 《天皇観の相剋: 一九四五年前後》 武田清子, 岩波書店, 1978년, 230~231쪽.

제4부

[제1장]

1. 히가시쿠니노미야(東久邇宮) 수상은 기자회견에서 다음과 같이 말했다. "지금 나는 군관민, 국민 전체가 철저하게 반성하고 참회하지 않으면 안 된다고 생각한다. 일억총참회(一億總懺悔)를 하는 것이 우리나라 재건의 첫걸음이며, 국내단결의 첫걸음이라고 믿는다."《戦後思想の出発》日高六郎 編, 筑摩書房, 1968년, 54쪽.
2. 《GHQ》竹前栄治, 岩波書店, 1983년, 48~53쪽.
3. 《日本占領·外交関係資料集 第一巻》柏書房, 1991년, 13~14쪽.
4. 《日本国憲法》小学舘, 1982년, 23~26쪽.
5. 같은 책, 35쪽.
6. 《戦後思想の出発》95~98쪽.
7. 《敗北を抱きしめて 下》ジョン·ダワー, 三浦陽一·高杉忠明·田代泰子 訳, 岩波書店, 2001년, 11~12쪽.
8. 같은 책, 37쪽.
9. 〈マッカーサー総司令官に寄す〉賀川豊彦,《賀川豊彦全集 第二四巻》キリスト新聞社, 1964년, 413~416쪽.
10. 《土着と挫折: 近代日本キリスト教史の断面》佐治孝典, 新教出版社, 1991년, 135쪽.
11. 《天皇観の相剋: 一九四五年前後》武田清子, 岩波書店, 1978년, 275~277쪽.
12. 《天皇と神道: GHQの宗教政策》ウィリアム·P·ウッダード, 阿部美哉 訳, サイマル出版会, 1988년, 248쪽.
13. 《マッカーサー回想記 下巻》朝日新聞社, 1964년, 129쪽.
14. 같은 책, 178쪽.
15. 〈朝日新聞〉1946년 12월 10일자.
16. 《天皇と神道: GHQの宗教政策》283쪽.
17. 같은 책, 281쪽.
18. 같은 책, 286~288쪽.
19. 《あるキリスト者の戦争体験》安藤肇, 日本YMCA同盟出版部, 1963년, 146쪽.
20. 《天皇と神道: GHQの宗教政策》282쪽.
21. 《天皇をわたし》E. G. ヴァイニング, 秦剛平 · 和子 訳, 山本書店 1989년, 71~72쪽.
22. 〈読売新聞〉1948년 3월 9일자.
23. 같은 신문, 같은 일자.
24. 〈真珠湾に殺到した男たち〉淵田三津雄,《文藝春秋》文藝春秋社, 1956년 12월호, 253쪽.
25. 《東中通教会九十年史》土岐元春, 東中通教会, 1966년, 124~134쪽.
26. 《日本占領軍: その光と影 下巻》阿部美哉, 現代史出版会, 1978년, 75~76쪽.
27. 〈朝日新聞〉1947년 7월 13일자.
28. 《キリスト教年鑑》キリスト新聞社, 1992년, 566쪽.
29. 《日本基督教団史資料集 第三巻》日本基督教団宣教研究所教団史資料編集室 編, 日本基督教団出版局, 1998년, 36~37쪽.

30. 같은 책, 82~83쪽.

31. 《土着と挫折》佐治孝典, 信教出版社, 1991년, 〈戦争協力によって日本基督教団は何を失ったか: 戦後責任との関連で〉安藤肇, 《教会の戦争責任・戦後責任》信州夏期宣教講座 編, いのちのことば社, 2008년.

32. 〈福音と世界〉新教出版社, 1967년 6월호.

33. 《立教学院八十五年史》立教学院八十五年史編纂委員会, 立教学院, 1960년, 211~212쪽.

34. 《日本基督教団史》177쪽.

[제2장]

1. 《日本基督教団史資料集 第三巻》日本基督教団宣教研究所教団史料編集室 編, 日本基督教団出版局, 1998년, 127쪽.

2. 《日本基督教会歴史資料集(1): 新日本基督教会創立関係》日本基督教会歴史編纂委員会, 日本基督教会, 1974년.

3. 같은 책, 14쪽.

4. 《東京教区史》東京教区史編集委員会, 日本基督教団東京教区, 1961년, 219쪽.

5. 《天皇と神道: GHQの宗教政策》ウィリアム・P・ウッダード, 阿部美哉 訳, サイマル出版会, 1988년, 251쪽.

6. 〈朝日新聞〉1946년 9월 2일자.

7. 《赤岩栄著作集 5》赤岩栄, 教文館, 1971년, 359~360쪽.

8. 같은 책, 257~259쪽.

9. 〈キリスト新聞〉1949년 8월 6일자.

10. 《キリスト教脱出記》赤岩栄, 理論社, 1964년, 146~168쪽.

11. 《あの言葉戦後五十年》読売新聞社 編, 1995년, 53, 77쪽.

12. 《日本キリスト教百年史》海老澤亮, 日本基督教団出版局, 1959년, 264~266쪽.

13. 《キリスト新聞で読む戦後キリスト教史》キリスト新聞社 編, 原誠 監修, キリスト新聞社, 2003년, 32~33쪽.

14. 《ラクーア特別伝道記念写真集》日本基督教団ラクーア特別伝道委員会 監修, 武藤富男 編著, キリスト新聞社, 1959년.

[제3장]

1. 《大いなる旗のもとに: 東京クルセードと日本伝道の諸問題》東京クリスチャン事後処理委員会 編, 教文館, 1962년.

2. 《キリスト新聞で読む戦後キリスト教史》キリスト新聞社 編, 原誠 監修, キリスト新聞社, 2003년, 61쪽.

3. 《日本基督教団史資料集 第四巻》日本基督教団宣教研究所教団史資料編集室 編, 日本基督教団出版局, 1998년, 337~338쪽.

4. 같은 책, 327~338쪽.

5. 같은 책, 340~347쪽.

6. 같은 책, 328~329쪽.

7. 필자는 이와테(岩手)대학에서 비당파(非黨派, non-sectarian)의 입장으로 학생운동에 관여했다. 당시의 생각과 체험을 졸업에 즈음하여《一学徒の探求ノート》(자비출판)에 정리해 담았다.
8.《歴史の証言: 日本プロテスタント・キリスト教史より》土肥昭夫, 教文舘, 2004년, 146~152쪽.
9. 같은 책, 152~154쪽.
10.《キリスト新聞で読む戦後キリスト教史》78~79쪽.
11.《歴史の証言》145쪽.
12. '日本の教会における保守的教派の台頭' 鈴木崇巨,〈信徒の友〉日本基督教団出版局, 1978년 4월호, 17~19쪽.
13.《キリスト教年鑑·1980年版》キリスト新聞社, 1980년.
14.《日本をキリストへ: 日本伝道会議講演集》日本福音同盟, いのちのことば社, 1974년.

[제4장]

1.〈教勢から見た日本基督教団の五十年〉戒能信生,《日本基督教団五十年史の諸問題》新教出版社, 1992년, 117~118쪽.
2.《キリスト新聞で読む戦後キリスト教史》キリスト新聞社 編, 原誠 監修, キリスト新聞社, 2003년, 100~101쪽.
3.《歴史の証言: 日本プロテスタント・キリスト教史より》土肥昭夫, 教文舘, 2004년, 158쪽.
4.《資料集'賀川豊彦全集'と部落差別》キリスト新聞社 編, キリスト新聞社, 1991년.
5.《キリスト新聞で読む戦後キリスト教史》117쪽.
6.《日本基督教団史資料集 第三巻》日本基督教団宣教研究所教団史編集室 編, 日本基督教団出版局, 1998년,《歴史の証言》201~228쪽.
7.《日本をキリストへ: 終末と世界宣教(第二回日本伝道会議講演集)》日本福音同盟, いのちのことば社, 1982년.
8. 구체적으로는,《新聖書注解 旧約第一巻》(いのちのことば社 一九七六年) 가운데 사카키바라 야스오(榊原康夫)의 논문 'モーセ五書緒論'과《はばたく日本の福音派》(日本福音同盟, 一九七八年) 가운데 무라세 토시오(村瀬俊夫)의 논문 '新しい時代に向かう福音派の神学'이 종래의 복음주의파의 입장을 정리했다.
9.《日本における福音派の歴史》中村敏, いのちのことば社, 2000년, 230~231쪽.
10.《赦し: 長崎市長本島等伝》横田信長, にんげん出版, 2008년, 135~136쪽.
11.《日本宗教辞典》村上重良, 講談社, 1978년, 26~30쪽.
12.《キリスト新聞で読む戦後キリスト教史》128~129쪽.
13. 같은 책, 129쪽.
14.《ボレロが聴きたい》本多立太郎, 耕文社, 1994년, 124쪽.
15. 같은 책, 125쪽.
16. 같은 책, 126쪽.
17. 같은 책, 127쪽.

[제5장]

1.《キリスト新聞で読む戦後キリスト教史》キリスト新聞社 編, 原誠 監修, キリスト新聞社,

2003년, 154~155쪽.
2.《キリスト教年鑑·1997年版》キリスト新聞社, 1996년, 42~43쪽.
3.《キリスト新聞で読む戦後キリスト教史》146~147쪽.
4.《完成を目ざして: 基督兄弟団創立50周年·基督兄弟団聖書学院創立50周年》基督兄弟団史編集委員会, 1996년, 141~143쪽.
5.《日本ホーリネス教団の戦争責任に関する私たちの告白と資料と解説》日本ホーリネス教団福音による和解委員会 編, 日本ホーリネス教団出版部, 1998년, 7~8쪽.
6.《地に住み, 誠実を》日本福音同盟 編, いのちのことば社, 1996년, 207~214쪽.
7.《日本における福音派の歴史》中村敏, いのちのことば社, 2000년, 236~237쪽.
8.〈クリスチャン新聞〉1996년 5월 19일자,《キリスト新聞で読む戦後キリスト教史》150~151쪽.
9.《キリスト教年鑑·2001年版》キリスト新聞社, 2000년, 42쪽.
10. 같은 책, 43쪽.
11. 같은 책, 50쪽.
12. 같은 책, 85~87쪽.

[제6장]
1.《キリスト教年鑑·2004年版》キリスト新聞社, 2003년, 65~66쪽.
2.〈朝日新聞〉2000년 5월 16일 석간.
3.《改正教育基本法》中田壮一 監修, 教育基本法研究会 編, 第一法規, 2007년, 9쪽.
4. 같은 책, 230~231쪽.
5.〈朝日新聞〉2008년 3월 28일자.
6.〈日本は侵略国家であったのか〉田母神俊雄,〈月刊 Will〉2009년 1월호, 52~59쪽.
7.《世界宣教の歴史: エルサレムから地の果てまで》中村敏, いのちのことば社, 2006년, 198~200쪽.
8.《キリスト教年鑑·2001年版》キリスト新聞社, 2000년, 87~90쪽.
9.〈キリスト新聞〉2000년 12월 9일자.
10.《日本キリスト教史物語》鈴木範久, 教文館 2001년, 199쪽.
11.〈キリスト新聞〉2001년 1월 1일자.
12. 같은 신문, 2002년 8월 10일자.
13.〈クリスチャン新聞〉2004년 7월 4일자.
14.〈キリスト新聞〉2004년 8월 7일자.
15. 같은 신문, 2007년 3월 17일자.
16. 같은 신문, 2004년 4월 24일자.
17.〈クリスチャン新聞〉2002년 11월 10일자.
18.〈キリスト新聞〉2006년 11월 11일자.
19. 같은 신문, 2007년 1월 13일, 20일자.
20.《原理主義と福音主義: 米国キリスト教原理主義に見る日本の福音派の課題》関野祐二, JEA神学委員会パンフレット, 日本福音同盟, 2006년, 18, 26쪽.
21.《世界宣教の歴史》, 133~136쪽.

22.《原理主義と福音主義》26, 30~31쪽.

23. 이러한 주장을 사사이 히로야스(笹井大庸, Malkoushu Publications 사장)가 했다. "일본 문화의 중심은 천황이며, 일본인에게 전도하는 것이기에 크리스천은 천황제에 반대하지 않아야 한다."(〈크리스천신문〉 2001년 4월 8일자). 이에 대하여 〈크리스천신문〉 지상에서 4월부터 7월까지 공개지상논쟁이 벌어졌고, 사사이의 견해에 반대하는 의견이 많았다.

24.〈死魚の類〉内村鑑三,《内村鑑三全集 15》岩波書店, 1981년, 81쪽.

[제7장]

1.《キリストにあってひとつ－日本プロテスタント宣教150年の記録: 主イエスの証し人として》日本プロテスタント宣教150周年記念実行委員会編, 日本聖書協会, 2010년, 151~154쪽.

2. 같은 책, 4~5쪽.

3.《札幌宣言: 21世紀における教会のチャレンジ》第五回日本伝道会議宣言文起草プロジェクト編, いのちのことば社, 2010년, 12~16쪽.

4. 같은 책, 13~14쪽, 63~70쪽.

5. 같은 책, 47쪽.

6.《福島原発事故と小児甲状腺がん》宗川吉汪·大倉弘之·尾崎望, 本の泉社, 2015년, 58~59쪽.

7.《原発はもう手放しましょう》野中宏樹·木村公一, いのちのことば社, 2015년.

8.《フクシマを共に生きる: 宣教フォーラム·福島より》福島県キリスト教連絡会·日本福音同盟宣教委員会, いのちのことば社, 2014년.

9.《揺れ動く時代におけるキリスト者の使命:日本はどこへ行き' 私たちはどこに立つのか?》中村敏, いのちのことば社, 2016년, 29쪽.

10.《改悪〈盗聴法〉その危険な仕組み》足立昌勝, 社会評論社, 2016년, 8~9쪽.

11.《キャスターという仕事》国谷裕子, 岩波書店, 2017년, 159쪽.

12.《再生へのリ·ビジョン: 次の伝道会議(2023年)へのロードマップ》第六回日本伝道会議実行委員会 編著, いのちのことば社, 2017년, 27~28쪽.

13.《ケープタウン決意表明》日本ローザンヌ委員会 訳, いのちのことば社, 2012년.

14.《再生へのリ·ビジョン:次の伝道会議(2023年)へのロードマップ》138쪽.

15.《宗教改革の精神と日本のキリスト者》中村敏, いのちのことば社.《地図で学ぶ宗教改革》ティム·ダウリー, 青木義紀 訳, いのちのことば社, 2017년.〈クリスチャン新聞〉2017년 3월 27일자.

[제8장]

1.《日本を襲ったスペイン·インフルエンザ: 人類とウィルスの第一次世界戦争》速水融, 藤原書店, 2006년, 234쪽.

2.《武漢日記: 封鎖下60日の魂の記録》方方, 飯塚容·渡辺新一 訳, 河出書房新社, 2020년, 141쪽.

3.《キリスト教年鑑 2022~2023》キリスト教年鑑編集委員会 編, キリスト教新聞社, 2023년, 55쪽.

4.《日本の進学 60》日本基督教学会 編, 教文館, 2021년 9월.

5. 같은 잡지, 2쪽.
6. 같은 잡지, 같은 쪽.
7.《新型コロナウイルス時代を生きる教会パート2》JEA神学委員会 編, 2021년 11월, 8쪽.
8. 같은 책, 1쪽.
9.《新世紀〈コロナ後〉を生き抜く》佐藤優, 新潮社, 2021년, 88~89쪽.
10.《歎異抄をひらく》高森顕徹, 一万年堂出版, 2008년.
11.《74歳、ないのはお金だけ。あとは全部そろっている》ミッコ, すばる舎, 2020년.
12.《希望する力: コロナ時代を生きるあなたへ》晴佐久昌英·片柳弘史, キリスト新聞社, 2020년, 23쪽.
13. 같은 책, 6쪽.
14. 같은 책, 35쪽.
15.《物語: ウクライナの歴史》黒川祐次, 中央公論社, 2020년.
16. 같은 책, 251쪽.
17. 같은 책, 255~256쪽.
18.〈毎日新聞〉2022년 7월 5일자, 20면.
19. 같은 신문, 20면.〈ロシア正教会という要素:ウクライナ危機とロシアの本質(その二)〉寺島実郎,《世界》岩波書店, 2020년 7월호, 224쪽.
20.《日本をどのような国にするか》丹羽宇一郎, 岩波書店, 2019년, 144~145쪽.
21.《日本の安全保障はここが間違っている!》田岡俊次, 朝日新聞出版, 2014년, 61쪽, 90쪽.
22.《戦争の大問題》丹羽宇一郎, 東洋経済新報社, 2017년, 192쪽.
23.〈憲法九条の死〉阪田雅裕,《世界》岩波書店, 2023년 2월호, 23쪽.
24. https://uccj.org/newaccoount/20165.html
25. https://uccj.org/newaccoount/34899.html
26.《宣教ガイド 2023:〈おわり〉から〈はじめる〉宣教協力》JEA宣教委員会宣教研究部門 編, いのちのことば社, 2023년, 217쪽.
27. 같은 책, 같은 쪽.
28. https://ncc-j.org/wp-content/uploads/2023/10/38bsf5bea54d684bc92e190858d813e8,pdf
29. https://jeanet.org/release/2023/12/2551

제5부

[제1장]

1.《維新変革期とキリスト教》海老沢有道, 新生社, 1968년, 73~117쪽.
2. 같은 책, 470쪽.
3.〈日本におけるカトリックの歴史〉,《日本'キリスト教'総覧》(別冊歴史読本) 新人物往来社, 1995년, 242~243쪽.
4. 같은 책, 243쪽.
5. 같은 책, 154~155쪽.

6. 같은 책, 243쪽,《日本キリスト教歴史大事典》日本キリスト教歴史大事典編集委員会, 教文舘, 1988년, 674쪽.
7.《昭和教育史 上》久保義三, 三一書房, 1994년, 142~160쪽.
8. 같은 책, 150~151, 159쪽.
9.《南島におけるキリスト教の受容》安斉伸, 第一書房, 1984년, 5~37쪽.
10.《聖堂の日の丸: 奄美カトリック迫害と天皇教》宮下正昭, 南方新社, 1999년.
11.《新カトリック大事典 III》新カトリック大事典編纂委員会 編, 研究社, 2002년, 1400쪽.
12.《バチカン: ローマ法王庁はいま》卿富佐子, 岩波書店, 2007년, 106~107쪽.
13.《新カトリック大事典 III》1474쪽.
14.《二十一世紀の挑戦にこたえる教会》山田經三, 新世社, 1997년.
15.《キリスト新聞·1990年版》キリスト新聞社, 1990년, 119쪽.
16.《キリスト教年鑑·2002年版》キリスト新聞社, 2001년, 61~63쪽.
17. 같은 책, 62쪽.

[제2장]

1.《世界宣教の歴史》中村敏, いのちのことば社, 2006년, 66~67쪽.
2.《日本正教史》牛丸康夫, 日本ハリストス正教会教団府主教庁, 1978년, 39~41쪽.
3.《日本キリスト教歴史大事典》日本キリスト教歴史大事典編纂委員会 編, 教文舘, 1988년, 1092쪽.
4.《新潟県キリスト教史 上》新潟県プロテスタント史研究会, 新潟日報事業社, 1993년, 200~201쪽,《大日本正教會神品公會議事錄 全》日本ハリストス正教會編輯局, 1907년.
5.《宣教師ニコライの全日記 八(1904~1908)》中村健之介, 安村仁志 訳, 教文舘, 2007년, 10쪽.
6.《宣教師ニコライの全日記 一(1870~1880)》38쪽.
7.《宣教師ニコライの全日記 八(1904~1908)》58쪽.
8.《日本正教史》134쪽.

연표 1 : 1492~1858년

연도	일본의 기독교	일본과 세계의 동향
1492		콜럼버스, 서인도제도에 도착
1493		교황 알렉산더 6세, 동서구획령 발령
1517		루터, 《95개조 논제》를 비텐베르크 성당문에 게시
1522		루터, 《독일어 신약성서》 출판
1529		슈파이어 국회에서 신교제후 항의 (프로테스탄트의 명칭 유래)
1534		예수회 창립
1536		칼빈, 《기독교강요》 출판
1543		포르투갈 함선, 다네가시마 섬(種子島)에 도래(철포 전래)
1545		트리엔트 공의회
1546 (덴분天文 15)	12월 하비에르, 말라카에서 일본인 야지로와 만남	
1549	8월 하비에르 일행, 카고시마(鹿児島) 상륙	
1551	1월 하비에르, 교토에서 천황, 쇼군을 알현하기를 청하나 이루지 못함 4월 하비에르, 토레스 등과 야마구치(山口)로 돌아가 오우치 요시타카를 알현하고 포교허가를 얻음 9월 하비에르, 분고(豊後)에 가서 오토모 소린과 회견 10월 하비에르, 분고에서 출항, 인도로 향함	
1552	12월 하비에르, 중국 상찬 섬(上川島)에서 사거(死去)	
1555		아우크스부르크 평화협정
1557 (고지弘治 3)	11월 이 무렵 키리시탄은 야마구치에 2천, 분고(豊後)에 2천, 히라도(平戶)에 400, 합계 4,400명을 헤아림	
1559 (에이로쿠永祿 2)	1월 아시카가(足利) 막부, 비렐라(Vilela)에게 포교허가	엘리자베스 여왕의 수장령
1563	5월 오무라 스미타다, 세례받음	《하이델베르크 교리문답》 간행
1564	다카야마 우콘 부자 등, 세례받음	

1565	루이스 프로이스(Luis Frois), 일본 입국	
1568		10월 오다 노부나가, 아시카가 요시아키를 수행하여 상경
1569	4월 오다 노부나가, 프로이스에게 포교허가	
1570 (겐키元亀 1)	6월 카브랄, 오르간티노 입국 7월 카브랄, 일본 포교장이 됨	프랑스에서 성 바르톨로메오 축일의 대학살
1573 (덴쇼天正 1)	타카야마 우콘, 셋쓰 다카쓰키(摂津高槻) 성주가 됨	
1576		노부나가, 아즈치(安土) 성에 들어감
1578	8월 오토모 소린, 세례받음	
1579	7월 동인도 순찰사 발리냐노 입국. 재일예수회 사제 55명, 교회 수 약 150, 기리시탄 약 10만 명	
1581	3월 발리냐노, 교토에서 노부나가와 회견. 같은 해에 코엘류, 일본 준관구장이 됨	
1582	2월 발리냐노, 덴쇼켄오(天正遣欧) 소년사절과 함께 나가사키에서 출항	6월 혼노지(本能寺)의 변(노부나가의 죽음)
1583		히데요시, 오사카성에 들어감
1585	1월 교황 그레고리우스 13세, 일본 포교를 예수회에 한하는 칙서 발표 3월 소년사절, 그레고리우스 13세와 회견	
1586	5월 코엘류, 프로이스 등 오사카성에서 히데요시와 회견	
1587	7월 히데요시, 바테렌 추방령을 발함. 우콘을 추방, 교토, 오사카, 고베 지역의 천주교회당이 파괴됨	히데요시가 태정대신이 되고, 성(姓)이 도요토미가 됨
1588	다카야마 우콘, 마에다(前田) 집안의 객장(客將)이 됨. 호소카와 가라샤 세례 받음	
1591	3월 발리냐노, 주라쿠다이(聚楽第)에서 히데요시와 회견. 인도 총독의 서간 전달	
1592 (분로쿠文祿 1)	《도치리나 기리시탄》(교리문답서) 출판	임진왜란-분로쿠(文祿)의 역(役)
1596 (게이초慶長 1)		11월 스페인 선적 산펠리페(San Felipe)호 사건
1597	2월 나가사키 26성인 순교	정유재란-게이초(慶長)의 역(役)

1598	기리시탄이 약 30만 명에 이름	프랑스에서 낭트칙령(프로테스탄트 공인)
1600	9월 파시오(Francisco Pasio), 일본 관구장이 됨	세키가하라 전투
1603	다카야마 우콘, 가나자와에 교회를 세움	이에야스, 정이대장군이 됨(도쿠가와 막부 시작)
1607	10월 프란치스코회 포교장 무니오스, 후시미(伏見)에서 이에야스와 회견	
1611		잉글랜드에서 《킹제임스 흠정역 성서》 간행
1612	3월 오카모토 다이하치(岡本大八) 사건 9월 막부, 덴료(天領, 막부의 직할령)에서 기리시탄 금령 발포. 이 무렵, 기리시탄 60만 명을 헤아림	
1614	2월 이에야스, 기리시탄 금제선언문 발포 11월 재일 선교사 및 우콘 등을 마닐라, 마카오로 추방	오사카, 겨울에 포위됨(大阪冬の陣)
1615 (겐나元和 1)	2월 우콘, 마닐라에서 사거(死去)	오사카, 여름에 포위됨(大阪夏の陣)
1616	9월 막부, 기독교를 금하고, 명나라 무역선 외에 외국 선박이 나가사키, 히라도 외의 항구에 머무는 것을 금함	
1620		메이플라워호, 플리머스에 상륙(청교도의 북미 이주)
1622	9월 나가사키에서 55명 순교 (겐나元和의 대순교)	
1628 (간에이寬永 5)	이 무렵 에후미(繪踏)를 시작	
1633	4월 제1차 쇄국령, 기리시탄 금제를 강화 10월 일본관구장 페레이라(C. Ferreira), 신앙을 버리고 사와노 주안(沢野忠庵)으로 이름을 바꿈	
1636	6월 막부는 일본인의 해외 도항을 전면금지하고 혼혈아의 추방을 명함(제3차 쇄국령)	
1637		아마쿠사·시마바라(天草·島原)의 난
1639	5월 쇼군 이에미쓰(家光), 모든 다이묘에게 기리시탄 금제를 엄명	

1640	이노우에 지쿠고노카미 마사시게(井上筑後守政重), 막부의 슈몬아라타메야쿠(宗門改役)에 취임	
1643	1월 고발자 포상제(訴人褒賞制)와 5인조제를 연결하여 기리시탄 적발을 5인조 연대책임으로 함	웨스트민스터 신앙회의 (1648년, 웨스트민스터 신앙고백)
1646		존 엘리엇(John Eliot), 매사추세츠에서 아메리카 원주민 전도 개시
1653		파리외방전교회 설립
1657 (메이레키明曆 3)	오무라 번 고리무라(郡村)에서 기리시탄 603명 체포(고리쿠즈레, 郡崩れ)	
1664		엄율(嚴律) 시토회(트라피스트회) 설립
1665 (간분寬文 5)	막부, 1만 석 이상의 번령(藩領)에 슈몬아라타메야쿠를 설치, 기리시탄 탐색을 엄명	
1669		파스칼,《팡세》간행
1674 (엔포延寶 2)	막부, 기리시탄 금제의 고찰을 세우고, 현상금을 걸어 바테렌(伴天連, 신부)은 은(銀)5백 냥, 이루만(평수도사)은 은3백 냥으로 증액	
1681		윌리엄 펜(W. Penn), 친우회(Society of Friends, 퀘이커)를 이끌고 미국으로 이민
1687 (조쿄貞享 4)	7월 막부, 기리시탄 유족(類族) 아라다메(改め) 제도 실시	
1706		덴마크 국왕의 파견으로 두 경건파 선교사, 인도에 도착
1709 (호에이寶永 6)	12월 아라이 하쿠세키(新井白石), 시도티(G. B. Sidoti)를 고이시카와(小石川)의 기리시탄 야시키(屋敷, 감옥)에서 심문	
1715		아라이 하쿠세키《서양기문(西洋紀聞)》출간
1727		진젠도르프 백작, 헤른후트 형제단 조직
1732		헤른후트 형제단, 서인도제도에 전도
1740		존 웨슬리, 감리교회 결성 조나단 에드워드와 휘트필드의 신앙부흥운동

1760		모라비안파, 인도에 전도
1770		영국에서 산업혁명 일어남
1774 (안에이安永 3)		스기타 겐파쿠(杉田玄白), 마에노 료타쿠(前野良沢) 등, 《해체신서(解體新書)》 간행
1776		아메리카 13주 독립선언
1787 (덴메이天明 7)		마쓰다이라 사다노부(松平定信)가 노중(老中, 쇼군 직속의 정무담당직)이 되어, 간세이(寬政)의 개혁을 주도
1789		프랑스 혁명
1790 (간세이寬政 2)	9월 우라카미(浦上)에서 기리시탄 19명이 체포되어 투옥(우라카미 제1차 구즈레)	
1792		영국 침례교 선교회(Baptist Missionary Society) 설립, 윌리엄 캐리, 캘커타 전도 시작
1797	소노기 반도(彼杵半島)의 잠복 기리시탄 3천여 명, 신앙의 자유를 찾아 고토(五島)로 이주	
1804		나폴레옹, 황제가 됨
1820		아메리카, 먼로 선언
1823 (분세이文政 6)		시볼트(Philipp Franz Balthasar von Siebold), 나가사키에 옴(이듬해 진료소와 학교[塾]를 엶)
1825		이국선 퇴치령(異國船退治令)
1828		12월 시볼트 사건
1832 (덴포天保 3)	귀츨라프, 중국 연안 항행, 류큐의 나하(那覇)에 기항	
1835	오와리(尾張)의 표류민 오토키치(音吉), 이와키치(岩吉), 히사키치(久吉), 마카오로 보내지고, 귀츨라프의 집에서 살며, 성서 일본어 번역을 도움	
1837	귀츨라프 역《요한복음지전(約翰福音之傳)》·《요한상중하서(約翰上中下書)》 싱가포르에서 간행 7월 모리슨호(윌리엄스, 귀츨라프 승선) 우라가(浦賀)에 입항, 포격을 받아 퇴거	오시오 헤이하치로(大塩平八郎)의 난

1838		오가타 고안(緒方洪庵), 오사카에 난학숙(蘭學塾)을 개설
1839		반샤(蛮社)의 옥(獄) – 막부, 와타나베 가잔(渡辺崋山), 다카노 조에이(高野長英) 등을 체포
1841		덴포(天保)의 개혁
1844 (고카弘化 1)	파리외방전교회 선교사 포르카드(T.A. Forcade) 등, 나하에 상륙	
1846	5월 영국 해군 류큐전도회 선교사 베텔하임, 나하에 상륙	
1848		마르크스, 엥겔스, 《공산당선언》 출간
1851		중국, 태평천국의 난
1853 (가에이嘉永 6)		7월 미국 사절 페리, 함대를 이끌고 우라가(浦賀)에 내항
1854 (안세이安政 1)		3월 미일화친조약 체결
1855	베텔하임의 류큐어 역《누가전복음서(路加伝福音書)》, 《요한전복음서(約翰伝福音書)》, 《세이사겐코로쿠(聖差言行録, 사도행전)》, 《파우로가 로마진니 요세루쇼(保羅奇羅馬人書, 로마서)》를 홍콩에서 출간	
1856	우라카미 제3차 구즈레	
1858		영국, 인도를 병합(무굴제국 멸망)/ 7월 미일수호통상조약 조인(제8조에서 거류지 내의 신앙과 예배의 자유를 승인) 이후, 영국, 네덜란드, 러시아, 프랑스와 조인/ 10월 안세이(安政)의 대옥(大獄) 시작

연표 2: 1859~2008년

이 연표에는 연표 1의 '일본 기독교' 항목이 '개신교회' 및 가톨릭교회와 하리스토스정교회'로 나뉘어 있다. - 옮긴이

연도	개신교회	가톨릭교회와 하리스토스정교회(하)	일본과 세계의 동향
1859 (안세이 安政 6)	5월 미국 성공회의 리긴스(J. Liggins), 나가사키에 도착/ 6월 미국 성공회의 윌리엄스(C. M. Williams), 나가사키에 도착/ 10월 미국 장로교회의 헵번(J.C. Hepburn), 가나가와(神奈川)에 도착/ 11월 미국 내 네덜란드개혁파교회의 브라운(S.R. Brown), 시몬즈(D.B. Simmons), 가나가와에 도착. 같은 개혁파교회의 페르베크(Guido Verbeck), 나가사키에 도착		다윈,《종의 기원》 출간
1860 (만에이 万延 1)	4월 미국 자유침례교선교협회의 고블(Jonathan Goble), 가나가와에 도착	10월 프티장(B.T. Petitjean), 나하에 도착	3월 사쿠라다 문 밖의 변(桜田門外の變)
1861 (분큐 文久 1)	11월 미국 내 네덜란드개혁파교회의 발라(J.H. Ballagh), 가나가와에 도착	6월 니콜라이, 러시아영사관 부속성당 사제로서 하코다테에 도착 (하)	
1862			9월 나마무기(生麦) 사건
1863	5월 미국 장로교회의 톰슨(David Thompson) 입국	8월 프티장, 요코하마에서 나가사키로 옮김	미국, 노예해방선언
1864	7월 니지마 조(新島襄), 하코다테에서 밀항하여 미국을 향함	12월 우라카미 천주당 낙성	
1865 (게이오 慶應 1)	11월 야노 류잔(矢野隆山), 자택에서 발라 선교사에게 세례를 받음	3월 우라카미 천주당에서 우라카미 지역 신도들이 신분을 밝힘(잠복 기리시탄의 발견)	윌리엄 부스(W. Booth), 구세군 설립/ 허드슨 테일러, 중국내지선교회(CIM)를 설립

1866	5월 무라타 와카사노카미(村田若狭守)와 아야베 교(綾部恭) 형제, 페르베크 선교사에게 세례를 받음	7월 프티장, 일본대목(代牧)에 임명됨	
1867		7월 우라카미 제4차 구즈레	1월 토쿠가와 요시노부(徳川慶喜), 쇼군이 됨
1868 (메이지 明治 1)		니콜라이, 사와베 타쿠마(沢辺琢磨) 등에 세례 (하)	1월 조정, 왕정복고 선언/ 4월 5개조의 어서문(御誓文) 발표에 이어 오방을 게시하고, 제3찰에서 기리시탄 종문 금제의 고찰을 영구한 법령으로 게시/ 9월 에도(江戸)를 도쿄(東京)로 개칭
1869	11월 미국해외선교위원회(아메리칸 보드)의 대니얼 그린(Daniel C. Greene), 일본 입국		7월 쇼콘샤(招魂社)를 도쿄 쿠단(九段)에 건립
1870	4월 후타가와 잇토(二川一騰), 나가사키에서 체포됨	1월 우라카미 지역 신도 3천여 명이 22개 번으로 유배됨	
1871	3월 미국해외선교위원회(아메리칸 보드)의 굴릭(O.H. Gulick), 일본 입국/ 9월 제인스(L.L. Janes), 구마모토에 도착하여 10월 구마모토 양학교 개교		독일제국, 비스마르크가 재상이 됨/ 8월 폐번치현(廢藩置縣)의 조서(詔書)를 냄/ 12월 이와쿠라 도모미(岩倉具視) 등의 구미사절단 출발, 쓰다 우메코(津田梅子)가 동행
1872	3월 요코하마에 일본최초의 개신교회·일본기독공회 설립(임시목사 발라 선교사)/ 9월 요코하마에서 제1회 선교사회의, 성서번역위원회를 설치		3월 미국대통령 그랜트, 이와쿠라 사절 일행에게 신앙의 자유를 권고/ 12월 태양력 채용을 포고
1873	5월 우에무라 마사히사(植村正久), 발라 선교사에게 세례받음/ 9월 교바시(京橋)에 도쿄기독공회(현, 신에이교회新榮教會) 설립	2월 기리시탄 금제 고찰 철거(이듬해, 우라카미 신도 석방)	1월 징병령(徵兵令)을 정함
1874	2월 윌리엄스(C. Williams), 쓰키지(築地)에 릿쿄(立教)학교 개교/ 4월 셋쓰(摂津) 제1기독공회(고베교회) 설립/ 5월 셋쓰 제2기독공회(오사카교회) 설립		

1875	5월 팜(T.A. Palm), 니가타에서 의료 전도 시작/ 11월 니지마 조(新島襄), 도시샤 영학교(同志社英學校)를 교토에서 개교		
1876	1월 쿠마모토 양학교(熊本洋學校) 학생 35명, 하나오카야마(花岡山)산에서 봉교취의서에 서명/ 8월 삿포로농학교(札幌農學校), 클라크(W.S. Clark)를 교두(敎頭)로 추빙하여 개교/ 9월 쿠마모토양학교 학생들, 도시샤 영학교에 입학	5월 일본 대목구(代牧區), 북위(北緯)와 남위(南緯)로 나뉨	벨, 전화기 발명
1877	3월 삿포로농학교 제1기생, 클라크가 작성한 〈예수를 믿는 자의 계약〉에 서명/ 10월 일본 기독일치교회 성립, 도쿄잇치 신학교(후, 메이지학원) 개교		에디슨, 축음기 발명/ 2월 사이고 다카모리(西鄕隆盛)가 군사를 일으킴-세이난(西南)전쟁 발발/ 4월 도쿄대학교 개교
1878	6월 우치무라 간조(內村鑑三), 니토베 이나조(新渡戸稲造) 등, 해리스(M. Harris)에게 세례를 받음/ 7월 제1회 전국기독교도대친목회, 신에이(新榮)교회에서 열림	5월 하코다테 시라유리(白百合)학원(學園) 설립	
1879	6월 도시샤, 제1회 졸업식/ 9월 바첼러(John Batchelor), 아이누인 전도 시작		에디슨, 전구 발명/ 6월 도쿄의 쇼콘샤를 별격관폐사(別格官幣社)로 삼아 야스쿠니(靖國) 신사로 개칭
1880	4월 신약성서 번역 완성 축하회를 신에이교회에서 개최/ 10월 《리쿠고 잡지(六合雜誌)》 창간		
1881	7월 우치무라 간조, 니도베 이나조, 미야베 긴고(宮部金吾) 등 삿포로농학교 졸업	5월 가톨릭교회 최초의 월간지 《공교만보(公敎万報)》 발간	
1882	7월 도메오카 고스케(留岡幸助), 세례를 받음		1월 〈군인칙유(軍人勅諭)〉 발포
1883	1월 요코하마의 신년 첫 주간기도회(初週祈禱會)로부터 부흥이 일어남/ 5월 제3회 전국기독교신도대친목회, 도쿄에서 열림		11월 로쿠메이칸(鹿鳴館) 개관-구화주의(歐化主義)가 시작됨

1884	3월 도시샤에 부흥이 일어남/ 10월 동양영화학교(東洋英和學校) 설립		
1885	5월 제4회 전국기독교신도대친목회, 복음동맹회로 개칭/ 9월 메이지(明治)여학교 개교/ 독일보급복음교회(普及福音敎會)의 스피너(W. Spinner) 일본 입국	9월 피에르 오즈프(Pierre-Marie Osouf), 교황 레오 13세의 친서를 메이지 천황에게 전함	
1886	4월 일본조합기독교회 설립/ 12월 도쿄부인교풍회(東京婦人矯風会) 설립(회장: 야지마 가지코 矢島楫子)		3월 제국대학령(帝國大學令) 공포
1887	1월 메이지학원(明治學院) 설립/ 3월 우에무라 마사히사, 반초(番町)교회 설립/ 9월 이시이 주지(石井十次), 오카야마(岡山)에 오카야마 고아원 설립/ 10월 호쿠에쓰학관(北越學館), 니가타(新潟)에 설립/ 12월 미국 유니테리언협회의 냅(Arthur M. Knapp) 일본 입국		프랑스령 인도차이나연방 성립/ 2월 도쿠토미 소호(德富蘇峰), 《국민의 벗(國民之友)》 창간
1888	2월 위원회역 성서완성축하회, 신에이(新榮)교회에서 열림/ 8월 야마무로 군페이(山室軍平), 세례를 받음	11월 교세이(曉星)학교 개교	
1889	2월 대일본제국헌법 발포/ 모리 아리노리(森有礼) 문부대신, 기독교인으로 여겨져 암살됨/ 6월 기독교청년회 제1회 하계학교를 도시샤에서 엶/ 9월 간세이학원(關西學院) 설립	5월 고야마후쿠세이(神山復生)병원 창립(일본 최초의 한센병 시설)	
1890	3월 우에무라 마사히사,《일본평론》,《복음주보(福音週報)》 창간/ 11월 벅스턴(B. F. Buxton) 입국/ 12월 일본기독일치교회, 일본기독교회로 개칭	6월 나가사키에서 제1회 교회회의 개최	10월 〈교육칙어〉 발표

1891	1월 제1고등중학교에서 우치무라 간조의 불경사건이 일어남/ 6월 가나모리 미치토모(金森通倫),《일본의 현재와 장래의 기독교》 간행	3월 도쿄 부활대성당(니콜라이堂) 헌당식 (하)/ 6월 도쿄를 수도대사교좌로 정하고 피에르 오즈푸(Pierre-Marie Osouf))를 대사교(大司教)에 임명	5월 오쓰(大津) 사건(러시아 황태자 니콜라이, 중상을 입음)
1892	1월 쿠마모토 영학교 사건, 오쿠무라 데이지로(奥村禎次郎) 해고	1월 가이세이(海星) 학교 개교	11월《만조보(万朝報)》 창간
1893	2월 우치무라 간조,《그리스도인의 위안》 간행		디젤기관 발명/ 4월 이노우에 데쓰지로(井上哲次郎),〈교육과 종교의 충돌〉 발표
1894	3월 유니테리언협회, 유일관(惟一館) 개설		8월 청나라에 선전포고(청일전쟁)
1895	5월 우치무라 간조,《*How I became a Christian*》 간행/ 9월 구세군의 라이트(E. Wright) 등 입국/ 12월 야마무로 군페이, 구세군 입대	4월 쓰키지(築地) 대사교좌에서 제2회 교회회의 열림	뢴트겐 X-선 발견/ 10월 일본군, 일본인 자객, 조선에서 대원군을 옹위하여 쿠데타를 일으키고, 명성황후 시해
1896	11월 세계학생기독교연맹의 존 모트(J. Mott), 일본 방문	10월 엄률(嚴律, 겐리쓰) 시토회, 하코다테에 들어옴	아테네에서 제1회 근대올림픽 개최
1897	10월 우치무라 간조,《만조보》 영문란 주필에 취임/ 8월 가시와기 기엔(柏木義円), 안나카(安中)교회 임시목사가 됨		3월 아시오(足尾) 동산 광독 피해자 800여 명 상경, 청원운동 개시/ 유대인 헤르츨(Theodor Herzl), 시오니즘 제창
1898	6월 우치무라 간조,《도쿄 독립잡지》 창간/ 11월 가시와기 기엔 등,《조모 교계 월보(上毛教界月報)》 창간		미국 하와이 병합/ 미국·스페인 전쟁(필리핀이 미국령이 됨)
1899		12월 쾨베르(Raphael Koeber), 가톨릭으로 개종	중국, 의화단 사건
1900	4월 복음동맹회, 20세기대거전도 결의/ 9월 쓰다 우메코(津田梅子), 여자영학숙(女子英學塾) – 쓰다주쿠(津田塾) 대학 개교/ 우치무라 간조,《성시연구》 창간		2월 아시오 동산 피해민 1만 2천 명, 청원을 위해 상경 도중 경찰과 충돌 – 가와마타(川俣) 사건/ 3월 치안경찰법 공포

1901	4월 나카다 주지(中田重治), 찰스 카우만(C.E. Cowman), 간다(神田)에 중앙복음전도관 개설/ 7월 우치무라 간조, 구로이와 루이코(黒岩涙香) 등, 이상단(理想團) 결성/ 9월 우에무라 마사히사와 에비나 단조(海老名弾正)의 기독론 논쟁 시작/ 20세기 대거전도 개시		12월 다나카 쇼조(田中正造), 아시오 광독 사건으로 천황에게 직소
1902	4월 복음동맹회, 에비나 단조 제명		1월 영일동맹 체결
1903	10월《만조보》가 주전론(主戰論)으로 전향하여, 우치무라 간조, 고토쿠 슈스이(幸德秋水), 사카이 도시히코(堺利彦) 등 퇴사		라이트 형제, 비행기 발명/ 5월 1고(高) 생도 후지무라 미사오(藤村操), 닛코(日光) 게곤(華厳) 폭포에 투신자살
1904	2월 가가와 도요히코(賀川豊彦), 마이어스(Harry W. Myers)에게 세례를 받음/ 11월 우에무라 마사히사, 도쿄신학사(東京神學社) 창립	2월 러일전쟁 발발하자, 니콜라이는 일본의 승리와 양국의 평화를 기도하도록 권하는 교서를 발표(하)/ 세이신(清心)여자고등학교 설립	2월 러시아에 선전포고(러일전쟁 시작)
1905	9월 강화조약에 불만을 품은 군중에 의해 시타야(下谷), 아사쿠사(浅草), 혼조(本所), 료고쿠(両国) 등의 교회당이 파괴됨		5월 쓰시마오키(對馬島沖) 전쟁(일본에서는 '일본해 해전'으로 불림)/ 9월 러일강화조약 조인/ 히비야야키우치(日比谷焼打) 사건(러일 조약에 대한 불만족에 의한 폭동과 방화사건)/ 12월 조선통감부(朝鮮統監府) 설치 – 통감에 이토 히로부미(伊藤博文) 취임
1906		4월 니콜라이, 대주교에 서임 (하)	11월 남만주 철도주식회사 설립
1907	4월 구세군 창립자 윌리엄 부스 일본 방문/ 5월 감리교 3파가 합동하여 일본 감리교회 성립 – 혼다 요이쓰(本多庸一) 감독/ 9월 고베(神戶)신학교 창립	9월 신겐(神言) 수도회(Soceity of the Divine Word) 입국	
1908	10월 하타노 세이이치(波多野精一),《기독교의 기원》 출간		

1909	10월 개신교 선교 50주년 기념회		10월 이토 히로부미, 하얼빈역에서 안중근에게 사살됨
1910			4월 《시라카바(白樺)》 창간/ 6월 에든버러에서 세계선교회의 개최/ 8월 한일병탄(조선총독부 설치)
1911	6월 일본조합기독교회, 조선전도 시작	7월 니콜라이 입국 50주년 기념 축전 개최 (하)	1월 대역(大逆) 사건의 고토쿠 슈스이(幸德秋水) 등 11명 사형/ 니시다 기타로(西田幾多郎), 《선(善)의 연구》 출간
1912 (다이쇼 大正 1)			2월 신도·불교·기독교의 삼교회동(三教會同) 열림/ 7월 메이지 천황 사거(死去), 다이쇼(大正)의 원호(元號)로 바뀜
1913		4월 조치(上智)대학교 개교/ 9월 신학교 철학잡지 《정교사조(正教思潮)》 창간(하)	
1914	3월 전국협동전도(3년간)		6월 사라예보 사건, 제1차 세계대전 시작/ 8월 일본, 독일에 선전포고
1915	3월 전국협동전도 명사 초대회, 제국호텔에서 개최		1월 중국 정부에 대화 21개조 요구(對華21箇條要求) 제출
1916		2월 교황특사 페트렐리(P. Petrelli), 베네딕트 15세의 친서를 천황에게 전달	
1917	10월 《개역신약성서》 간행		11월 레닌, 소비에트 정부 수립(10월혁명)
1918	1월 우치무라 간조, 나카다 주지, 기무라 세이마쓰(木村清松) 등, 재림운동 개시/ 4월 도쿄여자대학 개교(학장: 니토베 이나조)		8월 시베리아 출병 선언. 도야마현에서 쌀 소동이 시작되어 전국에 확산/ 11월 독일, 휴전조약 조인/ 무샤노코지 사네아쓰(武者小路実篤) 등이 '아타라시키무라(新しき村, 평화적 공존과 자아실현을 위해 만든 이상촌)'을 건설

1919			1월 파리 강화회담 개최 – 사이온지 긴모치(西園寺公望)가 전권대사 자격으로 참석/ 3월 3·1독립운동(조선독립만세운동)/ 5월 5·4운동(중국의 배일운동)/ 6월 베르사유 조약 조인
1920	4월 도시샤대학 설립 인가/ 10월 가가와 도요히코(賀川豊彦),《사선을 넘어서》 출간		1월 국제연맹 성립(미국, 상원의 반대로 가맹 보류)
1921	4월 자유학원 개교/ 10월 가가와 도요히코, '예수의 벗회' 결성	7월 황태자, 교황 베네딕트 15세와 회견	11월 하라 다카시(原敬) 수상, 도쿄역에서 척살(刺殺)/ 워싱턴 회의/ 루쉰(魯迅)《아큐정전(阿Q正傳)》 출간
1922	5월 일본기독교연맹 설립 선언		3월 전국 스이헤이샤(水平社), 교토에서 창립
1923	1월 나카다 우고(中田羽後),《리바이벌 성가》 출간		9월 간토 대지진(사망자 9만 1,344명)
1924		10월 제1회 전국 가톨릭교도 대회 개최	2월 신도·불교·기독교의 3교 대표자회의 개최/ 4월 미국에서 배일(排日) 이민법 성립
1925		6월 이와시타 소이치(岩下壮一), 사제 서품	4월 치안유지법 공포/ 5월 보통선거법 공포(25세 이상의 남자에게 선거권)
1926 (쇼와 昭和 1)	6월 야마무로 군페이, 일본 구세군 사령관이 됨		12월 다이쇼 천황 사거, 원호를 쇼와로 바꿈
1927	10월 다카쿠라 도쿠타로(高倉德太郎),《복음적 기독교》 출간	7월 나가사키 사교(司教, 주교에 해당)에 하야사카 규노스케(早坂久之助) 임명(일본인 최초의 사교)	3월 금융공황 시작/ 7월 아쿠타가와 류노스케(芥川龍之介) 자살
1928			3월 공산당원, 전국적 검거(3·15사건)/ 6월 장쭤린(張作霖) 폭살(爆殺) 사건/ 7월 특별고등경찰 설치
1929	4월 '하나님의 나라 운동(神の國運動)' 시작/ 11월 제1회 기독교 학생운동 연구회(SCM) 개최	10월 도쿄 공교대신학교(東京公教大神學校) 개교/ 12월 도쿄 부활대성당 보수되어 헌당식 거행 (하)	5월 고바야시 다키지(小林多喜二),《가니코센(蟹工船)》 출간/ 10월 월가의 주식 대폭락(세계 대공황 시작)

1930	4월 메이지학원과 도쿄신학사를 합병하여 일본신학교 개교	4월 세르기, 부주교(府主教, 관구장주교에 해당)에 서임 (하)	1월 런던 군축회의/ 10월 대만에서 무사 사건(霧社事件)
1931	7월 제1회 SCM 대회, 도잔소(東山荘)에서 개최		9월 만주사변 시작 – 류탸오후(柳條湖)의 남만주 철도 선로 폭파 사건이 계기
1932	3월 간세이(關西)학원대학 설립/ 7월 일본기독교청년회 제42회 하계학교에서 SCM 회원의 소요 발생으로 도중 해산/ 12월 학생들의 야스쿠니 신사참배 거부 사건으로 조치(上智)대학교의 배속장교 철수		1월 상하이 사변/ 3월 만주국 건국 – 수도, 신경(新京)/ 5월 5·15사건 – 이누카이 쓰요시(犬養毅) 수상 피살
1933	1월 일본성서신앙연맹 설립(이사장: 나카다 주지)/ 10월 성결교회 임시총회가 개최, 나카다 주지 감독 해임(성결교회 분열)	4월 전국교구장협의회 개최	1월 독일, 히틀러가 수상에 취임/ 3월 미국, 뉴딜정책 개시/ 일본, 국제연맹 탈퇴
1934	8월 와타제 쓰네요시(渡瀨常吉), 《일본신학의 제창(提唱)》 출간/ 12월 하나님의 나라운동 끝남	4월전국사교(司教)협의회 개최	3월 만주국 제정(帝政) 실시 – 황제 푸이(溥儀)
1935	1월 이마이즈미 겐키치(今泉源吉), 《미쿠니》 창간	10월 문부성, 전 사교와 교구장에게 국체명징(國體明徵) 재성명을 전교회에 하달하도록 명령	2월 귀족원에서 미노베 타쓰키치(美濃部達吉), 천황기관설(天皇機關說) 공격받음
1936			2월 2·26사건/ 11월 일본·독일 방공(防共)협정 조인
1937	2월 도시샤 유아사 하치로(湯淺八郎) 총장의 교육칙어 오독(誤讀)사건/ 12월 야나이하라 다다오(矢内原忠雄), 도쿄제대(東京帝大) 사임		7월 루거우차오(盧溝橋)에서 중·일 양군 충돌(중일전쟁 시작)/ 12월 일본군 난징 점령(난징 대학살 사건)
1938	3월 오사카 헌병대, 부(府)의 모든 교회와 미션 스쿨에 13개조의 질문장을 보냄/ 10월 도시샤, 어진영(御眞影) 봉안전(奉安殿) 헌당식		4월 국가총동원법 공포/ 11월 고노에(近衛) 수상, 동아신질서(東亞新秩序) 건설을 표명

1939	6월 아카시 준조(明石順三) 등 도다이이샤(灯台社, 여호와의 증인)의 91명 검거/ 11월 순복음의 교파들, 동아성화동맹(東亞聖化同盟) 결성	2월 도쿄에 기리시탄문화연구소 설립/ 4월 전일본사교회의 개최	3월 종교단체법안 성립/ 5월 할하강 유역에서 일본이 소련·몽골군과 충돌(할힌골 전투, Battles of Khalkhin Gol)/ 9월 영국과 프랑스·독일에 선전포고(제2차 세계대전 시작)
1940	6월 문부성, 교단 인가 기준(50교회 이상, 신도 수 5천 명 이상)을 통고/ 7월 도쿄 헌병대, 구세군사령관 우에무라 마스조(植村益蔵) 등을 간첩혐의로 심문(구세군 스파이 사건)/ 10월 황기 2600년 봉축 전국기독교신도대회, 아오야마(青山)학원에서 개최하고 합동선언	9월 일본정교회의 통리(統理) 세르기에서 이와사와 헤이키치(岩沢丙吉)로 교체(하)/ 임시교구장회의를 개최하고 신체제(新體制)에 즉각 응하기 위해 토의	9월 대정익찬회(大政翼贊會) 발족/ 독일·이탈리아·일본 삼국동맹 조인
1941	6월 일본기독교단, 후지미초(富士見町)교회에서 창립총회 개최 – 도미타 미쓰루(富田満) 통리/ 9월 예수 그리스도의 신약교회(耶蘇基督之新約教會) 신도 38명 검거	4월 오노 기이치(小野帰一), 하얼빈에서 주교로 서임 (하)/ 5월 일본천주공교교단 설립 인가 – 초대 통리에 도이 다쓰오(土井辰雄)	4월 소련·일본 중립조약 조인/ 6월 독일·소련 전쟁 발발/ 10월 오자키 호쓰미(尾崎秀実) 등 검거 – 조르게(Richard Sorge) 사건/ 12월 일본군, 하와이 진주만 공격(태평양 전쟁 시작)
1942	1월 일본기독교단 통리 도마타 미쓰루, 이세 신궁 참배/ 6월 일본기독교단 제6부, 제9부 및 동양선교회 기요메교회의 96명 검거/ 10월 일본기독교단, 〈전시포교방침〉을 발표/ 12월 일본기독교단, 예배 전 국민의례 실시를 각 교회에 지시		1월 일본군, 마닐라 점령/ 2월 일본군, 싱가포르 점령/ 6월 미드웨이 해전/ 8월 미군, 과달카날 섬에 상륙
1943	1월 일본기독교단, 전시보국회(戰時報國會) 결성/ 7월 무교회의 아사미 센사쿠(浅見仙作), 홋카이도에서 반전(反戰)사상으로 인하여 검거/ 11월 가가와 도요히코, 반전행위로 헌병대 본부에서 심문		1월 독일군, 스탈린그라드 전투에서 대패/ 9월 이탈리아 항복/ 10월 메이지 신궁 외원(外苑)에서 출진 학생 장행회(出陣學生壯行會)

1944	4월 삿포로 기타이치조(北一条) 교회 목사 오노무라 린조(小野村林蔵), 신궁불경(神宮不敬) 등의 협의로 검거/ 10월 일본기독교단, 〈일본기독교단에서 대동아공영권에 있는 기독교도에게 보내는 서한〉 약 1만 부 작성		6월 연합군, 노르망디 상륙/ 대도시 아동들을 멀리 농촌 등으로 집단 피난시키도록 명령
1945	9월 일본기독교단 통리 도미타 미쓰루, 일본천주공교교단 통리와 함께 히가시쿠니노미야(東久邇宮) 수상에게 초대되어, 신일본건설을 위한 노력을 요청 받음/ 12월 난바라 시게루(南原繁), 도쿄대 총장에 취임	4월 세르기, 헌병대에 연행(하)/ 8월 원폭으로 우라카미 천주당 붕괴/ 12월 천주공교교구연맹 발족	3월 도쿄 대공습/ 4월 미군, 오키나와 본섬에 상륙/ 5월 독일, 무조건 항복/ 8월 히로시마, 나가사키 원폭 투하/ 소련 대일(對日) 참전/ 8·15 천황, 종전(終戰) 조칙 방송/ 8·30 GHQ의 맥아더 원수 아쓰기(厚木)에 도착/ 10월 GHQ, 치안유지법 폐지, 정치범 석방/ 12월 GHQ, 국가와 신도(神道)의 분리
1946	4월 〈그리스도신문〉 창간/ 일본기독교여자청년회 회장 우에무라 다마키(植村環), 미국을 방문하여 트루먼 대통령과 회견/ 6월 일본기독교신도대회를 아오야마 학원에서 열고, 〈신일본건설 기독교운동〉 선언	2월 〈가톨릭신문〉 복간	1월 천황, 인간선언/ 제1회 유엔총회, 안전보장이사회 성립/ 11월 일본국헌법 공포
1947	4월 미국 8개 교파, 일본기독교단에 협력하는 연합위원회(IBC) 조직/ 6월 후지미초(富士見町)교회 신자 가타야마 데쓰(片山哲)에 의한 연립내각 발족		1월 GHQ, 2·1총동맹파업 중지 명령/ 3월 교육기본법 공포/ 4월 노동기준법 공포
1948	1월 엘리자베스 샌더스 홈(Elizabeth Sander's Home) 개설–원장 사와다 미키(沢田美喜)/ 5월 일본기독교협의회(NCC) 결성 – 회장 고자키 미치오(小崎道雄)	3월 조치(上智)대학교와 세이신(聖心)여자대학을 신제(新制) 대학으로 인가	5월 이스라엘 건국/ 8월 대한민국 수립/ 9월 조선민주주의인민공화국 수립/ 이 해에 세계교회협의회(WCC) 출범(본부, 제네바)/ 9월 전일본학생자치회총연합(全學連) 결성
1949	1월 아카이와 사카에(赤岩栄), 공산당 입당 선언/ 3월 도쿄신학대학 설립/ 9월 에밀 브루너(Emil Brunner) 일본 방문	5월 성 프란치스코 하비에르 입국 400주년 기념식	9월 독일연방공화국 수립/ 10월 독일민주공화국 수립/ 중화인민공화국 수립/ 11월 유카와 히데키(湯川秀樹), 노벨물리학상 수상

1950	6월 러쿠어(Lacour) 음악전도단 입국		6월 한국전쟁 발발, 유엔군, 한국으로 투입/ 9월 레드 퍼지(Red Purge, 공산주의자 추방) 정책을 각의(閣議)에서 결정
1951	2월 기독자평화의회 발족/ 3월 일본복음연맹(JEF) 결성/ 5월 일본기독교회 설립/ 12월 야나이하라 다다오(矢内原忠雄), 도쿄대 총장 선임	5월 나가이 다카시(永井隆) 사거(死去)	9월 샌프란시스코 강화조약 조인. 미일안전보장조약 조인
1952	9월 국제기드온협회 일본지부, 제1회 전국대회	1월 일본 정부와 교황청, 외교관계 재개/ 4월 가톨릭교구연맹을 가톨릭중앙협의회로 개칭	5월 피의 메이데이 사건/ 7월 파괴 활동 방지법(破防法) 공포
1953	4월 국제기독교대학 설립/ 10월 에밀 브루너, 국제기독교대학 객원교수로 입국		2월 NHK, 텔레비전 방송 개시/ 8월 민간 텔레비전 방송 개시
1954	4월 일본성서협회, 《구어역(口語譯) 신약성서》 출판/ 12월 《찬미가》 간행		3월 미국 비키니(Bikini) 섬 수소폭탄실험으로 제5후쿠류마루(第五福竜丸) 호 피폭/ 7월 자위대 발족/ 8월 제2회 WCC대회, 미국 에반스톤에서 개최/ 9월 도야마루(洞爺丸) 선박 전복 사고로 스톤(Alfred Stone), 리퍼(Dean Leeper) 두 선교사 사거(死去)
1955	4월 일본성서협회, 《구어역(口語譯) 신구약성서》 완성 감사 모임		4월 제1차 아시아·아프리카 회의(반둥회의)/ 8월 원수폭 금지(原水爆禁止) 세계대회/ 10월 사회당 통일/ 11월 자유민주당 결성
1956	2월 빌리 그레이엄, 일본 방문		5월 미나마타병(水俣病), 공식 확인/ 12월 일본, 유엔에 가입
1957	3월 NCC, 원수폭 금지에 관한 성명 결의		10월 소련, 인공위성 스푸트니크 1호 발사 성공
1958	11월 일본복음연맹, 《성가(聖歌)》 간행	1월 기타하라 사토코(北原怜子, 일명, 개미마을의 마리아) 사거(死去)	12월 도쿄타워 완공

<table>
<tr><td>1959</td><td>3월 NCC, '이세 신궁의 비종교화 문제'에 반대성명/ 5월 오사카 크리스천 크루세이드 개최/ 9월 도쿄 크리스천 크루세이드 개최/ 11월 NCC 주최의 선교100년기념대회, 도쿄도체육관 등에서 개최</td><td>11월 우라카미(浦上) 천주당 재건</td><td>4월 황태자, 쇼다 미치코(正田美智子)와 결혼/ 9월 이세만(伊勢灣) 태풍, 사망자·행방불명자 5,100여 명</td></tr>
<tr><td>1960</td><td>2월 일본프로테스탄트성서신앙동맹(JPC) 결성</td><td>3월 도쿄 대사교 도이 다쓰오(土井辰雄), 추기경에 임명</td><td>1월 미일신안보조약 조인/ 6월 전학련, 국회 구내에서 경찰기동대와 충돌, 간바 미치코(樺美智子) 사망/ 10월 아사누마 이네지로(浅沼稲次郎) 사회당위원장 척살(刺殺)됨</td></tr>
<tr><td>1961</td><td>5월 월드비전, 도쿄 크리스천 크루세이드 개최</td><td></td><td>3월 사회당 위원장에 가와카미 조타로(河上丈太郎) 선출/ 7월 한국, 박정희 군사정권 출범/ 11월 뉴델리에서 WCC 제3차 세계대회 개최</td></tr>
<tr><td>1962</td><td>9월 전(全) 일본 기독자 평화회의 제1회 회의</td><td>4월 일본 재포교 100주년 기념식</td><td>10월 제2차 바티칸공의회 개막(65년 폐막)</td></tr>
<tr><td>1963</td><td>1월 교회일치를 위한 기도주간 실행됨</td><td></td><td>8월 미국·영국·소련, 부분적 핵실험 정지 조약 조인/ 9월 최고재판소에서 마쓰카와(松川) 사건의 전원 무죄 확정</td></tr>
<tr><td>1964</td><td>12월 미우라 아야코의 《빙점》이 〈아사히신문〉 현상공모소설에 당선되고 같은 신문에 연재 시작</td><td></td><td>10월 도쿄올림픽 개최</td></tr>
<tr><td>1965</td><td>10월 일본성서간행회, 《신(新)개역성서》 간행</td><td></td><td>1월 중앙교육심의회, 《기대되는 인간상》 중간 초안/ 2월 미군, 북베트남 폭격/ 4월 베트남 전쟁반대평화운동연대(베평련) 첫 시위/ 6월 한일기본조약 조인</td></tr>
<tr><td rowspan="2">1966</td><td colspan="2">5월 일본기독교단, 가톨릭중앙협의회와 에큐메니컬 간담회</td><td rowspan="2">6월 비틀즈, 일본 무도관에서 공연/ 8월 북경에 홍위병(紅衛兵)의 선풍(旋風)이 일어남 - 문화대혁명</td></tr>
<tr><td>12월 건국기념의 날(2월 11일)이 정해지자, 일본기독교단 반대성명</td><td></td></tr>
</table>

1967	3월 〈제2차 대전하의 일본기독교단의 책임에 대한 고백〉, 일본기독교단 의장 이름으로 발표/ 10월 빌리 그레이엄 국제대회		6월 제3차 중동전쟁/ 9월 원리운동(原理運動, 통일교)대책 부모의 회 전국대표자대회
1968	4월 일본복음동맹(JEA) 결성/ 이 해, 대학 분쟁으로 기독교대학에서도 학교 건물 봉쇄가 잇따름		4월 마틴 루터 킹 목사 암살/ 7월 스웨덴 웁살라에서 WCC 제4회 대회 개최
1969	2월 오키나와 기독교단, 일본기독교단과 합동/ 이 해, 대학분쟁에 따른 기독교 대학의 건물 봉쇄 확대. 만국박람회에 기독교관 설치와 참가 반대 및 야스쿠니 신사 법안 반대운동이 고조됨		1월 기동대, 도쿄대 야스다 강당 봉쇄 해제를 위해 출동/ 7월 미국 우주선 아폴로11호 비행사, 처음으로 달 착륙 성공/ 8월 〈대학 운영에 관한 임시조치법〉 공포
1970	3월 도쿄신학대학, 학생들에 의한 봉쇄 해제를 위해 기동대 동원/ 만국박람회 기독교관 개관	4월 일본 하리스토스정교회, 자치독립교회로 모스크바 총주교청으로부터 인정됨(하)	6월 정부, 미일안보조약 자동연장에 대해 성명(聲明)/ 11월 미시마 유키오(三島由紀夫), 할복자살
1971	10월 생명의 전화, 도쿄에 개설		5월 나고야 고등재판소, 쓰(津)시의 지진제(地鎭祭) 위헌 판결
1972	11월 아오야마학원(青山學院), 신학과 모집 정지 결정	6월 일본사교단, 공동선언 〈사회에 복음을〉 발표	5월 오키나와 반환/ 9월 중국·일본 공동성명 발표
1973	1월 나고야 YMCA 강당에서 야스쿠니 신사 법안 저지 전국집회 개최/ 11월 일본기독교단 제17회 총회, 4년 만에 개최	1월 다구치 요시고로(田口芳五郎) 대사교, 추기경에 임명됨	8월 김대중, 대낮에 도쿄의 호텔에서 납치됨/ 10월 석유파동에 의한 생필품 부족을 우려해 종이류, 특히 화장지 사재기가 전국에 퍼짐(토일렛 페이퍼 패닉 Toilet Paper Panic)
1974	6월 교토에서 JEA 주최 제1회 일본 전도회의 개최		5월 야스쿠니 신사 법안, 참의원에서 폐안/ 7월 로잔 세계복음화국제대회
1975	1월 기독자정치연맹 결성		7월 오키나와 국제해양박람회 개막/ 11월 케냐 나이로비에서 WCC 제5회 대회 개최

1976	11월 일본 기독당 결성		4월 캄보디아에 폴 포트(Pol Pot) 정권 수립/ 7월 도쿄지검, 다나카 가쿠에이(田中角栄) 전 수상을 록히드 뇌물수수 사건으로 체포
1977	4월 일본기독교단·복음주의교회연합 결성		7월 중국, 덩샤오핑 복귀, 4인조 추방/ 문부성, 신학습지도요령으로 기미가요를 국가(國歌)로 규정
1978	9월 개신교와 가톨릭에 의한《공동역 신약성서》완성		2월 한국 기독교계의 유지(有志),〈3·1민주선언〉발표/ 10월 로마 교황에 폴란드인 요한 바오로 2세 선출
1979	1월 NCC, [통일협회에 관한 견해의 재확인 조서]를 승인하고 통일협회(통일교)와의 사이에 선 긋기를 표명		3월 야마구치 지방재판소, 순직 자위관(自衛官)의 호국신사 합사(合祀)는 위헌이라고 판결/ 6월 원호법(元號法) 공포/ 10월 한국 박정희 대통령 피살. 마더 테레사, 노벨평화상 수상
1980	4월 세 신학교가 합동하여 도쿄 그리스도교학원(學園) 발족/ 10월 빌리 그레이엄 일본 방문, 국제대회	10월 프로이스(Luis Frois)의《일본사》전 12권 완간	
1981	5월 일본국제기아대책기구(JIFH) 설립	2월 교황 요한 바오로 2세 일본 방문, 히로시마에서 평화 호소/ 4월 마더 테레사 일본 방문	
1982	3월 일본·미국·캐나다의 NCC에 의한 선교협의회, 아마기(天城) 산장에서 개최/ 6월 교토에서 JEA 주최 제2회전도회의 개최/ 11월 도쿄에서 일본 역사교과서 문제에 관한 한일 교회협의회 개최	4월 폴란드 출신의 제논(Zenon Żebrowski) 수도사 사거/ 10월 콜베(M. M. Kolbe) 신부, 순교자로 기록되고 시성(諡聖)됨	
1983	10월 NCC 제1회 중국 방문, 중·일 교회 공동성명 발표		12월 요한 바오로 2세, 500년 만에 루터파 교회 방문
1984	4월 요도가와(淀川) 기독교병원에 호스피스병동 개설		1월 나카소네 수상, 야스쿠니 신사에 연두(年頭)참배/ 10월 남아프리카 공화국 투투 주교, 노벨평화상 수상

<table>
<tr><td rowspan="2">1985</td><td>1월 일본기독교단을 이탈한 5개 교회가 일본그리스도합동교회 설립</td><td></td><td rowspan="2">3월 고르바초프, 소련 공산당 서기장 취임/ 8월 나카소네 수상, 야스쿠니 신사 공식 참배</td></tr>
<tr><td colspan="2">2월〈로마 가톨릭과 루터 공동위원회〉발족</td></tr>
<tr><td>1986</td><td>11월 일본기독교단 총회에서 '구6부, 구9부의 관계자'에게 사죄</td><td>9월 아시아 사교협의회연맹 총회가 도쿄에서 개최되고, 도쿄대 사교가 전쟁책임을 표명</td><td>2월 필리핀 마르코스 대통령 망명, 아키노 정권 성립/ 4월 소련 체르노빌 원전 폭발사고</td></tr>
<tr><td>1987</td><td colspan="2">9월 일본기독교단·일본성공회·가톨릭교회 합동으로《성서 신공동역》간행</td><td>11월 대한항공기 추락(북한의 김현희 체포)</td></tr>
<tr><td>1988</td><td>4월 일본성공회, 기도서에서 '천황 및 황실을 위한 기도'를 제거</td><td>12월 가톨릭 신자인 모토시마 히토시(本島等) 나가사키 시장, 천황의 전쟁 책임을 인정하는 발언</td><td>1월 미국 정부, 북한을 테러지원국가로 규정/ 6월 리크루트(Recruit) 뇌물수수 사건</td></tr>
<tr><td>1989
(헤이세이 平成 1)</td><td>1월 쇼와 천황 사거. 기독교 단체들이 대상(大喪)·즉위(卽位)의 예(禮)와, 다이조사이(大嘗祭)에 대한 성명을 잇따라 발표</td><td></td><td>4월 소비세 시행/ 6월 톈안먼 사건/ 11월 베를린 장벽 철거</td></tr>
<tr><td>1990</td><td>4월 도쿄기독교대학(東京基督敎大學) 개교</td><td>1월 모토시마 히토시 나가사키 시장, 우익의 총격으로 중상을 입음</td><td>4월 공립학교의 입학식에서 국기(國旗) 게양과 국가(國歌) 제창을 의무화/ 10월 소련, 신앙의 자유를 가결/ 동·서독 통일/ 11월 천황 즉위의 다이조사이(大嘗祭)</td></tr>
<tr><td>1991</td><td>1월 걸프전쟁(Gulf War) 발발/ NCC 및 기독교 제 단체, 전쟁 반대 표명/
6월 JEA 주최 제3회 일본전도회의, 시오바라(塩原)에서 개최</td><td></td><td>9월 남북한, 유엔 동시 가입/ 12월 PKO법 가결/ 12월 소련 연방 소멸, 러시아연방공화국 대통령에 옐친 취임</td></tr>
<tr><td rowspan="2">1992</td><td>4월 일본복음그리스도교회연합 설립</td><td></td><td rowspan="2">9월 PKO법에 의해 캄보디아에 자위대 투입</td></tr>
<tr><td colspan="2">5월 NCC와 가톨릭 정의와 평화 협의회, PKO에 반대하는 공동성명 발표</td></tr>
<tr><td>1993</td><td>5월 일본장로교회 설립/ 11월 전일본 리바이벌 고시엔(甲子園) 미션 개최</td><td></td><td>6월 황태자, 오와다 마사코(小和田雅子)와 결혼/ 8월 비자민(非自民) 연립정권의 호소카와(細川) 내각 발족</td></tr>
</table>

1994	1월 빌리 그레이엄 도쿄국제대회, 도쿄돔에서 개최	11월 시라야나기 세이이치(白柳誠一) 대사교, 추기경 취임	5월 남아프리카 공화국, 넬슨 만델라 대통령 취임/ 6월 자민·사회·사키가케에 의한 무라야마(村山) 내각 성립/ 10월 오에 겐자부로(大江健三郎), 노벨문학상 수상
1995	1월 한신·아와지 대지진(6천여 명 사망). 기독교 관련 단체와 교단, 구호활동 실시/ 5월 NCC, JEA, 가톨릭교회, 일본우화회(友和會) 등 9개 단체가 공동으로 "전후 50년을 맞는 기독자의 반성과 과제"라는 제목으로 성명을 발표		3월 지하철 사린가스 사건/ 6월 국회에서 〈전후 50년 국회 결의〉 채택
1996	5월 베텔하임(B. J. Bettelheim) 오키나와 상륙 150주년을 기념하는 〈오키나와 성서전(聖書展)〉을 나하(那覇)에서 개최/ 5월 일본 리바이바루(Revival) 동맹 발족		3월 한센병 예방법 폐지/ 9월 민주당 결성
1997	2월《찬미가 21》간행/ 11월 NCC, 대표단을 북한에 파견	9월 마더 테레사 서거(도쿄 성 마리아 대성당에서 추도 미사 거행)	4월 소비세 5% 실시
1998	5월 일본성공회, 여성 사제 인정/ 6월 미우라 아야코(三浦綾子) 기념문학관 개관/ 9월 도쿄 리바이벌 미션 개최		2월 한국 김대중 대통령 취임/ 나가노 동계올림픽 개막/ 3월 야마이치 증권 폐업/ 12월 짐바브웨의 수도 하라레에서 WCC 제8차 대회 개최
1999	2월 NCC, 〈신가이드라인과 주변사태법에 반대하는 원내 긴급집회〉 개최/ 10월 미우라 아야코 사거(死去)/ 교토에서 세계선교회의 개최	1월 내일(來日) 450년 대(大)하비에르전(展) 개막	8월 국기(國旗)·국가(國歌)법 성립
2000	6월 오키나와에서 JEA 주최 제4회 일본전도회의 개최		5월 러시아 대통령에 푸틴 취임/ 6월 김대중 대통령과 김정일 총서기 회담
	11월 〈그리스도 강탄 2000년 도쿄 대성서전(大聖書展)〉 개최		
2001	6월《신성가(新聖歌)》- 교분칸(教文館)에서 간행		9월 미국, 9·11테러(3천여 명 사망)/ 10월 미군과 영국군, 아프가니스탄의 탈레반 공격 개시
2002	5월 한일 월드컵과 동시에 〈골(Goal) 2002〉 전도활동		1월 유럽단일통화 유로화 유통 개시/ 9월 고이즈미 수상, 북한 방문, 김정일 총서기와 회담

2003	3월 미군의 이라크 공격과 유사법제(有事法制) 관련법에 대한 기독교계의 제 단체 및 제 교단의 항의성명이 잇따름		6월 유사관련법 성립
2003		9월 하마오 후미오(浜尾文郎) 대사교, 추기경 취임	
2004	5월 영화 〈패션 오브 크라이스트〉 전국 개봉		2월 이라크 사마와에서 자위대 활동 개시/ 7월 9조회 발족/ 10월 니이가타현 주에쓰(中越) 지진/ 12월 인도양에서 대지진·해일로 25만 명 이상 사망
2005			4월 교황 요한 바오로 2세 서거. 신임교황 베네딕트 16세 선출
2006	3월 영화 〈나니아 연대기 제1장 사자, 마녀 그리고 옷장〉 전국 일제 상영		8월 코이즈미 수상, 야스쿠니 신사참배/ 12월 교육기본법 개정법안 가결
2006	11월 오키나와에서 프랭클린 그레이엄(Franklin Graham) 국제대회		
2007	1월 영화 〈후데코·그 사랑〉 일반 공개/ 5월 OM의 둘로스(Doulos)호, 하카다·가나자와·니가타에 기항	2월 〈신앙의 자유와 정교분리〉에 관한 메시지를 일본 가톨릭 사교단이 발표	2월 최고재판소, 〈기미가요〉의 반주명령 합헌 판결/ 5월 국민투표법안 가결/ 7월 참의원에서 자민당이 대패하여 '네지레(비틀린) 국회'가 됨
2008	5월 영화 〈나니아 연대기 제2장 캐스피언 왕자의 뿔피리〉 전국 공개 상영		9월 아소 다로(麻生太郎) 수상 취임/ 리먼 브라더스 증권 파탄으로 미국발 경제공황 확산/ 10월 다모가미 도시오(田母神俊雄) 항공막료장, 논문 문제로 경질
2008	10월 일본기독교단 총회, 야마키타 노부히사(山北宣久) 총회의장 4선(選)		

연표 3: 2009~2023년

연도	일본 기독교	일본과 세계의 동향
2009	7월 8~9일 요코하마 국제평화회의장에서 일본프로테스탄트선교 150주년기념대회 열림/ 9월 21~24일 삿포로 컨벤션센터에서 제5회 일본전도회의 열림	5월 21일 재판원제도 개시/ 8월 30일 총선거, 민주당 압승, 정권교체/ 9월 16일 민주당 하토야마 유키오(鳩山由紀夫) 내각 출범/ 11월 13일 미국 오바마 대통령 첫 일본 방문
2010	1월 26일 일본기독교단 교사시험위원회, 세례 교인이 아닌 회중에게 성찬을 나눈 것을 이유로 교단 교직자인 기타무라 지로(北村慈郎, 고요자카교회 목사)에게 교단 역사상 첫 면직 처분으로 권징함/ 9월 23일 아시아·아프리카의 보건의료 향상을 위해 활동하는 '일본그리스도교 해외의료협력회(JOCS)', 도쿄와 오사카에서 창립 50주년기념 집회	3월 31일 지자체 광역화 계획인 '헤이세이(平成) 대합병' 종료/ 5월 18일 국민투표법 시행 및 과반수 찬성으로 헌법개정 승인
2011	3월 11일 이후 동일본 대진재와 원전사고로 주로 후쿠시마현, 이와테현, 미야기현의 교회들과 관련 시설이 큰 피해 입음, 많은 신도들이 피난 생활 시작, 많은 교파와 단체가 구호·지원 활동 개시/ 8월 29~30일 일본기독교단, '현대 일본의 위기와 기독교: 동일본 대진재로 제기되는 문제'를 주제로 도쿄 긴자(銀座)교회에서 긴급 심포지엄 개최	3월 11일 동일본 대진재 발생, 진도 7, 거대 쓰나미, 도쿄전력 후쿠시마 제1원자력발전소 사고로 방사성물질누출. 사망자 15,800명 이상, 행방불명 2,600명 이상, 긴급재해본부 설치, 원자력긴급사태선언/ 6월 20일 부흥기본법 성립, 부흥담당대신 신설/ 9월 2일 민주당과 국민신당 연립, 노다 요시히코(野田佳彦) 내각 출범/ 12월 27일 정부, 무기수출 3원칙을 완화
2012	4월 26일 세례 교인이 아닌 회중에게 성찬을 허락하여 면직 처분의 권징을 받은 전 고요자카 교회 목사 기타무라 지로, 재판에서 첫 구두변론/ 7월 9일 일본동맹기독교단 이사회, '원자력발전에 관한 이사회 견해' 표명' / 9월 4일 '후쿠시마 HOPE 프로젝트' 설립	4월 11일 북한 김정은, 노동당 제1서기 취임/ 9월 11일 일본 정부, 센카쿠 열도를 국유화/ 11월 6일 오바마 대통령 재선/ 11월 15일 중국 시진핑, 공산당총서기에 선출됨/ 12월 16일 일본 총선거, 민주당 대패, 정권 교체/ 12월 26일 자민당과 공명당 연립, 제2차 아베 정권 출범
2013	12월 6일 '특정비밀보호법에 반대하는 목사의 회' 설립	2월 25일 한국 박근혜, 대통령 취임/ 3월 15일 아베 수상, 환태평양경제동반자협정(TPP)에 참여 의사 표명/ 5월 24일 마이넘버(개인번호) 제도관련법 성립(2016년부터 시행)/ 12월 6일 특정비밀보호법 성립

2014	7월 10일 일본그리스도교연합회, 도쿄 후지미초교회에서 강연회 열고 이케즈미 요시노리(池住義憲)가 '적극적 평화주의'를 주제로 강연/ 11월 30일 일본가톨릭교회·일본성공회·일본복음루터교회, 첫 합동예배로 제2바티칸공의회의' 에큐메니즘에 관한 교령'발표 50주년 기념	3월 16일 러시아 대통령 푸틴, 크림반도 합병 선언/ 4월 1일 소비세율, 5%에서 8%로 인상/ 7월 1일 일본 정부, 집단적자위권 행사 용인을 각의결정/ 10월 10일 파키스탄인 말랄라 유사프자이(Malala Yousafzai), 이슬람 무장세력의 총격과 위협 속에서 여성 교육권을 위한 투쟁 활동으로 노벨평화상 수상
2015	2월 다카야마 우콘(高山右近) 순교 400주년 기념미사가 가나자와교회에서 열림/ 6월 일본복음동맹 나카다이 다카오(中台孝雄) 이사장의 '전후70년 JEA성명', '전시하(戰時下) 일본 교회의 죄의 역사와 회개'에 대한 결의를 후세대에 전할 것을 표명/ 7월 집단적 자위권 행사를 인정한 안보관련법 가결에 대해 기독교계에서 항의가 잇따름/ 11월 20~22일 프랭클린 그레이엄 초청 전도대회 'The Celebration of Love with Franklin Graham', 도쿄무도관에서 개최, 총인원 38,800명 참가	3월 31일 도쿄도 시부야구(東京都渋谷区)가 동성 커플을 파트너십으로 인정/ 5월 15일 집단적 자위권 행사가 가능하도록 안전보장관련법안 각의 결정, 9월 19일 가결/ 8월 14일 아베 총리의 전후70년 담화 결정/ 12월 12일 COP21(제21차 유엔기후변화협약 당사국총회), '파리협정'채택
2016	9월 27~30일 제6회 일본전도회의, 고베 컨벤션센터에서 열림, 총인원 2,100명 이상 참가	1월 29일 일본은행, 처음으로 마이너스 금리 도입 결정/ 4월 14일 구마모토 지진 발생, 직접 사망자 508명, 간접 사망자 123명/ 6월 19일 선거권 연령을 18세 이상으로 올리는 개정공직선거법 시행/ 6월 23일 영국, 국민투표로 EU 탈퇴/ 11월 8일 미국 대선 투개표, 공화당의 도널드 트럼프가 경쟁자 힐러리 클린턴을 이김
2017	2월 7일 다카야마 우콘, 오사카에서 시복식/ 5~6월 기독교회, 공모죄법 반대운동/ 9~10월 종교개혁 500주년 기념사업·집회/ 10월 11일《성서 신개역 2017》 발매 시작	1월 20일 트럼프, 대통령 취임, 미국 우선주의(America First) 선언/ 5월 9일 한국 대통령선거, 더불어민주당의 문재인 당선/ 5월 23일 조직범죄처벌법(공모죄) 개정안, 중의원에서 가결/ 10월 6일 세계시민단체인 핵무기폐기국제운동(ICAN), 노벨평화상 수상

2018	2월 21일 빌리 그레이엄 별세(향년 99세)/ 4월 23일 일본복음동맹(JEA), 오차노미즈 기독교회관에서 창립 50주년 감사회/ 12월 3일 가톨릭·프로테스탄트교회 협력으로 성서《성서협회 공동역》 발간	4월 27일 판문점에서 최초의 남북정상회담/ 6월 12일 싱가포르에서 북미관계 역사상 최초의 북미정상회담/ 6월 13일 성인연령을 20세에서 18세로 내리는 개정민법 성립(2020년 4월부터 시행)/ 7월 6일 옴진리교 전 대표 마쓰모토 지즈오(松本智津夫)를 비롯한 7명 사형집행/ 9월 20일 아베 신조, 자유민주당 총재선거에서 이시바 시게루(石破茂)를 누르고 3선 성공
2019	4~5월 천황 세대교체 관련행사에 대한 기독교계의 반대운동/ 7월 14~16일 일본그리스도교협의회(NCC) 창립70주년(2018년) 기념으로 선교회의 개최/ 11월 14일 천황의 다이조사이(大嘗祭: 천황 즉위 후 조상에게 바치는 첫 수확제이며 신인합일 의식) 실시에 대한 기독교계의 반대운동/ 11월 23~26일 교황 프란치스코, 나가사키·히로시마·도쿄 방문, 나가사키·히로시마에서 핵무기와 군확 비판	4월 19일 '아이누 신법(新法) 성립, 아이누 민족의 법률상 지위 향상/ 4월 30일 천황 아키히토(明仁) 퇴위/ 5월 1일 천황 나루히토(德仁) 즉위, 헤이세이(平成)에서 레이와(令和)로 연호 변경/ 7월 18일 (주)교토애니메이션 방화사건 발생, 사망자 36명, 부상자 33명/ 10월 1일 소비세 8%에서 10%로 인상/ 11월 14일 다이조사이 실시/ 12월 4일 의사이자 국제NGO 페샤와르회의 파키스탄 평화의료단 대표 나카무라 데쓰(中村哲), 현지에서 총격 사망
2020	1월 31일 가톨릭교회·성공회·복음루터교회·일본기독교단 등 기독교계, 코로나19에 대한 '주의환기' 발표/ 9월 24일 일본 크리스천 아카데미 주최, 가이노 노부오(戒能信生)의 연속강좌 번외 특별강연 '스페인 독감 때 일본 기독교회는 어떻게 대처했을까'	1월 중국 무한에서 코로나19가 발생해 각국으로 확산/ 1월 31일 영국, EU를 정식 탈퇴/ 2월 28일 일본 정부, 신종코로나 감염증 확산으로 전국 초중고에 휴교 요청/ 3월 WHO, 코로나19를 세계적 유행(팬데믹) 격상 선언/ 3월 11일 일본고교야구연맹, 선발고교야구대회 및 여름 전국고교야구 고시엔대회 중지 결정, 프로스포츠계도 잇달아 경기 중지·연기/ 3월 24일 정부와 IOC, 2020년 하계 도쿄 올림픽·패럴림픽 1년 연기 결정/ 4월 7일 일본 정부, 긴급사태선언(5월 25일 해제)/ 5월 25일 미국 흑인 조지 플로이드(George P. Floyd Jr.), 백인 경찰에게 질식사, 흑인들을 향한 경찰의 잔혹성에 반대하는 Black Lives Matter 등 시위운동이 미국 전역으로 확산/ 8월 28일 아베 신조 총리, 지병 악화 이유로 사임 표명/ 9월 16일 전 관방장관 스가 요시히데(菅義偉), 제99대 총리 취임/ 10월 1일 미국 대통령선거, 조 바이든(Joe Biden) 후보 당선 확정

2021	4월 15일~ 일본 정부의 도쿄전력 처리수 해양방출 방침 결정에 대해 NCC, 일본YMCA, 일본기독교부인교풍회(矯風會)가 반대 성명/ 9월 23일 일본동맹기독교단, 선교 130년 기념대회 온라인 개최/ 12월 24일 계속되는 코로나19에 철저히 대처하며 크리스마스를 맞이함.	1월 6일 트럼프 대통령 지지자들, 대통령 당선자 조 바이든에 대한 의회 인정을 저지하기 위해 국회의사당 습격/ 1월 20일 민주당의 조 바이든, 제46대 미국 대통령 취임, 카멀라 해리스(Kamala Harris)가 최초의 여성 부통령이자 아프리카계·아시아계 부통령에 취임/ 1월 22일 핵무기금지조약 발효/ 7월 1일 북경에서 열린 중국공산당 창립100주년 기념식에서 총서기관(국가주석) 시진핑 연설/ 8월 15일 탈레반이 아프가니스탄의 수도 카불 함락, 아슈라프 가니 대통령은 국외로 탈출해 정권 붕괴/ 8월 30일 아프가니스탄 주둔 미군 철수 완료/ 9월 13일 COP26(제26차 유엔기후변화협약 당사국총회), 세계 평균기온 상승폭을 1.5℃ 이하로 제한하도록 힘쓰겠다고 밝힌 문서'글래스고 기후합의(Glasgow Climate Pact)' 채택/ 12월 8일 독일 연방의회, 사회민주당의 올라프 숄츠(Olaf Scholz) 총리 선임, 새 연립정권 출범, 16년간 일해 온 앙겔라 메르켈(Angela D. Merkel) 총리직 사임
2022	2월 24일~ 러시아군의 우크라이나 침공, 국내외 기독교계 교회 및 단체들이 기도, 난민 수용, 긴급 구호 등 시작/ 5월 1일 미우라 아야코(三浦綾子) 탄생 100주년기념, '이제, 미우라 아야코의 작품을 어떻게 읽을까'를 주제로 온라인 패널 토의 개최/ 9월 27~20일 일본기독교단 총회 4년만에 대면 개최, 주제는'예배에서 사랑의 실천으로: 시련 가운데 일본 전도 추진', 신임의장에 구모시카리 도시미(雲然俊美), 신임부의장에 후지모리 유키(藤森勇紀) 선출	3월 9일 한국 대통령 선거, 보수계 최대 여당 '국민의 힘'의 대통령 후보 윤석열 당선(5월 10일 취임)/ 4월 1일 일본 성인연령을 18세로 낮추는 개정민법, 개정소년법 시행/ 4월 12일 전 세계 코로나19 감염자가 5억 명을 넘어서다/ 6월 24일 미국 연방대법원, 헌법은 개인의 낙태권을 보장하지 않는다고 판결, 이에 인공임신중절을 규제하는 국내법을 위헌이며 무효로 판결했던 '로 대 웨이드(Roe v. Wade)판결'(1973년)은 폐기/ 7월 8일 자유민주당의 아베 신조 전 총리, 나라현 나라시 야마토사이다이지역 북쪽 출구 앞에서 선거 지원 유세 중 피격 사망/ 9월 27일 아베 신조 전 총리의 국장이 일본무도관에서 열림/ 9월 30일 러시아 대통령 푸틴이 우크라이나 내 점령지인 도네츠크인민공화국, 루한스크인민공화국, 헤르손주, 자포리자주를 러시아 연방에 편입하는 병합 조약에 서명/ 10월 23일 중국 공산당 중앙위원회에서 시진핑이 총서기에 재선됨

2023	9월 19~22일 제7회 일본전도회의, 기후현 기후시 나가라가와 국제회의장에서 열림	1월 1일 유엔 안전보장이사회에서 일본이 비상임이사국에 선출됨(임기는 2024년까지)/ 2월 28일 (일본의 마이넘버제도 시행에 따른 개인번호 카드 신청·활용 권장을 위한 행사로 2만 엔 정도의 포인트를 주는) 개인번호 카드 신청기한 종료, 3월 1일 현재, 카드 신청 건수 9,400만 건을 웃돌아 인구의 약 74.8%/ 3월 16일 한국 윤석열 대통령 일본 방문, 한일정상회담 개최, 한일우호협력관계 발전·한일 셔틀외교 재개·한일 미래파트너십 기금 창립 등 합의/ 3월 21일 기시다 총리 우크라이나 방문, 키이우에서 볼로디미르 젤렌스키 대통령과 정상회담/ 5월 8일 후생노동성, 코로나19에 대한 감염법상 분류를 결핵과 사스 수준인 2류에서 계절성 독감 수준인 5류로 낮춤/ 5월 19~21일 제7회 G7(히로시마)정상회의 개최, 볼로디미르 젤렌스키 대통령이 특별 참가, 각국 정상이 히로시마 기념공원, 히로시마 평화기념자료관 방문, 원폭 피해자들과 대화/ 6월 9일 참의원 본회의, '출입국관리 및 난민인정법'의 일부 개정법률안이 여당, 국민당, 유신의 회의 찬성 다수로 가결·성립/ 8월 24일 후쿠시마 제1원전 ALPS 처리수(오염수)의 태평양 방류 시작, 이날부터 중국 세관은 일본산 수산물 수입 전면 중단/ 9월 13일 제2차 기시다 제2차 개조내각 출범, 유임 1명, 신임 3명을 비롯한 여성 5명이 입각/ 10월 7일 이스라엘-하마스 전쟁 시작/ 10월 13일 문부과학성, 통일협회에 대한 해산명령을 도쿄지방재판소에 청구함

연표 참고 문헌

《日本キリスト教史年表》(改訂版)　日本キリスト教歴史大辞典編集委員会, 教文館, 2006년.

《キリスト教年鑑》キリスト教年鑑編集委員会, キリスト新聞社.

《近代日本総合年表》岩波書店編集部, 岩波書店.

《完全版　昭和·平成史年表》平凡社編, 平凡社.

〈キリスト新聞〉キリスト新聞社.

〈クリスチャン新聞〉クリスチャン新聞社.

찾아보기 : 인명

ㅇ

지은이/ 나카무라 사토시(中村敏)

1949년 니가타현 시바타시에서 태어났다. 일본전도복음교단 목사이며 니가타성서학원 전 원장. 이와테대학과 도쿄 성서신학사를 졸업하고 미국 트리니티신학교에서 공부했다. 1975년부터 지금까지 목회와 더불어 니카다성서학원, 세계선교연구센터, 도쿄 성서신학사 등에서 역사신학을 가르쳐 왔다. 대표적인 일본 복음주의 교회사 학자로 인정받고 있다. 집필, 강연, 일본평화헌법 수호를 위한 9조회 활동 및 과거사에 대한 책임과 사죄 운동을 통한 한일 관계 개선에도 힘쓰고 있다.
지은 책으로《일본 복음주의파의 역사》,《세계 선교의 역사》,《일본 프로테스탄트 해외 선교의 역사》,《나카다 주지와 그 역사》,《한·일 사이에 가교가 된 그리스도인》,《종교개혁의 정신과 일본 그리스도인》,《분단과 배제의 시대를 산다》,《니가타현 기독교사 상·하》(공저) 등 다수가 있다.

옮긴이/ 박창수(朴昌洙)

1969년 광주에서 태어났다. 기독교대한성결교회 목사·협력선교사이며 마산 상남교회 협동목사 겸 니가타성서학원 전임교사. 서울신학대학교 및 신학대학원을 거쳐 영국 버밍햄 퀸즈칼리지에서 공부하던 중 선교사로 부름 받아 버밍햄 뉴브릿지 침례교회 및 킷츠그린 복음주의교회에서 선교사로 일하며, 버밍햄 동부지역 교회들 및 국제선교단체 넥스트 제너레이션과 함께 유럽 역선교(Reverse Missions)의 급박함을 알리는 데 힘썼다.
그 후, 2009년 협력선교사로 일본 오픈바이블교단 오사카 그리스도영광교회를 토대로 활동했다. 2014년 봄부터 니가타성서학원을 토대로 기독교사상사, 선교학, 제자도 등을 강의하는 한편, 지역 교회들을 순회하며 설교와 DTS 세미나를 인도하고 있다.
지은 책으로《작은 자여 어서 오라》,《선교실험》,《Born Free》(공저),《일본선교 현장연구 1》(공저) 등이 있고, 번역서로《나타다 주지와 그 시대》,《사랑으로 잇다: 한국을 위해 다리가 된 일본인 10인》 등, 일어 번역서《キリスト教神学とは何か: 組織神学入門》,《こどもの神学: 神を「こども」として考える》 등이 있다.

개정증보판

일본 기독교 선교의 역사

하비에르 이전부터 현재까지

발행일 2026년 1월 12일(초판1쇄)

지은이 나카무라 사토시

옮긴이 박창수

펴낸이 최병천

펴낸곳 신앙과지성사

출판등록 제9-136 (88.1.13)
주소 | 서울시 서대문구 연희로 177 옥산빌딩 2층
전화 | 02-335-6579 · 323-9867
팩스 | 02-323-9866
E-mail | miral87@hanmail.net
홈페이지 | http://www.miral.co.kr

ISBN 978-89-6907-407-2 03230

값 25,000원